EL SUFRIMIENTO Y RESTAURACIÓN DE JOB

JOSUÉ YRION

JYWEM

Para Hno. Emilio Nze

11-19-2019

Donado por

Rev. Josue Yrion.

Primera edición 2019

© 2019 por *Josue Yrion World Evangelism & Missions, Inc.*
P.O. Box 768
La Mirada, CA 90637-0768
Estados Unidos de América
Fax: (562) 947-2268
Teléfono: (562) 928-8892
Correo electrónico: josueyrion@josueyrion.org
Página web: www.josueyrion.org

Edición: *Nancy Pineda*
Diseño y diagramación: *Digitype, Miami FL*

ISBN 1-933467-02-9
ISBN 978-1-933467-02-3

Categoría: Categoría: Vida cristiana / Crecimiento espiritual / General
Category: Christian Living / Spiritual Growth / General

Impreso en Colombia
Printed in Colombia

CONTENIDO

INTRODUCCIÓN

Job fue un personaje de la vida real que pasó por este mundo. Incluso, Dios lo menciona dos veces cuando afirma:

> Si estuviesen en medio de ella estos tres varones, Noé, Daniel y Job, ellos por su justicia librarían únicamente sus propias vidas, dice Jehová el Señor [...] Y estuviesen en medio de ella Noé, Daniel y Job, vivo yo, dice Jehová el Señor, no librarían a hijo ni a hija; ellos por su justicia librarían solamente sus propias vidas.
>
> Ezequiel 14:14, 20

También Santiago lo menciona en su carta:

> He aquí, tenemos por bienaventurados a los que sufren. Habéis oído de la paciencia de Job, y habéis visto el fin del Señor, que el Señor es muy misericordioso y compasivo.
>
> Santiago 5:11

Por lo tanto, el testimonio del propio Dios y de Santiago, tanto en el Antiguo como el Nuevo Testamento, testifican que Job fue una persona real y no ficticia. Tampoco fue imaginario ni místico, ni el personaje de un poema, como dicen muchos críticos y escépticos.

Este profundo libro bíblico contiene opiniones distintas de todos los demás libros de la historia escritos sobre este controvertido tema de las causas del mal y del sufrimiento humano, tanto desde el punto de vista filosófico, teológico como espiritual. La Biblia no ofrece todas las respuestas a las preguntas únicas que tenemos en cuanto a este tema tan debatido. Aun así, y a fin de satisfacer nuestra curiosidad, el libro de Job nos da algunas respuestas de por qué Dios permite estas calamidades.

Sin duda, la historia del libro de Job es dramática y poética, pero verdadera. En su transcurso, se transforma en algo heroico cuando Job soporta pruebas, aflicciones y sufrimientos, a la vez que un final glorioso, sin saber el motivo después de todo lo que le sucedió. Dios lo seleccionó para demostrarle al diablo que este sí lo podía servir no porque recibiera algo, sino porque lo amaba de corazón. Al final, después de su gran infortunio, Dios restaura a Job en doble bendición y este tiene un final grandioso.

Todos afrontaremos tribulaciones, pruebas, aflicciones, enfermedades, sufrimientos y tristezas. Claro, no como Job ni a su nivel de perderlo todo, pero de igual manera nos sacuden, y nos sacudirán, grandes tormentas, tanto en nuestra vida personal, familiar como ministerial. Lo interesante es que Dios le permitió al diablo tocar a Job al probar su fe, su integridad, devoción y rectitud. Dios le priva de sus bienes, familia y salud en una serie de calamidades que nadie ha pasado ni pasará.

En cuestión de horas, Job lo perdió todo: posesiones, hijos y salud. Tanto fue así, que estuvo a punto de perder la vida. Sus tres amigos, al enterarse de lo sucedido, le vienen a consolar y se quedan conmovidos, enternecidos y sobresaltados por la condición lamentable en que se encontraba Job.

Al principio, no lo conocieron, por lo deplorable que era su condición y por ver tanta calamidad. Así que lloran, rasgan sus mantos, ponen polvo en su cabeza y se sientan siete días y siete noches a su lado. Durante ese tiempo, nadie habló con Job, pues veían que su dolor y sufrimiento era enorme en gran medida y se quedaron sin palabras.

Por todo el libro encontraremos lecciones extraordinarias a través de los discursos de Job, en su intento de saber en vano la causa de su padecimiento, y la tentativa de sus tres amigos por encontrar la solución al problema que, al fin y al cabo, no consiguieron descubrir.

Aunque algunas veces sus palabras fueron profundas, verdaderas y exactas, todo se basaba en la sabiduría humana en un intento de encontrar algún «pecado» en la vida de Job, lo cual fue inútil.

Job es un libro profundo que relata los acontecimientos de este personaje del tiempo de los patriarcas. Sentado en el piso, en completa ruina y dolor, tanto en lo emocional por la pérdida de sus hijos, en lo financiero por la desaparición de su patrimonio, y de manera física por el gran dolor que soportaba en su cuerpo. Sin embargo, lo que más afligía a Job era que desconocía por qué Dios permitía que atravesara tal cosa, puesto que era un «hombre perfecto y recto, temeroso de Dios y apartado del mal» (Job 1:1). De modo que se siente traicionado por Dios, porque hasta ahora creía en un Dios bueno y justo, pero que en un momento se desmoronó toda su vida sin saber la razón. Como cualquier persona hoy en día, se hacía preguntas similares a estas: «¿Por qué yo? ¿Qué hice para merecer tal mal? ¿Qué trata de decirme Dios?».

Job es el libro más antiguo de la Biblia, pero su tema es tan actual que sirve para cualquier persona moderna hoy que está en la búsqueda de saber el porqué de su sufrimiento, sea cual sea. Ahora, abre tu corazón y deja que Dios te hable por las páginas de este libro, sin importar la situación que estés pasando.

«LOS HOMBRES NUNCA SERÁN GRANDES EN LA DIVINIDAD HASTA QUE SEAN GRANDES EN EL SUFRIMIENTO».
CHARLES H. SPURGEON

PRESENTACIÓN

Cuando escribí el primer libro, *El poder de la Palabra de Dios*, mi deseo fue llevar a la Iglesia a un entendimiento teológico más profundo sobre la necesidad de volver a las Escrituras.

En el segundo, *Heme aquí, Señor, envíame a mí*, mi pasión fue hablarle al pueblo de Dios y a sus ministros sobre reconocer la importancia de las misiones mundiales en sus vidas y hacer de la evangelización una prioridad.

En el tercer libro, *La crisis en la familia de hoy*, mi intención fue establecer las bases bíblicas para que el matrimonio entre un hombre y una mujer fuera estable, sólido y santo, teniendo a Cristo como fuente de todas las bendiciones, ya sean materiales o espirituales, a fin de que el hogar sea capaz de resistir los embates furiosos del enemigo y permanecer hasta el fin.

En el cuarto, *La fe que mueve la mano de Dios*, mi propósito fue escribirles a los cristianos y ministros diciéndoles que la fe madura es capaz de llevarlos a niveles espirituales poderosos y a recibir grandes milagros de parte de Dios, si tan solo creemos lo que ya sabemos y predicamos.

En el quinto libro, *El secreto de la oración eficaz*, mi énfasis fue dejar en claro la importancia de mantener o regresar a la comunión íntima con el Señor al obtener el resultado y la respuesta que esperamos de Dios a través del secreto de una oración específica y de poder hecha por medio del Espíritu Santo.

En el sexto libro, *La vida espiritual victoriosa*, mi corazón anheló expresar que es posible vivir una vida espiritual plena, abundante y próspera cuando empleamos las bases de la Palabra de Dios para obtenerla.

En el séptimo y el octavo libro, *Espíritu Santo, necesito conocerte más*, que están en dos tomos, mi vida y mi ser escribieron sobre la tercera persona de la Santísima Trinidad de la cual, creyentes y ministros, necesitamos el respaldo, la ayuda, el poder, la unción y la autoridad del Espíritu Santo en todas las esferas de nuestra vida personal, privada y pública.

En el noveno libro, *«Dad, y se os dará»*, escribí sobre la necesidad de tener un entendimiento claro y sencillo, y al mismo tiempo profundo en lo espiritual, sobre la administración y la mayordomía de las finanzas, la necesidad de estar fundamentados en la Palabra de Dios y aplicar sus principios establecidos como la fidelidad en los diezmos, ofrendas y el sostenimiento de la obra de Dios en cuanto a su avance mediante la evangelización y las misiones mundiales.

En el décimo libro, *Pablo: Su vida, llamado y ministerio*, escribí sobre el ejemplo de este gran hombre de Dios, el único que pudo decir: «Sed imitadores de mí, así como yo de Cristo» (1 Co 11:1), y una vez más pudo afirmar: «Lo que aprendisteis y recibisteis y oísteis y visteis en mí, esto haced; y el Dios de paz estará con vosotros» (Flp 4:9). Su amor por Cristo, sus tribulaciones, persecuciones, prisiones, aflicciones, su pasión, su ambición por predicar donde no se había anunciado al Señor, así como su motivación y liderazgo en la preparación de nuevos candidatos a obreros, hicieron del apóstol Pablo el personaje más importante de la iglesia y del Nuevo Testamento después del propio Cristo. En esencia, los escritos de Pablo son la base de la teología cristiana del Nuevo Testamento, solo a continuación de las enseñanzas mismas de Jesucristo en los cuatro Evangelios.

En el undécimo libro, *La conquista de Cristo en la cruz*, escribí sobre el propósito de Dios en la cruz, así como del amor inmenso de Cristo demostrado en la cruz al sufrir una muerte horrenda, y lograr la victoria por su sangre y resurrección. Además, señalé que, por la cruz, Cristo venció el pecado, obtuvo nuestro perdón, sanó nuestras enfermedades y, por último, derrotó al diablo y la muerte. En resumen, la cruz es la respuesta para cada pregunta del hombre y la solución para toda la necesidad de la humanidad, ya sea física, espiritual o material.

En el duodécimo libro, *Testifica*, destaqué nuestra responsabilidad de testificarles de Cristo a los inconversos mediante la evangelización y las misiones, pues deseaba hablar del tema que es mi llamado y la pasión de mi corazón desde jovencito: ¡El amor por las almas perdidas!

En este mi decimotercer libro, deseo hablar sobre el tema del dolor y del sufrimiento que muchas personas, incluyendo a las cristianas, atraviesan en estos momentos, a fin de mostrarles que después del dolor y del sufrimiento vendrá la restauración, tal y como le sucedió a Job.

Muchos libros seculares tratan el tema del sufrimiento a partir de la filosofía, mientras que los escritos cristianos lo abordan teniendo en cuenta la teología. En mi opinión, ambos enfoques ponen a un lado la importancia de la persona que sufre, dejándola con más preguntas que respuestas en cuanto al motivo y la manera en que suceden estas cosas. Dios escogió a Job para traer luz a las preguntas más profundas de la humanidad: «¿Por qué Dios permite el mal y el sufrimiento, y con qué propósito?».

Todos los que han sufrido o sufren, ya sea por cualquier causa, tienen preguntas y dudas, las mismas que tenía Job, tales como:

- ¿Qué está sucediendo?
- ¿Por qué me está pasando esto?
- ¿Se preocupará Dios por lo que estoy afrontando?
- ¿Por qué Dios permite el dolor en mi vida?
- ¿Dónde está Dios en medio de mi aflicción?
- ¿Por qué me tiene que ocurrir esto?
- ¿Por qué yo?
- ¿Qué hice mal?

- Como cristiano que soy, ¿tendrá algún provecho esta situación para mí?

Cada uno de estos razonamientos, incógnitas y preguntas son válidos para la persona que sufrió y está sufriendo, sin importar la prueba que atraviese. Por eso, mi propósito con este libro es el de procurar que se entienda, a la luz de las Escrituras, por qué y para qué Dios concede su permiso para que nos sobrevengan problemas, dificultades, penas, enfermedades y tribulaciones abrumadoras a nuestra vida.

Es lógico que nunca sepamos ni entendamos en su totalidad este dilema del mal y del sufrimiento que afronta la humanidad. Esto solo lo sabe Dios. Aun así, mi oración y deseo son que, mediante esta obra literaria, descubras algunas respuestas a lo relacionado con este tema. Estoy seguro que la lectura de este libro te llevará a un nivel espiritual mucho más alto y profundo cuando sepas, entiendas y pongas en práctica los principios bíblicos establecidos aquí de cómo lidiar con el dolor y el sufrimiento, sea el que sea.

Junto con la Palabra de Dios, la Biblia, y la ayuda y revelación del Espíritu Santo, así como la propia experiencia de Cristo al sufrir durante su vida, ministerio, muerte de cruz y final victoria en la resurrección, trataremos de entender por qué Dios determina ciertas cosas y decisiones que nos parecen sin sentido. Además, debido a que Él tiene todo bajo su control, debemos reconocer que sabe todas las razones y propósitos presentes en el cómo y los porqués que nos inundan antes las adversidades.

Sin duda, Dios es inmensamente grande como para poder entenderle con nuestra mente, al igual que para comprender que se hiciera hombre en Jesucristo. No obstante, debemos tener siempre en cuenta que Él sabe, entiende y conoce lo que estamos atravesando, porque Él mismo padeció y desea ayudarnos en nuestro momento de aflicción, dolor y sufrimiento.

¡Que Dios les bendiga!

Rvdo. Josué Yrion

DEDICATORIA

Muchas personas se atreven a acusar a Dios y a poner en duda su sabiduría y decisiones en medio del dolor. Entonces, ante esto, hay que tener presente que ninguna persona aparte de Cristo, por supuesto, experimentó el sufrimiento, la injusticia y el infortunio como el propio Job. Por lo tanto, este libro está dedicado a todos los que, por una razón u otra, atraviesan ahora mismo situaciones semejantes de dolor, pruebas, luchas, tribulaciones, aflicciones, sufrimientos, padecimientos y calamidades. Tal vez, al igual que Job, sigan sin entender ni saber el motivo, y acusen a Dios por su sufrimiento. En cambio, a pesar de que no entienden lo que les sucede, tienen que afrontar el fuego de esas pruebas, así como los dardos inflamados del diablo y su embate furioso, a fin de perseverar en su fe en Cristo y en su Palabra.

Ahora bien, si analizamos sus circunstancias, ¿por qué afrontan tan profundo dolor? ¿Qué podríamos decirles ante esto? Sin duda, son muchas las causas que pueden provocar tal estado.

Es posible que les invada la tristeza debido a que perdieran todas sus posesiones, trabajos y fuentes de entradas financieras, y que ahora luchen para sobrevivir. A lo mejor se deba a la muerte de un ser querido. Quizá soporten la angustia de una enfermedad dolorosa, larga y muy difícil. Tal vez lloren por ser el blanco de una acusación o injusticia de parte de personas que los llevaron a un problema serio, ya sea de índole espiritual o legal, que involucre tribunales, jueces y abogados.

Es probable que pasaran, o estén pasando, por dolorosos maltratos físicos a manos de un cónyuge o le hagan frente a un colapso familiar que va rumbo al divorcio. Tal vez sus familiares estén en su país de origen y no pueden salir de Estados Unidos porque no tienes los papeles migratorios, así que se angustian mucho al no ver por años a sus seres queridos.

Quizá su sufrimiento se deba a problemas emocionales o traumas del pasado, y el dolor que esto trajo como resultado. Incluso, a lo mejor se deba a otra cosa, y todo esto le hace reflexionar, pensar y hasta dudar del Señor y de su bondad. Al final, preguntan como lo haría Job: «¿Dónde está Dios en todo esto? ¿Dónde está Él en medio de mi sufrimiento?». El Señor permita que, al leer las páginas de esta obra literaria, reciban las respuestas a estas preguntas, se les renueve la fe, se les reaviva su esperanza y sus miradas estén en Cristo más firme que nunca.

A todos los que pasaron, están pasando y pasarán por estas difíciles pruebas, les dedico este libro, sabiendo que de muchas maneras siento su dolor, pues he vivido y tenido muchos padecimientos, tanto personales como ministeriales. En cuanto a esto, el escritor y teólogo cristiano C.S. Lewis dijo:

> Dios nos susurra en nuestros placeres y habla a nuestra conciencia, pero en cambio grita en nuestros dolores[1].

Ahora, solo me resta decirte que pongas esta palabra en tu corazón: ¡Tu tormenta está pasando y pasará! Pon tu mirada en Cristo, el autor y consumador de nuestra fe (Heb 12:2), y mira solo a Jesús (Mt 17:8). De esa manera, obtendrás la victoria absoluta y final. Recuerda que Dios nos ama, y que Él tiene sus propósitos y caminos. Muchas veces no los entendemos ni los conocemos, pues sus caminos son muchos más altos que los nuestros (Is 55:9), pero aunque tú y yo no lo comprendamos en este momento, algún día lo entenderemos.

Persevera en la fe... ¡y vencerás!

PRÓLOGO

Muchos son los que afirman que la historia de Job es ficticia, y que solo se escribió como un símbolo para representar el dolor. Otros, en cambio, opinan que la historia de Job fue real, pero que Dios no es un Dios de amor, sino cruel, pues usó a Job sin importarle su sufrimiento, y solo para ganarle una apuesta al diablo.

Lo cierto es que todas estas especulaciones sobre la veracidad del libro de Job no son más que una maniobra satánica para quitar el valor que tiene este libro. La Biblia nos dice:

> Toda la Escritura es inspirada por Dios, y útil para enseñar, para redargüir, para corregir, para instruir en justicia, a fin de que el hombre de Dios sea perfecto, enteramente preparado para toda buena obra.
>
> 2 Timoteo 3:16-17

Por lo tanto, queda demostrado por la Palabra que el libro de Job fue una historia verídica. Si no hubiera sido así, jamás este libro hubiera formado parte del canon sagrado.

Dios conocía y amaba a Job, y Él sabía que era un hombre de fe. Su agrado por Job se demuestra en el primer capítulo del libro cuando lo alaba delante del diablo: «Y Jehová dijo a Satanás: ¿No has considerado a mi siervo Job, que no hay otro como él en la tierra, varón perfecto y recto, temeroso de Dios y apartado del mal?» (Job 1:8).

Dios sabía que por más que el diablo tratara de hacer blasfemar a Job, nunca lo iba a lograr. También conocía hasta dónde podía soportar Job, debido a la fortaleza que este tenía para resistir tamaña aflicción. La Palabra nos dice:

> No os ha sobrevenido ninguna tentación [prueba] que no sea humana; pero fiel es Dios, que no os dejará ser tentados [probados] más de lo que podéis resistir, sino que dará también juntamente con la tentación [la prueba] la salida, para que podáis soportar.
>
> 1 Corintios 10:13

El diablo es malo, y vino contra Job con toda su furia. Job no solo perdió todos sus bienes, sino que también perdió a sus diez hijos. Por si fuera poco, quedó atrapado en una horrible enfermedad. Así que se debilitaba cada día más, sentado sobre cenizas y gimiendo de dolor. En todo ese tiempo de sufrimiento, y aunque no lo percibía ni lo podía ver, Dios estaba a su lado. Aunque se sentía solo, abandonado y sin entender lo que le sucedía, la presencia de Dios en su vida era una realidad.

El Señor nunca nos deja solos en medio del sufrimiento, en medio del dolor. Aunque no le veamos, ni le sintamos, Él está presente a nuestro lado.

El libro de Job es un libro profundo, pues muestra la grandeza y el poder de Dios. En contraste, también percibimos lo malo, ruin, despiadado, sanguinario, monstruoso, cruel y feroz que es el diablo. Incluso, por el libro de Job entendemos cómo es que actúa: Sabemos que rodea la tierra, y observa a los creyentes para acusarlos delante de Dios, y así robarlos, oprimirlos y destruirlos. Job no conocía esta verdad, no sospechaba siquiera que quien estaba detrás de todo su dolor era el diablo. Por eso, al final de su libro, dice:

> ¿Quién es el que oscurece el consejo sin entendimiento? Por tanto, yo hablaba lo que no entendía; cosas demasiado maravillosas para mí, que yo no comprendía.
>
> Job 42:3

En medio del sufrimiento, no se puede ver con claridad. El diablo usa el dolor y lo que no se entiende para hacer que la gente reniegue de Dios. Ese era el fin que perseguía con todo el sufrimiento de Job.

En la actualidad, hay mucho sufrimiento en el pueblo de Dios, de ahí que veamos a una gran cantidad de hermanos en angustia y dolor que no entienden el motivo de su situación. Por eso es que te recomiendo ampliamente el nuevo libro de mi querido esposo, Josué, titulado: *El sufrimiento y la restauración de Job*. Estoy segura que la lectura de este libro te ayudará a ti, y a muchas otras personas, en su situación de dolor, y traerá bendición al corazón atribulado, sufrido y angustiado.

Dámaris Yrion

Génesis	Gn	Nahum	Nah
Éxodo	Éx	Habacuc	Hab
Levítico	Lv	Sofonías	Sof
Números	Nm	Hageo	Hg
Deuteronomio	Dt	Zacarías	Zac
Josué	Jos	Malaquías	Mal
Jueces	Jue	Mateo	Mt
Rut	Rt	Marcos	Mr
1 Samuel	1 S	Lucas	Lc
2 Samuel	2 S	Juan	Jn
1 Reyes	1 R	Hechos	Hch
2 Reyes	2 R	Romanos	Ro
1 Crónicas	1 Cr	1 Corintios	1 Co
2 Crónicas	2 Cr	2 Corintios	2 Co
Esdras	Esd	Gálatas	Gl
Nehemías	Neh	Efesios	Ef
Ester	Est	Filipenses	Flp
Job	Job	Colosenses	Col
Salmos	Sal	1 Tesalonicenses	1 Ts
Proverbios	Pr	2 Tesalonicenses	2 Ts
Eclesiastés	Ec	1 Timoteo	1 Ti
Cantares	Cnt	2 Timoteo	2 Ti
Isaías	Is	Tito	Tit
Jeremías	Jer	Filemón	Flm
Lamentaciones	Lm	Hebreos	Heb
Ezequiel	Ez	Santiago	Stg
Daniel	Dn	1 Pedro	1 P
Oseas	Os	2 Pedro	2 P
Joel	Jl	1 Juan	1 Jn
Amós	Am	2 Juan	2 Jn
Abdías	Abd	3 Juan	3 Jn
Jonás	Jon	Judas	Jud
Miqueas	Miq	Apocalipsis	Ap

PRIMERA PARTE

JOB,

SU VIDA,

SUFRIMIENTO Y

RESTAURACIÓN

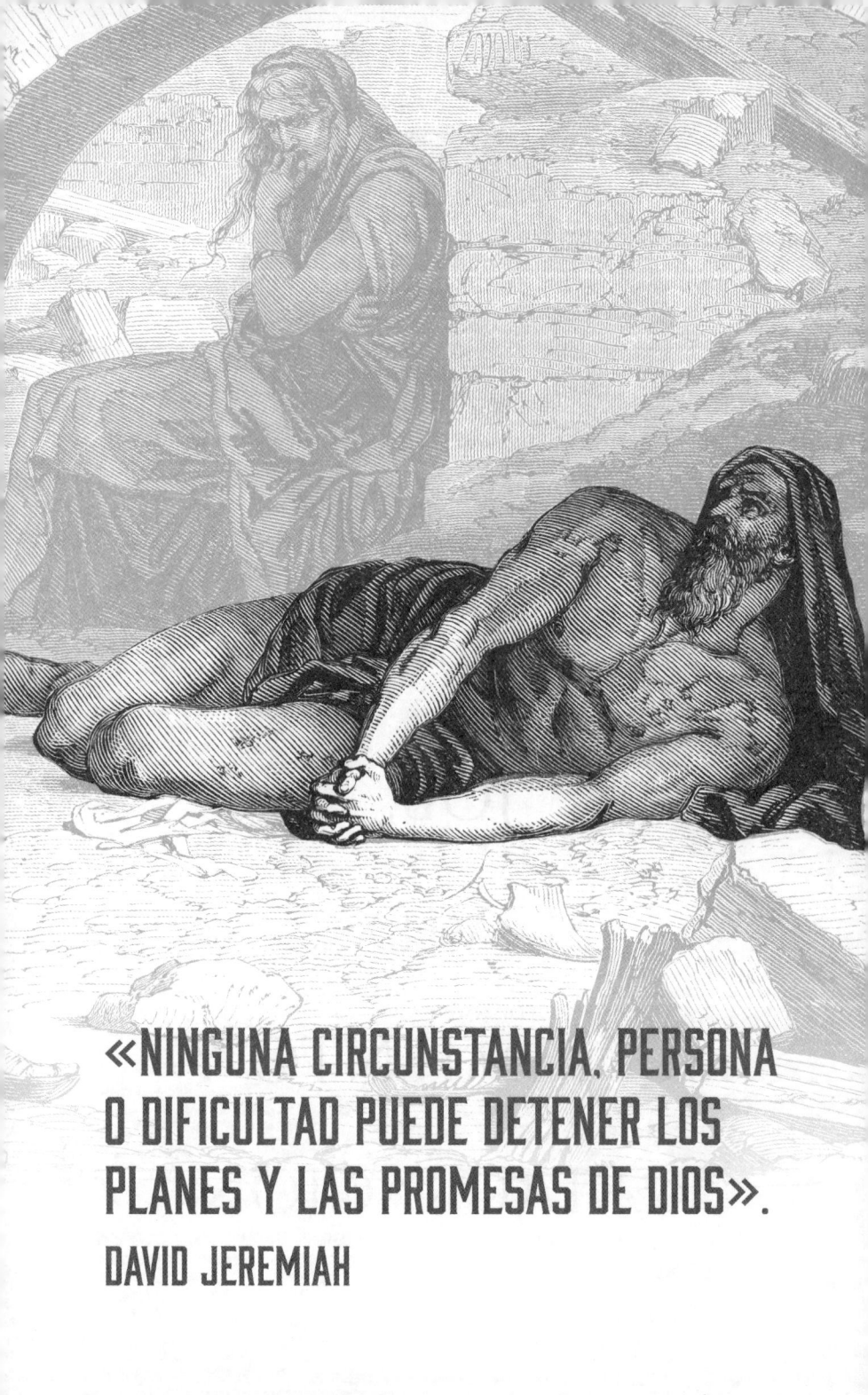

«NINGUNA CIRCUNSTANCIA, PERSONA O DIFICULTAD PUEDE DETENER LOS PLANES Y LAS PROMESAS DE DIOS».

DAVID JEREMIAH

¿QUIÉN ERA JOB?

«Hubo en tierra de Uz un varón llamado Job;
y era este hombre perfecto y recto, temeroso de Dios
y apartado del mal».
Job 1:1

Aunque no se sabe con exactitud quién es el autor del libro de Job, algunos eruditos de la Biblia se lo atribuyen a Moisés. Otros, en cambio, afirman que lo escribió uno de los antiguos sabios, como el propio Salomón. Por otra parte, los eruditos y estudiosos de las Escrituras no están de acuerdo respecto a cuándo se compiló la obra, puesto que se desconoce su autoría.

Teniendo en cuenta las costumbres y el estilo de vida que refleja, se considera que este libro pertenece al período patriarcal. De ahí que muchos expertos aseveren que Job vivió en la misma época de Abraham, o tal vez antes, y que también piensen que descendía de Nacor, hermano de Abraham. Esto se debe a que el libro no menciona la historia de Israel ni sus ritos religiosos.

De Uz, el lugar de procedencia de Job, no se puede decir nada con exactitud, aunque algunos eruditos lo sitúan en el norte de Arabia. No obstante, lo que sí se tiene claro es que el libro de Job es una joya de la literatura universal por el gran impacto de su contenido en cuanto al tema del sufrimiento.

ANTECEDENTES
El libro de Job es de suma importancia, y por esto se encuentra en el canon de los libros inspirados por el Espíritu Santo que componen lo que llamamos las Escrituras, la Biblia o la Palabra de Dios.

Como todo en este libro se centra en la persona de Job, haremos lo posible para entender y aplicar las verdades aquí establecidas en nuestra vida. Los personajes centrales que vemos a lo largo del libro son: Job, el siervo de Dios; Satanás, el enemigo, el adversario o el acusador; lo tres amigos y Eliú que representan la sabiduría humana; y Dios, que es el Juez de todo el universo.

Podemos decir que Job se ha convertido en el modelo bíblico por soportar el desastre, el dolor y el sufrimiento. Nadie puede entender algo sobre el sufrimiento sin leer, estudiar y conocer el libro de Job. La experiencia que vivió este hombre es única en cuanto al dolor, el sufrimiento y el infortunio. Incluso, hasta el día de hoy, todo esto es un enigma entre los estudiosos y eruditos de las Escrituras. Lo cierto es que Dios muchas veces actúa de una manera que no entendemos. Sobre esto, Peter Kreef dijo:

> Job es un misterio. Un misterio satisface algo en nosotros, pero no nuestra razón. Job repele al racionalista en nosotros, ya que Job repelió a sus tres amigos racionalistas. Sin embargo, algo más profundo en nosotros se satisface y nutre de manera profunda con Job [...] Aun así, pone hierro en nuestra sangre[1].

En mi opinión, considero que ningún otro libro de la Biblia, ni cualquier otra literatura antigua o moderna, afrontan el problema del mal y del sufrimiento como Job, pues lo hace con un dramático realismo emocional y, al mismo tiempo, filosófico e intelectual. Todos sabemos que el tema principal de Job es el sufrimiento del inocente, pues a menudo el justo y el creyente sufren tragedias y dolores, mientras que muchos impíos deshonestos y malos tienen vidas buenas y placenteras. En cuanto al motivo de esta desproporción, solo Dios nos podrá contestar algún día.

Como veremos, los discursos de Job están llenos de palabras de reflexión y sabiduría en medio de tanto dolor. Con un lenguaje profundo y elegante, los debates entre Job y sus amigos acerca del sufrimiento se desarrollan a través de aspectos espirituales, personales y filosóficos.

TENDENCIAS ANTE EL SUFRIMIENTO

Vemos que el libro de Job habla desde dos puntos de vista: el cristiano y el secular. Teniendo en cuenta esto, sería inapropiado realizar el análisis a partir de un solo enfoque sin tener en cuenta el otro. Para el cristiano, muchas veces la respuesta típica ante el sufrimiento es la de pensar que se debe estar haciendo algo mal o se está en pecado. Por otra parte, el punto de vista secular plantea que no hay razón alguna para el sufrimiento, pues un Dios bueno nunca permitiría esto. Así que concluyen que la razón de todo este dolor y sufrimiento se deben a que Dios no existe o que, si existe de veras, Él debe ser malo.

Ambas respuestas a estos dos puntos de vista, tanto el del moralista cristiano como el secularizado, son erróneas. Ni Job mismo ni sus amigos descubren la realidad hasta el final del libro. Aunque a veces Dios disciplina a los cristianos si hay alguna falta en sus vidas, este no fue el caso de Job. Tampoco lo es en muchos otros casos. No es menos cierto que, con frecuencia, el creyente que sirve de veras y de corazón al Señor experimenta pruebas ante algo inesperado que le sobreviene a su vida, como una enfermedad, una tragedia o una pérdida.

En cuanto a Job, sus problemas no se debieron a que hiciera algo indebido en la vida, pues se destacaba por ser un hombre justo e íntegro, sino que Dios fue el que permitió que afrontara unas pruebas tan difíciles. Por eso es que se debe tener mucho cuidado al hablar de manera difamatoria contra algún cristiano cuando atraviesa grandes reveses, ya que solo Dios es el que conoce su corazón.

¿QUIÉN FUE JOB EN REALIDAD?

Por lo que dijimos antes, se infiere que Job no es un personaje ficticio ni místico, sino real y verdadero. El mismo Dios da fe de su autenticidad (Ez 14:14, 20) y hasta se menciona también en la epístola de Santiago (5:11). Por lo tanto, esta historia fue real y es fidedigna, pues hasta el propio Dios la citó como referencia.

Debemos dejar en claro que Job desconocía lo que sucedió en el cielo durante la conversación que se entabló entre Dios y el diablo (lee Job 1:7-12; 2:1-7). Así que está ajeno por completo a que el

Señor lo puso como ejemplo para las generaciones futuras. Es más, no estaba enterado del «convenio» o de la «apuesta» que Dios hizo con el maligno a fin de revelar la fe, rectitud e integridad de Job. Entonces, ¿qué rasgos distintivos encontramos en Job? Veamos...

1. **Job fue un hombre de fe, recto, temeroso de Dios y apartado del mal**
   Job 1:1: «Hubo en tierra de Uz un varón llamado Job; y era este hombre perfecto y recto, temeroso de Dios y apartado del mal».

   Job llegó a conocer a Dios como el «Shadai» o el Dios «Todopoderoso». De allí su temor y reverencia que le prodigaba a Él. Así que como hombre, Job era lo máximo a lo que puede aspirar un varón en cuanto a santidad de carácter. El hecho de que no hubiera «otro como él en la tierra, varón perfecto y recto» (Job 1:8), no lo dijo él mismo, sino que fue una declaración de Dios, el único que conoce lo profundo y oculto en los corazones de los hombres.

   Job no era perfecto de la manera que muchos lo ven, sino que su vida reflejaba madurez de carácter e integridad. Es más, la perfección de Job no respondía a que no fuera pecador, porque todos pecamos (1 Jn 1:8), sino a que tanto él como nosotros no practicamos el pecado (1 Jn 3:9; 5:18). Hay una gran diferencia entre ambas cosas: pecar y seguir practicando el pecado. Aquí la «perfección» se refiere que se dedicó en cuerpo y alma a Dios, y a que vivía de manera honorable y recta. Por lo que testifica la Escritura, es evidente que Job era «íntegro» según el conocimiento que tenía y su capacidad. Como hombre honesto, caminaba en rectitud moral delante de Dios y los hombres.

   Durante su prueba se reveló lo que de veras había en su corazón, entre lo cual estaba su propia honradez y justificación en defensa propia. Por eso es que Dios lo llamó íntegro y recto, temeroso de Él y apartado del mal. ¿Será que nosotros seremos capaces de ser como Job?

2. Job fue un hombre bendecido financieramente

Job 1:3: «Su hacienda era siete mil ovejas, tres mil camellos, quinientas yuntas de bueyes, quinientas asnas, y muchísimos criados;
y era aquel varón más grande que todos los orientales».

El Señor prosperó a Job en gran medida. De seguro que esto
se debía a su rectitud, integridad y santidad. En mi libro *«Dad,
y se os dará»*, dije que «el dinero no se ama, se usa», y que Dios
nos bendice para bendecir a los demás. También el Rvdo. Paul W.
Powell comentó en cierta ocasión que el dinero en sí mismo no
es malo, sino el amor al dinero. El dinero es como un ladrillo, lo
puedes usar para construir una catedral o para aplastarle la cabeza
a alguien. El dinero por sí solo no es bueno ni malo, sino que la
codicia es la raíz de todo mal.

3. Job fue un hombre familiar y sabio

Job 1:5: «Y acontecía que habiendo pasado en turno los días del
convite, Job enviaba y los santificaba, y se levantaba de mañana y
ofrecía holocaustos conforme al número de todos ellos. Porque decía Job: Quizá habrán pecado mis hijos, y habrán blasfemado contra Dios en sus corazones. De esta manera hacía todos los días».

Job fue un sacerdote ejemplar en su familia. Sus hijos deben
haber recibido una muy buena educación, pues tenían comunión
unos con otros. Job no les prohibía que se reunieran, sino que
conocía bien que la naturaleza humana es corrupta y pecadora.
Así que sabía del peligro moral que corrían sus hijos.

A medida que crecen los hijos, y aun cuando son adultos, es
muy fácil que pequen y deshonren el nombre del Señor. Así que
Job presentaba sus hijos delante de Dios y ofrecía holocaustos a
su favor. En la actualidad, esto sería el equivalente a presentarles
nuestros hijos ante el Señor en oración y ayuno.

Job deseaba ver a sus hijos en el camino de la integridad al
igual que él. No ahorraba sacrificio diario alguno para que sus
hijos fueran rectos delante del Altísimo. Así como hemos hecho,
y hacemos, Dámaris y yo cada día por nuestros queridos hijos

Kathryn y Joshua Jr. Por lo tanto, dedica tiempo para hablar y aconsejar a tus hijos y orar con ellos. Lo que haces hoy, lo harán mañana con sus hijos.

4. **Job fue un hombre diferente**
   Job 1:8: «Y Jehová dijo a Satanás: ¿No has considerado a mi siervo Job, que no hay otro como él en la tierra, varón perfecto y recto, temeroso de Dios y apartado del mal?».

   Puesto que era un hombre recto, era de esperar que el Señor considerara a Job, y lo destacara para su deleite y la envidia del diablo. Sabemos que Dios «considera al íntegro» (Sal 37:37). Tanto el Señor como el diablo eran conscientes del cristiano que anda en rectitud. Cuando agradamos a Dios, Él nos pone de ejemplo, para su honra y gloria, contra el reino de las tinieblas. Tú y yo debemos caminar en integridad en todas los aspectos de la vida y no dar lugar al diablo (Ef 4:27), a fin de que no tome ventaja sobre nosotros (2 Co 2:11).

5. **Job fue un hombre con la protección divina**
   Job 1:9-10: «Respondiendo Satanás a Jehová, dijo: ¿Acaso teme Job a Dios de balde? ¿No le has cercado alrededor a él y a su casa y a todo lo que tiene? Al trabajo de sus manos has dado bendición; por tanto, sus bienes han aumentado sobre la tierra».

   La persona de Job, así como su familia y sus posesiones, estaban bajo el cuidado del Señor. Es más, el propio diablo reconocía que Job estaba bajo la protección divina.

   En cuanto a nosotros, es evidente que no podemos ver al ángel de Jehová que acampa a nuestro alrededor y nos protege a quienes le tememos, pero el enemigo sí (Sal 34:7). No obstante, el Dios que nos protege es mayor que cualquier embate del diablo en contra de nosotros, nuestra familia y nuestro ministerio. Además, sabe que no puede tocar a los verdaderos hijos de Dios y que su poder está limitado por completo cuando se trata de ir en contra del Señor que aboga, cuida y protege a sus hijos. El maligno no nos puede «tocar» (1 Jn 5:18).

PERSPECTIVAS ANTE EL TEMOR

Algunos eruditos afirman que quizá Job experimentara un temor profundo en su corazón de que algo les pudiera suceder a sus hijos, posesiones, propiedades y a él. Tal vez la preocupación y el miedo de que algo les pasara estaba arraigado en lo más profundo de su corazón, así que Dios, al permitir todo lo que le sobrevino, expuso lo que estaba encubierto. La razón para llegar a esta conclusión está en que dichos eruditos usan las propias palabras de Job cuando afirma: «Porque el temor que me espantaba me ha venido, y me ha acontecido lo que yo temía» (Job 3:25). ¿Qué le vino? ¡Desdicha, tragedia y catástrofe! ¿Y qué le aconteció? ¡Lo perdió todo!

El presidente Franklin D. Roosevelt, durante la recuperación de Estados Unidos de la Gran Depresión, y en un intento por animar a la nación, dijo parafraseando una frase del filósofo griego Epicteto: «Lo único que debemos temer es el temor mismo»[2].

Creo que lo que Roosevelt quería decir es que debemos temer lo que representa el miedo: la amenaza y las consecuencias que trae consigo, pues nos paraliza y nos hace ver lo que no es. Todos tenemos que afrontar el miedo, pero con el Señor a nuestro lado, lo podemos vencer.

Por otra parte, los que no son cristianos usan algunos mecanismos para tratar con este asunto del temor. En primer lugar, está el «fatalismo», que dice que «todos estamos perdidos o condenados». ¡Esto no da resultado! En segundo lugar, tenemos el «existencialismo», que dice que «todos estamos despistados sin saber hacia dónde vamos». ¡Esto no conduce a nada! Por último, está el «optimismo», que dice que «todos estamos bien o que todo está tranquilo». ¡Esto no es verdad! Cada uno de estos mecanismos son ineficaces y no tienen poder alguno.

EL TEMOR Y SUS MANIFESTACIONES

Es evidente que todos tenemos alguna forma de temor, preocupación o demasiada precaución. De modo que si el miedo plaga tu vida, acuérdate de lo que dijo Pablo:

Porque no nos ha dado Dios espíritu de cobardía, sino de poder, de amor y de dominio propio.

2 Timoteo 1:7

En algunas traducciones de la Biblia, la palabra «cobardía» es sinónima de «temor». Entonces, como Dios no nos ha dado un espíritu de temor, debemos reconocer las diferentes manifestaciones del temor a fin de combatirlas tomados de la mano del Señor.

Sin duda, hay muchos temores o miedos. Si quisiéramos confeccionar una lista con toda clase de temores, de seguro que sería interminable. No obstante, llegado este momento, debemos preguntarnos: «¿Qué temores se afrontan en la vida?». He aquí la respuesta:

- El temor al desastre y a la calamidad natural, como los terremotos, huracanes, etc.
- El temor a una mala noticia del médico, de perder la salud en un hospital debido a una enfermedad, ya sea cáncer o cualquier otra cosa que sea serio y terminal.
- El temor al sufrimiento y al dolor.
- El temor a perder el trabajo o la casa.
- El temor a las deudas o al colapso financiero.
- El temor a la derrota o a fallar.
- El temor a la soledad o a perder los hijos.
- El temor a la desaprobación o al rechazo.
- El temor al peligro o a un problema inesperado.
- El temor a algún problema legal en el que se tenga que rendir cuentas ante tribunales, jueces y hasta el gobierno.
- El temor a la depresión o a un desequilibrio mental.
- El temor a un conflicto armado o a una guerra nuclear.
- El temor a un ataque terrorista.
- El temor a perder el matrimonio y la familia.
- El temor a salir de casa, y ser víctima de asaltos o asesinato.
- El temor a conducir un auto.
- El temor a accidentes.
- El temor a volar en avión.

- El temor a conocer extraños.
- El temor a la contaminación o infección.
- El temor a los animales, a las alturas, a los elevadores.
- El temor a estar involucrado en escándalos.
- El temor a no tener lo suficiente financieramente para jubilarse.
- El temor a morir, a que lo entierren vivo.

Ante todo esto, debemos saber cuándo experimentamos temor. Según su concepto intrínseco, el temor se manifiesta con recelo, preocupación, ansiedad, intimidación, inestabilidad, trastornos, pavor, inquietud, alarma, estrés, aprensión, parálisis, pasividad, desconfianza, sospecha, duda, turbación, desasosiego, desvelo, impaciencia, nerviosismo, angustia, congoja, incertidumbre, agitación, amenaza, inseguridad, crisis, pánico, sobresalto, tensión, huida, etc., etc., etc. Y, en realidad, todos tenemos algunas de estas cosas, pues somos humanos. Por eso es que cada uno de nosotros es diferente y con temores distintos.

Piensa en esto: El temor siempre se enfoca en el futuro, en algo que a lo mejor nos puede pasar y que la mayoría de las veces nunca sucede. En otras palabras, el temor viene con: «A lo mejor me va a suceder esto», cuando lo cierto es que casi «nunca sucede nada». Ten presente que el único que conoce el futuro es Dios, así que tenemos que descansar en Él y en sus promesas. De lo contrario, el temor nos puede robar la paz, el gozo y el sueño, así como puede llevarnos a apartar la mirada del Señor. Entonces, como resultado, nos inundarán más ansiedades y temores. Como todo esto es un tormento mental que Dios nunca idealizó para ti ni para mí, debemos buscar más de Él a fin de obtener la victoria.

LA RESPUESTA QUE BUSCAMOS ESTÁ EN DIOS

¿Por qué Dios es la respuesta a todos nuestros temores? Si Dios es bueno, y Él lo es, y si Dios es Todopoderoso, y Él lo es, y si Dios tiene un plan contigo y conmigo, y Él lo tiene, y si somos sus hijos, y lo somos, y si como un Padre cuida de nosotros, y lo hace de veras, no hay razón para el temor porque Él tiene el control de absolutamente todo y no permitirá algo que tú o yo no seamos capaces de soportar. Algunos predicadores dicen que en la Biblia tiene trescientas sesenta y cinco veces escrita las palabras «no temas». Una para cada día del año. Entonces, ¡no temas! La manera de eliminar el miedo es incrementando nuestro conocimiento de Dios. Si cambiamos nuestro enfoque del presente, del miedo que nos rodea ahora y de lo que no sabemos del futuro, podemos sustituirlo por algo eterno y confiable. Con esto me refiero a la fe, al conocimiento y a la confianza absoluta en Aquel que tiene en sus manos el control de todas las cosas.

En mi opinión, el concepto del miedo es el resultado original, o principal, y lo más primitivo en cuanto al sufrimiento. De seguro que el temor se asocia con el sufrimiento. Por eso es que el miedo es el gran enemigo de la recuperación, del restablecimiento y de la mejoría. ¡Miedo! Una palabra terrible que paraliza, envuelve y penetra en lo más profundo de cada ser humano, ya sea a través del sufrimiento físico en un hospital, el emocional del alma por traumas y malas experiencias, o el espiritual debido a lo desconocido del más allá, lo cual es común en quienes no tienen al Señor.

El miedo también es algo mental, pues junto con la emoción, este sentimiento se filtra y esparce por todo el cuerpo, alterando la percepción del dolor. Una persona con miedo exagerado a las agujas hipodérmicas literalmente siente más dolor de una inyección que una persona diabética que ha aprendido a inyectarse todos los días. La fisiología es la misma en las dos personas, pero el miedo es el que marca la diferencia.

Para casi todos nosotros, los temores que acompañan al sufrimiento son fáciles de identificar, pues nos amedrentan las experiencias del dolor y de lo desconocido. Los que no conocen al Señor, en su mayoría, le temen a la muerte. A otros les preocupa si estando enfermos o ancianos serán una carga para sus familiares. Algunos piensan si sanarán o no, o si tendrán algún futuro. Incluso, muchos creen que Dios los está castigando.

Las personas que sufren, ya sea de manera física, emocional o psicológica por el dolor que sea, casi siempre se sienten inundadas de soledad, y que los demás, incluyendo a Dios, las abandonaron. Esto se debe a que creen que deben soportar el sufrimiento a solas y que nadie las podrá entender. La soledad aumenta el temor que, a su vez, incrementa el dolor, y así se desarrolla en una espiral descendente que provoca desesperación. Con esto en mente, debemos aclarar que solo porque alguien sufra no quiere decir que Dios está en su contra. Pablo nos lo declara con estas palabras:

> Bendito sea el Dios y Padre de nuestro Señor Jesucristo, Padre de misericordias y Dios de toda consolación, el cual nos consuela en todas nuestras tribulaciones, para que podamos también nosotros consolar a los que están en cualquier tribulación, por medio de la consolación con que nosotros somos consolados por Dios.
>
> 2 Corintios 1:3-4

Debido a que la Biblia nos revela que es una gran guía y un antídoto contra el miedo, el conocimiento personal de Dios puede conquistar el temor, así como la luz logra destruir las tinieblas.

Ahora bien, en medio del dolor no necesito de una fe exagerada para impresionar a Dios, pues sé que Él está lleno de amor, compasión y preocupación por mí. Los cristianos tenemos muchos recursos para contrarrestar el temor. Al igual que el sentimiento emocional del miedo se filtra hasta la mente y repercute de forma directa en todo el cuerpo, nosotros tenemos la oración que causa un efecto mucho más poderoso en nuestra alma y espíritu alejando nuestra atención del cuerpo. La oración penetra en medio de lo sensible del dolor en el que me enfoco y me lleva directamente a Dios. Mientras lo hago, mi cuerpo se aquieta, mis músculos tensos por el miedo se relajan y una paz divina viene sobre mí para sustituir toda tensión. Sobre esto, el Dr. Steven Brena escribió:

> Hablamos del miedo como algo emocional que opera más como un reflejo de la acción con efectos fisiológicos inmediatos. Los músculos se ponen tensos y se contraen de forma involuntaria provocando una presión en los nervios dañados, lo cual produce

más dolor. La presión sanguínea también cambia y pueden dejarnos pálidos o rojos. Una persona muy frágil también puede experimentar un colapso muscular y desmayar. Todos los animales sienten miedo, como la ameba, que huye del calor y del dolor. Sin embargo, los humanos parecen ser susceptibles en especial al miedo. Un colon espástico, por ejemplo, es una señal común de la ansiedad humana, que es prácticamente desconocida en otras especies[3].

Para nosotros los cristianos el único temor que debemos tener es el temor al Señor, vivir en santidad, a la vez que lo respetamos, reverenciamos y adoramos por lo que es Él (Job 28:28; Pr 1:7). En cuanto al temor de Job, algunos teólogos opinan que fue justo por dicho temor que le sobrevino todos sus infortunios. En cambio, a pesar de sus temores y debilidades, como tenemos cualquiera de nosotros, Job decidió servir a Dios y ponerlo en primer lugar en su vida.

MEDÍTALO...

Cuando le preguntaron a Tom Landry, famoso jugador de fútbol americano, la razón de su gran éxito, respondió a más de dos mil alumnos en la Universidad Baylor:

> En 1958, hice algo que todos los que han tenido éxito deben hacer, determiné mis prioridades para mi vida: Dios, la familia y luego el fútbol[4].

De la misma manera, Job decidió en su corazón lo que era más importante para su vida: ¡Dios! En las pruebas que veremos adelante, Job siguió aferrado a su Señor. Él era el primero en su vida. Al fin y al cabo, el oscuro propósito que el diablo tenía para Job sirvió para glorificar al Señor, ¡pues Job siguió aferrado a su Dios!

EL ORIGEN DEL MAL Y DEL ENEMIGO DE JOB

2

«Un día vinieron a presentarse delante de Jehová los hijos de Dios, entre los cuales vino también Satanás».
Job 1:6

Cuando analizamos el origen del mal, no cabe duda que el personaje principal es Lucifer, o el diablo, quien era un hermoso querubín creado por Dios para que lo adorara, pero que se rebeló en contra de su Creador y quiso ocupar su lugar y asumir el control total de los ángeles y del universo. Ahí nació el mal, por el pecado del orgullo, de la soberbia y de la prepotencia. Como resultado, Dios echó fuera del cielo al diablo, junto con los ángeles que le siguieron.

Hablando acerca del origen del diablo y del mal, y la repercusión que tuvo la corriente herética conocida como gnosticismo, el autor Ed Murphy señaló lo siguiente:

> Jeffrey Burton Russell explica que los orígenes del gnosticismo se remontan quizá hasta una época tan anterior como la comunidad de Qumrán, con su teología de conflicto cósmico entre el bien y el mal. Sin embargo, el gnosticismo fue en esencia un intento cristiano de teodicea que desvió y amenazó con dividir la iglesia postapostólica hacia mediados del siglo II. Gran parte de los escritos apologéticos de los padres primitivos fueron dirigidos contra esta devastadora herejía. El gnosticismo, por tanto, prestó un enorme servicio a la iglesia, haciéndola reflexionar sobre el problema del

mal, en especial a los grandes apologistas como Justino Mártir, Taciano, Atenágoras, Teófilo, Ireneo y Tertuliano[1].

El principio de cómo se introdujo la maldad en el corazón del diablo es un misterio, como señaló Pablo: «el misterio de la iniquidad» (2 Ts 2:7). Puedes leer más sobre su origen, maldad y las consecuencias de su rebelión en Ezequiel 28:12-19. Aunque este pasaje hace alusión, en realidad, al príncipe de Tiro, esta descripción no puede ser de nadie más, excepto del ángel que cayó de su belleza y perfección, y se convirtió en el diablo.

En Isaías 14:11-15, también puedes leer más sobre su presunción, orgullo, arrogancia y petulancia al querer ocupar el lugar de Dios y ser como Él, cuando era un simple ser creado y no el Creador. Por eso es que, debido a sus muestras de vanidad y jactancia, Dios lo echó del cielo. Sin embargo, no se fue solo, pues en su rebelión consiguió engañar y llevar con él un tercio de los ángeles del cielo (Ap 12:4), los cuales componen hoy su ejército de demonios y espíritus malignos que atormentan a la humanidad.

Dámaris, mi esposa, escribió un libro sobre las estrategias del diablo y sus huestes llamado *La guerra espiritual que enfrentamos todos*. Aquí encontrarás más información acerca del origen del diablo y el mundo espiritual. En sus páginas, describe la batalla constante que todo cristiano afronta, así como de la realidad del diablo y sus demonios. Además, nos recuerda que debemos estar siempre preparados y ponernos a diario la armadura de Dios para vencer (Ef 6:11-19).

Ahora, pon esta palabra en tu corazón: El diablo y las huestes satánicas son reales y quieren destruirte a ti, a mí y al resto de la humanidad. ¡Que el Señor les reprenda!

EL CASO DE JOB

Como ya vimos, Job desconocía la conversación que tuvo Dios con el diablo en el cielo. Así que estaba ajeno al acuerdo que llegaron los dos. Por lo tanto, Job no podía ver lo que había «detrás del telón». Nosotros sí podemos entenderlo, porque somos parte de la «audiencia». Sin embargo, como actor principal de la historia, Job no tenía la más mínima idea de que lo que le sucedía en el mundo físico se debía a lo que se gestaba en el mundo espiritual. Además, tal vez Job desconociera que tenía un enemigo real, al igual que lo tenemos tú y yo, pero que muchas personas no lo saben aún.

El libro de Job nos habla de mucho más que solo su «paciencia en el sufrimiento». Las Escrituras abren el velo y nos revelan que tenemos un acusador real, feroz, malo y sin misericordia. Un acusador capaz de destrozar a cualquiera que no esté con Cristo y su protección. Por lo tanto, debemos recibir la victoria que Dios nos ofrece a través del Nombre, de la Palabra, de la Autoridad y de la Sangre de Jesús. ¡No juegues con esto! Sería un suicidio espiritual que le hicieras frente al diablo sin tener estas armas a tu disposición. ¡No te arriesgues! Recuerda que el propósito del diablo es matar, robar y destruir, pues ya lo ha hecho con millones de personas.

En el libro de Job nos encontramos frente a frente con una personalidad maligna y cruel. Vemos a Job en las manos del diablo, pero con una limitación impuesta por el Señor: «Mas guarda su vida» (Job 2:6). Aunque Job durante su prueba le reclama a Dios y habla en su contra, el Señor pasa su gracia por encima de esto, pues solo Él sabía lo que sucedía entre Él, el diablo y Job.

Si las palabras que dijo Job en contra del Señor vinieran de otra persona, se considerarían como un insulto, una falta de reverencia y una blasfemia. En cambio, las palabras de Job revelaban algo mucho más profundo de su corazón, y esto era su justificación delante de Dios. Más adelante, al final del libro, vemos que expresa palabras de arrepentimiento (Job 42:1-6).

El caso de Job es único en las Escrituras. Dios la hizo pública para que nosotros conociéramos el poder de la resistencia contra el mal por la fe. Sin duda, fue una batalla campal entre el mejor de los hombres de la época y el peor de los enemigos. El diablo hizo todo lo posible por derrumbar la integridad de este hombre que estaba bajo la protección divina y que solo ofrece una resistencia pasiva delante de lo que afronta. En realidad, repito, desconocía que el diablo quería destruir a Job, mientras que Dios quería ponerle como ejemplo de integridad y rectitud.

CONOCE AL ENEMIGO

Antes de señalar los aspectos tan negativos del enemigo, veamos primero lo que significa de veras el nombre del diablo, según el libro de Job:

1.6 Satanás, *Satn*; Strong #7854: Un oponente o el oponente; el que odia; el acusador; el adversario, el enemigo; aquel que resiste, obstruye y limita todo lo bueno. *Satn* viene de un verbo que significa «oponerse» o «resistir». Como sustantivo, puede describir a cualquier «oponente» (2 S 19.21, 22). Pero, cuando la forma *ha-satn* (el adversario) aparece, se traduce usualmente satanás, no a título de nombre, sino como una acertada descripción de su carácter de odioso enemigo, ya que Satanás es el odiador, el que se opone a Dios, que es amor (véanse 1 Jn 3.10–15; 4.7, 8). La humanidad no fue testigo del principio de Satanás, pero por designio divino lo será de su final, un final de eterno tormento y humillación (véanse Is 14.12–20; Ez 28.16–19; Ap 20.10)[2].

Por lo tanto, ¿cómo nos preparamos? El general, estratega militar y filósofo de la antigua China, Sun Tzu, expresó lo siguiente: «Conoce a tu enemigo y conócete a ti mismo, y podrás pelear en cien batallas sin un desastre». Entonces, basados en esta realidad, debemos analizar lo siguiente:

1. El origen del enemigo
Necesitaríamos mucho tiempo para hablar del origen del diablo. Si lo deseas, puedes consultar el libro que escribió mi esposa, el cual ya te mencioné, así como en muchos otros libros, por supuesto. Si lees los pasajes de Isaías 14:5-20 y Ezequiel 28:12-19, sabrás algo sobre el gran misterio del origen del pecado y de la maldad.

En los dos primeros capítulos de Génesis no está el diablo y tampoco está en los dos últimos capítulos de Apocalipsis, pues recibirá su justo castigo (Ap 19:10). Todo lo demás en las Escrituras hace referencia a este personaje que, debido a su actuación y propósito, se le nombra de muchas maneras, como adversario, enemigo, acusador, príncipe de las tinieblas, león rugiente, dios de este mundo, gobernador de las tinieblas, etc.

2. **La naturaleza del enemigo**

Su naturaleza y personalidad es mala, cruel y perversa. Jesús dijo que era homicida, mentiroso y padre de mentira desde el principio (Jn 8:44). No hay verdad en él. Así como existe la Trinidad Divina, Dios Padre, Dios Hijo y Dios Espíritu Santo, durante la gran tribulación habrá también la trinidad satánica: el dragón (el diablo), el anticristo, (la bestia) y el falso profeta (el engañador). Por favor, lee en el libro de Apocalipsis desde el capítulo 6 al 20:10, y tendrás un mejor entendimiento sobre esto.

3. **El propósito del enemigo**

La meta de nuestro enemigo es poner una separación entre Dios y los seres humanos, como vemos en este pasaje:

> Extiende ahora tu mano y toca todo lo que tiene, y verás si no blasfema contra ti en tu misma presencia.
>
> Job 1:11

A menudo, el diablo obtiene su propósito. Lo logró con Adán y Eva, lo intentó con Job, lo hizo con el rey Saúl, con Judas y con una infinidad de otras personas. Por eso se le llama el «enemigo» de Dios. Su intención es herir el corazón de Dios. Durante la vida y el ministerio de Cristo, lo intentó frenar de varias formas y personas diferentes, y quiso sabotear el plan divino de la redención. Es evidente que está lleno de odio e iniquidad, y arremete contra las almas de los hombres para llevarlos a la perdición y destruirlos. Pon esta palabra en tu corazón: «Como ya está perdido, no tiene nada más que perder»; es decir, intentará acabar con tu vida y la mía a como dé lugar. ¡Que el Señor lo reprenda!

4. La esfera del enemigo

Job 1:7 define bien el nivel de actuación del maligno: «Y el Señor dijo a Satanás: ¿De dónde vienes? Entonces Satanás respondió al Señor, y dijo: De recorrer la tierra y de andar por ella». Su misión es andar por todas partes a fin de hacer daño y causar destrucción entre los hombres. ¡Ese es su trabajo! Su alcance es el mundo y su fin es llevar almas con él hacia la perdición eterna.

5. La autoridad del enemigo

No podemos ignorar que el diablo y sus huestes malignas tienen autoridad y poder (Ap 13:4, 12). Aunque este poder, o fuerza, lo usurpó, pues no le pertenece. El diablo solo tiene poder sobre las personas que se lo dan; o sea, cuando estas les abren una brecha y un derecho legal para tocar sus vidas.

Hay quienes dicen que el diablo no tiene poder. Sin embargo, ¡las Escrituras dicen otra cosa! Si fuera así, no hubiera sido necesario que el propio Cristo, como hombre y no Dios, ayunara por cuarenta días para vencerlo. Aunque nos lance su ira, enojo y dardos de fuego, podemos vencerlo con el poder que nos da el Señor (Lc 10:19).

6. La limitación del enemigo

Al diablo se le permitió enviar sus mensajeros una y otra vez en contra de Job, al igual que lo hizo con Pablo (2 Co 12:7). Sin embargo, en ambas ocasiones estuvo, y está, limitado a lo que decida Dios. A veces, zarandea a las personas como trigo, pero no puede destruirlas (Lc 22:31). Es evidente que Dios le pone limitaciones:

> Dijo Jehová a Satanás: He aquí, todo lo que tiene está en tu mano; solamente no pongas tu mano sobre él.
>
> Job 1:12

En otras palabras: «¡Hasta ahí no más! No pongas tu mano para destruirlo». Sí, Job estuvo en manos del diablo, como dice Job 2:6, pero el diablo no pudo matarlo. Actuó de la manera que lo hizo, a fin de llevar a cabo su malévola actividad, pero no pudo tocar la vida, el espíritu ni el alma de Job. Sabía muy bien que Job tenía la bendición de Dios, como dice este pasaje:

> ¿No le has cercado alrededor a él y a su casa y a todo lo que tiene? Al trabajo de sus manos has dado bendición; por tanto, sus bienes han aumentado sobre la tierra.
>
> Job 1:10

Dios cercó a Job, y eso mismo hace con nosotros mediante la preciosa sangre de Cristo. El enemigo puede pedirle permiso a Dios para probarnos y tentarnos, pero no puede tocar nuestras vidas si andamos en integridad. Es más, no puede hacer nada si la persona es una fiel cristiana lavada en la sangre de Cristo. No puede tocarla sin el permiso divino, pues «Aquel que fue engendrado por Dios le guarda, y el maligno no le toca» (1 Jn 5:18). ¿Quién nos guarda? ¡Cristo! El diablo no es Omnisciente, ni Omnipotente, tampoco es Omnipresente, no lo ve todo. Por lo tanto, ¡no puede compararse con Dios! ¡Imposible!

7. La estrategia del enemigo

Lo primero que hizo el diablo fue salir de la presencia de Dios (Job 1:12). Tenía prisa de hacerle mal a Job. Así que salió sin esperar ninguna otra instrucción. Tampoco se detuvo, pues esa es su naturaleza maligna, feroz y brutal. Después que se marchó, el diablo fue habilidoso para esperar el tiempo oportuno para atacar. Ese momento llegó cuando los hijos de Job estaban todos reunidos: «Y un día aconteció» (Job 1:13).

Como ves, el diablo esperará a que llegue un día en específico cuando te encuentres débil, desanimado, abatido, derrotado, sin fuerzas para leer la Palabra, para orar, para ayunar, con muchos problemas, deudas, preocupaciones, enfermedades, presiones, trabajo, familia, ministerio, etc. Con Jesús hizo lo mismo, pues después de la tentación «se apartó de él por un tiempo» (Lc 4:13).

Recuerda: El diablo nunca te atacará por tu lado fuerte y de victoria, sino que lo hará siempre por tu punto débil y de derrota. Lo más lamentable de todo es que sabe que es así. Y todos tenemos esos momentos de debilidad en que el diablo no dudará en arremeter contra nosotros.

En el ataque contra Job, usó a hombres malvados para que le robaran sus bueyes y asnas, así como para que mataran a los siervos. El diablo usa con facilidad a los impíos para llevar a cabo sus planes, como lo hizo con Judas cuando traicionó a Jesús. También el diablo fue el que hizo caer fuego del cielo, haciéndole creer a Job que fue obra de Dios. El siervo lo dijo bien claro: «Fuego de Dios cayó del cielo, que quemó las ovejas y a los pastores, y los consumió» (Job 1:16). Así son muchos cristianos que piensan que Dios es el que causa el problema, que no le ha dado respuesta, que enferma, etc. Mientras que el propio Dios es quien nos guarda, protege, bendice, etc.

El diablo tuvo el gran cuidado de dejar un siervo vivo para que le llevara la noticia a Job. De esa manera podía pensar que el causante de su desgracia fue Dios. De ahí que Job reclamara, discutiera, se justificara y se enfrentara a Dios al acusarlo de ser el responsable de su desgracia:

> Reasumió Job su discurso, y dijo: Vive Dios, que ha quitado mi derecho, y el Omnipotente, que amargó el alma mía.
>
> Job 27:1-2

Job dice que Dios fue quien le amargó la vida, cuando el diablo fue el verdadero autor de su tragedia. En tiempos de dolor y sufrimiento, es fácil convertir a Dios en un enemigo en lugar de nuestro abogado. Si el diablo consigue hacer creer que el Señor es el culpable de tus infortunios en el tiempo de pruebas, tribulaciones, enfermedades, escasez y aflicciones, habrá alcanzado una gran victoria sobre ti.

Sin embargo, ten la seguridad de que Dios te quiere bendecir y quitar toda tu confusión y derrota. Además, quiere suplir todas tus necesidades y abrir todas las puertas que están cerradas para ti. No creas en lo que te dice el diablo, pues es un maestro en el engaño, la mentira y la falsedad (Jn 8:44).

LA REALIDAD DEL MUNDO ESPIRITUAL EN LA VIDA DE JOB

La Biblia, tanto en el Antiguo como en el Nuevo Testamento, habla con claridad de un mundo espiritual y de la existencia de un diablo, de espíritus malignos, de ángeles caídos, de demonios y de seres perversos. Esta es una realidad de aceptación universal, pues en todas las culturas existe el mal y, como es lógico, sus efectos se pueden sentir y ver. Por eso no hace falta tratar de explicar el origen del mal ni su existencia en contra de los seres humanos. Incluso, en las tribus y culturas más primitivas y no civilizadas hasta el día de hoy, la realidad del mal es palpable y genuina, pues no es algo abstracto, como afirman los secularistas y ateos.

Sin duda, hay un mundo espiritual que no vemos, al igual que existe un mundo físico que vemos. Negar el mundo espiritual es negar nuestra propia existencia, porque así como tenemos el espíritu de vida que es benigno y está adentro de cada ser humano y que no se ve, también hay el espíritu de muerte, que es un espíritu maligno, que tampoco se ve, del cual el diablo tenía la autoridad, hasta que Cristo lo derrotó por medio de su muerte en la cruz y su resurrección, como afirma la Palabra:

> Así que, por cuanto los hijos participaron de carne y sangre, él también participó de lo mismo, para destruir por medio de la muerte al que tenía el imperio de la muerte, esto es, al diablo.
>
> Hebreos 2:14

En medio de este mundo espiritual, Job tuvo un papel destacado cuando Dios le dijo al diablo estas increíbles palabras:

> Y Jehová dijo a Satanás: ¿No has considerado a mi siervo Job, que no hay otro como él en la tierra, varón perfecto y recto, temeroso de Dios y apartado del mal?
>
> Job 1:8

Dios lo llamó «mi siervo», pues Job era perfecto; es decir, justo y maduro en lo espiritual, recto (vivía en integridad y su carácter moral era sólido), apartado del mal (no tenía nada en común con la impiedad ni la mundanalidad). Nadie podía acusarle de nada. Era un esposo y padre devoto a Dios, así como justo, compasivo y muy rico para esa época. Cada hijo tenía su propia casa, que era algo poco común en esos tiempos, pues casi siempre los hijos vivían con sus padres. Esto probaba que sus hijos ya eran independientes, lo suficiente maduros para vivir solos, debido a la enseñanza espiritual e influencia profunda de su padre Job.

En el concilio del cielo, cuando se presentaron los hijos de Dios, que de acuerdo a los estudiosos de la Biblia son ángeles, también se presentó el diablo con una actitud irrespetuosa hacia Dios, sin mostrar ninguna reverencia, ni postrarse ante Él. Es más, ni siquiera le llamó Señor, sino que se mostró con una actitud despectiva, soberbia y arrogante. Con relación a esta reunión celestial, no se nos dan otros detalles. Si no están escritos, es porque no eran necesarios.

Dios le dice al acusador que Job era único, el mejor de sus siervos: «No hay otro como él en la tierra». De inmediato, el diablo acusa a Job de hipocresía, ya que solo servía a Dios y tenía una relación personal con Él por los beneficios. Hasta llegó a decirle que Job no lo amaba lo suficiente, sino que se amaba a sí mismo y lo servía por lo que recibía de Él, pues lo usaba como un instrumento para sus propios intereses y motivos. En otras palabras, el diablo le decía a Dios: «Te probaré a ti y a este concilio que Job te maldecirá si le quitas tu protección y bendición, ya que te abandonará en el mismo instante que lo hagas». En esencia, lo que el diablo afirmaba era que Job obedecía a Dios por interés propio y por los beneficios terrenales que recibía. Entonces, si Dios le retiraba sus bendiciones, Job se revelaría por lo que era en realidad.

Sin embargo, esto era un ataque del diablo a Dios mismo, debido a que Él dijo que Job era el mejor siervo que tenía. De modo que si Job en verdad era un farsante, Dios habría fallado en gran medida al declarar que no había «otro como él». Recuerda que el diablo odia lo bueno y detesta a Dios, así que sus motivos eran maléficos por completo. Se deleita en causar dolor y se goza en ver sufrir a las personas.

El diablo conoce el amor que Dios tiene por la humanidad, por eso quiere derrotarlo en su intento de hacer que la humanidad le adore, a fin de frustrar este gran deseo del corazón de Dios.

Como una manera de probar la fidelidad de Job, Dios le permite al diablo que lo pruebe. ¿Por qué? Creo que Él ya sabía, por supuesto, que Job lo amaba lo suficiente como para afrontar el sufrimiento. De cualquier manera parece ser que el amor de Job necesitaba refinarse de una manera que sería un ejemplo para las generaciones venideras.

LA REVELACIÓN DEL CORAZÓN

El sufrimiento llevó a Job a un nivel extraordinario de grandeza personal incomparable en cuanto a todos los personajes bíblicos, excepto Cristo. Tenemos que reconocer que sí hay una gran diferencia entre servir a Dios por intereses propios, por religiosidad, en lugar de un corazón devoto y consagrado a Dios al amarlo teniendo una relación personal con Él. En cuanto a Job, era evidente que su vida no respondía a la religiosidad, sino a un corazón sincero y devoto, por lo que Dios sabía que podía pasar la prueba del sufrimiento.

Lo cierto es que el sufrimiento hace que nos examinemos a nosotros mismos y exponga nuestro corazón si de veras amamos al Señor o no. De esta manera se revelan los motivos ocultos en nuestro ser al sacarlos a la superficie después que se exponen como es debido a través de una prueba. Cuando se nos quitan las cosas que más estimamos y tenemos aprecio, o las personas que más queremos y amamos, es que de veras se prueba que amamos al Señor sobre todas las cosas. En esos momentos, muchos se alejan de Dios, pues sus convicciones no eran sólidas.

Es más, cuando sucede una tragedia inesperada, es que de veras se prueba nuestro carácter e integridad. Al contrario de otras personas, en lugar de apartarse de Dios se unen a Él en una comunión íntima y personal como nunca, porque saben que no pueden entender con sus razonamientos humanos, finitos y limitados, en comparación con un ser divino como Dios, que es tan grande, infinito, ilimitado, majestuoso e incomparable.

UN EJEMPLO PARA NOSOTROS HOY

En realidad, lo que sucedió en la reunión en el cielo es un misterio. Así que viene la pregunta: «¿Es el ser humano libre de verdad para elegir, escoger, decidir por su libre albedrío?». El diablo le deja en claro a Dios que si retirara las bendiciones de Job, este lo maldeciría en su rostro. Ante esto, digo: «Pobre Job, Dios lo escogió para probarles al diablo y a la humanidad que el hombre puede servir a Dios con libertad, y amarlo solo a Él y no por las cosas que recibe».

Cuando el diablo ataca a Job, lo que de veras ataca es el carácter de Dios, y esto no es algo trivial, pues el diablo le decía al Señor: «Tú lo bendices, por eso te sirve, puesto que lo cercaste y protegiste». Con esto afirmaba que Dios no era digno del amor de Job, y que su fidelidad al servirle solo era porque lo «sobornaba» con beneficios y bendiciones.

Esto no es algo sin importancia, sino muy profundo y no se debe tomar a la ligera, pues el carácter de Dios mismo estaba en juego y expuesto por la acusación del diablo, la cual dirigía tanto a Job como al propio Dios. Como resultado, Él permitió el sufrimiento de Job. En realidad, debido a esta prueba, Job es la referencia y el ejemplo para cualquier otra persona que sufrió, sufra o sufrirá. Es lógico que solo el Señor Jesús fuera el único que más sufrió por nosotros en la cruz, tanto de manera física como espiritual. En cuanto a la experiencia de Job, y a lo que muestra el libro que lleva su nombre, Francis I. Andersen dijo:

> Job está muy por encima de sus competidores más cercanos, en la coherencia de su tratamiento sostenido del tema de la miseria humana, en el alcance de su examen multifacético del problema, en la fuerza y la claridad de su desafiante monoteísmo moral, en las alturas de su poesía lírica, en su impacto dramático, y en la integridad intelectual con la que afronta la «carga ininteligible» de la existencia humana. En todo esto, Job está solo. Nada de lo que sabemos antes proporcionó un modelo, y nada desde entonces, incluidas sus numerosas imitaciones, se ha elevado a las mismas

alturas. La comparación solo sirve para realzar la grandeza solitaria del libro de Job[3].

MEDÍTALO...

Cuando analizo las estrategias del diablo para hacernos caer en sus trampas, me viene a la memoria el caso del expresidente de Estados Unidos, Richard Nixon. La lista infame que tenía este presidente contenía los nombres de sus enemigos políticos. En un principio, solo había veinte nombres, pero la lista fue expandiéndose poco a poco hasta llegar a centenares de personas. El propósito de la lista era castigar a los oponentes de Nixon a través de tácticas como auditorías al departamento de impuestos, la litigación judicial, la retención de fondos federales, etc. La existencia de la lista se hizo pública durante el escándalo político del Watergate en 1973, lo cual llevó a la renuncia del presidente en 1974. El nombre de este escándalo se debió a que Nixon mandó a ocultar micrófonos en la sede nacional del Partido Demócrata que estaba localizado en el edificio Watergate.

Ten la seguridad que el diablo tiene también una lista de muchísimos de sus enemigos, y tú y yo estamos en dicha lista. Usará todas las tácticas y armas disponibles en su arsenal para acusarnos, tentarnos e intentar destruirnos como a Job. ¡Mantente alerta!

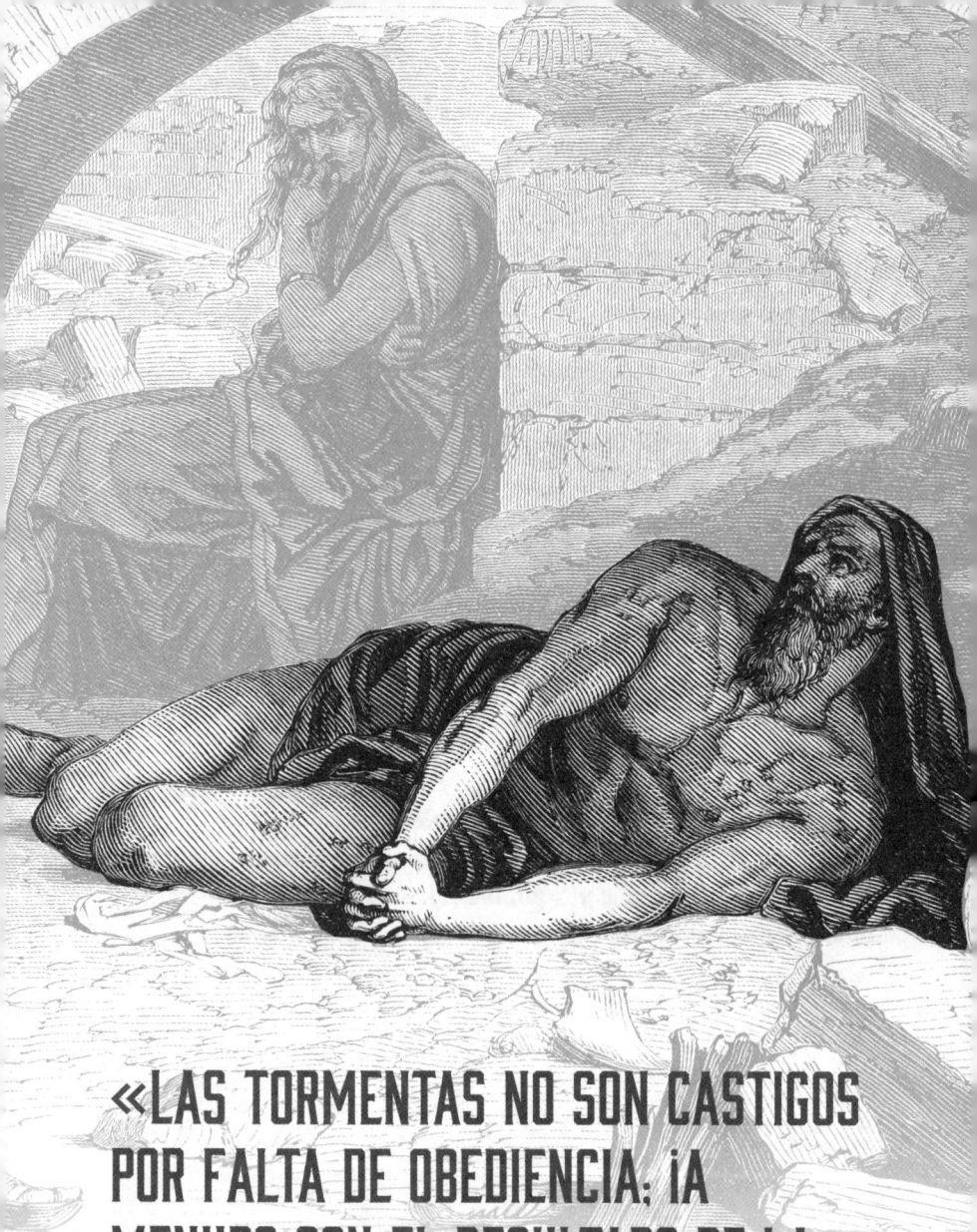

«LAS TORMENTAS NO SON CASTIGOS POR FALTA DE OBEDIENCIA; ¡A MENUDO SON EL RESULTADO DE LA OBEDIENCIA!».

DAVID JEREMIAH

LAS PÉRDIDAS DE JOB

3

«Entonces Job se levantó, y rasgó su manto, y rasuró su cabeza, y se postró en tierra y adoró, y dijo: Desnudo salí del vientre de mi madre, y desnudo volveré allá. Jehová dio, y Jehová quitó; sea el nombre de Jehová bendito».
Job 1:20-21

La fortuna y las posesiones de Job se medían en términos de rebaños y ganados, como fue el caso de Abraham. Según la costumbre patriarcal, los hijos casados de Job formaban parte de su casa, de su familia inmediata. Vivían en casas o tiendas apartes, pero estaban sujetos a la autoridad del jefe de la familia, que en este caso era Job.

La Biblia nos narra que Dios le concedió al diablo que le infligiera dolor y sufrimiento a Job. En el capítulo uno del libro que lleva su nombre, Dios le dice al diablo que le puede quitar las posesiones y todo lo que tenía, pero que no tocara su vida. Entonces, en el capítulo dos, Dios le permite al diablo que le causara una enfermedad dolorosa, pero que no le matara.

Dios sabía que el diablo estaba equivocado en cuanto a quién era Job y también sabía que llegaría a un nivel grandioso al soportar el sufrimiento y la adversidad. Así que dispuso que todo el cielo presenciara la fidelidad de Job y que, después, su ejemplo les fuera de bendición a centenares de millones de lectores, una vez que saliera victorioso de esta prueba. Aun antes de que empezara el sufrimiento de Job, Dios ya conocía el final, porque Él sabe el final antes del principio.

Lo mismo sucede con nosotros, Dios nunca permitirá nada en nuestra vida que vaya más allá de lo que tú y yo podamos soportar. Además, ¡sabe que, en Él, tenemos la victoria! ¡Aleluya! Dios siempre tiene el control. Y si le permite al diablo hacer o no hacer ciertas cosas, de seguro que está limitado a lo que Él concede y decida.

LA EXPERIENCIA DESOLADORA

Job sufrió desastres y catástrofes que para nosotros son difíciles de entender. En un solo día atravesó cuatro calamidades en su vida. Si bien es cierto que después de su prueba y aflicción Dios restauró y bendijo a Job dándole el doble de lo que tenía antes (Job 42:10), tuvo que padecer una serie de tribulaciones indescriptibles:

1. **Job perdió todas sus posesiones**
    Job 1:13-17: «Y un día aconteció que sus hijos e hijas comían y bebían vino en casa de su hermano el primogénito, y vino un mensajero a Job, y le dijo: Estaban arando los bueyes, y las asnas paciendo cerca de ellos, y acometieron los sabeos y los tomaron, y mataron a los criados a filo de espada; solamente escapé yo para darte la noticia. Aún estaba éste hablando, cuando vino otro que dijo: Fuego de Dios cayó del cielo, que quemó las ovejas y a los pastores, y los consumió; solamente escapé yo para darte la noticia. Todavía estaba éste hablando, y vino otro que dijo: Los caldeos hicieron tres escuadrones, y arremetieron contra los camellos y se los llevaron, y mataron a los criados a filo de espada; y solamente escapé yo para darte la noticia».

    En un solo día, el hombre más rico de su época se quedó en la ruina total. Lo perdió todo. Para muchos ricos de hoy, esto ya es motivo de alarma, desesperación y hasta de suicidio.

2. **Job perdió sus hijos**
    Job 1:18-19: «Entre tanto que éste hablaba, vino otro que dijo: Tus hijos y tus hijas estaban comiendo y bebiendo vino en casa de su hermano el primogénito; y un gran viento vino del lado del desierto y azotó las cuatro esquinas de la casa, la cual cayó

sobre los jóvenes, y murieron; y solamente escapé yo para darte la noticia».

Este hecho fue mucho más doloroso y triste que la pérdida de todas sus propiedades. ¿Te imaginas lo que sería perder nuestros hijos en un solo día? ¡Es imposible de imaginar tal cosa! Pensemos en el dolor y en el sufrimiento del corazón de Job. Entonces, ¿cómo reaccionó él ante esta prueba? ¿Qué dijo una vez que bajaron los ataúdes a la tumba recién cavada? Este pasaje lo explica: «Entonces Job se levantó, y rasgó su manto, y rasuró su cabeza, y se postró en tierra y adoró [...] Jehová dio, y Jehová quitó; sea el nombre de Jehová bendito» (Job 1:20-21).

El infierno, con Satanás al frente, vieron con gran sorpresa cómo Job quedó aferrado de manera inquebrantable a su Señor cuando se desmoronó toda su existencia terrenal

3. Job perdió su salud

Job 2:7: «Entonces salió Satanás de la presencia de Jehová, e hirió a Job con una sarna maligna desde la planta del pie hasta la coronilla de la cabeza».

Los eruditos, estudiosos y teólogos de las Escrituras no han logrado descifrar ni encontrar el nombre de las llagas de Job. La medicina moderna no ha podido darle un nombre ni hacer un diagnóstico con precisión sobre esta enfermedad. Muchos creen que fue un sarpullido, una enfermedad de la piel, una erupción que expelía un olor repugnante y desagradable que los científicos llaman «pústula maligna» debido a la hinchazón por acumulación de pus.

La sarna que padeció Job le causaba llagas que provocaban un dolor insoportable, fuerte e intenso. Además, esto producía una comezón o picazón irritante e insoportable que los científicos llaman «pruriginosa». En general, hay muchas opiniones respecto a la enfermedad que padeció Job. Por ejemplo, dicen que se trataba de «úlceras» (como las del Lázaro de la parábola: Lc 16:20-21; o las que menciona el apóstol Juan en Apocalipsis 16:2). También hay quienes dicen que se enfermó de «elefantiasis». Incluso, están los que dicen que fue «viruela». Las especulaciones son muchas, de modo que la lista de las posibles enfermedades es bastante larga. Lo cierto es que nadie lo sabe.

Sin embargo, por las Escrituras sí sabemos que esa enfermedad le producía a Job un dolor agudo, profundo e insoportable, pues el diablo lo castigó con una sarna maligna que exhalaba un olor repugnante y que cubrió su cuerpo entero. Por otra parte, también estaba el dolor emocional debido a la pérdida de sus hijos y posesiones, lo cual nos resulta imposible de comprender. Era tanto el dolor de Job que hasta consideró el suicidio:

> Y así mi alma tuvo por mejor la estrangulación, y quiso la muerte más que mis huesos
>
> Job 7:15

¡Imagínate qué dolor! (Puedes leer más sobre lo que causaba esta terrible enfermedad en Job 13:28; 16:8-9, 13; 19:20; 30:27). Con llagas abiertas por todo su cuerpo, Job estuvo viviendo en una desdicha continua y sin alivio durante meses.

4. Job perdió su influencia

Job 2:8: «Y tomaba Job un tiesto para rascarse con él, y estaba sentado en medio de ceniza».

Ahora, era objeto del rechazo de todos. En un solo día desapareció su posición, sabiduría y respeto que tenía de los demás. Antes, estaba sentado en un lugar destacado, pero ahora estaba sentado en el suelo entre las cenizas.

5. Job perdió el apoyo de su esposa

Job 2:9-10: «Entonces le dijo su mujer: ¿Aún retienes tu integridad? Maldice a Dios, y muérete. Y él le dijo: Como suele hablar cualquiera de las mujeres fatuas, has hablado. ¿Qué? ¿Recibiremos de Dios el bien, y el mal no lo recibiremos? En todo esto no pecó Job con sus labios».

Su mujer era el único consuelo que le quedaba, pero sus consejos fueron pésimos. No tenía idea de la importancia de la fe en esos momentos de prueba. Sus necias palabras fueron el último recurso del maligno para quebrantar la fe de Job, pero no pudo. De modo que con su lengua mortífera, esta mujer arremetió en contra de su esposo en un intento feroz para acabar con él. Era una mujer necia, desprovista de todo sentido común ante las circunstancias, así que no tenía nada de espiritualidad en cuanto al conocimiento de Dios. Lo contrario de lo que fue Abigail y otras mujeres sabias de la Biblia.

En lo económico, su esposo estaba arruinado por completo, y ella con él. Lo que es peor, vio a su esposo sentado en la ceniza y hecho un desastre, y entonces sucumbió al resentimiento y a la rebelión, poniéndose en contra de su esposo al decirle: «¿Aún retienes tu integridad? Maldice a Dios, y muérete» (2:9). En otras palabras: «¿De qué te sirve toda tu fe? ¡Ahora estás en tribulación y Dios no te ayuda!». En silenciosa desesperación, levantó su puño contra el cielo y apartó su fe de Dios.

Sin embargo, debemos entender también a esta pobre mujer. Sepultó sus diez hijos en tumbas recién hechas y lloró por ellos hasta que sus ojos quedaron secos. Es fácil criticar a la mujer de Job, pero no nos damos cuenta por lo que estaba pasando. Había perdido a sus hijos y posesiones, y vio a Job perder la salud. De modo que se quedaron sin nada y en la calle. ¿Alguna vez esto nos ha sucedido a ti o a mí?

Además, ten presente que Dios no la reprende, ni exhorta, y mucho menos la juzga. ¿Por qué? Porque sus palabras brotaban del dolor profundo de su corazón y de sus emociones destrozadas, y el Señor entendía su situación.

Es muy importante notar que después de la restauración de Job, el Señor le concede otros diez hijos, y la Biblia no dice que fuera con alguna otra mujer, excepto con la misma esposa. Repito, debemos entender que todo lo que dijo se debió al dolor que tenía en el corazón por el sufrimiento ante la pérdida de sus diez hijos. Así que en ese momento tan difícil, le sugiere a Job que maldiga a Dios y que se muera. Job, en cambio, no niega a su Dios, se resiste a aceptar este consejo y mantiene su integridad. A pesar de eso, más tarde, en su dolor, llega a decir que Dios «se ríe del sufrimiento de los inocentes» (Job 9:23).

LO QUE NO SE PUEDE PERDER

Sin duda, Job tuvo muchas pérdidas terribles, pero se mantuvo firme y no perdió su fe en Dios. En este primer momento, no hubo ninguna murmuración de su parte:

> Entonces Job se levantó, y rasgó su manto, y rasuró su cabeza, y se postró en tierra y adoró, y dijo: Desnudo salí del vientre de mi madre, y desnudo volveré allá. Jehová dio, y Jehová quitó; sea el nombre de Jehová bendito. En todo esto no pecó Job, ni atribuyó a Dios despropósito alguno.
>
> Job 1:20-22

Con estas palabras, Job da muestras de gratitud: «Jehová dio, y Jehová quitó». También da muestras de reverencia, pues no «atribuyó a Dios despropósito alguno». Ahora bien, ¿quién de nosotros no hubiera murmurado si tuviera que afrontar tales calamidades? Job lo perdió todo: sus posesiones, sus hijos, su salud y el apoyo de su esposa. A pesar de eso, no titubeó, no vaciló, ni dudó de Dios ni de sus propósitos. La Biblia es clara al decir que Job adoró, se humilló, no pecó con su boca, aceptó su condición, y hasta aquí no vemos que culpe a Dios por su infortunio, como lo hiciera más tarde.

Algunos teólogos sugieren que Job tenía cierto orgullo y que por eso se defendía de las acusaciones, pues desafiaron su ego y se sentía ofendido. Otros eruditos dicen que era muy inseguro, y que por eso se justificaba delante de sus amigos y hasta de Dios. Incluso, hay quienes dicen que sus quejas se debieron a la confianza que tenía en sí mismo, así como a su justicia propia, porque se sentía humillado y deshonrado por lo que le sucedía. Sean cuales fueran las razones, más tarde Job se arrepintió delante del Señor (Job 42:1-6), y Dios le restauró al doble todo lo que tenía.

CUANDO LA PROVIDENCIA SE ALEJA

El libro de Job ha sido donde muchísimas personas han acudido para tratar de entender la existencia del mal y sus efectos, así como el dolor y el sufrimiento. Con esto, intentan comprender por qué a veces sufrimos calamidades y catástrofes que nuestras mentes limitadas no son capaces de asimilar. No obstante, tenemos que saber que hay individuos malos como los sabeos y los caldeos que mataron a los siervos de Job y le robaron sus animales. También sabemos que hay fuerzas destructoras del mal que causan desastres naturales, como el fuego que arrasó con las posesiones de Job, así como los vientos del desierto que mataron a sus hijos.

Por detrás de todo esto, se encuentran el mal y el causante del mal, que es el diablo. En este caso, con el permiso de Dios, orquestó y causó toda esta destrucción, calamidad y desolación. Repito, en medio de todo este dolor, Job no perdió su fe y confianza en Dios. Como dijera respecto a esto el prominente rabino y teólogo judío Abraham Joshua Heschel: «Una fe como la de Job no puede ser sacudida, porque esta es el resultado de una sacudida».

En Eclesiastés 7:14, se nos advierte: «En el día del bien goza del bien; y en el día de la adversidad considera. Dios hizo tanto lo uno como lo otro». Hasta entonces, Job había gozado y disfrutado de todo el bien que le había dado el Señor. Ahora, le llegaba el infortunio. Ah, cuánto debió haber clamado Job a su Dios para que le diera alivio y sanidad. En cambio, la respuesta divina no vino, y solo se escuchaba la burla del diablo.

Todos somos testigos de que nada trastorna más la vida como las enfermedades físicas y emocionales. A pesar de que no le llegaba la respuesta ni la ayuda de Dios, Job seguía aferrado a Él. Sus palabras lo aclaran bien: «¿Recibiremos de Dios el bien, y el mal no lo recibiremos?». La vida de Job estaba anclada y fundamentada de manera sólida en su Dios, así que ninguna prueba podía alejarlo de Él.

David Jeremiah, en uno de sus devocionales diarios, narra lo siguiente:

En 1936, a un devoto cristiano bautista llamado Roger Williams, lo exiliaron de la colonia de la bahía de Massachusetts, Nueva Inglaterra, debido a que tenía puntos de vista diferentes a los puritanos. Entonces, fundó la colonia de Rhode Island y las Plantaciones de Providence, nombradas así por Williams debido a que vio la providencia misericordiosa de Dios que lo guio hasta allá. Más tarde, Providence [Providencia] se convirtió en la capital de Rhode Island.

«Providencia» no solo es una palabra bíblica, también refleja una idea bíblica. Esta palabra viene del latín que significa «prever y asistir a». Es apropiado saber que Dios tiene conocimiento del futuro, «prevé», lo que nos va a suceder, y que también Él nos «asiste» a nosotros, su pueblo, en nuestras necesidades. En medio de una situación difícil, Williams atribuyó a Dios la providencia que lo llevó a un nuevo lugar en busca de la libertad religiosa.

Esto nos sugiere lo mismo, sin importar la crisis, el problema, la dificultad o la situación que atravesemos, Dios sabe el futuro y nos ayudará en nuestras necesidades. Sin importar lo que estés afrontando ahora, cree en la providencia y en la bondad de Dios. San Agustín dijo: «Confía tu pasado a la misericordia de Dios, tu presente a su amor y tu futuro a su providencia»[1].

Job disfrutó de la providencia de Dios, pues Él lo bendijo, le mostró su misericordia y le guardó sus posesiones, su salud, etc. En otras palabras, lo bendijo en todo, pero ahora le llegaba el revés, la calamidad y el desastre. En medio del dolor, Job no se aparta de Dios, pero cree que es una gran injusticia. Por lo tanto, debate con sus amigos lo que le sucede al expresar el sufrimiento de su corazón. En un determinado momento, como veremos más adelante, pierde la elegancia de sus palabras y su serenidad debido a que su dolor era demasiado grande como para soportarlo, así que hasta llega a maldecir el día de su nacimiento. Es más, pierde todo equilibrio razonable de cuánto un ser humano puede soportar el sufrimiento, como podría sucederle a cualquiera de nosotros.

LA RESPUESTA DE LA FE

El tema central del libro de Job es sobre el sufrimiento humano, y aquí está en juego la doctrina fundamental del libre albedrío; es decir, la voluntad humana de tomar sus propias decisiones en lo que respecta a nuestra responsabilidad delante de Dios y de los hombres.

Job soportó el infortunio, la tragedia, el dolor y el sufrimiento para demostrar que, al final, Dios es un Dios de amor que se deleita en brindar su bondad, compasión y misericordia mediante su gracia. Al mismo tiempo, vemos que Él permite que nos sucedan cosas desagradables que no entendemos, pero que de seguro seremos bendecidos si perseveramos en fe.

Tenemos que entender que a partir del momento en que Dios corrió el riesgo de darles a los humanos la libertad de escoger entre la fe y la incredulidad, entre servirlo o no, para Él tiene un gran valor cuando escogemos lo mejor por libre voluntad. Incluso, la mayor demostración de nuestro amor y devoción es cuando revelamos la integridad de una fe basada en la fidelidad hacia a Dios a través del libre albedrío, y de un corazón sincero y rendido a Él.

Al igual que Job experimentó el silencio de Dios durante toda su prueba, Cristo también lo vivió en el Calvario, tal y como se expresa en estas agonizantes palabras de desespero, abandono y silencio:

> Cerca de la hora novena, Jesús clamó a gran voz, diciendo: Elí, Elí, ¿lama sabactani? Esto es: Dios mío, Dios mío, ¿por qué me has desamparado?
>
> Mateo 27:46

¡Muchas gracias, Señor Jesús! Experimentaste el abandono y moriste por mí, para que yo no fuera abandonado y muriera de manera espiritual y eterna en el infierno. ¡Te amo, mi Señor! En cuanto a Job, Dios tendría sus razones de por qué no responderle durante toda su aflicción. Sin embargo, debemos estar agradecidos al mismo Dios que contestó a la necesidad humana de redención y perdón de pecados por medio de Cristo en la cruz. ¡Aleluya!

Nosotros los creyentes entendemos muchas doctrinas básicas de las Escrituras, pero es muy difícil que algunas de ellas lleguen al corazón, excepto mediante la aflicción, el dolor, el sufrimiento y las pérdidas, como lo fue en la vida de Job. Esto es similar a lo que dijo un hombre una vez cuando estaba a punto de perder su familia, su profesión y su trabajo, todo al mismo tiempo: «Siempre supe, en principio, que Jesús es todo lo que necesito para salir adelante. En cambio, Jesús no era lo único que necesitaba, hasta que supe que Él era todo lo que yo tenía».

EL ETERNO PROBLEMA DEL BIEN Y EL MAL

Al ver las pérdidas de Job, es posible que alguien pregunte: «¿Por qué Dios le permitió al diablo que le quitara todo?». Nosotros sabemos la respuesta. Dios lo probó, fue una «apuesta», un «acuerdo», un «trato», entre Dios y el diablo para demostrarle al enemigo que Job sí lo amaba. No obstante, muchos son los secularistas y ateos que niegan la existencia de Dios y usan el argumento del simple hecho de la existencia de la maldad, porque según dicen, si existe el mal, no puede existir Dios, pues Él no podría permitir el mal. En cambio, Dios tiene sus razones y nosotros no las sabemos. Esta era la pregunta y el gran problema que tenía C.S. Lewis cuando era ateo. Hablando sobre el mal y el dolor que afronta la humanidad, declaró:

> Si usted me pide que crea que todo eso es la obra de un espíritu benévolo y omnipotente, le responderé que todas las evidencias señalan en dirección contraria. O bien no hay un espíritu tras el universo, o bien lo que hay es un espíritu indiferente al bien y al mal, o si no un espíritu malo [...] Si el universo es tan malo, o aunque fuera la mitad de lo malo que parece, ¿cómo es que en la Tierra los seres humanos han llegado a atribuir su existencia a la actividad de un sabio y bondadoso Creador?[2]

Por esta razón, hay una suposición moral en las mentes y corazones de quienes sufren al ver sus pérdidas y dolor, pues su fe se debilita debido a que no pueden creer que un Dios bueno pueda permitir tal cosa. Lo que suponen es que si Dios existe, ha fallado en hacer bien las cosas, ya que ha violado un modelo moral. Sin embargo, sabemos que el mal es infringir, transgredir y violar una norma o regla moral, y esto de ninguna manera refleja quién es Dios. Cuando los secularistas, ateos, algunos creyentes y hasta nosotros mismos decimos: «Yo no puedo creer en un Dios que permite este mal», acusamos de veras a Dios de que Él es cómplice de este mal y está de acuerdo con la maldad.

Todos sabemos que es indiscutible que los seres humanos tienen sentimientos morales. Un sentimiento moral es nada más y nada menos que saber lo que está bien y lo que no lo está. Aquí entonces hay un gran problema para los escépticos y ateos: Si no hay Dios, ¿de dónde vienen esos sentimientos y fuertes instintos morales? ¿Quién creó la conciencia que nos dicta la elección de hacer el bien o el mal?

Con respecto a las conclusiones de C.S. Lewis sobre la existencia de Dios, Timothy Keller, pastor, teólogo y apologeta estadounidense, nos dice lo siguiente en su libro *Walking with God Through Pain and Suffering*:

> Durante años, Lewis rechazó la existencia de Dios porque creía que el argumento lógico del mal contra Dios daba resultado. Sin embargo, a la larga, se dio cuenta de que el mal y el sufrimiento eran un problema mayor para él como ateo que como creyente en Dios. Concluyó que la conciencia de la maldad moral en el mundo era en realidad un argumento a favor de la existencia de Dios, no en contra de ella[3].

Para los ateos, la existencia de la maldad y de la crueldad en el mundo son la razón del porqué no pueden creer en un Dios que permita cosas como estas. Aun así, decir que Dios no existe y el mal sí, o viceversa, que el mal no existe y Dios sí, es de veras un argumento a favor de la existencia de Dios. El hecho es que los dos existen, porque vemos las evidencias del mal por todos los lados, y vemos la evidencia de la bondad y del amor de Dios de la misma forma. Una mente abierta, sincera e íntegra no puede negar ni lo uno ni lo otro. Las evidencias, tanto de Dios como del mal, están delante de nosotros a diario. Por lo tanto, la maldad y el sufrimiento crean un argumento a «favor de la existencia de Dios y no en su contra». ¿Por qué? Porque Dios manifiesta su poder contra el mal y Él resiste al diablo. Si no fuera así, ¿dónde estaríamos a estas alturas?

MEDÍTALO...

A Rickey Wagoner, conductor de autobús en Dayton, Ohio, lo atacaron con violencia varios asaltantes un lunes por la mañana. Tres hombres lo robaron, lo apuñalaron y le dispararon tres veces: Uno de los disparos fue a la pierna y los otros dos al pecho. Wagoner se defendió como pudo y los asaltantes se quedaron impresionados de que no cayera muerto. Rickey, al tocar el pecho con su mano, sintió un libro en el bolsillo. El ejemplar del Nuevo Testamento que llevaba allí le salvó la vida, ya que evitó que dos balazos le perforaran el pecho. El sargento Michael Pauley, del departamento de Policía de Dayton, dijo: «Obviamente hubo algún tipo de intervención divina en este episodio, ya que, de lo contrario, es probable que no estuviera entre nosotros en este momento».

Así como este hombre sufrió ese ataque, pero no murió por la protección de Dios, también el Señor guardó la vida de Job para que el diablo no lo matara... ¡y nos guardará a nosotros del mismo modo! Dios podrá permitir todo tipo de pruebas y aflicciones a nuestras vidas, pero su presencia nos guardará. ¡Aleluya!

LOS TRES AMIGOS DE JOB

«Y tres amigos de Job, Elifaz temanita, Bildad suhita, y Zofar naamatita, luego que oyeron todo este mal que le había sobrevenido, vinieron cada uno de su lugar; porque habían convenido en venir juntos para condolerse de él y para consolarle».
Job 2:11

Como vimos en capítulos anteriores, el tema central del libro de Job es «el sufrimiento del justo». A partir de ahora, quiero presentarte tres personajes: Elifaz de Temán, Bildad de Suh y Zofar de Naama. Se trata de los tres amigos que, como era de esperar, debían «consolar» a Job. El diálogo que entablan, sus discursos y la defensa de Job que, consciente de su integridad no lograba entender lo que consideraba la severidad de Dios, se ponen de manifiesto en este libro que nos habla a voces de la esperanza y la fe.

Debido al tiempo y al espacio, no me es posible comentar todas estas disertaciones. De modo que si deseas conocer en detalles cómo transcurrieron las mismas, mi recomendación es que leas los capítulos del 3 al 37, los cuales constituyen el núcleo del libro.

EL PRIMER ENCUENTRO

Cuando los tres amigos se enteraron del infortunio de Job, vinieron a verle y guardaron silencio debido a la condición tan precaria que palparon de inmediato. La Biblia narra ese primer encuentro de esta manera:

> Y tres amigos de Job, Elifaz temanita, Bildad suhita, y Zofar naamatita, luego que oyeron todo este mal que le había sobrevenido,

vinieron cada uno de su lugar; porque habían convenido en venir juntos para condolerse de él y para consolarle.

Job 2:11

Esto solo fue el principio, pues sus discursos ponen de manifiesto algo muy diferente a lo que sería el consuelo. No obstante, a estos consoladores de Job no se les debe acusar de dureza en sus corazones ni de una motivación diabólica. He oído predicadores hablar de forma negativa de estos tres amigos, pero es evidente que no se han dado cuenta de lo que hicieron por Job. Veamos:

1. Vinieron a condolecerse de su amigo y a consolarlo.
2. No lo reconocieron, pues el estado de Job era deprimente.
3. Lloraron a gritos por la situación de su amigo.
4. Rasgaron sus mantos.
5. Esparcieron polvo sobre sus cabezas.
6. Se sentaron con él durante siete días.
7. Además, vieron que el dolor de Job era muy grande (lee Job 2:11-13).

¿Algún amigo tuyo ya hizo esto por ti en algún tiempo de necesidad? Estos amigos, en cambio, mostraron empatía y compasión hacia Job. Muchas personas que experimentan pérdidas, tragedias, calamidades o la muerte de algún ser querido, todo lo que necesitan es que alguien esté a su lado en ese profundo momento de tristeza. Eso fue lo que se dispusieron a hacer los tres amigos, pues veían que Job se sentía muy herido, abatido y angustiado. Así que durante siete días y siete noches, sus amigos se sentaron con él en tierra «y ninguno le hablaba palabra, porque veían que su dolor era muy grande» (Job 2:13).

En momentos como estos, ¡de seguro que el ministerio más poderoso es el silencio! Sin duda, las palabras sobran a la hora de consolar a un padre o madre al lado del ataúd de su hijo muerto. Tampoco ayuda mucho citar pasajes de las Escrituras en esas circunstancias tan difíciles. Es más, guardar silencio es mejor que hablar sin sabiduría. Por eso es preferible llorar con esas personas sin que medien las palabras. En tiempos como estos, la gente no necesita las Escrituras. Lo que necesita es un hombro para llorar en medio del dolor y del sufrimiento.

LOS JUICIOS SIN DISCERNIMIENTO

Después de ese primer encuentro, es lógico que cada uno de los amigos expresara más tarde en sus palabras y discursos lo que de veras creían que era la causa del sufrimiento de Job. Por supuesto, se equivocaron, pues Dios mismo los reprendió (Job 42:7-9). Lo cierto es que no encontraron la respuesta ni la causa del infortunio de su amigo.

Aunque la intención era hasta cierto punto buena para instrucción y ayuda espiritual, estos hombres no tuvieron el discernimiento para comprender los propósitos y planes de Dios. Son el tipo de personas que intentan arreglar algo a través de la sabiduría humana, cuando el problema es espiritual en realidad. De ahí que todos sus elocuentes discursos no le sirvieran de nada a Job, pues carecían de la sabiduría divina. En otras palabras, tratar de ayudar a alguien sometido a prueba por un propósito espiritual con la sabiduría humana, es como dar consejos carnales a cuestiones espirituales. Por eso es muy importante conocer la voluntad de Dios.

En un principio, Job no perdió la compostura, pero a medida que aumentaba su sufrimiento, comenzó a hablar de manera imprudente y hasta llegó a maldecir el día en que nació (Job 3:1-4). A pesar de eso, hay que entender que Job estaba aturdido, confundido, dolido, triste, enfermo, sin nada ni nadie... ¡Lo perdió todo en un solo día! Así que, ante tales circunstancias, es mejor callar que hablar necedades de las que luego hay que arrepentirse.

Por otra parte, sin saber la naturaleza del sufrimiento de Job, sus amigos tuvieron a bien dar una serie de discursos de lo que creían acertado para tal momento.

1. **Elifaz**

Apoyado en su vivencia, Elifaz dice que semejante sufrimiento se debe al pecado de Job. Su tesis era que a quienes pecan en contra de Dios se les castiga con severidad. Afirmaba que el padecimiento de Job se debía a su «desobediencia» o a que tenía algún pecado «secreto» en su vida.

Aun así, Elifaz parece ser más considerado, compasivo y amable que los otros amigos. Incluso, trató de ayudar a Job, pero no le fue posible, pues solo pudo expresar su opinión. De modo que a pesar de sus buenas intenciones, erró en el punto clave respecto a que solo Dios sabía la razón del sufrimiento de Job. Las palabras comunes en sus discursos fueron: «recapacita ahora», como nos lo muestra este pasaje:

> Recapacita ahora; ¿qué inocente se ha perdido? Y ¿en dónde han sido destruidos los rectos? Como yo he visto, los que aran iniquidad y siembran injuria, la siegan.

> Job 4:7-8

Su discurso y el de sus amigos es claro: Job no estaría sufriendo de esa manera si no hubiera pecado. Además, Dios no sería injusto al causarle dolor si es que no lo mereciera. Según Elifaz y sus amigos, todo lo que Job necesitaba hacer era confesar sus pecados y arreglar su vida con Dios. Sin embargo, estaban equivocados, como veremos al final cuando Dios restaura a Job y condena a sus amigos.

Elifaz hablaba parecido a los «acusadores evangélicos» de hoy. Dijo muchas cosas que son ciertas desde el punto de vista bíblico, como la moral del universo y que el mal comportamiento trae consecuencias, pues tarde o temprano se revela esta verdad. También es cierto que Dios disciplina y corrige al hombre (Job 5:17). En cambio, ese no era el caso de Job. De seguro que Elifaz lo desconocía cuando dijo:

> Porque la aflicción no sale del polvo, ni la molestia brota de la tierra.

> Job 5:6

Con esto, Elifaz quería decir que el sufrimiento no sucede de forma natural y que solo es el resultado de vivir de manera equivocada y en desobediencia hacia Dios. Como quiera que sea, esta opinión no era acertada. Si fuera así, ¿por qué tantos cristianos sufren por Cristo alrededor del mundo en países que se les prohíbe la predicación del evangelio? ¿Acaso están en pecado al predicar la Palabra? Muchos cristianos rectos e íntegros que han servido al Señor toda la vida, ahora afrontan el sufrimiento debido a una enfermedad, alguna tragedia o algún infortunio inesperado. ¿Acaso están en pecado también? Todos afrontamos problemas, aflicciones y sufrimientos en un determinado momento de la vida.

En semejante situación, no sería de extrañar que Job se preguntara: «¿Por qué a mí? ¿Qué he hecho yo para merecer todo esto?». Además, las razones que le ofrecían sus compañeros eran erróneas por completo. Daban por sentado que el sufrimiento de Job se debía a que cometió algún pecado grave.

Antes vimos el argumento de Elifaz al respecto. La Biblia de las Américas lo expresa de la manera siguiente:

> Recuerda ahora, ¿quién siendo inocente ha perecido jamás?
> ¿O dónde han sido destruidos los rectos? Por lo que yo he
> visto, los que aran iniquidad y los que siembran aflicción,
> eso siegan.
>
> Job 4:7-8, LBLA

El razonamiento erróneo presentado por Elifaz y sus dos compañeros motivó a Job para defender su buen nombre e insistir en su inocencia. Con todo, es posible que su concepto de la justicia de Dios recibiera la influencia de las alegaciones de sus obstinados amigos, quienes sostenían que se merecía el sufrimiento (Job 34:5; 35:2).

Elifaz, a quien muchos eruditos catalogan como religioso, legalista y una persona moralista en extremo debido a sus constantes acusaciones en contra de Job, dijo que a Dios se le puede controlar o acondicionar mediante la moral humana. ¡Esto es absurdo! Dios es soberano y no está condicionado a lo que el hombre piense, haga o no haga en cuanto a la moral. ¡Punto! Dios no está sujeto a nadie. Dios no está moralmente obligado con el hombre a hacer o dejar de hacer algo. El estándar moral de Dios y su nivel en cuanto a la moralidad es muy diferente y mucho más alto, profundo y sublime que el nuestro. ¿Por qué? Porque nosotros juzgamos por las apariencias, pero Dios va más allá del criterio de lo que vemos por el exterior del hombre. Dios mira y ve el interior, las intenciones, los motivos y lo profundo del corazón del hombre. Jesús mismo dijo:

> No juzguéis según las apariencias, sino juzgad con justo juicio.
>
> Juan 7:24

¡Eso es con exactitud lo que hace Dios! La opinión del hombre no cuenta en lo que Dios decida o no. Y Él decidió probar a Job a través del sufrimiento. ¿Y quién puede ir en contra de lo que determine Dios? En otras palabras, los amigos de Job decían: «Tu moralidad debe defenderte, pero si no eres una persona íntegra en lo moral, esta debe ser la razón de tu sufrimiento». El problema es que los amigos de Job, y Elifaz como uno de ellos, desconocían que el mismo Dios dijo con respecto a Job:

> Y Jehová dijo a Satanás: ¿No has considerado a mi siervo Job, que no hay otro como él en la tierra, varón perfecto y recto, temeroso de Dios y apartado del mal?
>
> Job 1:8

Por lo tanto, Dios no le infligía el mal a Job debido a que su moral fuera mala, sino que lo hacía para probar un punto profundamente teológico: «El hombre puede servir a Dios con entera libertad y de corazón, sin que se le obligue de ninguna manera ni porque reciba bendiciones de su parte, sino porque lo ama de verdad». Elifaz, por otro lado, dijo algo muy cierto al afirmar:

> Pero como las chispas se levantan para volar por el aire, así el hombre nace para la aflicción.
>
> Job 5:7

Con relación a la palabra «aflicción», en la *Biblia Plenitud* encontramos el siguiente comentario:

5.7 aflicción, *amal*; Strong #5999: Pena, labor, dolor, problema, miseria, fatiga. Este sustantivo es usado 56 veces en el Antiguo Testamento. Su raíz es el verbo *amal*, «laborar o afanarse hasta quedar exhausto». El verbo se usa en el Salmo 127.1, el cual alude al agotamiento de los obreros que están tratando de construir la casa de Dios sin su cooperación. Cuando José finalmente obtuvo la felicidad, luego de sufrir la traición familiar, una infeliz esclavitud y un injusto aprisionamiento, dijo: «Dios me hizo olvidar todo mi trabajo, y toda la casa de mi padre» (Gn 41.51). Esto se refería a su angustia, dolor y pena[1].

Aunque la palabra «trabajo» se traduce en varias versiones de la Biblia como «problemas», «angustias» y «sufrimientos», en La Biblia de las Américas, por ejemplo, se traduce como «aflicción» en este pasaje:

> Me han dado en herencia meses inútiles, y noches de aflicción me han asignado.
>
> Job 7:3

En cuanto a la «aflicción» en particular, Elifaz tenía razón. Muy bien sabemos que por la consecuencia del pecado en la humanidad, el hombre afronta tribulaciones, pruebas y angustias. Entonces, de una manera u otra, ¿no es una realidad que toda persona tiene que experimentar a lo largo de su vida dolor, enfermedad, desastre, catástrofes y sufrimiento? Y esto era justo lo que padecía Job: La «aflicción», y por eso es que se quejaba de su situación.

2. Bildad

Desde un principio, Bildad es menos amigable que Elifaz. Utilizando un lenguaje brusco, pone la tradición como base de los problemas de Job y, a la vez, insinúa que este pone de manifiesto su hipocresía. También afirma que Job está en una situación tan lamentable debido a que él y su familia cometieron iniquidades al pecar contra el Señor.

Al igual que Elifaz, Bildad está en completa ignorancia del propósito de las pruebas de Job. Aunque intentó ayudar a Job a su manera, no lo logró. Solo le fue posible dar su opinión y sugiere que Job no era recto (Job 8:6). Es más, erró en el punto clave, pues solo Dios sabía la razón del sufrimiento de Job.

3. Zofar

Al igual que Bildad, Zofar empieza sus discursos de manera ofensiva. No soporta a Job cuando trata de justificarse diciendo que su doctrina es pura y que está limpio de pecado (Job 11:4). Está seguro que Dios hablaría y que, al revelar los pecados secretos de Job, se validarían sus discursos. Sin embargo, no fue así.

Zofar acusa a Job de palabrero, vanidoso y transgresor, de modo que arremete en su contra diciendo que de seguro ha pecado y que ha recibido menos de Dios de lo que merecía de veras su iniquidad.

Lo acertado de Zofar fue cuando dijo que no conocemos las profundidades de Dios y que no entendemos la perfección del Todopoderoso, pues esta es más alta que los cielos, más profunda que el Seol, más extensa que la tierra y más ancha que el mar. En cuanto a nosotros como cristianos, nunca seremos capaces de comprender esto hasta que no lleguemos a la presencia de Dios.

Zofar realizó sus intentos para explicar el sufrimiento de Job, pero al igual que Elifaz y Bildad, no pudo ayudarlo en lo absoluto. Solo le fue posible dar su opinión (Job 11:6) y decir que Dios estaba «castigando» a Job. Entonces, como en los casos anteriores de sus compañeros, Zofar se equivocó en el punto clave, pues solo Dios sabía la razón del sufrimiento de Job.

Como vimos, los tres hombres intentaron desesperadamente responder esta pregunta: «¿Cuál es la razón de las calamidades de Job?». Y todos llegaron a la misma conclusión: El pecado. A través de todos los discursos de sus amigos, Job se defendió, se quejó, se justificó y dijo que era inocente e íntegro. Sin embargo, el capítulo 29 da la idea de que Job estaba atónito y confundido al decir que Dios lo había abandonado, cosa de la que más tarde se arrepiente. Como resultado, su cambio de opinión trajo consigo la bendición de Dios, quien al final le dio el doble de lo que tuvo antes en su vida.

LOS RESULTADOS DEL DESCONOCIMIENTO

En los discursos de los tres amigos de Job hay partes de declaraciones técnicamente acertadas, pero su consejo pastoral al intentar ayudar a Job viene de una incapacidad inadecuada desde el punto de vista teológico en cuanto a entender la gracia y el amor de Dios. Su teología moralista y religiosa les impedía ver el lado emocional del problema, pues no tuvieron en cuenta los sentimientos de Job al decir que Dios es vengativo con quienes le desobedecen, y que actúa de manera caprichosa para causar sufrimiento y destrucción. Ante esto, debemos aclarar que Dios corrige con amor y paciencia, y siempre lo hace para restaurar a la persona.

En fin, podemos decir que estos hombres tenían una idea teológicamente torcida en cuanto a lo que se refiere a Dios, pues limitaban sus propósitos según les fuera a los hombres en la vida. Incluso, llegaron a decir que si alguien estaba en desobediencia y en falta para con Dios, todo le iría mal. Muchas veces, esta no es la realidad, y hasta parece que sucede justo lo contrario. En mi opinión, no se debe someter a Dios a una obligación moral humana, como lo hicieron los amigos de Job.

Timothy Keller concreta estas ideas en su libro *Walking with God Through Pain and Suffering*, y comenta lo que expresara Francis I. Andersen, académico australiano en los campos de estudios bíblicos y hebreo:

> Los amigos de Job, por lo tanto, tienen una visión de Dios muy reducida. Nunca hay un misterio: si la vida va bien, es porque vives como es debido. Si la vida no va bien, debe ser por tu culpa.
>
> Andersen muestra que esto sujeta a Dios con una correa, por así decirlo. «Llevar a Dios bajo obligación a una moralidad [humana] [...] es una amenaza para su soberanía»[2].

El desconocimiento total de los propósitos de Dios, lleva a los tres amigos a entablar diálogos con Job que derivan en extensos discursos. Todo esto lo vemos a través de muchos capítulos en los que estos hombres debaten la razón del sufrimiento y del infortunio de Job. En realidad, cuando afrontamos el sufrimiento, todos clamamos a Dios y hacemos la pregunta muy similar a la que hizo Job: «¿Por qué a mí?». Sin embargo, como veremos más adelante, el sufrimiento de Job, y tal vez el tuyo en este momento, no era correctivo, punitivo, ni una retribución en contra del pecado.

DEFENSA CONTRA CONDENA

La reacción de Job ante el sufrimiento fue defenderse de la condena de sus tres amigos. Si hubiera estado de acuerdo con lo que le decían, como que su sufrimiento se debía a algún pecado o corrección de parte de Dios, hubiera desperdiciado el verdadero, importante y específico propósito de lo que Dios hacía por medio de él. Al analizarlo, vemos que Dios quería avergonzar al diablo. Es más, quería probarle que Job sí podía servir y amar a Dios después que pasara por todo el sufrimiento que Él permitió que atravesara. A través de esta experiencia, Job transitaría hacia un nivel de grandiosidad que quedaría marcado como un ejemplo extraordinario de paciencia, sumisión y carácter para las generaciones futuras.

A pesar de sus palabras de condena, a los tres amigos de Job se les debe considerar como hombres reverentes y devotos que discuten con Job sobre uno de los temas más profundos y misteriosos de las Escrituras: la fuente del mal, del dolor y del sufrimiento, y del porqué Dios lo permite. Sus discursos están llenos de erudición, contienen sabiduría humana y también verdades espirituales. Aun así, no pueden descubrir la razón del sufrimiento de Job. Le dicen, al igual que muchos «predicadores de hoy»: «Job, Dios está tratando de decirte algo. Nadie sufre sin motivo. El sentido común y la razón nos revelan que Dios es justo y trata a los suyos con rectitud. Quienes le sirven y le son fieles, recibirán sus bendiciones y recompensas, mientras que los que pecan recibirán su castigo. Por lo tanto, confiesa tus pecados y ponte a bien con Dios. Si lo haces, Él te dará alivio».

Aunque estas declaraciones son ciertas desde el punto de vista teológico, carecen de apoyo en la vida real. Son muchos los miles de cristianos fieles que sirven a Dios con integridad, pero que están sufriendo ahora mismo, ya sea debido a enfermedades o prisiones en países que prohíben la predicación del evangelio. De seguro que en todo esto no hay «pecado» alguno, sino que estos fieles hombres de Dios están bajo prueba como lo estuvo Job.

En medio de las acusaciones de sus tres amigos, Job se defiende, se contradice y hasta a veces está de acuerdo con ellos. Sin embargo, a medida que reflexiona sobre su vida, también reconoce otras señales de injusticia. Ve que muchos ladrones engordan, prosperan y están saludables, mientras que otros tantos que sirven a Dios viven sin recursos, en la pobreza y en el dolor. Así que llega a la conclusión de que el mal no siempre se castiga en la tierra, y que lo bueno y la recompensa divina no siempre se obtienen en esta vida.

En general, los tres amigos adoptaron la posición de que la severidad del sufrimiento de Job debía ser señal de algún terrible pecado en su vida y que Dios lo estaba castigando. Entonces, Job los silencia mostrando que en este mundo no hay correlación entre la justicia y la prosperidad, ni entre la maldad y el sufrimiento. Muchas veces los justos sufren más que los malvados; y, a menudo, los malvados prosperan más que los justos. Al final, Job obtiene la victoria sobre la teología superficial de sus amigos. Sobre esto, quisiera presentarte las palabras que escuché acerca de lo que dijo el filósofo Paul Weiss:

> A la pregunta de por qué Dios no recompensa a los buenos y castiga a los malos [...] la respuesta es [...] que Dios tiene sus propios asuntos que atender, no se rige por nuestras normas, sino que obra según sus razones propias y, además, su concepto del bien y del mal está más allá del alcance del conocimiento humano.

Job les hace una confidencia a sus amigos. Su caso no es una excepción. No es cierto que en la tierra el bueno tenga éxito y el malvado fracaso: «¿Por qué viven los impíos, y se envejecen, y aun crecen en riquezas?» (Job 21:7). En otras palabras, ¿por qué siguen viviendo los malvados? (lee los salmos 37 y 73). Incluso, Job dice que al malvado se le castiga en sus hijos, pero cree que quien debe pagarlo es el culpable:

> Me dirán que Dios reserva el castigo para los hijos del pecador.
> ¡Mejor que castigue al que peca, para que escarmiente!
>
> Job 21:19, NVI®

Sus amigos parecen acusarle con calma, pero Job se estremece en arrebatos por el dolor y se defiende al concluir que estaban equivocados. Aun así, y contra toda evidencia, se mantiene creyendo dos opiniones al parecer contradictorias: Aunque no merece esa tragedia, Dios merece su lealtad. Por lo tanto, se mantiene firme en medio de tales acusaciones contra su carácter, como cuando Elifaz lo reprende con estas palabras: «¿Será el hombre más justo que Dios? ¿Será el varón más limpio que el que lo hizo?» (Job 4:17).

MEDÍTALO...

Se cuenta, que el Dr. Terry Powell arribó al aeropuerto después de la medianoche. Venía de un viaje misionero en el extranjero y todavía le faltaba un largo camino que recorrer en auto para llegar hasta su casa. Cuando encontró su auto en el estacionamiento y puso la llave, el vehículo no prendió. La batería estaba muerta, tal y como se sentía él que estaba muerto de cansancio. Gracias a Dios, un guardia del estacionamiento le ayudó y puso su juego de cables desde su batería al auto de Powell para darle corriente. Los cables, al llevar la corriente de la batería buena a la mala, le dieron energía para que prendiera el auto de Powell. Más tarde, el Dr. Powell escribió en uno de sus libros:

> La analogía de los cables es excelente para el ministerio de alentar
> y de animar a los caídos y casi muertos espiritualmente[3].

La vida en un mundo caído por el pecado, a veces te agota toda la energía que llevas dentro, ya sea debido a enfermedades, cansancio, relaciones rotas, desempleo, tentaciones, etc. Como resultado, nos roba el gozo. A menos que alguien reponga nuestras baterías, no tendremos mucho progreso. Esto es lo que esperaba Job de sus amigos. Sin embargo, en vez de ayudarlo a recargar su batería que estaba «muerta» por completo en lo emocional, material y espiritual, lo que sus amigos le hicieron fue acusarle. Lo lamentable es que no pudieron recargarle su «batería». ¡Cuánto necesitamos a veces una palabra de ánimo para recargar nuestras baterías!

«DIOS ES DEMASIADO BUENO PARA SER CRUEL Y DEMASIADO SABIO PARA EQUIVOCARSE. Y CUANDO NO PODEMOS ENCONTRAR SU MANO, DEBEMOS CONFIAR EN SU CORAZÓN».

CHARLES H. SPURGEON

LAS QUEJAS DE JOB

«Respondió entonces Job, y dijo: ¡Oh, que pesasen
justamente mi queja y mi tormento, y se alzasen
igualmente en balanza!».
Job 6:1-2

Los eruditos consideran el libro de Job como el más antiguo de
la Biblia y el que más trata el asunto del mal. Así que las preguntas
que se hacen muchos son estas: «¿Es Dios injusto en lo que permite?
¿Y qué podemos decir de las injusticias de la vida?». Sabemos que
el problema de los desastres y calamidades naturales están con
nosotros desde que se creó la humanidad en la tierra. Por lo tanto,
si estuviéramos con Job en el cementerio cuando enterró a sus hijos,
quizá le preguntáramos a Dios el motivo de todo esto.

POSICIONES FILOSÓFICAS ANTE EL MAL

La filosofía, según el *Diccionario de la lengua española*, «es el conjunto
de saberes que busca establecer, de manera racional, los principios
más generales que organizan y orientan el conocimiento de la
realidad, así como el sentido del obrar humano». De modo que,
quienes se precian de duchos en la materia, se preguntan: «¿Qué
tiene que ver Dios con las calamidades de este mundo?». Lo cierto es
que estos desastres sí ocurren... ¡y muy a menudo! Entonces, ¿dónde
está Dios en todo esto?

Hay quienes dicen que no debemos incluir a Dios en esta
discusión sobre las calamidades, pues Él no tiene nada que ver con
ese mal. La explicación de tales personas es más o menos así: «Dios
creó el mundo, pero Él no tiene el control del mismo». Esta forma

de pensamiento o filosofía se le llama deísmo, la cual solo acepta la existencia de la bondad de Dios y lo distancia de todo lo que sucede en el mundo que Él creó. Incluso, acepta el conocimiento de la existencia y la naturaleza de Dios a través de la razón y la experiencia personal.

Considero que muchos cristianos a veces adoptan cierta forma de deísmo en un intento de exonerar a Dios del dolor que causan los desastres naturales, tanto en las personas como en las cosas materiales. Esto lo hacen para hablar de la bondad de Dios, pues afirman que Él no tiene la responsabilidad por el mal que causan las catástrofes. Es más, dicen que si creó un mundo bueno, no se le debe culpar cuando sucede algo malo. Sin embargo, la Escritura dice bien claro que Dios tiene el control de la tierra y de todo el universo, basta con leer el capítulo 37 del libro de Job.

Otro enfoque de tales personas para quitar toda responsabilidad de Dios en cuanto a los desastres naturales es culpar solo al diablo. En cambio, como vimos antes, sabemos que el diablo tuvo que pedir permiso para tocar a Job. Entonces, si el diablo tiene que pedir permiso y autorización de parte de Dios, Él tiene el control de todo, incluyendo los asuntos humanos y los desastres naturales.

EL CONTROL ABSOLUTO DE DIOS

Como cristianos, decir que Dios no se involucra en los eventos naturales desastrosos es muy simple para intentar explicar este asunto. Por eso tenemos que ser rectos e íntegros con nuestra teología. La Biblia es clara al decir que Él es soberano y reina sobre todas y cada una de las cosas, donde se incluyen los desastres. Como bien lo dice el salmista:

> Todo lo que Jehová quiere, lo hace, en los cielos y en la tierra, en los mares y en todos los abismos. Hace subir las nubes de los extremos de la tierra; hace los relámpagos para la lluvia; saca de sus depósitos los vientos.
>
> Salmo 135:6-7

¡Dios tiene el control absoluto de todo! Aun así, la Biblia también afirma numerosas veces que aunque Dios es bueno, a veces permite circunstancias adversas y experiencias tristes que solo Él sabe el motivo. Esto fue lo que le sucedió a Job. En medio de sus dolores y calamidades, así como en todos los desastres que le sobrevinieron, Job se queja sin saber que el propósito del diablo era lograr que blasfemara el nombre de Dios. Como resultado, solo ve a Dios como el causante de sus sufrimientos, pues no podía darse cuenta de la realidad espiritual por encima de la realidad física de este mundo.

Al igual que Job, nosotros tenemos la idea de que la vida debe ser justa, porque Dios es justo, pero esto no es así. Dios es justo, pero la vida no es justa. Las injusticias les suceden a diario a todos, ya sean cristianos o no, y en cada nivel de la sociedad. Sin embargo, la existencia de Dios no debe cuestionarse si soy víctima de injusticias, infortunios, desastres, dolores y sufrimientos, ni siquiera si no tengo una buena salud física y prosperidad financiera como las tenía Job. Dios está por encima de todas esas circunstancias.

Además, la aparente seguridad que tenemos cuando todo nos va bien, puede cambiar en un momento. A todos nos puede suceder un accidente, recibir una llamada telefónica del médico con una mala noticia o tener problemas financieros. Aun así, ¡Él sigue siendo Dios! Es Dios tanto en la riqueza como en la pobreza, en la salud como en la enfermedad, en la vida como en la muerte. Él sabe el dolor que experimentamos, y no nos da la espalda ni nos olvida como si no existiéramos. Tenemos que seguir confiando en Dios en medio de las injusticias de la vida y de los seres humanos. Esto fue lo que hizo Job. Aunque se quejaba, sin entender el motivo de lo que le sucedía, siguió confiando en Dios.

Ahora bien, mi pregunta es la siguiente: «¿La vida fue justa para Cristo?». ¡Claro que no! Nació para morir, salvarnos, sanarnos y restaurar nuestra relación con Dios. ¡Aleluya! Por lo tanto, tenemos a Job en el Antiguo Testamento que sufrió injusticias terribles, y en el Nuevo Testamento tenemos a Jesús que sufrió muchísimo más al afrontar injusticias, dolores y angustias al morir en la cruz. ¡Así que Él sabe lo que es el dolor! Al vencer el pecado, la muerte y al diablo,

Jesús nos dio un precioso regalo... ¡en Él, nosotros podemos vencer también!

DIOS SE GLORIFICA AUN EN MEDIO DEL DOLOR

El sufrimiento y el mal solo pueden ocurrir con el permiso divino. El diablo, en cambio, no puede actuar por su cuenta, ya que está limitado a lo que Dios decida y permita, pues Él tiene el control absoluto de todo. Si te está sucediendo algo que no entiendes, como fue el caso de Job, pon tu confianza, fe y esperanza en el Señor, que Él te contestará a su tiempo.

En este mundo caído, todos afrontamos enfermedades y dolores, pues somos seres humanos y nuestra naturaleza es propensa a cualquier enfermedad. A pesar de eso, debemos seguir creyendo en el Señor y proclamando el evangelio de salvación y sanidad, pues Él mismo nos dejó su ejemplo:

> Ciertamente llevó él nuestras enfermedades, y sufrió nuestros dolores; y nosotros le tuvimos por azotado, por herido de Dios y abatido. Mas él herido fue por nuestras rebeliones, molido por nuestros pecados; el castigo de nuestra paz fue sobre él, y por su llaga fuimos nosotros curados.
>
> Isaías 53:4-5

¡Jesucristo ya nos sanó en su obra expiatoria en la cruz!

La misionera Isobel Kuhn escribió un libro llamado *In the Arena*, donde habla de una gran verdad al afirmar que una vida llena de contratiempos y problemas puede transformarse en una vida única y con poderosos recursos para hacer avanzar el evangelio. Y cada problema que afrontó Kuhn, le dio más oportunidades para glorificar a Dios. En el último capítulo, describe como afrontó el cáncer. Así que la salud se convirtió en su preocupación personal, sabiendo que el cáncer podía hacer metástasis. Por lo tanto, su primer impulso natural fue el pánico y, por eso, siempre anticipaba lo peor. Si tosía, era cáncer pulmonar; un dolor en sus dientes o encías, era cáncer bucal; y cualquier otro dolor o síntoma era razón de una recaída en su salud. Decía que la enfermedad es una enorme causa de miedo. Como es lógico en una cristiana que tanto dependió de Dios, más tarde vemos cómo Kuhn aprendió que con Cristo se vence cada temor[1].

LA DEFENSA DE JOB ANTE ELIFAZ

La naturaleza humana abriga el temor, tanto por la enfermedad como por cualquier otro problema inesperado que podamos tener. Como resultado, nos quejamos debido a las consecuencias inevitables. Job, de igual forma, se quejó y se lamentó debido a su dolor, tanto físico como emocional. Así que responde al discurso de Elifaz, el cual abarca dos capítulos, con una amplia defensa en la que expone sus quejas. En otras palabras, Job expresó lo siguiente:

1. **Me quejaré de mi dolor**
    Job 6:1-2: «Respondió entonces Job, y dijo: ¡Oh, que pesasen justamente mi queja y mi tormento, y se alzasen igualmente en balanza!».
    La pregunta adecuada que debe hacerse es: «¿Cómo pudiéramos pesar nuestro dolor y compararlo con el de otra persona?». Sin embargo, ¿de qué le serviría al sufriente saber el peso de su infortunio? Muy a menudo nos quejamos, y muchas veces tenemos razón. Ahora bien, ¿alguna vez has pensado que quizá alguien en este preciso momento esté pasando por una situación que es peor que la tuya?
    Hoy mismo, muchísimas personas recibieron la noticia de la muerte de un familiar y el dolor apenas comienza. En este instante, muchas otras personas procesan las noticias que les dio el médico respecto a una enfermedad terminal, donde le dijo que apenas les quedan algunos meses o semanas de vida, y que solo Dios podía hacer un milagro. Tal vez en este momento alguien tuvo un accidente automovilístico fatal. Incluso, puede que ahora mismo una madre esté llorando por la muerte de su hijo, o que sea el hijo el que llore por la muerte de su madre.
    ¿Ya ves? Siempre miramos nuestra situación y pensamos que lo que estamos pasando es lo peor. Es posible que tú y yo no

sepamos todavía lo que es peor. Creo que ninguno de nosotros ha pasado por las pruebas de Job. Entonces, hay que mantenerse firme y no intentar saber el motivo, mucho menos acusar a Dios por nuestra situación.

2. Dios me hirió

Job 6:4: «Porque las saetas del Todopoderoso están en mí».

Cuando las calamidades llegaron a la vida de Job, dijo con convicción: «Jehová dio, y Jehová quitó» (Job 1:21). Sin embargo, ahora acusa a Dios de ser el responsable de su desgracia. En lugar de culpar al maligno, su dolor lo descarga en Dios. Esto es lo que sucede muy a menudo cuando un cristiano atraviesa pruebas o enfermedades, y no recibe respuestas de Dios a sus oraciones. Así que su camino más fácil es acusar a Dios de todas las circunstancias adversas, pues no entiende su propósito en tales situaciones.

Lo cierto es que nadie quiere sufrir ni aguardar la respuesta, pero el Señor actúa de esa manera y no hay nada que podamos hacer al respecto. Lo que nos toca es aceptar su voluntad, orar, ayunar y esperar en Él. Todos hemos recibido saetas de pruebas, luchas y enfermedades, y han sido muchas. David también pasó por lo mismo cuando dijo:

> Porque tus saetas cayeron sobre mí, y sobre mí ha descendido tu mano. Nada hay sano en mi carne, a causa de tu ira; ni hay paz en mis huesos, a causa de mi pecado.
>
> Salmo 38:2

Como vemos, David también culpó a Dios. Se quejó de que su ira le había provocado una difícil enfermedad, aunque tuvo que reconocer que su falta de paz se debía a su pecado. Casi todos nosotros hacemos algo similar siempre que pasamos por un problema serio y no lo entendemos. Los conflictos se nos presentan de diversas formas, como desilusiones, enfermedades, final de un noviazgo, no recibir una promoción laboral, infidelidad de uno de los cónyuges, deuda o tragedia financiera, muerte de un ser querido, dificultades en el matrimonio, conflictos con los hijos, el ministerio, la iglesia, etc.

Entonces, estando en semejantes circunstancias, siempre preguntamos: «¿Por qué me sucede esto?». Así que acusar a Dios es la salida más obvia para tratar de entender con nuestras mentes limitadas a un Dios que es ilimitado. Lo mejor que podemos hacer en estos casos es meditar, orar, analizar y arrepentirnos por nuestras palabras y actitudes, como lo hiciera Job más tarde (Job 42:1-6).

Si estás afrontando una prueba y no la entiendes, ora y ten paciencia, pues Él te ayudará y te dará la victoria. Solo espera en Él (Sal 34:4-6; 37:4-7), pues nunca ha desamparado ni dejado a los suyos. Cree y confía en que Él te responderá a su tiempo:

> Porque mis pensamientos no son vuestros pensamientos, ni vuestros caminos mis caminos, dijo Jehová. Como son más altos los cielos que la tierra, así son mis caminos más altos que vuestros caminos, y mis pensamientos más que vuestros pensamientos.
>
> Isaías 55:8-9

3. Dios me abatió

Job 6:4: «Y terrores de Dios me combaten».

Una vez más, Job acusa a Dios y lo considera como un enemigo al decir que Él lo combate. El diablo es el que nos hace pensar que Dios es el culpable de todos nuestros infortunios y situaciones adversas. El maligno nos susurra al oído: «¿Ya ves? Dios no te quiere. Si te amara, ¡no te estaría sucediendo esto!». Y de esa manera nos engaña. Son palabras parecidas a lo que les dijo a Adán y Eva, a quienes engañó al torcer las palabras de Dios. ¿Mi consejo? ¡No le creas al diablo! Es un mentiroso desde el principio. ¡Que el Señor lo reprenda!

Dios siempre querrá lo mejor para ti y para mí, y nunca nos dejará. ¡Jamás! Muchas cosas no las entendemos ahora. Esa fue mi experiencia. ¿Cómo podré entender por qué mi padre murió en Brasil cuando yo estaba en África con toda la familia predicando en una cruzada en Ghana? Dios sabía que no podría llegar a su funeral, pero lo permitió así. ¿Me dijo alguna vez por qué lo hizo? ¡No! Él es Soberano y no tiene que rendirnos cuenta por sus decisiones. Sin duda, algún día lo entenderemos, ya sea en esta tierra o cuando estemos en su presencia. Por eso la Palabra nos exhorta: «¿Por qué contiendes contra él? Porque él no da cuenta de ninguna de sus razones» (Job 33:13). Dios no tiene que darnos explicaciones. ¡Punto! No obstante, a pesar de eso, Él siempre querrá lo mejor para nosotros. Pon esta Palabra de Dios en tu corazón:

> Porque yo sé los pensamientos que tengo acerca de vosotros, dice Jehová, pensamientos de paz, y no de mal, para daros el fin que esperáis.
>
> Jeremías 29:11

Esta es una promesa extraordinaria! Aférrate a ella y cree que Él te contestará en su tiempo. No trates de entender a Dios, solo créele a Dios y a su poder, pues Él lo tiene todo bajo control. John Wesley, hablando sobre este asunto de intentar comprender a Dios, dijo:

> Tráeme un gusano que pueda comprender a un hombre, y luego te mostraré un hombre que puede comprender al Dios trino[2].

Entonces, como la agonía de Job era inmensa (Job 6:2-4), buscaba desesperado una respuesta (Job 6:8-10). Además, fue sincero con sus amigos al decirles lo que pensaba de ellos (Job 6:14-15, 24-26, 28-29).

4. **No tengo fuerzas para esperar**
   Job 6:11: «¿Cuál es mi fuerza para esperar aún? ¿Y cuál mi fin para que tenga aún paciencia?».

Aquí es donde la mayoría de nosotros sucumbimos. No tenemos la paciencia necesaria para esperar la respuesta de Dios. Es de entender que en medio del sufrimiento y del dolor es difícil esperar por una sanidad tanto física como emocional. Los padecimientos del cuerpo, así como los traumas y experiencias negativas del pasado, nos traen recuerdos que no quisiéramos revivir. Si ya no tenemos más fuerzas para soportar la carga, ¿por qué no se la entregamos a Cristo? Si ya no tenemos más paciencia para aguantar el peso, ¿por qué no nos lo quitamos de encima de nuestros hombros y lo depositamos todo a sus pies? Él sabe que tenemos limitaciones, pues somos humanos frágiles y débiles (Sal 103:14).

5. **No soy de piedra ni de bronce**
Job 6:12: «¿Es mi fuerza la de las piedras, o es mi carne de bronce?».

Dios pudiera haber hecho nuestra carne tan dura como el bronce y que tuviera resistencia como las piedras, ¿pero cómo nos enseñaría, disciplinaría y corregiría? Si fuéramos así, la vara de la corrección divina sería muy poco eficaz sobre nosotros. De modo que Él no nos creó tan duros, insensibles e inquebrantables, como muchos piensan que son, sino que nos hizo débiles, sensibles y quebrantables. Él conoce nuestra constitución física y sabe que todo ser humano se dobla ante el dolor en su cuerpo, alma y espíritu. Por lo tanto, los que son sabios, se humillan delante de su Presencia para encontrar el socorro oportuno (Heb 4:16), y quienes le buscan y confían en Él, lo encontrarán. Es más, Él los sacará con canciones de júbilo hacia la victoria (Sal 40:1-4).

6. **No entiendo dónde erré**
Job 6:24: «Enseñadme, y yo callaré; hacedme entender en qué he errado».

El sufrimiento y el dolor no siempre se deben al pecado. En todas las edades, cristianos devotos y consagrados al Señor han padecido persecución, prisión y muerte. ¿Están en pecado? ¡No! Son hombres y mujeres de Dios que sufren por Jesús y el evangelio:

> Bienaventurados sois cuando por mi causa os vituperen y os persigan, y digan toda clase de mal contra vosotros, mintiendo. Gozaos y alegraos, porque vuestro galardón es grande en los cielos; porque así persiguieron a los profetas que fueron antes de vosotros.
>
> Mateo 5:11-12

En otros casos, se trata de la disciplina del Señor si es que el cristiano persiste en pecar o practicar el pecado. Hay una gran diferencia en pecar y practicar el pecado. Todos pecamos, pero no debemos permanecer en el pecado, sino buscar el perdón en arrepentimiento y confesión (1 Jn 1:9; 5:18). Casi siempre, las pruebas y aflicciones nos vienen para llevarnos a través de un camino difícil, a fin de hacernos crecer espiritualmente. Entonces, si «cruzamos» el río Jordán del sufrimiento y alcanzamos la bendición que pedimos, lograremos llegar a la Tierra Prometida, que es lo que esperamos tú y yo.

7. **Me quejaré aún más**

Job 7:11: «Por tanto, no refrenaré mi boca; hablaré en la angustia de mi espíritu, y me quejaré con la amargura de mi alma».

Job sigue quejándose de su desdicha. Su alma atribulada solo podía encontrar consuelo junto al Dios a quien le era fiel. Entonces, en lugar de acercarse a la fuente de toda consolación (2 Corintios 1:3), lo acusa de ser el responsable de sus penurias. ¿De quién se quejaba Job? ¡De Dios! En el versículo 13, sigue quejándose: «Mi cama atenuará mis quejas». Sin duda, buscaba un alivio, algo que pudiera disminuir el dolor de su condición, pero como su respuesta estaba en Dios, no podía verlo así. Todos sabemos que en el sufrimiento y en el dolor no pensamos de esa manera ni buscamos a Dios, pues lo que de veras queremos es encontrar la salida al problema en que estamos.

En cuanto a Job, entendemos que sus palabras son las del espíritu afligido y de alguien dolorido. Recuerda que así oró Cristo en el Getsemaní antes de ir a la cruz, pues su alma estaba muy triste:

> Padre mío, si es posible, pase de mí esta copa; pero no sea como yo quiero, sino como tú.
>
> Mateo 26:39

De nada nos sirve quejarnos, murmurar y acusar a Dios, o a otra persona, de nuestra amargura. Si alguien nos hizo daño, Cristo dijo que hay que perdonar. Si Dios es el que permite lo que estamos pasando, no podemos quejarnos en su contra. ¿Qué hacer entonces? ¡Esperar y seguir confiando!

Claro, la situación de Job era única, ¡pero cuánto nos quejamos tú y yo! Incluso, ¡cuánto le reclamamos! Si tenemos un trabajo o una fuente de ingresos económicos para tener lo básico y sostenernos junto a nuestra familia, si tenemos alimentos, agua para beber y bañarnos, condiciones sanitarias adecuadas, utensilios de higiene personal, si tenemos ropa, zapatos, comida, una cama para dormir, un techo para protegernos, un auto para movernos, un refrigerador para conservar los alimentos, un celular, una computadora, tenemos salud y una familia que amar, ¡somos más que bendecidos y vivimos mejor que más dos mil millones de personas que viven en extrema pobreza y en condiciones deplorables! El sustento se limita a menos de un dólar al día en partes de Asia y África... Entonces, ¿qué es lo que reclamamos?

8. La muerte sería mejor

Job 7:15-16: « Y así mi alma tuvo por mejor la estrangulación, Y quiso la muerte más que mis huesos. Abomino de mi vida; no he de vivir para siempre; déjame, pues, porque mis días son vanidad».

Algunos teólogos llegan a decir que Job consideró el suicidio por ahorcamiento debido a tanta tristeza y al tormento en el que vivía su alma. Es difícil comprender lo que una persona atraviesa hasta que nosotros experimentamos la misma situación. El texto es bien claro en cuanto a lo que dijo Job: «Mi alma quiso la muerte [...] abomino mi vida [...] déjame».

En nuestros días, hay una ola de suicidios entre cristianos como no lo hemos visto nunca antes. Muchos cristianos se quitan la vida al no encontrar una salida para sus problemas. Hasta pastores se suicidan aquí en Estados Unidos y en muchas partes del mundo al no encontrar la respuesta en medio de sus presiones ministeriales y cargas personales. Algo similar sucede también en Brasil ahora mismo en 2019, donde muchos pastores se quitan la vida. Nunca se había visto tal cosa. El diablo está engañando tanto a cristianos como ministros, a fin de llevarlos a que se quiten la vida. ¡Esto es absurdo! ¿Y dónde está Cristo? ¿Será que Él no puede ayudarnos? ¿Será que la mano del Señor se ha acortado? Job dijo que quería estar solo: «Déjame».

¿Qué le pasa a una rama cuando la desprenden del árbol? ¿Qué le pasa al niño abandonado por su madre? Entonces, ¿qué sucedería si Dios nos abandonara? ¿Dónde estaríamos? ¿Cómo un cristiano o ministro querrá que Dios le deje y comete suicidio? ¡Esto no es posible!

En Cristo están las respuestas, salidas, sanidades y bendiciones de cualquier índole si solo nos humillamos y nos postramos en su Presencia. De seguro que en el momento en que lo hagamos, seremos transformados por completo delante de Él. Esta es la promesa que se encuentra en la Palabra cuando cita:

> Entonces me invocaréis, y vendréis y oraréis a mí, y yo os oiré;
> y me buscaréis y me hallaréis, porque me buscaréis de todo
> vuestro corazón.
>
> Jeremías 29:12-13

¡Aquí está nuestra salida! Solo tenemos que buscar al Señor. Siendo así, ¿por qué optar por el suicidio si tenemos a un Dios que responde a nuestras oraciones aunque tarden? Recuerda: Una oración no contestada no es una oración negada. ¿Por qué quitarse la vida e ir a una eternidad sin Cristo, como fue el caso de Judas Iscariote, solo por un acto de desesperación y aturdimiento? Muchos piensan que el suicidio es para acabar con la aflicción, cuando lo cierto es que apenas comienza una eternidad de tormentos... ¡No lo hagas!

El suicidio es un espíritu maligno y debes reprenderlo en el Nombre de Jesús y serás libre. El suicidio es cometer un asesinato contra la persona misma. Es un pecado no confesado, pues la persona ya no puede confesar el acto de asesinato. Además, ninguna persona que no se arrepiente ni confiesa sus pecados entrará en el reino de Dios. Recuerda: Cristo vino para darnos vida, y vida en abundancia (Jn 10:10).

9. Mantengo mi inocencia

Job 7:20: «Si he pecado, ¿qué puedo hacerte a ti, oh Guarda de los hombres? ¿Por qué me pones por blanco tuyo, hasta convertirme en una carga para mí mismo?».

Está claro que Job mantenía su inocencia y acusaba a Dios al decir que Él lo había hecho su meta, su prioridad, su blanco, al causarle dolor a su vida. Por lo tanto, lo acusa y, más tarde, lo sigue acusando, a la vez que se justifica, se queja y se defiende hasta el capítulo 37. Sin embargo, todo es en vano.

Cuando acusamos a Dios, murmuramos, nos justificamos, nos quejamos y nos defendemos, no llegamos a ninguna parte, como le sucedió a Job. Debemos admitir y reconocer que hemos fallado y pecado. Luego, debemos humillarnos delante de su Presencia y, como resultado, Él actuará en nuestro favor. Tú y yo sabemos dónde hemos fallado y pecado contra el Señor, ¿verdad? Ya sea en palabras, actitudes o pensamientos, todos hemos pecado (Ro 3:23; 1 Jn 1:8).

10. Reconozco que pequé

Job 7:21: «¿Y por qué no quitas mi rebelión, y perdonas mi iniquidad?».

Un versículo antes de este, Job mantenía su inocencia al justificarse delante de Dios: «Si he pecado...». Aunque sabía que se había rebelado contra Dios, solo en el versículo siguiente reconoce su pecado. ¡Aquí está la clave! Job empieza reconociendo su pecado e iniquidad que estaban, según los eruditos, escondidos en lo profundo de su corazón. Después, en cambio, Job se defiende y niega su pecado hasta llegar al capítulo 37. Una vez que Dios le habla (capítulos 38—41), Job se arrepiente tal y como lo vemos en el capítulo 42.

Es evidente que, antes de llegar a su confesión y arrepentimiento final, ya Job sabía que se había rebelado en contra de Dios, pero se siguió defendiendo. Así es la naturaleza humana. Trata de no aceptar su propio error e intenta justificarse, defenderse, acusar a otro. Tal vez si Job se hubiera humillado en ese momento, su suplicio hubiera terminado antes. Pero no, siguió con su defensa. Cuando sabes que has pecado, debes confesarlo de inmediato y postrarte en la presencia de Dios reconociendo tu error de modo que tu vida se transforme para bien. De lo contrario, como dice este pasaje de la Biblia, esto es lo que recibirán en su lugar:

> El que encubre sus pecados no prosperará; mas el que los confiesa y se aparta alcanzará misericordia.
>
> Proverbios 28:13

Debemos apartarnos de los pecados, dejarlos, abandonarlos, darles la espalda, ¡y Dios tendrá misericordia de nosotros!

LA CADENA LÓGICA DE LA VIDA CRISTIANA

El **reconocimiento** del pecado nos lleva al arrepentimiento. El **arrepentimiento** nos lleva a la confesión. La **confesión** nos lleva a la humillación. La **humillación** nos lleva al perdón. El **perdón** nos lleva a la restauración. Y la **restauración** nos lleva a un **nuevo comienzo**, a una nueva etapa y a una nueva vida en Cristo.

Es interesante, pero cada capítulo 9 de los libros de Esdras, Nehemías y Daniel son de confesión que hicieron estos personajes bíblicos en nombre de Israel. Su propósito era que Dios los sacara del cautiverio y los llevara de vuelta a Jerusalén. ¿Cuál fue su declaración? Sencilla: «¡Hemos pecado!». Sin duda, estos hombres de Dios nos dan una gran lección de humildad. No se pusieron a señalar el pecado de los demás, sino que confesaron tanto el pecado de Israel como el suyo propio, y como dije, esto es lo que hace la humildad.

Entendemos que en medio del dolor es común quejarse ante Dios. Muchos se apartan y se alejan de Él cuando llega el sufrimiento, pero otros se le acercan, como lo dice C.S. Lewis:

> Al mismo tiempo, también he visto que muchas personas encuentran a Dios a través de la aflicción y del sufrimiento. Encuentran que la adversidad los mueve hacia a Dios y no los aleja ni los aparta de Él. Los tiempos difíciles los despierta de un sueño encantado de la autosuficiencia hacia una seria búsqueda por lo divino. El sufrimiento planta la bandera de la verdad dentro de la fortaleza de un alma rebelde[2].

Este libro de C.S. Lewis, *El problema del dolor*, fue muy popular en cuanto a la doctrina cristiana del dolor. Es más, fue una respuesta intelectual dirigida al punto de vista de quienes creen que el sufrimiento y el mal gobiernan sin la existencia de Dios. Este libro se escribió para la mente intelectual, pero también es de mucha utilidad para el pueblo de Dios en general.

MEDÍTALO...

Un hombre de negocios cristiano, después de sufrir grandes pérdidas financieras, se quejó de Dios y hasta criticó al Señor en su corazón y lo cuestionó diciendo: «¿Por qué permitiste que me pasara todo esto?». Una noche, estando en la sala de su casa, se sentía muy abatido, angustiado y desanimado. Su hijito de seis años de edad vino y se sentó en su regazo. El muchachito tenía una tarjeta con estas palabras: «Las obras de Dios son perfectas».

Entonces, el niño le preguntó: «Papá, ¿qué quiere decir "perfectas"?». Y el papá le respondió: «Significa que Dios no comete errores». En ese momento, el padre se dio cuenta de su propia respuesta y reaccionó: «¡Eso es! Todo me está pasando con un propósito. ¡Saldré adelante! ¡Dios tiene el control!». Esto era todo lo que ese hombre necesitaba reafirmarse a sí mismo: «Los hechos de Dios y lo que Él permite son perfectos y están bajo su control». Job necesitaba saber esto mismo: ¡Dios tiene el control!

Y en cuanto a ti y a mí, debemos tener presente que no importa la situación difícil que estemos atravesando, ¡pues Dios todavía controla el universo con absoluta perfección! ¡Aleluya!

LA JUSTIFICACIÓN DE JOB

«Respondió Job, y dijo: Ciertamente yo sé que es así;
¿y cómo se justificará el hombre con Dios?».
Job 9:1-2

Con palabras cargadas de sentimientos encontrados, entramos a esta nueva etapa en la vida de Job. Si lo analizamos, no solo se quejaba ante Dios y lo acusaba de su desgracia, sino que también creía que lo había abatido, pues no sabía dónde había errado para que tuviera que afrontar tan graves problemas.

Ahora, vemos que Job se queja aún más. Como sabemos, llegó a desear la muerte debido a que se consideraba inocente por completo. Sin embargo, a pesar de sus palabras para defenderse de todas las acusaciones que se levantaban en su contra, llegó el momento en el que tuvo que reconocer su pecado.

¿No somos así nosotros igual que Job? Si leemos las Escrituras, las veremos como un espejo donde se refleja nuestro carácter en realidad. Nuestra naturaleza humana siempre es y será la de justificarnos y defendernos como hizo Job. R.C. Sproul, quien fuera teólogo, autor y pastor estadounidense, dijo una vez:

> Cuando hay algo en la Palabra de Dios que no me gusta, el problema no está en la Palabra de Dios. Está en mí[1].

JUSTIFICACIÓN CONTRA PERFECCIÓN

En realidad, el asunto de justificarnos tiene mucho que ver con nuestro libre albedrío. Nos justificamos porque creemos que no hemos errado, no hemos cometido ninguna falta o pecado. En cambio, lo cierto es que está en nosotros justificarnos delante de Dios o no. Tenemos la libertad de escoger, de tomar decisiones. Sabemos que no nos llevará a nada, pero lo hacemos de todas formas. ¿Por qué? Porque no queremos ceder ante Dios y, de alguna forma, creemos que Él no está siendo justo con nosotros. Sin embargo, tenemos la elección de soportar el sufrimiento o de justificarnos... ¡así de simple!

Para poder entender mejor esto, intenta crear en tu mente un mundo imaginario en el que cada uno recibe con exactitud lo que merece. ¿A qué se parecería un mundo donde existiera la perfección? Piensa en esto: Un mundo moralmente perfecto operaria de acuerdo a las leyes fijas establecidas como las leyes de la física. El castigo por el error sería semejante al dolor físico. Si tocaras el fuego, al instante te castigaría con una quemadura. Como lo es en realidad. Si en un mundo perfecto alguien pecara, también moriría al momento, así que el pecado se castigaría de inmediato. Si robaras, te electrocutarían sin misericordia. De igual manera, si haces algo bueno, te recompensarían con lo que quisieras.

Este mundo imaginario tiene cierta atracción. Sería justo y coherente, y todos sabrían con claridad lo que Dios espera de cada uno de nosotros. La justicia reinaría. Solo que hay un enorme problema con esto de que todo se arreglara a la perfección: Esto no es lo que Dios quiere llevar a cabo en este mundo. Por otra parte, si las cosas fueran de esta manera, los seres humanos seríamos robots, en lugar de los seres libres que Dios desea que le amemos y sirvamos.

Sin duda, el Señor permite la existencia del mal y que actúe por un tiempo a fin de llevar a cabo su propósito. Si existiera este mundo imaginario de leyes perfectas, justas y fijas, no habría verdadera libertad de expresión, decisión ni elección. El libre albedrío estaría ausente. ¿Por qué? Porque reaccionaríamos con rectitud y como es debido, siempre esperando el beneficio inmediato. Así que todo lo haríamos por motivos egoístas y empañaríamos cualquier intento de servir y amar a Dios con entera libertad. Al vernos obligados por las circunstancias de ese mundo perfecto, amaríamos a Dios porque estaríamos programados para hacerlo y no por una decisión deliberada de nuestra parte.

Todo esto va en contra de lo que nos enseñan las Escrituras de principio a fin. En cambio, servimos y amamos a Dios, como dice la Biblia, en medio de pruebas, sufrimientos, dolor, tribulaciones, tentaciones, luchas y problemas, porque escogemos amar a Dios y su Palabra de manera libre y espontánea, y lo hacemos de corazón y no obligados.

CUANDO LA JUSTIFICACIÓN ES SOLO HUMANA

Cada vez que intentamos justificarnos ante Dios debido a que digamos que Él no es justo, podemos decir que es una pérdida de tiempo, pues Él siempre tiene razón y nosotros no. En cuanto a esto, Elifaz dijo algo muy profundo: «¿Será el hombre más justo que Dios? ¿Será el varón más limpio que el que lo hizo?» (Job 4:17).

Así que ahora, consideremos lo que nos muestra la *Biblia Plenitud* en sus comentarios respecto a lo que encierra la palabra «hombre»:

4.17 hombre, ›*enosh*; Strong # 582: Un hombre, un mortal; el ser humano en toda su fragilidad, limitación e imperfección. Deriva del verbo ›*anash* y significa «ser débil, frágil, enfermizo, y triste». ›*Enosh* es una de las cuatro principales palabras hebreas para el ser humano. Si ›*adam* es el ser humano como especie, › *ish* lo representa como ciudadano y **geber** como símbolo de la masculinidad, de la fortaleza humana en general. Por lo tanto, › *enosh* designa al ser humano como una criatura básicamente débil. ›*Enosh* aparece más de 550 veces en el Antiguo Testamento, y a menudo constituye simplemente un término alterno para ›*adam.* Pero, en ocasiones, la connotación original persiste, como en la pregunta del Salmo 8.4: «¿Qué es el [›*enosh*] hombre para que tengas de él memoria...?». En Daniel 7.13 el equivalente arameo **bar›enash** (Hijo del Hombre) tiene una connotación mesiánica. El Señor Jesús repetidamente se llamó a sí mismo de esa manera, identificándose con la raza humana en toda su debilidad, aunque se elevó a una posición de eterna fortaleza[2].

Como hombre al fin, y en su intento de justificarse, veamos lo que nos plantea Job en sus alegaciones ante sus amigos y Dios:

1. **Job hace la pregunta de todos los tiempos sobre la justificación**
   Job 9:1-2: «Respondió Job, y dijo: Ciertamente yo sé que es así; ¿y cómo se justificará el hombre con Dios?».

   Entonces, ¿quién va a justificar de veras al hombre? En la época de Job, ¿quién lo podía justificar? El hombre debía ser recto para con Dios, ¿pero cómo el ser humano puede conseguir esto? Hoy tenemos a Cristo. Entonces, ¿de qué manera nos pueden purificar y borrar nuestra culpa por el pecado? No podemos discutir con Dios, pues así se afirma en este pasaje:

   > Si quisiere contender con él, no le podrá responder a una cosa entre mil.
   >
   > Job 9:3

   Somos muy pequeños para demandar respuestas del Todopoderoso. Y para nosotros los cristianos, la respuesta de nuestra justificación está en Jesucristo. Dios es demasiado poderoso para que podamos comprenderlo, pues el versículo 10 dice que Dios hace maravillas, cosas grandes e incomprensibles. No podemos entenderlo. ¡Es imposible! Por lo tanto, esta pregunta es:

   - *Real*, porque se ha preguntado en toda época de la humanidad.
   - *Importante*, porque el destino eterno del hombre depende de la misma.
   - *Difícil*, porque nadie puede responderla a través de la sabiduría humana, ya que el carácter de Dios es santo, recto y justo; mientras que el nuestro es pecaminoso, culpable e injusto.
   - *Pretenciosa*, porque todos intentamos responderla, pues toda alma necesita la justificación.
   - *Contestable*, porque aunque nosotros no podamos responderla, tenemos al único que tiene la respuesta, y es Dios,

quien nos aclara que nuestra justificación no depende de las obras (Ro 3:20), sino de la gracia (Ro 3:24), y que es por medio de la sangre de Cristo (Ro 5:9) y la fe (Ro 4:5).

- *Válida*, porque todo ser humano tendrá que responder delante de Dios si fue justificado o no.
- *Sabia*, porque toda persona inteligente querrá saber la respuesta.
- Única, porque ninguna religión podrá ofrecer la justificación.
- *Distinta*, porque a la mayoría de las personas no les interesa el destino eterno de sus almas, sino que viven para el presente y el ahora.
- *Poco común*, porque casi nadie se la pregunta a alguien y la mayoría no tiene idea qué es la justificación.
- *Valiosa*, porque Jesús dijo de qué le vale al hombre ganar todo el mundo y perder su alma.
- *Oportuna*, porque hoy es el día de la salvación, hoy es el tiempo aceptable.
- *Apremiante*, porque si hoy escuchas la voz del Señor, no debes endurecer tu corazón.
- *Necesaria*, porque toda persona posee un alma que tiene que rendir cuentas delante de Dios, y esta tiene que ser justificada para obtener la vida eterna.
- *Urgente*, porque hoy pedirán cuenta de tu alma, ¿y cómo vas a responder?
- *Inquiridora*, porque debo saber qué haré para ser justificado y salvo.
- *Demandante*, porque requiere acción: «¿Qué debo hacer para ser salvo? [...] Cree en el Señor Jesucristo, y serás salvo, tú y tu casa» (Hch 16:30-31).
- *Millonaria*, porque Jesús dijo: «¿Qué dará un hombre a cambio de su alma?» (Mt 16:26, LBLA).
- *Preparativa*, porque todos tenemos que prepararnos para el futuro de nuestra alma.

- *La pregunta de las preguntas,* porque hay un cielo y un infierno, y tú debes decidir dónde estará tu alma por toda la eternidad: justificada o condenada.

2. **Job no puede impresionar a Dios con sus palabras ni con su justicia propia**
   Job 9:14-15: «¿Cuánto menos le responderé yo, y hablaré con él palabras escogidas? Aunque fuese yo justo, no respondería; antes habría de rogar a mi juez».

   Dios no es hombre como nosotros. ¿Qué argumentos podemos presentar delante de Él? Nosotros somos humanos, y Él es divino y santo. Si se trata sobre la cuestión del pecado y del juicio, no hay lugar para razonamientos. No podemos justificarnos de ninguna manera posible.

3. **Job intenta desesperadamente justificarse**
   Job 9:20: «Si yo me justificare, me condenaría mi boca».

   Aunque nos lavemos con aguas de nieve, seguiremos sucios en su Presencia (versículos 30-31). Delante de Él, todo lo humano es inmundo y detestable. Basta con leer las siguientes palabras y nos daremos cuenta de quiénes somos en realidad delante de Él:

   > ¿Será el hombre más justo que Dios? ¿Será el varón más limpio que el que lo hizo? He aquí, en sus siervos no confía, y notó necedad en sus ángeles; ¡cuánto más en los que habitan en casas de barro, cuyos cimientos están en el polvo, y que serán quebrantados por la polilla!
   >
   > Job 4:17-19

   Todas nuestras justicias delante de Dios son como un trapo de inmundicia (Is 64:6). ¡Y no quieras saber lo que la palabra «trapo» significa aquí!

4. **Job busca con todas sus fuerzas encontrar un mediador**
   Job 9:33: «No hay entre nosotros árbitro que ponga su mano sobre nosotros dos».

Estas palabras tan conocidas expresan el clamor de un alma pecaminosa para encontrar un mediador entre nosotros y Dios. ¡Ah, si existiera alguien que abogara, de modo que tanto Dios como el hombre quedaran satisfechos! Alguien que sea divino y humano al mismo tiempo; alguien que sea humano y divino para poder perdonar el pecado sin pasar por encima de lo que demanda la justicia de Dios y que pronunciara paz al corazón angustiado. Las palabras de Eliú son persuasivas en la búsqueda del hombre por alguien que lo ayude:

> Si tuviese cerca de él algún elocuente mediador muy escogido, que anuncie al hombre su deber.
>
> Job 33:23

¿Habrá alguien? ¡Sí lo hay! ¡Es Cristo! En este pasaje está la respuesta tan anhelada que necesitamos:

> Porque hay un solo Dios, y un solo mediador entre Dios y los hombres, Jesucristo hombre.
>
> 1 Timoteo 2:5

En el libro de Hebreos se nos dice que Jesús es el Mediador de un mejor pacto y de mejores promesas (8:6; 9:15; 12:24). ¡Aleluya! Repito: La respuesta para tu alivio y el mío se encuentra en este pasaje que nos asegura lo siguiente:

> Hijitos míos, estas cosas os escribo para que no pequéis; y si alguno hubiere pecado, abogado tenemos para con el Padre, a Jesucristo el justo.
>
> 1 Juan 2:1

¡Alabado sea el Señor! ¡Él es nuestro Abogado! ¡Él es nuestro Mediador! Si estás afrontando grandes pruebas, tribulaciones y aflicciones hoy, ve al Trono de la Gracia, ve a Jesús, Él es tu Abogado y Mediador. Él intercederá por ti y alcanzarás la victoria.

En el *Vine: Diccionario Expositivo de palabras del Antiguo y del Nuevo Testamento Exhaustivo*, de W.E. Vine, se define así la palabra «mediador»:

MEDIADOR

mesites (μεσίτης, 3316), lit.: uno que va entre (de *mesos*, medio, y *eimi*, ir). Se usa en el NT de dos modos: (a) uno que media entre dos partes con vistas a conseguir paz, como en 1 Ti 2.5, aunque hay más que la condición de mediación a la vista, porque la salvación de los hombres demandaba que el mediador poseyera la naturaleza y atributos de aquel ante quien Él actúa, y que asimismo participara de la naturaleza de aquellos en favor de los que Él actúa (excepto el pecado). Solo estando a la vez poseído de la deidad y de la humanidad podría Él abarcar las demandas del uno y las necesidades del otro. Además, las demandas y las necesidades podían hallar su satisfacción Solo en aquel que, siendo Él mismo sin pecado, se ofreciera a sí mismo como sacrificio de expiación en favor de los hombres; (b) uno que actúa como garante a fin de conseguir algo que de otra manera no podría ser obtenido. Así, en Heb 8.6; 9.15; 12.24 Cristo es el garante del «mejor pacto», «el nuevo pacto», garantizando sus estipulaciones para su pueblo[3].

5. **Job sigue con sus quejas y trata de justificarse**
Job 10:1: «Está mi alma hastiada de mi vida; daré libre curso a mi queja, hablaré con amargura de mi alma».

Su respuesta solo estaba en humillarse delante de la Presencia de Dios. Sin embargo, Job sigue en un vano intento de conseguir la absolución de parte de Dios, pero sin reconocer su error. Si vamos a Él en humildad, de seguro que entenderá nuestras quejas y lamentos.

Sabemos que Job intentaba descubrir la razón de su sufrimiento. Aun así, sus palabras no son con jactancia, sino que es con una protesta contra el sufrimiento y el dolor que está pasando. Como no entiende el motivo, intenta con desesperación descubrir el misterio de sus aflicciones. Esto es lo que hacemos cuando vivimos algo que no entendemos. No obstante, en lugar de justificarnos, tenemos que humillarnos delante de la presencia de Dios y, sin duda, Él nos ayudará.

6. **Job reconoce sus limitaciones y se humilla**
Job 10:9: «Acuérdate que como a barro me diste forma; ¿y en polvo me has de volver?».

Nunca el barro debe reclamar a quien lo hizo porque es el divino Alfarero, como lo sugiere Isaías 45:9. Cuando somos como Job, y estamos abatidos por el peso del dolor, nuestra tendencia humana es siempre a verlo todo desde el punto de vista razonable en el momento de la aflicción. Todos lo hacemos. Y no hay nada de equivocado en esto, ya que en nuestra debilidad actuamos bajo la influencia de lo que atravesamos, vemos y experimentamos. Solo que Dios ve diferente nuestras circunstancias.

Entendemos la situación que Job afrontaba y todo el desastre que tuvo que superar. Si hubiera sido con nosotros, estaríamos destrozados, lo mismo que Job, pues la prueba fue grandísima. Los eruditos dicen que si esto nos hubiera ocurrido a nosotros siendo cristianos, hablaríamos como Job... ¡y aun peor!

En este pasaje, Job reconoce sus limitaciones, y se dobla y humilla delante de la presencia de Dios. Por supuesto, aun así, continúa con su defensa, justificación e inocencia. En medio de su gran pena, culpa a Dios de su mal e intenta entender por qué le sucede esto.

Cuando llegan esos momentos, es que podemos ser bendecidos en gran medida si nos postramos en la presencia de Dios y Él nos transforma en los aspectos que necesitamos. Incluso, si reconocemos que somos barro, Dios nos puede, como un experto Alfarero, moldearnos para hacer de nosotros un vaso útil, honroso y de excelente calidad.

7. Job sabe que Dios lo había guardado anteriormente
Job 10:12: «Vida y misericordia me concediste, y tu cuidado guardó mi espíritu».

Job sabe que Dios lo había guardado hasta ese entonces. Reconoce la bondad, misericordia y todas las bendiciones que le concedió Dios en el pasado. También nosotros, en momentos de pruebas, debemos recordar todo lo bueno que Dios nos ha dado y no solo acusarlo por no entender la situación momentánea y dolorosa que atravesamos. Job dijo que Dios lo «guardó». Esta palabra en hebreo es:

> **10.12 guardó, *shamar*;** Strong #8104: Preservar, guardar, proteger, cuidar, resguardar. Aparece cerca de 450 veces en el Antiguo Testamento. *Shamar* figura por vez primera en Génesis 2.15, donde se dice que Adán debía cultivar y proteger el huerto del Edén. Al pueblo se le dice que guarde el pacto, el día de reposo, o los mandamientos (Gn 17.9; Éx 31.14; Dt 28.9). El participio *shomer* significa «guardián» o «el que vigila», es decir, un guarda o pastor. Al Señor se le llama ***shomer Yisrael***, el que «guarda a Israel». Este Protector nunca duerme o se descuida, sino que siempre está atento a su deber (Sal 121.4)[4].

8. Job sabe que Dios conoce su aflicción
Job 10:15: «Estando hastiado de deshonra, y de verme afligido».

Con estas palabras, Job hace una declaración de carácter y honor al decirle a Dios que se siente deshonrado, abatido, angustiado, así como destrozado y avergonzado, pero que su conciencia estaba limpia. Por lo tanto, apela a la misericordia del Dios Todopoderoso. Entonces, en otras palabras, le dice: «Considera mi aflicción. Mi luz es tinieblas, no puedo ver, porque estoy aturdido, confundido y en dolor. En cambio, tú que lo sabes y ves todo... ¡ayúdame!».

La persona que se humilla hasta el polvo volará hasta lo más alto delante del Señor cuando Él la use. Así lo dice bien claro este pasaje:

Porque así dijo el Alto y Sublime, el que habita la eternidad, y cuyo nombre es el Santo: Yo habito en la altura y la santidad, y con el quebrantado y humilde de espíritu, para hacer vivir el espíritu de los humildes, y para vivificar el corazón de los quebrantados.

Isaías 57:15

Aquí está el secreto de una vida victoriosa. Aunque muchas veces no entendamos a Dios, ¿cuál es el secreto? ¡La humildad! Tenemos que humillarnos y preguntarnos: «¿Qué me está enseñando Dios con esta prueba?». En lugar de sentirme resentido con ese problema, ¿por qué no hacer del mismo una manera de crecer espiritualmente? Entonces, podemos decir: «A pesar de todo lo que me ha sucedido, todavía estoy vivo y he disfrutado de las bendiciones de Dios por muchísimo tiempo hasta ahora que me vino la prueba. Hay personas que están en una situación mucho peor que yo... ¿Por qué justificarme y reclamar? ¡Esta es mi oportunidad de subir a un nivel mayor de intimidad con Dios y conocerlo aún más! Por medio de este problema les testificaré de la fidelidad de Dios a quienes no conocen a Cristo».

MEDÍTALO...

El evangelista presbiteriano John Wilbur Chapman dijo una vez:

No es el barco en el agua, sino el agua en el barco que lo hunde. Entonces, no es el cristiano en el mundo, sino el mundo en el cristiano lo que constituye el peligro. Cualquier cosa que atenúe mi visión de Cristo, o que me quite el gusto por el estudio de la Biblia, o que obstaculice mi vida de oración, o que dificulte el trabajo cristiano, está mal para mí, y debo, como cristiano, rechazarla[5].

En el caso de Job, la teología enfatiza que en realidad quien debe justificarse no es Dios ante el hombre de por qué Él permite el mal, sino el hombre es el que debe «tratar de justificarse» ante Dios, sabiendo que no puede, pues sabe que ha pecado.

«SOLO HAY UN BIEN; ESE ES DIOS.
TODO LO DEMÁS ES BUENO CUANDO
LO MIRA Y MALO CUANDO SE APARTA
DE ÉL».
C.S. LEWIS

NUESTRO INTENTO DE JUSTIFICARNOS COMO JOB

«Si yo me justificare, me condenaría mi boca».
Job 9:20

La pregunta de los siglos ha sido esta: «¿Y cómo se justificará el hombre con Dios?» (Job 9:2). Si lees con detenimiento los capítulos 9 y 10 del libro de Job, verás que este se defiende, se justifica y busca un mediador. Esto es lo que todos hacemos cuando afrontamos alguna situación que nos compromete y creemos que somos inocentes. Siempre intentamos justificarnos, defendernos, pues esto está arraigado en nuestra naturaleza humana.

Asimismo, como Job, queremos buscar la ayuda de alguien para que sea nuestro representante y mediador. Si somos cristianos, sabemos que Jesús es nuestro Mediador y Representante ante el Padre. Además, Él es también nuestra justificación, pero esto no lo saben los que afrontan grandes crisis en la vida y no son cristianos. A nosotros se nos dice:

> Siendo justificados gratuitamente por su gracia, mediante la redención que es en Cristo Jesús.
>
> Romanos 3:24

Por eso es que somos tan bendecidos y más que victoriosos, pues aunque tengamos pruebas, luchas, enfermedades y circunstancias adversas, Cristo está con nosotros y nunca nos dejará solos.

EL HOMBRE NO PUEDE JUSTIFICARSE ANTE DIOS

Este capítulo lo iniciamos con estas palabras de Job: «Si yo me justificare, me condenaría mi boca». Con esto, es evidente que Job sabe que no es perfecto en sus palabras, pues la conclusión del mismo versículo dice: «Si me dijere perfecto, esto me haría inicuo». Nadie es perfecto. ¡Solo Dios es perfecto! Podemos ser íntegros, rectos, pero no perfectos.

En su primer discurso, Zofar acusa de maldad a Job y le hace esta pregunta:

> ¿Las muchas palabras no han de tener respuesta? ¿Y el hombre que habla mucho será justificado?
>
> Job 11:2

Por más que queramos hablar, justificarnos, defendernos y aparentar nuestra inocencia delante de Dios, todo será inútil. ¿Por qué? Porque Él conoce nuestra culpabilidad y nuestros pecados. Delante de Él nadie podrá justificarse. Sin embargo, Job persiste en su inocencia al justificarse y, en su respuesta a Zofar, dice:

> He aquí ahora, si yo expusiere mi causa, sé que seré justificado.
>
> Job 13:18

¿Cómo puede declarar esto si acababa de decir que su boca lo condenaría? Job se contradice cuando expresa una cosa y, al momento siguiente, manifiesta otra diferente por completo. Sin duda, se trata de un intento inútil de afirmar su inocencia y buscar la justificación delante de Dios.

Ahora, su amigo Elifaz, en su segundo discurso, reprende a Job y le hace esta pregunta:

> ¿Qué cosa es el hombre para que sea limpio, y para que se justifique el nacido de mujer?
>
> Job 15:14

Ningún ser humano se podrá justificar jamás delante del Dios Omnipotente. ¡Imposible! ¿Por qué? ¡Porque no somos nadie delante de Él! El profeta Isaías dice que todas las naciones y todos los hombres delante de Él somos menos que nada... Así que pon esta palabra en tu corazón: «Como nada son todas las naciones delante de él; y en su comparación serán estimadas en menos que nada, y que lo que no es» (Isaías 40:17).

En el tercer ciclo de debates entre Job y sus amigos, Elifaz la emprende de nuevo contra Job, pues quiere dejar en claro que solo la opinión de Dios es válida y no la de los hombres. De modo que le hace esta pregunta:

> ¿Tiene contentamiento el Omnipotente en que tú seas justificado, o provecho de que tú hagas perfectos tus caminos?
>
> Job 22:3

Una vez que Elifaz termina su discurso y Job aboga su causa delante de Dios, Bildad toma la palabra y emprende su tercer discurso. Entre otras cosas, le hace una advertencia a Job y le pregunta:

> ¿Cómo, pues, se justificará el hombre para con Dios? ¿Y cómo será limpio el que nace de mujer?
>
> Job 25:4

Ante las constantes acusaciones de sus amigos, Job se impacienta en gran medida. Necesitaba que le escucharan y que comprendieran la situación tan grave que afrontaba. El *Nuevo Diccionario Ilustrado de la Biblia* nos dice cómo se sentía Job con relación a las palabras de sus amigos:

> Las respuestas de sus amigos fatigan e impacientan a Job porque representan las impugnaciones prefabricadas de personas que, a base de un concepto individualista de Dios, juzgan por igual todas las circunstancias y a todas las personas. Él los oye con atención

pero, aunque entiende la lógica de sus argumentos, sospecha que las bases de su razonamiento no son firmes; que la explicación de su problema no puede ser tan simple, tan automática ni tan final[1].

Una vez que Job realiza su última defensa, Eliú se cree con derechos a intervenir en el debate, pues sus tres amigos guardaron silencio ante las palabras de Job. Con la sangre hirviéndole en las venas, reacciona de esta manera:

> Cesaron estos tres varones [los amigos] de responder a Job, por cuanto él era justo a sus propios ojos. Entonces Eliú hijo de Baraquel buzita, de la familia de Ram, se encendió en ira contra Job; se encendió en ira, por cuanto se justificaba a sí mismo más que a Dios.
>
> Job 32:1-2

Nota bien que Eliú se encendió en ira dos veces en contra de Job porque este se justificaba a sí mismo y no a Dios. ¡Dos veces! Es como para dejar bien sentado, de manera definitiva y sin dudas, que Job trataba en vano de justificarse. ¿No es lo mismo que muchas veces queremos hacer nosotros? Lo llevamos por dentro. Se trata de nuestra naturaleza caída y pecaminosa delante de un Ser tan grande y excelso como es Dios. En otras palabras, ¿no es eso con exactitud lo que intentamos hacer siempre?

Dios le aclara a Job que, con su actitud, se deshacía de su pureza y santidad al condenarlo a Él para justificarse a sí mismo. Una vez más, ¿no es esto lo que hacemos todos nosotros? Aquí tenemos la prueba de la culpabilidad de Job cuando intenta desacreditar a Dios con sus acusaciones. Lo cierto es que consideraba que no se merecía atravesar las circunstancias tan adversas a las que se veía sometido en esos momentos. A pesar de eso, Eliú estuvo dispuesto a justificar a Job si este le presentaba suficientes pruebas de su inocencia:

> Si tienes razones, respóndeme; habla, porque yo te quiero justificar.
>
> Job 33:32

Sin duda, nunca podemos presentar suficientes pruebas de que somos inocentes y sin culpa delante de Dios, porque todos hemos pecado (Ro 3:23). Esto se lo expresó Dios a Job, y a nosotros, cuando dijo:

¿Invalidarás tú también mi juicio? ¿Me condenarás a mí, para justificarte tú?

Job 40:8

Pon esta palabra en tu corazón y tenla siempre presente: «Dios nunca tiene la culpa de nada. Los culpables somos nosotros». ¡Punto! ¿Por qué? Porque Él es santo, perfecto y justo, y nosotros somos pecadores, imperfectos e injustos. El rey David tenía muy claro este concepto cuando dijo:

No entres en juicio con tu siervo; porque no se justificará delante de ti ningún ser humano.

Salmo 143:2

¿Alguna duda? ¿Tenemos algo más que hablar en contra de Dios? ¿Alguien hasta hoy le ha acusado y ha salido impune? Tenemos que tener cuidado con nuestras palabras, pues tienen poder. ¿Por qué? La respuesta nos la da el mismo Cristo:

Porque por tus palabras serás justificado, y por tus palabras serás condenado.

Mateo 12:37

Una vez dicho esto, creo que debemos ser conscientes de que solo por medio de Cristo es que somos sabios, justificados, santificados y redimidos:

Mas por él estáis vosotros en Cristo Jesús, el cual nos ha sido hecho por Dios sabiduría, justificación, santificación y redención.

1 Corintios 1:30

¡Aleluya!

CRISTO ES EL QUE JUSTIFICA

Entonces, volviendo al tema de la justificación, ¿cómo podemos declararnos justos a pesar de nuestros pecados y transgresiones? ¡Solo por medio de Jesucristo! Él es la única justificación que acepta Dios, tal y como lo afirma Pablo en su epístola a la iglesia en Roma:

> Mas Dios muestra su amor para con nosotros, en que siendo aún pecadores, Cristo murió por nosotros. Pues mucho más, estando ya justificados en su sangre, por él seremos salvos de la ira.
>
> Romanos 5:8-9

Recuerda, por más que le pidamos, le roguemos e intentemos mostrarle nuestra inocencia a Dios, todo esto será en vano, pues el único que nos justifica es Jesucristo. ¡Aleluya! Solo Él nos puede lavar en su sangre y, mediante su justicia, nos justifica delante de Dios:

> Justificados, pues, por la fe, tenemos paz para con Dios por medio de nuestro Señor Jesucristo.
>
> Romanos 5:1

En todas las épocas, siempre ha habido personas que tratan de parecer justas ante Dios y los hombres, y no se esconden para manifestarlo. Eso le sucedió al intérprete de la ley que quiso justificarse delante del propio Cristo:

> Pero él, queriendo justificarse a sí mismo, dijo a Jesús: ¿Y quién es mi prójimo?
>
> Lucas 10:29

Los fariseos tampoco se quedaron atrás al querer justificar su comportamiento y burlarse de Jesús. Por eso, la respuesta del Señor no se hizo esperar:

> Entonces les dijo: Vosotros sois los que os justificáis a vosotros mismos delante de los hombres; mas Dios conoce vuestros

corazones; porque lo que los hombres tienen por sublime, delante de Dios es abominación.

Lucas 16:15

Lo que tú y yo consideramos bueno, aceptable y justo, Dios lo considera malo, inaceptable e injusto. Por eso, en la parábola del fariseo y el publicano, Jesús habla respecto a quienes se consideraban a sí mismos justos, mientras que menospreciaban a las demás personas por considerarlas injustas. La conclusión a la que llega el Señor con esta enseñanza es la siguiente:

Os digo que este [el publicano] descendió a su casa justificado antes que el otro [el fariseo]; porque cualquiera que se enaltece, será humillado; y el que se humilla será enaltecido.

Lucas 18:14

Como humanos, intentamos justificarnos al igual que Job y dejar a un lado uno de los grandes atributos de Dios como lo es su fidelidad. Dios está rodeado por todos los lados por su fidelidad, y su pueblo debe ser fiel y confiable. En el funeral de Billy Graham, su hijo Ned dijo: «Mi padre fue FAT [por sus siglas en inglés de "fiel, disponible y enseñable"]»[1]. Dios permita que todos podamos ser de esta manera, pues son cualidades maravillosas que debemos vivir a diario.

Cuando nos referimos a la fidelidad, podemos decir que es la base de la integridad, sinceridad y dependencia. Es el «pegamento» que mantiene junta nuestra cultura. En realidad, sin la fidelidad las relaciones humanas no se mantendrían ni la sociedad podría funcionar, mucho menos sin la fidelidad de Dios. ¿Por qué? Porque sin esta el universo se movería sin rumbo fijo, los planetas se tambalearían en sus órbitas y todo sería un caos. Por la fidelidad de Dios es que podemos tener seguridad al orar, confiar en sus promesas y depender de su amor inmutable. Al estar en este proceso, seremos también personas Fieles, Disponibles y Enseñables. En cambio, muchas veces, al no entender lo que nos sucede en la vida, nos damos a la tarea de justificarnos, al igual que lo hizo Job, en lugar de confiar en la fidelidad de Dios.

Billy Graham fue un ejemplo de fidelidad a Dios durante toda su vida, y terminó su carrera con fidelidad, integridad y éxito. Nosotros tenemos el llamado a hacer lo mismo: vivir en integridad y fidelidad. Por otro lado, nunca debemos cuestionar las decisiones de Dios, mucho menos intentar justificarnos si nos sucediera algo injusto, como en el caso de Job. Recuerda: ¡Dios es siempre fiel!

Claro, a menudo nos indignamos al ver las injusticias de la vida que cometen a diario los más poderosos contra los más débiles. Esto siempre ha sido así. Entonces, ¿qué diría Jesús en cuanto a las injusticias de su época? Él conocía bien la condición política y el abuso de Roma sobre Israel. Sin embargo, fue un Mesías espiritual y no de esperanzas humanas, como la que tienen unos pocos en la esfera política de hoy en día. A pesar de eso, habló acerca de los ricos y poderosos, así como de las desigualdades entre las clases sociales de su tiempo. Su reacción a las injusticias de la vida fue siempre de amor, misericordia y compasión hacia todos los que ministró.

MEDÍTALO...

Un hermano que tenía la costumbre de «justificarse» mucho para no asistir a los cultos con regularidad, apareció un domingo en su iglesia con una tirita, o curita, en el rostro.

—¿Qué le pasó? —le preguntó un hermano.

—Mientras me afeitaba la barba, me puse a pensar en mis pecados y en las justificaciones que he dado para no asistir a la iglesia. Así que me descuidé y me corté el rostro.

—La próxima vez que se afeite, piense en su rostro y "corte" sus pecados y justificaciones —le respondió con sabiduría el hermano.

LOS SUFRIMIENTOS DE JOB

«He aquí, aunque él me matare, en él esperaré».
Job 13:15

Con gran firmeza, Job afronta las severas acusaciones de sus críticos (caps. 12; 13; 14), quienes sin saber lo que sucede en el ámbito espiritual, no dudan en sacar conclusiones que escapan de la realidad. Lo cierto es que sus amigos siguen sin aceptar la inocencia de Job y le recuerdan las adversidades de todo el que se opone a la disciplina de Dios. Por lo tanto, no lo consuelan de ninguna manera.

LA FE QUE NO SE PUEDE PERDER

Hay algo interesante en el pasaje que da inicio a este capítulo. A pesar de las calamidades que sufría, Job estaba dispuesto a esperar con toda confianza en el Señor y tenía la seguridad de que Él aliviaría sus dolores y angustias. Lo que es más, reconocía que, al fin y al cabo, lo restauraría y bendeciría, como así lo hizo después.

Como es lógico en tales circunstancias, Job se quejó, justificó, lamentó, acusó a Dios y quiso morir. Con todo, se negó a abandonar a su Dios. Su certeza radicaba en su fe, mientras que su confianza estaba en esperar en Dios. Por lo tanto, perseveró en creer cuando no tenía motivos para hacerlo, pues lo hizo en medio de las tinieblas que lo rodeaban. La fe de este hombre se centraba en que, al final, Dios lo bendeciría y prosperaría de nuevo, tal y como era su vida antes de su tormenta.

Esto es lo que todos tenemos que hacer en tiempos de incertidumbre, infortunio, tragedia, enfermedad y dolor: ¡Esperar en Él! Solo Dios nos puede ayudar, por más borrosos que estén nuestros ojos debido a la densa niebla, pues no hay nadie más que lo pueda hacer. Así que tenemos que aferrarnos a Dios, aunque no recibamos la respuesta a nuestra urgente y desesperante oración.

Quizá tengamos muy buenos amigos, consejeros y hasta muchos que oran por nosotros. Sin embargo, por la fe, solo Dios nos puede sacar de una situación adversa como la de Job. ¡Esta es la verdad! Tenemos que perseverar en fe sabiendo que Dios se preocupa y se interesa por nosotros.

EL AMOR DE DIOS CONTRA LA CONDENA HUMANA

Ahora bien, otra cosa interesante que notamos se encuentra al final del versículo 15, pues Job todavía se presenta ante Dios con estas palabras:

> No obstante, defenderé delante de él mis caminos.
>
> Job 13:15

Observa que Job dice «defenderé», de modo que se seguía escudando y justificando como ya había hecho antes. Sí, tenía fe y confianza en Dios, pero al mismo tiempo se defendía delante de Él. En casi todo el capítulo 16, Job se dedica a defenderse y, a la vez, a reprender a sus amigos y acusarles por no tener compasión. Los teólogos dicen que quizá Job se refiriera al maligno y lo reconociera como el causante de su desgracia:

> Me ha entregado Dios al mentiroso, y en las manos de los impíos me hizo caer.
>
> Job 16:11

Este concepto tiene sentido, pues todos sabemos que el diablo es «el padre de mentira» (Jn 8:44). Si Dios lo había entregado al mentiroso, el diablo era el causante de su ruina. Por las palabras y quejas de Job, es obvio que no ignoramos el dolor tan grande que afrontaba, así que por eso se expresaba de esta manera.

Los que definen a Dios por el mal que Él permite en el mundo, no se dan cuenta del otro lado de la moneda de su reclamación. Es lógico que haya mucha maldad en nuestros días, pues siempre la ha habido. Sí, hay muchísimas cosas malas que suceden en nuestros tiempos, pero también hay que ser sinceros y reconocer la manifiesta y enorme expresión de los hechos que reflejan la bondad de Dios.

Si la gente considera que Dios no es bueno, debemos preguntarle: «¿De dónde vienen todas las bendiciones y cosas buenas que tenemos? ¿Sería justo juzgarlo solo por la maldad que Él permite y no darle el crédito por toda la bondad y las cosas buenas que experimentamos?». El pastor Erwin Lutzer, en su libro *¿Dónde estaba Dios?*, escribió:

A menudo la misma gente que se pregunta dónde estaba Dios después de un desastre natural se rehúsa ingratamente a adorarlo y honrarlo por los años de paz y calma. Ellos dejan de lado a Dios en los buenos tiempos, pero piensan que Él está obligado a ayudarlos cuando vienen los tiempos malos. Creen que el Dios al que deshonran cuando están bien debería sanarlos cuando están enfermos; que el Dios que ignoran cuando son ricos debería rescatarlos cuando comienzan a temblar.

Debemos admitir que Dios no nos debe nada. Antes de que acusemos a Dios por su despreocupación, debemos agradecerle por aquellos tiempos en que su cuidado es evidente. Siempre estamos rodeados por bendiciones inmerecidas. Nos bendice hasta con su silencio[1].

RESPUESTAS CRISTIANAS AL SUFRIMIENTO

En cada religión, secta y culto en el mundo, ya sean budismo, hinduismo, islamismo, judaísmo, mormonismo, espiritismo, Testigos de Jehová, Nueva Era, Ciencia Cristiana, gnosticismo, bahaísmo, unitarismo, iglesias orientales, etc., o cualquiera que sea, tarde o temprano tendrán que dar una definición en cuanto al sufrimiento y al dolor. Hasta el cristianismo, que no es una religión sino una relación personal con Dios por medio de Jesucristo, también tendrá que definirlos.

Aparte del cristianismo, que es la única verdad, las demás religiones llaman a sus integrantes a diversas confesiones, purificaciones, meditaciones y ritos, con el propósito de que descubran cuál es la causa del sufrimiento, o la manera equivocada en que han vivido, de modo que logren descubrir la fuente de su dolor. Entonces, una vez que lo descubren, recibir alivio, y vivir en paz y felicidad. Sin embargo, nosotros sabemos, tanto por las Escrituras como por experiencia propia, que sin Cristo no hay verdadera paz y felicidad, ni siquiera temporal, mucho menos eterna. Solo Él puede sostenernos en nuestro dolor.

El sufrimiento les sucede a todos, sin importar su origen, raza, creencia, color, sexo o nacionalidad. Entonces, ¿qué diferencia marca el cristianismo en comparación con las demás religiones? La respuesta es sencilla: El cristianismo es el único credo que ofrece un Salvador. Ninguna otra religión lo tiene. En ninguna parte del mundo. Dios mismo en la cruz de Cristo se identificó con el dolor. Si Jesús solo hubiera sido hombre, lo que le sucedió en el Calvario sería una crueldad horrenda de parte de Dios al permitir que su Hijo sufriera de esa manera. En cambio, como Jesucristo no solo fue hombre, sino Hombre Dios y Dios Hombre, Dios mismo sufrió con Cristo en la cruz. Por consiguiente, tanto Dios el Padre como Dios el Hijo saben lo que es el dolor y el sufrimiento. ¿Hay base bíblica para esto? ¡Claro que sí!

> Dios estaba en Cristo reconciliando consigo al mundo.
>
> 2 Corintios 5:19

Si Dios estaba en Cristo, los dos sufrieron juntos para salvar a la humanidad. El Padre sufrió de manera espiritual al ver el dolor de su Hijo en la cruz, y el Hijo sufrió tanto de forma física como espiritual, a fin de quitar el pecado de la humanidad y traer sanidad física al derrotar la enfermedad en la cruz. ¡Dios en Cristo! Pon esta palabra en tu corazón: «Los dos sufrieron juntos». Puedes leer más sobre esto en mi libro *La conquista de Cristo en la cruz*, pues el Padre y el Hijo sufrieron y agonizaron juntos en el dolor para traer la redención al género humano. ¡Aleluya!

El tema principal del libro de Hebreos, que fue dirigido a los judíos, es que Jesús «es mediador de un mejor pacto» (8:6). ¿Por qué? Porque Jesús, a través de su sufrimiento, eliminó las barreras que nos separaban de Dios y construyó un puente para que llegáramos a Dios, como lo expresa este pasaje:

> Pero vemos a aquel que fue hecho un poco menor que los ángeles, a Jesús, coronado de gloria y de honra, a causa del padecimiento de la muerte, para que por la gracia de Dios gustase la muerte por todos. Porque convenía a aquel por cuya causa son todas las cosas, y por quien todas las cosas subsisten, que habiendo de llevar muchos hijos a la gloria, perfeccionase por aflicciones al autor de la salvación de ellos.
>
> Hebreos 2:9-10

Las palabras «perfeccionase por aflicciones al autor de la salvación de ellos» se refieren a la verdadera salvación. Entonces, ¿quiénes son «ellos»? ¡Nosotros! ¿Por medio de qué nos salvó Él? Este pasaje nos da la respuesta:

> Y aunque era Hijo, por lo que padeció aprendió la obediencia.
>
> Hebreos 5:8

En ninguna otra religión del mundo (porque al cristianismo se le considera como religión), el Dios Todopoderoso se volvió hombre de forma voluntaria, se limitó a sí mismo a las debilidades humanas y se sujetó al dolor de su propia creación al sufrir como hombre. Dorothy Sayers escribió:

> Por la razón que sea, Dios eligió hacer al hombre como es, limitado, sufriente y sujeto a las penas y la muerte, tuvo la sinceridad y el coraje de tomar su propia medicina. Cualquiera que sea el juego

que esté jugando con su creación, ha mantenido sus propias reglas y ha jugado limpio. Él no puede exigir nada del hombre que Él no se haya exigido a sí mismo. Él mismo pasó por toda la experiencia humana, desde las irritaciones triviales de la vida familiar, las restricciones del trabajo duro y la falta de dinero, hasta los peores horrores del dolor y la humillación, la derrota, la desesperación y la muerte. Cuando era hombre, lo fue de verdad. Nació en la pobreza y murió en sufrimiento, y pensó que valía la pena[2].

La vida de Jesús nos hace ver que Dios no ofrece palabras ni teorías para explicar el sufrimiento. Él se ofreció a sí mismo. Así que de una vez por todas debemos terminar de hacer esta pregunta: «¿Cómo se siente Dios con nuestro sufrimiento?». ¡Él sufrió primero! Los dos sufrieron en la cruz, tanto el Padre como el Hijo. La filosofía trata de entender el problema del dolor, pero no tiene el poder para cambiar nada. Sin embargo, Dios entiende nuestro sufrimiento y Él sí tiene el poder para cambiar, solucionar, sanar, restaurar y quitar cualquier dolor que tengamos, ya sea físico o emocional.

LA CRUZ QUE VENCE EL SUFRIMIENTO

La cruz, el símbolo del cristianismo, ofrece la prueba que Dios entiende y sabe de nuestro sufrimiento y lo que es sufrir, porque Él mismo sufrió. En medio de todas las demás religiones del mundo, la cruz se eleva sola y única como un símbolo universal y eterno del amor de Dios. Ningún fundador de ninguna creencia dio su vida por sus seguidores, solo lo hizo Jesús. Todas las religiones tienen «dioses», pero un solo Dios se hizo hombre y se preocupó lo suficiente como para sufrir y morir por la humanidad. ¡Nadie más lo hizo ni lo hará! ¡Solo Cristo! Esta es la gran diferencia de la superioridad distintiva del cristianismo sobre todas las demás religiones. ¡Alabado sea su Nombre para siempre!

A pesar de su sufrimiento y muerte, Cristo es la piedra del ángulo (Ef 2:20), la roca fundamental, inamovible, inquebrantable e indestructible del cristianismo. Por eso a Cristo le llamamos la Roca de los siglos. ¡Aleluya! Dios no solo estuvo mirando y observando desde los cielos la crucifixión de su Hijo. Como ya dijimos, «Dios estaba en Cristo reconciliando consigo al mundo», pues sufrió junto a Él en la cruz. Repito, si Jesús hubiera sido solo hombre, su muerte hubiera probado la maldad y crueldad de Dios. En cambio, el hecho es que Él es el Hijo de Dios, Dios mismo, y esto prueba que Dios se identifica por entero con el sufrimiento humano.

En la cruz, Dios mismo absorbió el terrible dolor de la humanidad. Dios no fue un espectador durante la crucifixión... ¡qué va! Desde arriba en los cielos, y desde abajo en la cruz, Él nos gritaba y decía, junto con Cristo: «¡YO TE AMO!». Ese día, Él se hizo maldición por ti y por mí. Ahí estaba Él con su cuerpo desnudo, ensangrentado, doliente, soportando el peso del pecado y sufriendo los dolores de la enfermedad.

¿Quieres más injusticia de la vida que esta? El Hijo perfecto, santo y puro de Dios, siendo crucificado por ti y por mí, miserables pecadores, perdidos y dignos de lástima eterna... Esto fue lo que hizo un Dios de amor, compasión y de infinita misericordia. ¿Dónde estaríamos sin la cruz?

El Hijo de Dios supo lo que es el dolor cuando le arrancaron la barba, soportó el dolor de un látigo y los clavos de metal en sus manos y pies. Tanto fue así, que les atravesaron sus tendones y músculos, le pusieron una corona de espinas en su cabeza y le traspasaron su costado con una lanza. Además, en la cruz no solo llevó sobre sus hombros el peso de todas nuestras enfermedades, sino también el peso de todos los pecados de la humanidad.

En la cruz, Jesús venció la carne, el diablo y la muerte. Por eso en nuestra fe cristiana no damos una excusa pacífica para aceptar la muerte. Nuestra fe, creencia y doctrina ofrece una manera de cómo vencer la muerte, porque Cristo representa la vida a través de una tumba vacía que revela su resurrección. ¡Aleluya!

LA REALIDAD DE JOB

De manera similar a Cristo, pero en una escala mucho menor, Job afronta el sufrimiento como una realidad ineludible en su vida. A pesar de que negaba sin cesar y con energía las acusaciones de sus amigos al defender su inocencia, no podemos pasar por alto que tuvo que soportar angustias, desconsuelos y desilusiones sin medida. ¿Cómo se manifestaba su dolor? De diversas maneras:

1. **Sufrimiento por la insensatez de sus amigos**
   Job 12:2: «Con vosotros morirá la sabiduría».
   Job 16:2: «Consoladores molestos sois todos vosotros».

2. **Sufrimiento por sus compañeros que no podían entenderlo**
   Job 16:4: «También yo podría hablar como vosotros, si vuestra alma estuviera en lugar de la mía».
   Job acusa a sus amigos de no poder entender su dolor, puesto que no experimentaban lo mismo que él. Muchas veces queremos ayudar a alguien con nuestras palabras, pero lo cierto es que no sabemos cómo ministrarles. De acuerdo a Job, el silencio y la oración son mejores que las palabras sin entendimiento. Como dice el refrán: «Fácil es hablar, lo difícil es vivir». Es evidente que sus amigos no lo podían comprender, pues carecían de la empatía necesaria para sentir su dolor.

3. **Sufrimiento por su gran dolor**
   Job 16:6: «Si hablo, mi dolor no cesa; y si dejo de hablar, no se aparta de mí».
   Todos conocemos lo que es el dolor físico, pero el padecimiento tanto de manera corporal como emocional que Job soportaba era demasiado pesado. Esto no lo podríamos entender, a menos que suframos lo mismo. El dolor de su alma era enorme, pues en un solo día perdió absolutamente todos sus hijos, salud y posesiones.

4. **Sufrimiento por perder a su familia**
   Job 16:7: «Pero ahora tú me has fatigado; has asolado toda mi compañía».
   La palabra «compañía» aquí se refiere a la familia que le arrebataron, incluyendo a su esposa que estaba en su contra también.

Muchas veces, cosas como estas les suceden a los cristianos que le dan lugar al diablo y caen en pecado. Aunque, por supuesto, este no era el caso de Job. Entonces, cuando pierde a sus hijos, su esposa, su reputación, etc., el diablo lo hace pedazos. Así que cuídate del enemigo, pues el diablo vino para matar, robar y destruir.

5. Sufrimiento por tener el rostro desfigurado

Job 16:8: «Tú me has llenado de arrugas».

La felicidad, la paz y el gozo que Job disfrutaba desaparecieron y, en su lugar, recibió descontento y dolor. Los cristianos que caminan a diario con el Señor, revelan el gozo en sus rostros; pero quienes recaen, vuelven al mundo y se descarrían, tienen el semblante decaído por la tristeza y angustia, lo cual es la marca del diablo estampada en sus vidas. Ese rostro que antes brillaba con Cristo, vino a ser de tinieblas y muerte. Una vez más, este no fue el caso de Job. Sin embargo, tenía su rostro lleno de arrugas debido al sufrimiento que se resistía a abandonarlo.

6. Sufrimiento por su fragilidad corporal

Job 16:8: «Testigo es mi flacura, que se levanta contra mí para testificar en mi rostro».

No es de asombrarse que el rostro tenga arrugas y quede deformado cuando el alma está a punto de morir debido al hambre espiritual. Cuando el maligno consigue apagar y cortar la comunión íntima del cristiano con el Señor, muy pronto también se dispondrá a aniquilar todo interés del creyente por la Palabra de Dios.

7. Su sufrimiento por el ataque del adversario

Job 16:9: «Su furor me despedazó, y me ha sido contrario; crujió sus dientes contra mí; contra mí aguzó sus ojos mi enemigo».

El diablo es malo e implacable, así que los débiles le son presa fácil. Vivir sin Cristo es estar a la merced del maligno. Es más, en cualquier momento puede ser una víctima de sus embates. De seguro que nos odia tanto que al menor descuido lanzará sus dardos para alcanzarnos. Por lo tanto, el cristiano debe vestir cada día toda la armadura de Dios, a fin de hacerle frente al enemigo (Ef 6:11-18).

8. Sufrimiento por la pérdida de sus posesiones

Job 16:12: «Próspero estaba, y me desmenuzó; me arrebató por la cerviz y me despedazó, y me puso por blanco suyo».

Job estaba tranquilo en su prosperidad y bendición divinas, como un barco en las aguas con un viento favorable. De repente, su nave se ve azotada por una terrible tempestad y es llevada en contra de las piedras que la desmenuzan por la violencia de la tormenta y de las aguas. Cuando el diablo toma el timón de la vida de un excreyente, intentará arrastrarlo para que naufrague en su fe y se aparte de Cristo para siempre. Tratará de desgarrar su alma y separarla por completo del Señor y de las cosas espirituales. Entonces, al final, se propondrá despedazar a su víctima al destruirla de un solo golpe mortal. ¡Ten cuidado!

9. Sufrimiento por el ataque de las huestes enemigas

Job 16:13: «Me rodearon sus flecheros, partió mis riñones, y no perdonó; mi hiel derramó por tierra».

El diablo posee muchos ángeles caídos, muchos espíritus inmundos y demonios, para hacernos la vida imposible. Su meta es cercar nuestra alma, cerrar toda vía de escape, y estar listo para apuntar y disparar sus dardos mortales a cada intento que se haga para que alguien alcance la libertad espiritual de sus garras y la salvación eterna en Cristo. No es fácil para muchos escapar de este Gigante Desesperación, como nos dice el libro *El progreso del peregrino*, de Juan Bunyan. Sus flecheros tienen muy buena puntería, una gran práctica y saben cómo disparar para hacer el mayor daño posible contra alguien. Conocen tus puntos débiles y también los míos. Además, no juegan con nadie. Tienen su misión bien definida, que es matarnos espiritualmente. Los siervos y siervas de Dios son su blanco especial, pues a los más íntegros, rectos y útiles les dirigen sus flechas mortales. Sin embargo, todo cristiano fiel está bajo la sangre de Cristo y es guardado de todo mal, así como lo dijo Jesús en su oración intercesora en Juan 17.

10. Sufrimiento por su embate gigantesco

Job 16:14: «Me quebrantó de quebranto en quebranto; corrió contra mí como un gigante».

El diablo es como un gigante feroz, cruel y brutal. No toma a sus enemigos a la ligera. Cuando alguien le da un derecho legal, ya sea cristiano o no, ve una clara posibilidad de vencer a tal persona. El cristiano es su blanco favorito, hará que caiga y manche el Nombre de Cristo. El enemigo se aferrará a él, lo estudiará, lo observará, hasta derrumbarlo con la fuerza de un gigante para traer vergüenza a la causa del Señor. Tentará, andará a su alrededor como un león rugiente con trampas seductoras, y atracciones llamativas y fascinantes, hasta derribar a esa persona, si es que le da lugar para avanzar a fin de destruirlo. Por eso se nos dice que no debemos dar lugar al diablo (Ef 4:27). La Biblia nos revela que es fuerte e intentará poseer los bienes espirituales de todo incauto que le abra la puerta. También por eso se nos exhorta a resistir al diablo y él huirá de nosotros (Stg 4:7).

11. Sufrimiento por su intento de mantener su fe

Job 16:19: «Mas he aquí que en los cielos está mi testigo, y mi testimonio en las alturas».

Job se aferraba a lo único que le restaba para ayudarle y consolarle... ¡Dios! Por medio de su fe y confianza, intentaba, aunque hasta ahora en vano, de que Dios le extendiera la mano y le sacara de su desesperación y malestar. Es más, Job decía que mantendría su integridad aun en medio del dolor. En momentos como esos, lo único que nos queda es la fe y la total dependencia de Dios, al saber que Él controla todas las cosas bajo su dominio absoluto de todo en el universo.

EL VERDADERO MEDIADOR

En realidad, lo que Job buscaba era un mediador que hablara en su lugar ante Dios. Aunque Job no tuvo esta oportunidad, eso se cumplió en la persona de Cristo, pues Él es nuestro Mediador:

> Porque hay un solo Dios, y un solo mediador entre Dios y los hombres, Jesucristo hombre.
>
> 1 Timoteo 2:5

Puesto que Cristo es nuestro Mediador, muchísimos cristianos se preguntan: «Si Jesús ocupó mi lugar y sufrió en la cruz, ¿por qué Dios permite que yo siga sufriendo?». Sencillo: Él pagó el precio para perdonar nuestros pecados y sanar nuestras enfermedades, pero todavía somos seres humanos. Así que vivimos en este mundo que, por causa de la desobediencia del hombre, vino el pecado que trajo el sufrimiento y la muerte (Ro 3:23; 6:23). Cuando estemos con Él y poseamos un cuerpo glorificado, ya no habrá más dolor, sufrimientos, ni lágrimas (Ap 7:17; 21:4). Por otra parte, aquí tienes dos preguntas importantes acerca del sufrimiento con sus repuestas:

- ¿Dios nos habla a través del sufrimiento? ¡Claro que sí! La Biblia está llena de ejemplos.
- ¿Todos los que sufren padecen por algún pecado? Sí y no... no y sí. ¿A qué se debe tal respuesta? A que todo está condicionado a la situación de la persona. La Biblia está llena de ejemplos de quienes sufrieron debido a su pecado, así como de quienes sufrieron por servir a Dios con fidelidad.

Job sufrió sin haber pecado, como verás al final. Los cristianos no deben torturarse y pensar que cada vez que están enfermos o sufren por alguna situación se debe a que están en pecado. Puede ser todo lo contrario. Cuando se sirve a Dios con fidelidad, como muchos misioneros en países cerrados al evangelio, no se sufre debido al pecado, sino a que son fieles a Dios en su llamado y ministerio.

A lo largo de la historia, Dios le ha hablado al hombre a través del sufrimiento, basta con leer las Escrituras. Dios lo usa como un instrumento de disciplina. Por ejemplo, Sansón y David sufrieron por causa de su inmoralidad sexual. Así que tuvieron sus consecuencias negativas en cuanto al sufrimiento. Daniel y Pablo sufrieron calumnias y persecuciones por su integridad. En el caso de Daniel, lo echaron en el foso de los leones, mientras que Pablo sufrió prisiones. Por lo tanto, ambos tuvieron consecuencias positivas en cuanto al sufrimiento. La Palabra ofrece muchas otras evidencias de los dos casos, y solo debemos escudriñarla para darnos cuenta.

EL RUMBO QUE TOMA EL SUFRIMIENTO

Podemos decir que la «sinfonía del sufrimiento» la interpreta la orquesta que se compone de instrumentos de cuerdas, de viento y percusión, donde podemos escuchar notas admirables y otras aburridas. Sin embargo, todos los cristianos que seguimos al Director de la orquesta de nuestra vida, sin importar cuál sea la circunstancia de nuestro sufrimiento, Él nos da la capacidad de llevar el peso de la prueba. ¿Por qué? Porque Él nunca permitirá una carga pesada en extremo que ni tú ni yo podamos soportar. Además, Él nos da la salida en medio de la aflicción o tentación (1 Co 10:13).

Las discusiones en cuanto al sufrimiento tienden a tomar un camino que se bifurca en dos direcciones muy conocidas. Una en el nivel teológico con el libre albedrío del ser humano, y otra en el nivel abstracto del pensamiento filosófico. De modo que existen debates sobre su causa, sus efectos, sus limitaciones, la permisión divina y por qué Dios no interviene en tal asunto. Esta ha sido la discusión desde el inicio de la humanidad. Y lo seguirá siendo debido a que no entendemos la mente de Dios, puesto que sus caminos y pensamientos son más altos y profundos que los nuestros (Is 55:8-9). Nosotros corremos el gran peligro de caer en una de estas dos tendencias, errores y direcciones fundamentales sobre el sufrimiento:

- El primer error es cuando culpamos a Dios y le atribuimos todo el sufrimiento del mundo como el castigo divino hacia la humanidad.
- El segundo error es justo lo opuesto. Se trata de cuando damos por sentado que la vida cristiana para quienes sirven a Dios nunca incluirá el sufrimiento.

Estas dos posiciones son erróneas por completo desde el punto de vista teológico. En primer lugar, no tenemos el derecho de acusar a alguien sin conocer su situación por el sufrimiento que está pasando y decir que Dios le está castigando por su pecado. En segundo lugar, los «ministros» que predican que los cristianos nunca van a tener problemas ni a padecer sufrimiento, están fuera de la Palabra de Dios y no la conocen en absoluto. ¿Por qué? Porque si Dios no libró ni rescató a su propio Hijo del sufrimiento, ¿qué vamos a dejar para ti y para mí? El propio Jesús dijo que tendríamos aflicciones, luchas, pruebas, enfermedades y cargas de todo tipo (Jn 16:33). Unos las tendrían de una manera y otros de otra, así que mira lo que nos dice la Palabra:

> Al cual resistid firmes en la fe, sabiendo que **los mismos padecimientos se van cumpliendo en vuestros hermanos en todo el mundo.** Mas el Dios de toda gracia, que nos llamó a su gloria eterna en Jesucristo, después que **hayáis padecido** un poco de tiempo, él mismo os perfeccione, afirme, fortalezca y establezca.
>
> 1 Pedro 5:9-10

Como ves, ¡todos padecemos! Lo bueno es que el autor del libro de Job tuvo el cuidado de dejar establecido que ni tú ni yo tenemos el derecho de acusar a alguien, como lo hicieron los tres amigos de Job, al decirle que está sufriendo porque es la voluntad de Dios. ¡Esto es absurdo y contrario a la Biblia! Cuán devastador es para una persona enferma que la visite en el hospital algún «cristiano» sin «tacto, amor, misericordia y compasión». Incluso, escuchar que le diga: «¡Usted debe haber hecho algo malo o cometido un gran error o pecado para estar así». Repito, ¡esto es absurdo! ¿Qué me dices si fueras tú el que estuviera sufriendo en una cama de dolor? ¿Te gustaría escuchar esto?

También el gran error de apuntar, atribuir, culpar y acusar a Dios y decir que Él es responsable por todo el sufrimiento que hay en el mundo es otro gran error y una enorme equivocación teológica. Hay que trazar un punto medio, nivelar la balanza y estar claros desde el punto de vista teológico al decir que el sufrimiento es tanto culpa del hombre que no conoce a Dios por sus pecados, donde Dios usa el sufrimiento como un recurso de disciplina para atraerlo a Él, como también el sufrimiento para el cristiano es posible que tal persona esté en dolor al ser probada su fe, integridad, fidelidad y carácter delante de Dios, así como lo fue Job.

Nunca debemos precipitarnos en juzgar a los demás que sufren. Ni tú ni yo conocemos las circunstancias por las que pasan, mucho menos conocemos los motivos y las intenciones de sus corazones. Solo Dios lo sabe. Como verás, los dedos acusadores de los tres amigos de Job no los llevaron a nada. El libro de Job deja bien claro que el sufrimiento del patriarca no se debió a ningún pecado o error moral de su parte. Ni siquiera todo el dolor y sufrimiento es la consecuencia por un mal cometido, sino por una permisión divina. A pesar de eso, muchos cristianos usan como ejemplo y base los discursos sin fundamento, las frases erráticas y sin importancia como las de estos hombres, a fin de condenar a los demás.

La iglesia está llena de fariseos que culpan a otras personas mientras ellas mismas son sepulcros llenos de suciedad e hipocresía. Gran parte de los cristianos se han «olvidado» de «la parábola del buen samaritano» en Lucas 10, y de «la parábola de las ovejas y de los cabritos» en Mateo 25.

Por otro lado, somos conscientes que a veces Dios usa el sufrimiento para disciplinar a algún cristiano que se está descarriando, o ya está descarriado. Entonces, el Señor en su misericordia usa la corrección, ya sea a través de una enfermedad o una determinada aflicción que le haga reaccionar, a fin de traerlo de vuelta y mantenerlo en el camino (Heb 12:5-11). Recuerda que durante el tiempo de su ministerio, Jesús estuvo «sanando» al pueblo y no «causándole» dolor y sufrimiento al pueblo. Así que nosotros tenemos que hacer lo mismo: Sanar los corazones quebrantados y sufrientes.

LA EXTRAÑA BELLEZA DEL SUFRIMIENTO

Por otra parte, están los sufrimientos debido a enfermedades terminales y mortales que la ciencia intenta erradicar a diario para aliviar el sufrimiento. Incluso, el apóstol Pablo padeció por una intensa y recurrente aflicción. Tanto fue así, que le rogó tres veces al Señor que se la quitara, pero Él le respondió:

> Bástate mi gracia; porque mi poder se perfecciona en la debilidad. Por tanto, de buena gana me gloriaré más bien en mis debilidades, para que repose sobre mí el poder de Cristo.
>
> 2 Corintios 12:9

Este es un pasaje mal interpretado, y a veces ridiculizado, por quienes acusan y denuncian a Dios por permitir el dolor y el sufrimiento en el mundo. En cambio, recuerda que el Señor permitió el sufrimiento de Pablo y hasta del propio Jesús, el Hijo de Dios:

> Y aunque era Hijo, por lo que padeció aprendió la obediencia.
>
> Hebreos 5:8

Al observar a tantas personas que sufren alrededor del mundo, he aprendido que en lugar de encontrar enojo, odio y amargura en contra de Dios por las adversidades de su vida, veo que tienen tanta paz, consuelo, fe y seguridad que me deja impresionado. Lo mismo expresó C.S. Lewis cuando escribió:

> He visto gran belleza de espíritu en algunas personas que sufrían severamente. He visto hombres que, en su mayoría, mejoraban en vez de empeorar con el paso de los años, y he visto que la enfermedad final produce tesoros de fortaleza y humildad en individuos que eran muy poco prometedores[3].

Así que pregunto: «¿Qué causa esa actitud de firmeza, carácter y perseverancia en tales personas en medio del sufrimiento?». ¡Una fe inquebrantable en Dios! Y, para nosotros los cristianos, ¡es una fe determinante al entender los propios sufrimientos de Cristo! De ahí que sea la única explicación que yo pueda ver. No hay otra. Solo los que confían en Dios y conocen a Cristo y su Palabra pueden mantenerse firmes y erguirse en medio del dolor, aunque no entiendan la razón de sus situaciones adversas, así como Job se aferró a Dios y soportó el sufrimiento.

En casos como estos, solo pueden triunfar los que abandonan su autosuficiencia, pues ahí reside la derrota fatal de quien confía y depende de sí mismo en lugar de hacerlo en Dios. Es más, esto lleva a la persona a alejarse del Señor. La autosuficiencia está arraigada dentro del corazón humano y se llama orgullo, soberbia, prepotencia y arrogancia. Sin embargo, al que depende de Dios, al que reconoce su necesidad de Él y su suficiencia, lo buscará y lo encontrará de una manera o de otra.

CUANDO DIOS NO RESPONDE NUESTRA ORACIÓN

Pablo les dejó a los corintios su ejemplo de dependencia y humildad al reconocer que tenía «un aguijón» (2 Co 12:7), una espina, una molestia en la carne, pero que la gracia de Dios era suficiente para vencerla. El apóstol no dijo de manera específica cuál era su «aguijón», enfermedad, o sufrimiento, pero los eruditos han mencionado varias cosas, tales como epilepsia, depresión crónica, malaria, tentación sexual, soledad, aislamiento, enfermedad en sus ojos, etc. Me alegra que Pablo no mencionara lo que era, pues la descripción de 2 Corintios 12 se ajusta a todos nosotros, sea cual fuera el «aguijón», espina, molestia o sufrimiento en la carne.

En un principio, Pablo no podía ver ningún beneficio de este «aguijón» en su carne. Por el contrario, le rogó tres veces al Señor para que le quitara su tormento y aflicción a través de una sanidad milagrosa, pero Dios se negó a responder sus peticiones. Al final, el propio Dios le dijo que su voluntad era que padeciera de esta molestia para que no se exaltara ni enorgulleciera demasiado, debido a las grandes y profundas revelaciones que había tenido (2 Co 12:7-10).

Concluimos, entonces, que la debilidad física de Pablo, o su enfermedad, aguijón o molestia, era para su propio beneficio. Aunque en un inicio la tenía como una carga o maldición, después terminó entendiendo que era algo que Dios permitía para que fuera de bendición a su vida.

Los pecados del orgullo espiritual, de la arrogancia por los dones o por la manera en que Dios usa a alguien, han causado un gran daño y vergüenza a la obra de Dios, así como el motivo de grandes escándalos y caídas. Para Pablo, en cambio, sus limitaciones físicas le mantenían dependiente de Dios y de su poder. Al final, Dios vio que la actitud de Pablo cambió de resistencia a aceptación, y en lugar de que rogara que le quitara el aguijón, lo aceptó. Esto fue una transformación de gran bendición para su vida:

> Y para que la grandeza de las revelaciones no me exaltase desmedidamente, me fue dado un aguijón en mi carne, un mensajero de Satanás que me abofetee, para que no me enaltezca sobremanera.
>
> 2 Corintios 12:7

Fíjate que Pablo no dice que le «impusieron un aguijón», sino que le «fue dado un aguijón». Puesto que es «dado», se convierte en bendición para el provecho del apóstol. De modo que esta es la actitud que todos debemos tener: aceptar lo que Dios nos «da», ya sea alguna adversidad o no, porque Él sabe que de seguro necesitamos de tal cosa para nuestro crecimiento espiritual o para librarnos de algo serio, como lo es el orgullo. En el caso de Pablo, se trataba de la «grandeza de las revelaciones». Cuando el apóstol entendió esto, dijo:

> Por tanto, de buena gana me gloriaré más bien en mis debilidades, para que repose sobre mí el poder de Cristo.
>
> 2 Corintios 12:9

¿Por qué Pablo se gloriaba en sus debilidades? Porque al hablarles a los corintios, donde su sociedad se desenvolvía con una audiencia sofisticada e impresionable por el poder de la apariencia física, el apóstol les afirma:

> Lo necio del mundo escogió Dios, para avergonzar a los sabios; y lo débil del mundo escogió Dios, para avergonzar a lo fuerte; y lo vil del mundo y lo menospreciado escogió Dios, y lo que no es, para deshacer lo que es, a fin de que nadie se jacte en su presencia.
>
> 1 Corintios 1:27-29

En otras palabras, Dios escogió lo despreciable, vil e indigno del mundo para confundir a los sabios, pues cuando somos débiles, llegamos a ser fuertes por el poder de Dios que mora en nosotros (2 Co 12:10). ¡Aleluya!

MEDÍTALO...

Al gran pintor francés Pierre-Auguste Renoir le afligió una artritis reumatoide que poco a poco fue dejando sus manos con dedos retorcidos. A la larga, su enfermedad llegó a ser tan dolorosa que apenas podía sostener un pincel. Aunque se vio confinado a una silla de ruedas, se valió de un caballete móvil provisto de una serie de poleas que movían el lienzo y así poder pintar sentado.

En una ocasión, el escultor y pintor Henri Matisse, amigo de Renoir, fue a visitarlo y lo observó mover la brocha con gran precisión, habilidad y cuidado, sabiendo que cada pincelada le costaba mucho dolor. Al ver esto, Matisse le pregunto: «¿Por qué sigues pintando si te duele tanto?». La respuesta de Renoir no se hizo esperar: «El dolor pasa, pero la belleza queda». A pesar de que Renoir, Matisse y los pintores de la época ya no están, la belleza de sus trabajos perdura. El dolor de Renoir desapareció con su vida, pero la belleza de sus obras todavía se puede contemplar hoy. En la actualidad, cualquier persona con artritis se podría identificar con Renoir y lo que este pasó con su sufrimiento. Los amigos de Job, en cambio, no se pudieron identificar con el sufrimiento y dolor de su amigo.

Tal vez esta sea tu situación ahora. Aun así, ten la seguridad de que Dios está contigo y te ayudará en tu enfermedad, como lo hizo con Job. Entonces, cuando te sientas enfermo, avanzado en años, debilitado y sin fuerzas para vivir, cuando creas que ya no sirves ni para mover tus manos y dar una pincelada, recuerda que todavía eres valioso para Dios. Así que ten siempre el valor para decir lo que expresó Job en medio de todo su sufrimiento y dolor: «Aunque él me matare, en él esperaré» (Job 13:15). Lo más importante, ten muy presente esto: «Si por el camino encuentras muchas espinas, no te desanimes... ¡pues el hombre más grande de la historia hizo de las espinas su corona de victoria!».

LA BÚSQUEDA DEL ALIVIO DE JOB

«¿Dónde, pues, estará ahora mi esperanza?
Y mi esperanza, ¿quién la verá?».
Job 17:15

En medio de los debates que se desataron debido a la adversidad, llega el momento en el que Job desea callar un poco a sus amigos. Con el corazón hecho pedazos, se desahoga y habla de su amargura, a la vez que busca alivio a sus angustias y calamidades. Así lo vemos reflejado en el capítulo 17, pues necesitaba con urgencia encontrar una vía de escape ante tanto dolor y sufrimiento. Sin duda, Job estaba desesperado por encontrar una respuesta a su martirio e intenta de todas maneras saber la razón de su tragedia, y cómo puede librarse de la carga que lleva en su vida.

CUANDO SE NUBLA EL ENTENDIMIENTO

Muchos acusan a Dios por el mal que hay en el mundo. En cambio, la realidad es que por causa del pecado la tierra ha llegado al estado en el que está hoy en día. Si tenemos sensibilidad espiritual en medio de nuestras pruebas, no dejaremos que nadie defina a Dios por nosotros, aunque estemos buscando alivio.

Muchos son los que intentan hacernos dudar del amor y de la misericordia de Dios. Esto es algo que podemos decir por experiencia propia. Sin embargo, nadie podrá torcer, cambiar ni quitar siquiera nuestra posición, firmeza, fe, madurez, doctrina y convicción teológica de quién es Dios en verdad. ¡Sabemos quién es Él! Además, conocemos las Escrituras como para que venga alguien con todo tipo de doctrina contraria a la Palabra de Dios para hacer caer a los más débiles. Es lógico que admitamos y reconozcamos que hay maldad en el mundo y, sin duda, muchos no merecen lo que les sucede, incluyendo a Job. Así que hacemos la pregunta: «¿Por qué a la gente buena les suceden cosas malas?». El comentarista y escritor Dinesh D'Souza expresó:

> La respuesta cristiana es que no hay gente buena. Ninguno de nosotros merecemos la vida que tenemos, que es un regalo gratuito de Dios[1].

En su carta a la iglesia de Roma, el apóstol Pablo confirma las palabras de Dinesh D'Souza:

> Todos se desviaron, a una se hicieron inútiles; no hay quien haga lo bueno, no hay ni siquiera uno.
>
> Romanos 3:12

Ahora bien, en su búsqueda por aliviar el dolor y el sufrimiento, Job llega a ciertas conclusiones que no parecían tener respuesta en el momento:

1. Job sabe que va a morir

Job 17:1: «Mi aliento se agota, se acortan mis días, y me está preparado el sepulcro».

Excepto si Cristo viene antes a llevar su Iglesia, todos los cristianos sabemos que vamos a morir. El punto es estar seguro de hacia dónde iremos después de morir. Así lo define el salmista:

> Porque este Dios es Dios nuestro eternamente y para siempre;
> él nos guiará aun más allá de la muerte.
>
> Salmo 48:14

Esta es la certeza del cristiano fiel. Si el Señor nos llama, sabemos que vamos con Él. En tu caso, ¿sabes que si murieras ahora mismo irías a la eternidad con Jesucristo? En el caso de que no estés seguro, ¡haz los preparativos hoy! Sabemos que quienes conocen a Cristo nacemos dos veces, pero moriremos una; es decir, nacimos de manera física y espiritual, pero nuestro cuerpo morirá si Cristo no viene antes, pero nunca moriremos espiritualmente. Los que no conocen a Cristo, en cambio, nacieron una vez de forma física, pero morirán dos veces de manera física y espiritual a una eternidad sin Dios. ¿Entendiste?

En la Galería Nacional de Arte, en Washington D. C., hay una serie de cuadros pintados por el artista cristiano Thomas Cole llamada «El viaje de la vida». Esta serie está formada por cuatro lienzos que representan el ciclo de la vida humana: la infancia, la juventud, la madurez y la vejez. El último es tranquilo en particular, donde está un anciano en un barquito bajo los cielos soleados. Por lo que en el cuadro de la vejez el río desemboca en el mar en calma de la eternidad. Nosotros no sabemos si tal vez lleguemos a la vejez, pues la vida es incierta, pero Cole entendía que para el creyente la muerte no es algo para temer, sino algo que se debe anticipar.

Debido a que deseamos tardar en la tierra para servir a Dios, «el viaje de la vida» nos llevará hacia arriba, al cielo, el cual es mucho mejor. La muerte es cierta para todos y tenemos que estar listos para afrontarla en cualquier momento. Sin embargo, para nosotros los cristianos, sabemos que tenemos un Salvador y Señor, y que disfrutaremos de su presencia por «el viaje de la vida». Woodrow Kroll lo dijo de esta manera: «Los cristianos nunca dicen "adiós", sino "hasta que nos volvamos a encontrar"»[2].

2. Job sabe que solo Dios le puede ayudar
Job 17:3: «Dame fianza, oh Dios; sea mi protección cerca de ti».

Job intenta aferrarse solo al Señor, aunque antes lo acusó por su desgracia. Ahora, parece reconocer que sus palabras dichas en un inicio no le dieron resultado, que su intento por defenderse y justificarse no le fue de provecho.

Todos hemos pasado por experiencias similares en las que dijimos lo que no debíamos. Sin embargo, Dios, en su eterna gracia, sabe que hablamos en un momento de desesperación y angustia que nos tocó afrontar, y debido a su misericordia Él pasa por alto nuestras palabras necias y no les presta atención.

3. **Job sabe que necesita de alguien que abogue por su causa**
Job 17:3: «Porque ¿quién querría responder por mí?».
Todos, en un determinado momento, necesitaremos que alguien ocupe nuestro lugar. Como cristianos sabemos que el Espíritu Santo es nuestro ayudador, «paracleto», representante, que junto a Cristo intercede por nosotros y nos ayuda en nuestra debilidad, como nos lo aclara este pasaje:

> Y de igual manera el Espíritu nos ayuda en nuestra debilidad; pues qué hemos de pedir como conviene, no lo sabemos, pero el Espíritu mismo intercede por nosotros con gemidos indecibles.
> Romanos 8:26

Además, tenemos la certeza de que contamos con el mejor defensor de todos, pues la Escritura nos dice que «abogado tenemos para con el Padre, a Jesucristo el justo» (1 Jn 2:1).

4. **Job sabe que su cuerpo se deteriora**
Job 17:7: «Mis ojos se oscurecieron por el dolor».
Sabemos que nuestro cuerpo experimenta un desgaste físico y va en declive de día en día. Job era consciente de esto, aún más debido al gran daño sufrido.

En cuanto a nosotros, podemos decir que nuestra confianza está en el Señor, pues si Cristo se demora en venir y llegamos a la vejez, Él estará con nosotros hasta el fin. ¡De esto podemos estar seguros!

Al igual que Job, tú y yo nos desgastamos a diario, pues sabemos que nuestros días aquí en la tierra están limitados, contados, y que terminarán algún día si es que Él no viene antes por su Iglesia. Entonces, aunque al llegar a la vejez tengamos molestias y dolores, debemos aferrarnos a esta Palabra que nos da vida y seguridad:

> Porque sabemos que si nuestra morada terrestre, este tabernáculo, se deshiciere, tenemos de Dios un edificio, una casa no hecha de manos, eterna, en los cielos.
>
> 2 Corintios 5:1

5. **Job sabe que su esperanza está en el Señor**
   Job 17:15: «¿Dónde, pues, estará ahora mi esperanza? Y mi esperanza, ¿quién la verá?».

Aunque no estemos pasando por algo tan serio como Job, nuestra espera de una respuesta está en el Señor. Así que, en fe, debemos tener paciencia y aguardar que desde los cielos venga la victoria, porque Fiel es quien nos llamó y nos prometió. De modo que, en su debido momento, Él actuará a nuestro favor y tendremos la respuesta tan anhelada que necesitamos. Lee el capítulo 11 del libro de Hebreos y verás cómo los héroes de la fe obtuvieron la victoria y se sostuvieron «como viendo al Invisible» (v. 27). En el caso de Job, lo único que podía hacer era creer y esperar, pues no había más nada que pudiera intentar, hablar, hacer o llevar a cabo que le trajera paz, sanidad y consuelo, excepto que no fuera de parte de Dios.

El Señor entiende toda tu congoja y la mía, y está dispuesto a ayudarnos. Recuerda que Dios nunca nos ha prometido su gracia para el mañana. Jesús dijo: «Basta a cada día su propio mal» (Mt 6:34). Incluso, a Pablo le dijo: «Bástate mi gracia» (2 Co 12:9). El Señor solo promete su gracia para el día de hoy. En la búsqueda del alivio al sufrimiento podemos mirar al Calvario y ver a Jesús sufriendo allí por nosotros. Tenemos que apropiarnos de este hecho y animarnos, pues Cristo sabe lo que es sufrir.

EL DIFÍCIL CAMINO DEL SUFRIMIENTO

A través de los años, he visto que muchas personas se acercan más a Dios cuando sufren y sacan provecho de esta experiencia. Otras, en cambio, se alejan de Él con odio y acusación al no entender el porqué de su sufrimiento. También están quienes tienen una actitud de compadecerse de sí mismas, mientras que otras se consideran mártires.

Algunos libros sobre el sufrimiento les sugieren a las personas que aprendan del dolor, pero esto no es fácil para nadie, ya sea que se trate en la esfera física, emocional, familiar o material. Muchas veces, Dios usa las dificultades y el sufrimiento para llamarnos la atención hacia Él, pues tiene la habilidad de sacar buenas cosas de las peores y adversas circunstancias.

Cuando el asunto es el sufrimiento, tratamos de buscar alivio de inmediato. Lo cierto es que el dolor se manifiesta en diversos tamaños, etapas y formas, y cada circunstancia viene con su propio problema, dimensión y seriedad. Por lo tanto, todas son diferentes de una persona a otra.

El prominente pastor David C.K. Watson, quien escribiera un libro llamado *Fear no Evil*, fue un ministro inglés muy conocido que padeció de cáncer de colon. En cierta ocasión, juntó a sus amigos a su alrededor y buscó la sanidad física de manera intensa mediante la fe. Casi todos creían que Dios lo sanaría del cáncer a través de un milagro sobrenatural. Sin embargo, con el paso del tiempo, su cuerpo se debilitaba cada vez más y enflaquecía. Al ver que no llegaba la sanidad, Watson optó por una fe que lo sostuviera fiel hasta el fin, al igual que la cultivaron los héroes de la Galería de la Fe, tal y como aparecen en el capítulo 11 de Hebreos.

Lo cierto es que necesitaba de una fe como la de Job que le ayudara en los momentos más dolorosos y de tinieblas que afrontaba. Así que en su libro habla cómo alcanzó esa fe. No obstante, durmió en Cristo antes de ver la publicación de su obra literaria. Después de su muerte, J.I. Packer, autor y teólogo cristiano, escribió las siguientes y profundas palabras en el prólogo del libro de Watson:

> El hecho de que David esperó hasta la última página por un milagro sobrenatural que nunca vino, esto no es lo más importante. En la providencia de Dios, que no siempre les muestra a sus siervos el propósito de los libros que Él los lleva a escribir, el tema de no temerle

al mal es la búsqueda de la conquista sobre la muerte, no al mirarla de lejos, no al ser protegidos de ella, sino al enfrentarla directamente sabiendo que para el creyente es el vestíbulo de lo más glorioso. La teología de David lo llevó a creer, hasta el final, que Dios quería sanar su cuerpo. Mi teología me lleva a creer que evidentemente Dios lo quería llevar a casa y sanó toda su persona de una manera que lo llevó a la gloria y que hará con cada uno de nosotros algún día. Diré que la salud y la vida, en un sentido completo y el final de estas palabras, no es que morimos, desaparecemos (nos extinguimos o desvanecemos), sino que morimos en el sentido que dormimos, descansamos y reposamos en Él[3].

Debemos buscar el alivio al sufrimiento como lo hizo David Watson de todas las maneras posibles. Entonces, si no llega, seguiremos confiando en el Señor, porque Él sabe lo que es mejor para nosotros.

Como creyentes, creemos en la sanidad divina, y mi hermano Tairone y yo somos dos milagros vivientes, pues el Señor nos levantó de la muerte para testificar de su poder. (Puedes leer nuestro testimonio de sanidad en el capítulo 9 de mi libro llamado *La conquista de Cristo en la cruz*, desde la página 341 en adelante). En nuestras campañas alrededor del mundo he predicado y visto grandes milagros extraordinarios de sanidad divina. Dios sana a algunos, mientras que a otros no. ¿La razón? ¡Solo Él lo sabe!

De igual manera, Job buscó el alivio para su dolor y sufrimiento, y esto no es falta de fe, sino la reacción humana y normal ante el dolor. En cuanto al Señor Jesucristo, ¿qué alivio tuvo en la cruz? Él mismo experimentó el dolor y el sufrimiento. Por lo tanto, Él no nos dio un pase libre de inmunidad ante el dolor y nunca nos prometió que no sufriríamos. Por el contrario, en este pasaje nos lo dijo bien claro:

> Estas cosas os he hablado para que en mí tengáis paz. En el mundo tendréis aflicción; pero confiad, yo he vencido al mundo.
>
> Juan 16:33

Sin duda, tendremos situaciones adversas, luchas, pruebas, tribulaciones, tragedias, accidentes, enfermedades, pérdidas, infortunios, etc., pero Él dijo: «¡Confiad!». El mal, el sufrimiento, el dolor y la muerte son una intrusión e incursión en la creación de Dios. En verdad, el sufrimiento y la realidad que representa es algo que Dios detesta y aborrece.

El dolor nos sobreviene, tal y como sucedió en la vida de Job, sin tener en cuenta la decencia o moralidad de la persona, ni si lo merece o no. A todos nos llega algún día el sufrimiento, sin importar nuestra integridad. Aun así, debemos saber también que el mal está bajo el control total y absoluto de Dios, y de su permiso. Por lo tanto, consideramos el mal y la muerte como enemigos de Dios. David Bentley Hart escribió estas palabras después del tsunami de 2004 en Indonesia:

> Se requiere que creamos en la eterna necesidad espiritual de un niño agonizando por difteria, de una madre joven devastada por el cáncer, de decenas de miles de asiáticos tragados en un instante por el mar, de millones asesinados en campos de exterminio [de Hitler] y en gulags [los campos de muerte de Stalin], y por hambrunas a la fuerza [...] Sin embargo, nuestra fe está en un Dios que vino a salvar su creación de lo absurdo del pecado y del vacío de la muerte, y se nos permite odiar profundamente estas cosas malas [...] y la felicidad de mi conocimiento es saber que cuando veo la muerte de un niño, no veo el rostro de Dios, sino la cara de su enemigo [...] la muerte [...] es una fe que nos ha librado del optimismo y nos ha enseñado en su lugar la esperanza[4].

Algo sobre esta verdad puede verse cuando Jesús fue a visitar a la familia de su amigo Lázaro que acababa de morir. Las Escrituras dicen:

> Jesús entonces, al verla llorando, y a los judíos que la acompañaban, también llorando, se estremeció en espíritu y se conmovió y dijo: ¿Dónde le pusisteis? Le dijeron: Señor, ven y ve. Jesús lloró.
>
> Juan 11:33-35

Al analizar este pasaje vemos que Jesús se conmovió al ver llorar a las hermanas y a quienes las acompañaban; es decir, se emocionó en gran medida. Tanto fue así, que «Jesús lloró» y, de esa manera, manifestó su aversión en contra de la muerte. Después, vemos a «Jesús, profundamente conmovido otra vez» (Jn 11:38), debido al gran dolor que sintió por sus amigos. Sin embargo, todas las traducciones bíblicas en español de este versículo son débiles en comparación al original en griego. En lugar de usar el término «conmovido», las palabras de Juan que aparecen en el texto son: «Lleno de ira», que es una frase diferente por completo. Por lo tanto, Jesús estaba «lleno de ira». Entonces, ¿a qué, y por qué, se debía su ira? Se debía a lo que representaba la muerte y a la impotencia del ser humano ante el último enemigo a vencer.

El teólogo B.B. Warfield escribió sobre esto y le añadió el comentario al respecto de Calvino:

> En efecto, lo que Juan nos dice es que Jesús se acercó a la tumba de Lázaro en un estado de incontrolable enojo, furia e ira, y no con una irreprimible tristeza [...] La angustia de María y de los espectadores [delante de la tumba] enojó a Jesús en gran medida. Era algo conmovedor para Él ver y sentir la maldad de la muerte como algo antinatural y violento. Delante de Él estaba la miseria general de todo el género humano y se encendió de ira en contra del opresor del hombre. Su inextinguible furia estaba en Él, todo su ser tenía un inapagable enojo y turbación. El objeto de su cólera era la muerte, y por detrás de la muerte, era dirigido a aquel que todavía tenía el poder de la muerte [el diablo], quien irónicamente Cristo había venido al mundo para derrotarlo. Lágrimas de compasión podrían haber llenado sus ojos, pero lo cierto es que su alma estaba llena de furia. Así que Jesús se acerca a la tumba como un campeón que se prepara para el conflicto[5].

Creo que en el pasaje que vimos antes (Jn 11:33-38), Juan revela lo que siente el corazón de Jesús ante lo terrible que es la muerte para nosotros. Y lo expresa al poner a Cristo con gran ira contra el enemigo, el autor de la muerte, a quien Jesús castigaría en breve y golpearía de manera fatal a través de la cruz y su resurrección. Además, Juan expone lo profundo de los sentimientos del Señor que nos libraría de todo el mal y de la opresión, pues sintió y vivió el sufrimiento del dolor humano, así como lo terrible que nos resulta el hecho nefasto, doloroso y triste de la muerte.

Entonces, mis hermanos, creemos que Jesús estaba furioso en contra del mal, el sufrimiento y la muerte. Esto prueba que la muerte no fue el plan original de Dios en la creación, porque Él mismo era y es Dios. Si fuera lo contrario, Él sería el autor y creador de tal infortunio y de desgracia para la humanidad. Lo cierto es que la misión de Cristo era erradicar el mal y la muerte, cosa que ya hizo para nosotros los cristianos, y que lo hará de manera definitiva al derrotar la muerte por siempre, pues así lo afirma la Palabra:

> Y la muerte y el Hades [el infierno] fueron lanzados al lago de fuego.
>
> Apocalipsis 20:14

Entonces, nunca más tendremos sufrimiento y muerte, como lo dice de nuevo las Escrituras cuando nos asegura lo siguiente:

> Enjugará Dios toda lágrima de los ojos de ellos; y ya no habrá muerte, ni habrá más llanto, ni clamor, ni dolor; porque las primeras cosas pasaron.
>
> Apocalipsis 21:4

¡Aleluya! ¡Gloria para siempre al Señor Jesucristo!

MEDÍTALO...

Charles Tindley tuvo una vida notable. Nació en Estados Unidos bajo la esclavitud en 1851 y fue un autodidacta para aprender a leer a fin de estudiar su Biblia. Sin duda, tuvo un corazón especial para el Señor. Después de la emancipación, Tindley se mudó a Filadelfia y encontró empleo en una iglesia como custodio. A la larga, se convirtió en el pastor de esa iglesia. Cierta vez, un hermano vino a verlo lleno de tristeza, dolor y preocupación, y le preguntó qué debía hacer. Tindley le contestó: «Pon todas tus aflicciones, tristezas y sufrimientos en un saco, llévaselo al Señor y déjalo con Él»[6]. Más tarde, escribió el himno, «Leave it There», donde dijo: «Solo recuerda, en su Palabra, cómo Él alimenta al pajarito; lleva tu carga al Señor y déjala allí».

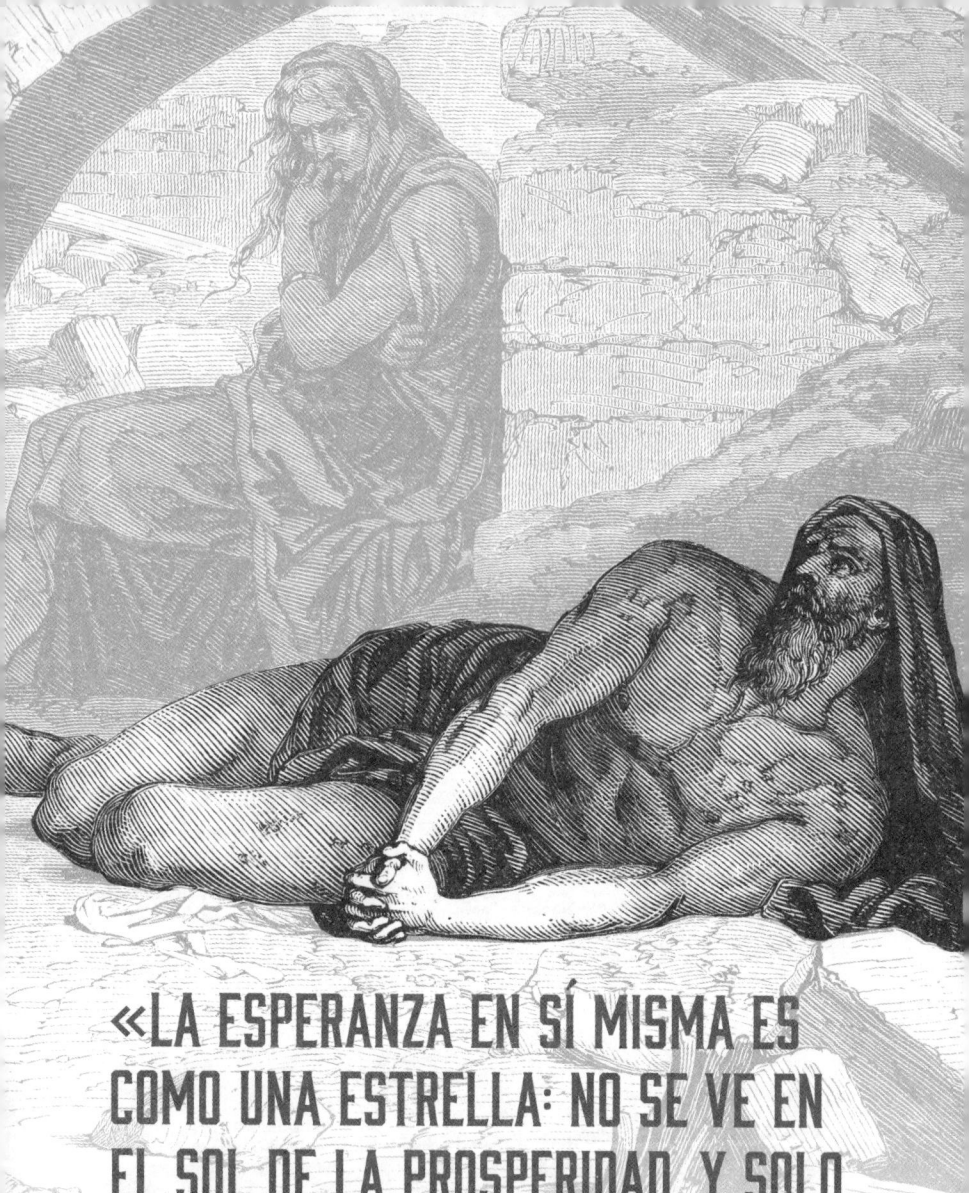

«LA ESPERANZA EN SÍ MISMA ES COMO UNA ESTRELLA: NO SE VE EN EL SOL DE LA PROSPERIDAD, Y SOLO SE DESCUBRE EN LA NOCHE DE LA ADVERSIDAD».

CHARLES H. SPURGEON

EL CAMBIO Y LA ESPERANZA DE JOB

10

«Yo sé que mi Redentor vive, y al fin se levantará sobre el polvo; y después de deshecha esta mi piel, en mi carne he de ver a Dios».
Job 19:25-26

Ante la vehemencia y terquedad de sus amigos, Job se sentía solo y angustiado, pues sus tres consoladores intentaban en vano ayudarlo, pero sin éxito alguno (Job 19). Como resultado, Job está insatisfecho debido a la imposibilidad de sus amigos en entenderle. Así que les sale al paso y les recrimina su actitud con estas palabras:

> ¿Hasta cuándo angustiaréis mi alma, y me moleréis con palabras? Ya me habéis vituperado diez veces; ¿no os avergonzáis de injuriarme?
>
> Job 19:2-3

Lo increíble en la vida de este hombre de Dios es que, mientras más iba en aumento el sufrimiento por sus padecimientos en la carne, y más intensas eran las luchas en su corazón, puede declarar que tiene la certeza que Dios lo vindicará al final, ya sea en esta vida o en la venidera.

Así debe ser nuestra actitud ante las situaciones que afrontamos. Durante esos momentos en los que el sufrimiento llega a un nivel en el que nada ni nadie nos puede ayudar, por más que lo intenten, solo Dios nos puede socorrer. Se trata de esas etapas en las que cualquier ayuda terrenal es insuficiente, ya sea mediante consejeros o médicos, quienes se rinden ante lo imposible, pues ya no pueden hacer nada más. Créeme, he pasado por esto, tanto en mi propia vida como en la de mi hermano Tairone, en Brasil. En ambas situaciones, ya sea por mi enfermedad como por el accidente de mi hermano, solo Dios podía actuar, y lo hizo. (Si quieres más detalles acerca de la sanidad, el milagro y la restauración que experimentamos, lee el capítulo 9 llamado «La enfermedad sanada en la cruz», de mi libro *La conquista de Cristo en la cruz*).

LOS PROPÓSITOS DE DIOS QUE NO ENTENDEMOS

Una de las razones por las que les tememos a las circunstancias negativas, ya sean accidentes, desastres o enfermedades, es que a menudo hacen parecer que Dios no tiene el control del universo y que de alguna manera algo se le ha escapado de las manos. Cuando esto sucede, debemos saber que un solo hilo en una gran tapicería no puede mostrar todo el trabajo de una alfombra. Nuestra visión y entendimiento es muy limitado al intentar saber por qué Dios permite los sufrimientos, calamidades y catástrofes que pasamos en el momento, y lo que significan en cuanto a su propósito. Si eso nos sucede a todos, ¿cómo vamos a reaccionar? Observa cómo lo explica el pastor, maestro y escritor Erwin Lutzer:

> Los desastres apartan a algunas personas de Dios, pero para otras tiene el efecto opuesto, las lleva a los brazos de Jesús. Los desastres naturales [como los que atravesó Job] las ayudan a distinguir lo temporal de lo permanente. Los desastres les recuerdan a los vivos que el mañana es incierto, que tenemos que prepararnos hoy para la eternidad. Hoy es el día aceptable, hoy es el día de la salvación. Cuando vienen los desastres, a Dios no se le juzga, a nosotros sí[1].

Cuando tuvimos que afrontar el accidente de mi hermano, Tairone, nos vimos en la necesidad de tomar una decisión que llevó a toda nuestra familia a Jesús. Aunque crecimos en la iglesia, en los bancos de la Escuela Dominical, fue a los dieciocho años de edad que hice mi decisión personal por Cristo. Así que Dios usó el terrible accidente de mi hermano para salvarme, llamarme a predicar su Palabra y, al mismo tiempo, salvar a toda nuestra familia.

Dios tiene sus propósitos y razones, pero nosotros no lo sabemos. Somos demasiados pequeños ante su Presencia. Por eso muchas personas no entienden por qué a veces sufren desastres, enfermedades y tribulaciones que van más allá de nuestras posibilidades de soportar. Sin embargo, con frecuencia no nos damos cuenta de que Dios permite todo esto debido a razones y propósitos bien definidos. Por lo general, lo hace para llevarnos a Él y bendecirnos a través de estas circunstancias, aunque nos hagan sufrir, y nos causen dolor y angustia. Como resultado, nos sentimos solos y desamparados. ¿No fue eso mismo lo que sintió Jesús cuando lo abandonaron sus discípulos y cuando el Padre lo desamparó en la cruz?

Por otra parte, ¿qué me dices de ti? ¿Te sientes solo también? Ten presente que la soledad y la angustia nunca nos deben apartar de Dios, pues Él nos habla en momentos como esos y nos muestra muchas cosas que serán de bendición para nuestra vida.

Lo cierto es que cuando atravesamos tiempos difíciles, la soledad nos golpea con dureza... ¡y Job no fue la excepción! Entonces, ¿a qué conclusiones llegó cuando se sintió solo, triste y abandonado? ¿A qué se refirió una vez que analizó su lamentable situación? Aquí tienes algunas cosas importantes que vemos en el pasaje de Job 19:13-19:

1. **Job se refiere a su error**
Job 19:4: «Aun siendo verdad que yo haya errado, sobre mí recaería mi error».

Por primera vez parece ser que Job reconoce al fin que es humano como todos los demás, que falla, comete errores y peca.

Este es el primer paso para que alcancemos la bendición divina. Todos hemos fallado, errado y cometido pecados. Basta con leer 1 Juan y te darás cuenta. Todos necesitamos arrepentirnos y confesarle al Señor nuestros pecados, fallas y errores.

2. **Job se refiere a Dios y le acusa**
Job 19:6: «Sabed ahora que Dios me ha derribado, y me ha envuelto en su red».

El diablo fue el que lo derribó, pero solo pudo hacerlo porque Dios se lo permitió. Al no saber esto, Job acusa a Dios como lo hizo antes.

Ahora bien, cuando se trata de las cosas que permite Dios, Cristo fue un ejemplo en su crucifixión, con la única y más importante diferencia de que Él sabía a lo que le hacía frente:

> Por eso me ama el Padre, porque yo pongo mi vida, para volverla a tomar.
>
> Juan 10:17

¿Será que hoy estamos acusando a Dios de alguna cosa? ¿Será que al no entender algo acusamos a Dios por lo que estamos pasando como lo hizo Job?

3. Job se refiere a su lamento

Job 19:9: «Me ha despojado de mi gloria, y quitado la corona de mi cabeza».

Sin duda, lo había perdido todo. Así que es normal que hablara de su fastidio. ¿Cómo nos sentiríamos nosotros en una situación parecida? No podemos ni pensar siquiera en cómo hubiéramos actuado si nos sucediera algo tan trágico.

La gran diferencia es que ahora estamos protegidos por la sangre de Jesucristo. Además, estamos bajo el Nuevo Pacto que nos ofrece mejores promesas basadas en la persona del propio Señor, y no en sacrificios de animales que no podían, como dicen las Escrituras en el libro de Hebreos, limpiarnos de todo pecado. De esa manera, nos presentamos justificados delante de Dios, algo que solo lo puede hacer el Señor Jesucristo, y que no podía hacer el Antiguo Pacto.

Aunque muchos cristianos han sufrido grandes pérdidas y tragedias, esto no quita que Dios sea bueno y que en su juicio siempre triunfe su misericordia. ¿Dónde estaríamos si no fuera de esa manera?

4. Job se refiere a la misericordia
Job 19:21: «¡Oh, vosotros mis amigos, tened compasión de mí, tened compasión de mí!».

Por esto mismo, Job apela a la clemencia, al amor, a la piedad y a la misericordia de sus amigos. Nota que lo manifiesta dos veces; es decir, lo implora dos veces. Al mencionarlo de forma repetida, deja claro que necesita, que es imperativo, y solicita la consideración y la amistad de sus compañeros.

¿Cuántas veces hemos buscado una mano amiga y una palabra de aliento en algún problema que afrontamos? En algunas ocasiones, la encontramos, pero en otras no. Es más, en ciertos momentos nos han ministrados, pero en otros salimos decepcionados. En cambio, hay uno que nunca nos desilusionará y podemos ir a Él en cualquier momento (Heb 4:16). ¡Y todos sabemos que su Nombre es Jesús!

5. Job se refiere a su continua acusación hacia a Dios
Job 19:21-22: «Porque la mano de Dios me ha tocado. ¿Por qué me perseguís como Dios».

Job sigue empecinado en acusar a Dios como ya lo hizo otras veces. Tiene altibajos espirituales. En un momento está mejor y en otro está peor. Algunas veces dice algo cierto y en otras algo equivocado. Así somos todos cuando no entendemos las cosas. Lo primero que hacemos es discutir o hablar en contra de Dios y culparle por lo que nos sucede.

Sin duda, todos tenemos altibajos y somos traicionados por nuestras emociones, palabras y circunstancias. No importa los años que llevemos en el Señor. Todos estamos un día en el monte de la transfiguración y otro en el valle de la derrota. Aquí es donde nuestra madurez espiritual y nuestras palabras representan un papel importante. Las dos son parte de una misma cosa. Nuestras palabras serán el reflejo de lo que tenemos dentro del corazón, y nuestra madurez espiritual nos llevará a la victoria o la falta de esta a la derrota. Tan simple como eso. Jesús dijo que hablamos lo que tenemos dentro del corazón (Mt 12:34-37; Lc 6:45). ¡Ten cuidado de tus palabras! Tienen poder (lee Pr 18:21).

6. **Job se refiere a su certeza**
Job 19:25: «Yo sé...».

Entonces, en un cambio extraordinario en medio de su lamento, de su error, de su acusación en contra de Dios, de su petición de misericordia y compasión, de una vez más acusar a Dios... en medio de todo esto, medita en un momento crítico en su vida, así como lo hizo el hijo prodigo en la parábola de Jesús cuando dice: «Y volviendo en sí» (Lc 15:17).

Job «volvió en sí» y dijo: «Yo sé que mi Redentor vive». Esto es confianza, fe y certeza en un Dios que hasta ahora lo había tenido como su enemigo. ¡Qué cambio tan maravilloso! ¿No nos parecemos nosotros a Job? Como dije antes en relación con los altibajos que tenemos todos, Job cambiaba de momento a momento. Sin embargo, ahora fue un cambio maravilloso y para lo mejor. Por supuesto, al igual que nosotros, había muchas cosas que no sabía. Una de ellas era por qué lo había perdido todo, por qué lo aplastó de manera tan repentina una tragedia inimaginable.

Entonces, reacciona y dice: «Yo sé...». De alguna manera sabía que algo bueno saldría se su terrible experiencia. Es más, tenía la certeza de que Dios actuaría en su favor.

7. **Job se refiere a su Redentor**
Job 19:25: «Yo sé que mi Redentor vive».

¡Qué cambio tan glorioso y qué esperanza tan maravillosa! ¡Qué alivio para el alma dolorida y desconsolada! Nuestro querido Redentor, el Señor Jesucristo, nos sacará a victoria de toda angustia que afrontamos, que estamos afrontando o que afrontaremos en un futuro. Job habla de una certeza absoluta sin ninguna sombra de duda, y David también lo hace cuando dice:

Porque él me esconderá en su tabernáculo en el día del mal;
me ocultará en lo reservado de su morada; sobre una roca me
pondrá en alto.

Salmo 27:5

«Yo sé que mi Redentor vive» son palabras expresadas en
medio de una muy grande aflicción. ¿Logras ver ahora por qué
y para qué existen estas pruebas tan difíciles en nuestra vida? Las
pruebas están aquí para que glorifiquemos al Señor y para que Él
sea enaltecido en nosotros.

Cuando desaparecen las seguridades terrenales, irrumpe la poderosa seguridad de la fe: «Yo sé que mi Redentor vive». Por fin,
aquí se cristaliza algo maravilloso. Job ya no poseía nada, ya no
tenía nada en la tierra de lo cual pudiera decir: «Es mío». Por lo
tanto, de manera aún más triunfal exclamó en ese momento: «Yo
sé que mi Redentor vive». Así que cuando ya no le quedó nada en
la vida, permanecieron aún el Señor y él mismo. ¡Qué íntima llegó
a ser su comunión con Dios a través de esta prueba! Ahora, ¡Job se
aferró mucho más a su Señor y se mantuvo firme!

Mientras que todo apoyo y seguridad humana se desmorona-
ban a su alrededor, exclamó desde lo más profundo de su corazón:
«¡Yo sé!». ¿Qué sabes, Job? ¡Ya no tienes ninguna certeza, pues todo
te lo quitaron! No, dijo: «Yo sé que mi Redentor vive». ¡Aleluya!

8. Job se refiere a su gozo

Job 19:25: «Y al fin se levantará sobre el polvo».

Los eruditos dicen que desconocen, así como nosotros, lo
que Job quiso decir en realidad con estas palabras y lo que las
mismas representaban para él. Este ha sido un debate teológico
por siglos. No obstante, parece apuntar a una profecía muy
lejana y que se cumplió en Cristo, pues nosotros los cristianos
sabemos que Él resucitó de entre los muertos.

Para Job era motivo de gozo, porque de alguna manera creía
en la aparición personal del Señor. No sabemos cómo sucedió

esto, pero lo más importante es que expresa un gozo y alegría incomparables, al tener esta certeza absoluta de la victoria de su Redentor.

Cuando Sócrates, el gran filósofo griego, estaba a punto de morir, sus amigos le preguntaron: «¿Volveremos a vivir?». Sócrates solo pudo decir: «¡Yo espero que sí!». Por otro lado, la noche antes de ser decapitado, el escritor y explorador cristiano Sir Walter Raleigh escribió en su Biblia: «De esta tierra, de esta tumba y de este polvo me levantará Dios». ¡Aleluya!

9. **Job se refiere a su esperanza**
Job 19:26: «Y después de deshecha esta mi piel, en mi carne he de ver a Dios».

Nuestra carne es el velo o el impedimento que bloquea nuestra visión espiritual de Dios. La propia carne, la humanidad de Cristo nuestro Redentor, tuvo que crucificarse antes de que se nos permitiera tener acceso directo a Dios, como nos lo describe este pasaje:

> Así que, hermanos, mediante la sangre de Jesús, tenemos plena libertad para entrar en el Lugar Santísimo, por el camino nuevo y vivo que él nos ha abierto a través de la cortina, es decir, a través de su cuerpo.
>
> Hebreos 10:20, NVI®

Por la muerte de Cristo podemos entrar en el Lugar Santísimo a través de la oración. Ya no hay templo ni el velo que separa el Lugar Santo del Lugar Santísimo (Mr 15:38). Ahora, nosotros somos el templo vivo de Dios. Por lo tanto, el camino hacia Él está abierto y libre por medio de Jesucristo.

Así que nosotros los cristianos no debemos temerle a la muerte, pues no morimos, sino dormimos en Cristo. Por lo general, nuestra partida no es prematura, pues casi siempre viene en la vejez, cuando el fruto ya está maduro. La cosecha de Dios siempre es en la madurez, ni antes ni después. Nosotros partiremos con honor y gloria, tal y como lo dice la Palabra:

Vendrás en la vejez a la sepultura, como la gavilla de trigo que se recoge a su tiempo.

Job 5:26

Como vimos antes, Job tenía la certeza de que «en [su] carne [vería] a Dios». En la *Biblia Plenitud*, al referirse a este pasaje, analiza la palabra «carne» de esta manera:

19.26 carne, *basar*; Strong # 1320: Carne, cuerpo, ser humano. *Kol basar*, «toda carne» significa el todo de la humanidad. *Basar* se refiere al cuerpo humano y en algunas ocasiones también al cuerpo de los animales. Ocasionalmente, *basar* significa carne cocinada o pedazos de carne animal que no están cocinados, como en Números 11.33. La primera vez que aparece *basar* es en Génesis 2.21, donde Dios cerró la «carne» del hombre cuando dormía, luego de haberle sacado una costilla. El significado más simple designa «la parte visible del hombre o de los animales», es decir, la piel, los músculos y la carne[2].

En California hay un lugar llamado el valle de la Muerte, el cual es desértico, y el más bajo, caliente y seco de todo el hemisferio occidental. A pesar de eso, en medio de tal sequedad crecen más de novecientas especies de plantas. Las raíces de algunas alcanzan más de quince metros de profundidad debajo de la tierra. Si no estuvieran bien arraigadas en la tierra, en el suelo, el calor abrazador del sol las quemaría y morirían. Así somos nosotros los cristianos que partimos con el Señor, hemos estado arraigados en Él y, a su tiempo, seremos cosechados para su Reino. Aunque para los familiares es una ocasión de dolor, lamento y tristeza, debemos regocijarnos por esta gran victoria alcanzada de un alma que está en los brazos del Señor para siempre.

10. Job se refiere a su confianza personal

Job 19:27: «Al cual veré por mí mismo, y mis ojos lo verán, y no otro, aunque mi corazón desfallece dentro de mí».

Job dice que vería a su Redentor por sí mismo. No por otro medio, sino de manera individual. Así también es la salvación, la cual es personal. Como pecadores salvados por gracia, esto es lo que todos esperamos algún día: ver al Señor Jesús, cara a cara, y estar en su Presencia para siempre. ¡Aleluya!

Los tratos de Dios con Job están llenos de misterios, como dicen los estudiosos. Parece que todo estaba en su contra, pero él cree que su fe, determinación y confianza le llevarán a la victoria. De alguna manera, Job sabía que al final todas las cosas obrarían para su bien. Cree que vería a su Redentor y que Él abogaría por su vida. En ese entonces, lo miraba en parte, pero algún día lo vería como es Él en realidad.

A nosotros nos sucede lo mismo, pues ahora miramos como por un espejo, pero llegará el día en que lo veremos en su totalidad. Lo que no sabemos en estos momentos, lo sabremos después. Lo que nos resulta imposible entender ahora por nuestros razonamientos humanos, algún día todo estará al descubierto y se nos revelará.

Lo que era difícil de entender para Job en ese entonces, lo es muchas veces para nosotros hoy. Aun en medio de su enorme prueba, dijo: «Aunque mi corazón desfallece dentro de mí», lo cual nos muestra que tenía la esperanza y certeza absoluta que Dios le sacaría adelante y en victoria de su pesadumbre y martirio en los que vivía en esos momentos. Tanto Job como nosotros, algún día podremos decir, al igual que David, estas profundas palabras: «En cuanto a mí, veré tu rostro en justicia; estaré satisfecho cuando despierte a tu semejanza» (Sal 17:15). ¡Aleluya!

LA VICTORIA ESTÁ ASEGURADA

Para nosotros los cristianos, las palabras del apóstol Juan en Apocalipsis, y las de Pablo a la iglesia de Corinto, siguen vigentes hoy en día:

Oí una voz que desde el cielo me decía: Escribe: Bienaventurados de aquí en adelante los muertos que mueren en el Señor. Sí, dice el Espíritu, descansarán de sus trabajos, porque sus obras con ellos siguen.

Apocalipsis 14:13

Porque sabemos que si nuestra morada terrestre, este tabernáculo, se deshiciere, tenemos de Dios un edificio, una casa
no hecha de manos, eterna, en los cielos. Y por esto también
gemimos, deseando ser revestidos de aquella nuestra habitación
celestial.

2 Corintios 5:1-2

La palabra «eterno» en griego es **«aionios»**, que significa «perpe-
tuo, invariable, de duración ilimitada, eterno, para siempre, lo que
no tiene fin». ¡Aleluya!

Pablo, al escribirle a la iglesia en Filipos, dijo: «Teniendo deseo
de partir y estar con Cristo» (Flp 1:23). La palabra «partir» en griego
es **«exercomai»**, que es «salir del cuerpo», «irse con el Señor», «estar
con Él» y «desear y anhelar morir con Cristo». David también lo
expresa de esta manera:

Estimada es a los ojos de Jehová la muerte de sus santos.

Salmo 116:15

Repito, nosotros los cristianos no debemos temerle a la muerte,
pues se trata de una puerta que Dios abre para una vida mejor. Es
una flor que Él corta aquí en el jardín terrenal para plantarla allá en
su jardín celestial. Ray Robles, el muy conocido cantante cristiano ya
fallecido, expresó en la letra de una de sus canciones:

Sombras, nada de sombras
No habrá sombras en el valle de la muerte,
cuando cese de la vida el batallar,
y escuchemos del Señor el llamamiento,
 ya llevándonos con Él a descansar.

CORO:
Sombras, nada de sombras,
al dejar el mundo de dolor;
sombras, nada de sombras,
cuando al cielo llegue vencedor.

Cuando venga por los suyos no habrá sombras,
pues su gloria y majestad las destruirán,
y las huestes redimidas con su Jefe,
a las célicas mansiones entrarán.

Algún día, todos pasaremos por esta experiencia de cruzar ese valle de la muerte si Jesús no viene antes. Así que lo veremos a Él con claridad, sin sombras, sin neblina, sin tinieblas. Estaremos en el más allá, en nuestra morada celestial, y ya las tinieblas y las sombras habrán desaparecido. Allá no habrá más tinieblas de ignorancia, error, peligro, cansancio, conflicto, engaños, pecado, tristeza, enfermedad, sufrimiento ni tinieblas de dolor. Tampoco nunca más habrá tinieblas de muerte y separación... Como Ray Robles, cuando cantaba también la famosa canción «Más allá del sol», la cual conocemos todos:

Aunque en esta vida no tengo riquezas,
Sé que allá en la gloria tengo una mansión;
Cual alma perdida entre las pobrezas,
De mí, Jesucristo tuvo compasión.

CORO: //Más allá del sol, más allá del sol,
Yo tengo un hogar, hogar, bello hogar,
Más allá del sol.//

Después de subir el monte McKinney, un alpinista puso un letrero allá que decía: «Hasta aquí llegué, no pude terminar». Todo lo contrario de lo que dijo Pablo:

He peleado la buena batalla, he acabado la carrera, he guardado la fe.
2 Timoteo 4:7

Tenemos el llamado a terminar nuestra carrera y hacerlo en victoria. Si tenemos que cruzar este valle doloroso, Él estará con nosotros, como lo proclamó el salmista:

> Porque este Dios es Dios nuestro eternamente y para siempre; él nos guiará aun más allá de la muerte.
>
> Salmo 48:14

¡Aleluya! Job, por la gracia de Dios, mantuvo su fe aun en medio de tantas pruebas y pérdidas. Incluso, habló acerca de su dependencia en Dios y mantuvo su esperanza con la certeza que Él cambiaría su situación y le restauraría de su condición. Más adelante veremos que Dios premió y recompensó a Job por su paciencia y le restauró al doble todo lo que tuvo antes (Job 42:12-16). Dios hará lo mismo contigo, sin importar tu situación y lo que estés pasando ahora. ¡Saldrás adelante! Si Dios lo hizo con Job, lo hará también contigo. ¡Cree en el Dios Todopoderoso!

MEDÍTALO...

Como seres humanos, es obvio que todos sufrimos con la muerte de un familiar cercano. El gran hombre de fe, Jorge Müller, fundador de los orfanatos cristianos en Bristol, Inglaterra, el 6 de febrero de 1870 pasó por esta terrible experiencia cuando su esposa, Mary, murió de fiebre reumática. Estuvieron casados por treinta y nueve años y cuatro meses. El Señor le dio fuerzas para predicar en su servicio de recordación, donde dijo:

> Como esposo, cada día siento más que estoy sin esta compañera agradable, útil y amorosa. Como director de los cinco orfanatos, la extraño de muchas maneras, y la extrañaré aún más. Sin embargo, como hijo de Dios y como siervo del Señor Jesús, me doblego, estoy satisfecho con la voluntad de mi Padre celestial, procuro estar en perfecta sumisión a su santa voluntad para glorificarlo, beso continuamente la mano que me tiene así de afligido; pero

también digo que volveré a verla para pasar una feliz eternidad a su lado[3].

Aunque todos los que hemos pasado por la amarga experiencia de que nuestros padres ya no estén con nosotros, sabemos que algún día, al igual que Jorge Müller con su esposa Mary, los veremos de nuevo en la gloria con Cristo. ¡Esta es nuestra esperanza!

EL ENTENDIMIENTO DE JOB

«Yo sabría lo que él me respondiese, y entendería
lo que me dijera».
Job 23:5

Desde el punto de vista teológico, es muy importante saber
y entender por qué suceden los desastres naturales, calamidades y
catástrofes que traen dolor, sufrimiento, angustia y tristeza. Lo cierto
es que todo esto ocurre porque vivimos en un mundo imperfecto,
lleno de pecado y maldad. La Biblia es clara y lo dice de esta manera:

> Por cuanto todos pecaron, y están destituidos de la gloria de Dios.
>
> Romanos 3:23

Cuando dice «todos», se refiere a «todos». La única excepción es
Cristo, pues «fue tentado en todo según nuestra semejanza, pero sin
pecado» (Heb 4:15). Además, sabemos muy bien que con la desobediencia de Adán y Eva vino el pecado, la enfermedad y la muerte. Como
resultado, el mal, el sufrimiento y el dolor entraron en el mundo.

Los desastres nos recuerdan que este mundo no es nuestro
destino final, sino el cielo. Este mundo lleno de corrupción y maldad
no es nuestro hogar. Tenemos que entender esto. Las catástrofes que
experimentamos son solo fenómenos temporales. Cada circunstancia
negativa nos recuerda que nos encontramos de camino a un cielo
perfecto que está libre por completo de todo dolor, sufrimiento,
guerra, enfermedad y maldad. Nuestros corazones deben afirmarse
con esta promesa venidera. Es más, tenemos que desear, anhelar y

querer llegar allá, pues estamos aquí solo de pasada. Somos extranjeros y peregrinos. Dinesh D'Souza nos muestra cómo esta promesa de Dios nos asegura la victoria sobre todo dolor:

> La única manera en que realmente podemos triunfar sobre el mal y el sufrimiento es vivir para siempre en un lugar donde esas cosas no existan. El cristianismo afirma que ese lugar existe y que está disponible para todos los que lo busquen. Nadie puede negar que, si esta afirmación es cierta, entonces el mal y el sufrimiento están expuestos como dificultades e injusticias temporales. Son tan pasajeros como nuestras vidas mortales. En este caso, Dios nos ha mostrado una manera de imponernos ante el mal y el sufrimiento, que finalmente son superados en la vida futura[1].

Además, todos sabemos que no es un simple argumento, sino una verdad absoluta, una realidad donde millones de personas han depositado su fe, y es algo que se da por sentado debido a que el propio Cristo lo dijo sin dejar sombras de dudas:

> En la casa de mi Padre muchas moradas hay; si así no fuera, yo os lo hubiera dicho; voy, pues, a preparar lugar para vosotros.
>
> Juan 14:2

¡Aleluya! Algún día estaremos allí junto con los salvos de todas las edades que fueron fieles al Señor.

LAS LUCHAS DE JOB Y SU BÚSQUEDA DE RESPUESTAS

Una vez que vemos el rumbo que tomó este mundo después de la caída en el pecado, a veces nos quedamos sin palabras para explicar el motivo de tanto sufrimiento y dolor que experimentamos todos por igual en algún momento de la vida. Eso mismo le sucedió a Job a través de sus constantes luchas debido a la gravedad de sus problemas. Es más, por sus palabras en el capítulo 23, es evidente que presenta de nuevo su caso ante Dios. Aunque comprendía muchas cosas, esto no le bastaba para encontrar las respuestas que tanto necesitaba en medio de su angustia y confusión. Entonces, ¿qué entendía Job con relación a su situación?

1. **Entendía sus pruebas**
   Job 23:2: «Hoy también hablaré con amargura; porque es más grave mi llaga que mi gemido».

2. **Entendía que su ayuda está en Dios**
   Job 23:3: «¡Quién me diera el saber dónde hallar a Dios! Yo iría hasta su silla».

3. **Entendía que Dios lo podría comprender**
   Job 23:4: «Expondría mi causa delante de él, y llenaría mi boca de argumentos».

4. **Entendía que su respuesta estaba en Dios**
   Job 23:5: «Yo sabría lo que él me respondiese, y entendería lo que me dijera».

5. **Entendía que a lo mejor podría librarse de sus pruebas**
   Job 23:7: «Allí el justo razonaría con él; y yo escaparía para siempre de mi juez».

6. **Entendía que Dios lo conoce**
   Job 23:10: «Mas él conoce mi camino; me probará, y saldré como oro».

7. **Entendía que, hasta donde sabía, le fue fiel a Dios**
   Job 23:11: «Mis pies han seguido sus pisadas; guardé su camino, y no me aparté».

8. **Entendía que permaneció en su fidelidad**
   Job 23:12: «Del mandamiento de sus labios nunca me separé; guardé las palabras de su boca más que mi comida».

9. **Entendía que Dios es soberano**
   Job 23:13: «Pero si él determina una cosa, ¿quién lo hará cambiar? Su alma deseó, e hizo».

10. Entendía que su prueba llegaría a su fin
Job 23:14: «Él, pues, acabará lo que ha determinado de mí».

11. Entendía que temía a Dios
Job 23:15: «Por lo cual yo me espanto en su presencia; cuando lo considero, tiemblo a causa de él».

12. Entendía que Dios permitía sus pruebas
Job 23:16: «Dios ha enervado mi corazón, y me ha turbado el Omnipotente».

LA SOBERANÍA DE DIOS

Nosotros debemos entender también que Dios es soberano y toma sus decisiones, aunque no lo comprendamos ni lo aceptemos. Si viviéramos en un mundo de justicia total en todo lo que sucede y en cada una de las esferas de la humanidad, esto no definiría lo que Dios quiere de nosotros. Tampoco lo definiría nuestra disposición de amarlo de forma voluntaria al escoger mediante nuestro libre albedrío servirlo con espontaneidad, pues no sería lo que Él quiere para nosotros.

Si estuviéramos en un mundo tan perfecto, jamás aprenderíamos a distinguir entre lo bueno y lo malo, lo apropiado y lo inapropiado, entre la verdad y la mentira. Hasta cierto punto, esto es algo que lo vemos a menudo en nuestra vida diaria. Por ejemplo, todos los que somos padres hemos tenido que enseñarles a nuestros niños a caminar.

Entonces, imagina a un padre que esté decidido a eliminarle cualquier dolor a su pequeña hija que apenas gatea por el piso. Así que nunca le permite que se pare y dé un paso sola, pues teme que se caiga y se dé un golpe. En su lugar, la lleva en brazos por todos lados. Al cabo de un tiempo, la pequeña se volverá dependiente por completo de su papá y no aprenderá a caminar. Tal padre, por más amoroso que parezca, fallará en su tarea principal de enseñar y preparar a su niñita para que crezca y para que, más tarde, alcance la adultez. Será mucho mejor que el papá enseñe a su hijita a caminar y le permita aprender sola, aunque tropiece y caiga varias veces al piso.

Todavía me acuerdo cuando nuestros amores Kathy y Jr. aprendían a caminar. En el centro de la sala había una mesita, y ellos se pasaban todo el día tratando una y otra vez de dar sus primeros pasos. Como es natural, tropezaban, caían, se levantaban y se daban algunos pequeños golpes en las cabecitas contra la mesita, así que empezaban a llorar. Entonces, Dámaris y yo les decíamos: «Eso no es nada, levántense y caminen, papi y mami están aquí...».

Ahora, aplica esta analogía del papá y su hijita, y de nosotros con Kathy y Jr., a Job: Aprendió a pararse firme y a caminar por la fe en medio de pruebas, tormentas, catástrofes, infortunios, dolores y sufrimientos enormes. No miraba a Dios con sus brazos extendidos, como todo papá y mamá lo hacen con sus hijitos, y no escuchaba su voz diciéndole: «Camina, Job, camina. Aunque no me veas y no entiendas nada, camina».

En medio de un sufrimiento horroroso, Job tomó la decisión de «pararse solo» en completa fe y sin el beneficio de ver ni escuchar nada, ni de recibir siquiera una palabra de aliento o tranquilizadora de parte de Dios que le dijera: «Camina, inténtalo de nuevo. Levántate, yo estoy aquí». Como el teólogo y escritor judío Abraham Joshua Heschel dijera una vez:

> La fe como la de Job no puede ser sacudida, porque es el resultado de haber sido sacudida[2].

¡Esto es extraordinario! Sería muy fácil para nosotros si Dios nos ayudara siempre sin ningún esfuerzo de nuestra parte, y que tuviera determinación, firmeza y fe por cada persona. Sin embargo, Él decidió enseñarnos a caminar por nosotros mismos y a que avancemos sin ver ni oír una voz audible. A pesar de eso, debemos saber que sus brazos extendidos están allí para que podamos crecer en la fe. Aunque muchas veces no entendamos, al igual que Job, lo que nos está pasando en la vida ni las circunstancias negativas que afrontamos.

Por lo tanto, para que crezcamos en la fe y el conocimiento de Dios, Él permite que esto tenga que ver con una entrega de nuestra parte, mediante ayuno, oración, lectura de la Palabra, una vida de fe, firmeza y carácter. De esta manera, seremos capaces de, bajo obediencia, hacerle frente a peligros, dificultades, problemas, obstáculos y las posibilidades de dolor, sufrimiento, falla, tristeza, lágrimas, frustración y muchas veces pérdidas físicas, materiales y emocionales. Del mismo modo que Job, nosotros debemos aprender a batallar, a luchar, a vencer, así como Jesucristo vivió y venció:

> Y Cristo, en los días de su carne, ofreciendo ruegos y súplicas con gran clamor y lágrimas al que le podía librar de la muerte, fue oído a causa de su temor reverente. Y aunque era Hijo, por lo que padeció aprendió la obediencia.
>
> Hebreos 5:7-8

Debemos entender esto: Si Jesús, que era Dios y hombre al mismo tiempo, rogó, suplicó, clamó, lloró, temió, padeció y aprendió, y si Dios no escatimó siquiera a su propio Hijo permitiéndole sufrir y morir en la cruz, ¿te imaginas lo que nos sucedería a ti y a mí? ¿Crees de veras que escaparemos del dolor y del sufrimiento si algún día Dios permite que toquen a nuestra puerta? ¡Claro que no! Si Dios permitió que su Hijo pasara por todo esto a fin de traer la salvación a este mundo, ¿crees que nosotros seremos la excepción? No existe un evangelio ni un cristianismo sin cruz, dolor y sufrimiento. Quienes predican que el cristiano nunca padecerá aflicción, prueba o tribulación están equivocados, pues Jesús mismo dijo:

> Estas cosas os he hablado para que en mí tengáis paz. En el mundo tendréis aflicción; pero confiad, yo he vencido al mundo.
>
> Juan 16:33

LOS FALSOS MAESTROS DE ESTA ÉPOCA

En tiempos recientes, hay iglesias que se han inclinado al gran error doctrinal de afirmar que quien sirve a Dios nunca sufrirá ni padecerá dolor, aflicción o revés en la vida. Entonces, según los falsos predicadores, si las personas reciben estas adversidades, es porque «no tienen fe». Este mal llamado evangelio, o teología de la completa salud y prosperidad, no existe, sino que es falso, diabólico y «otro evangelio», tal y como decía el apóstol Pablo:

> Si aun nosotros, o un ángel del cielo, os anunciare otro evangelio diferente del que os hemos anunciado, sea anatema. Como antes hemos dicho, también ahora lo repito: Si alguno os predica diferente evangelio del que habéis recibido, sea anatema.
>
> Gálatas 1:8-9

Como es lógico, Dios desea bendecirnos, que tengamos buena salud y que seamos prósperos en todo como dice este pasaje:

> Amado, yo deseo que tú seas prosperado en todas las cosas, y que tengas salud, así como prospera tu alma.
>
> 3 Juan 2

Esto no significa que nunca nos enfermaremos ni que jamás tendremos problemas económicos o financieros. Decir que solo recibiremos bendiciones sin aflicciones es pervertir, torcer y violar la integridad de las Escrituras. Ahora mismo, muchos cristianos sufren en todas partes del mundo, ya sea debido a enfermedades, pobreza, desastres naturales, etc. ¿Acaso no forman parte de la iglesia redimida por la sangre de Cristo? Tales «predicadores» dicen que el cristiano genuino y los que tienen una verdadera fe nunca padecerán. Sin embargo, esto no es lo que dice la Palabra (lee Ro 8:35-39; Stg 1:12; 1 P 1:6-9) y, en particular, este pasaje que lo expresa con claridad:

> Amados, no os sorprendáis del fuego de prueba que os ha sobrevenido, como si alguna cosa extraña os aconteciese, sino gozaos por cuanto sois participantes de los padecimientos de Cristo, para que también en la revelación de su gloria os gocéis con gran alegría.
>
> 1 Pedro 4:12-13

De seguro que los predicadores de tales doctrinas y teologías falsas nunca han leído que los cristianos no deben sorprenderse «del fuego de prueba» y que deben gozarse por ser «participantes de los padecimientos de Cristo». Como en muchas iglesias no se lee, y mucho menos se conoce ni se estudia la Palabra, caen víctimas de estos «falsos maestros».

LAS PRUEBAS Y LOS PADECIMIENTOS DEL CRISTIANO

Los cristianos en el Oriente Medio, naciones musulmanas, o creyentes en países totalitarios o socialistas de línea dura y contra el evangelio, no pueden aceptar un evangelio que solo predique salud y prosperidad, pues a diario sufren persecuciones por causa de Cristo. En los únicos lugares en los que se pueden divulgar estas «falsas enseñanzas» son en países libres de occidente, donde hay un gran énfasis en lo material y la prosperidad, en lugar de hacerlo en lo espiritual.

En 1985, estuve en varios países totalitarios de Europa Oriental, sobre los que cayó la denominada Cortina de Hierro. Vi personalmente cómo los cristianos sufrían y los perseguían por su fe en Cristo. Además, como mi esposa es cubana, su familia sabe lo que es sufrir persecución, burla y rechazo por la única razón de ser cristianos. Entonces, decir que Dios no bendecía a estos países por no vivir en prosperidad es un atentado contra la integridad de las Escrituras, como bien dijera un creyente de Europa Oriental:

Ustedes los cristianos occidentales a menudo parecen considerar que la prosperidad material es la única señal de la bendición de Dios. Por otro lado, muchas veces parecen percibir la pobreza, la incomodidad y el sufrimiento como señales del desagrado de Dios. En cierto modo, en el Oriente entendemos el sufrimiento desde la perspectiva opuesta. Creemos que el sufrimiento puede ser una indicación del favor de Dios y la confianza en el cristiano a quien se le permite que le vengan pruebas [...] Saber esto, por supuesto, no significa que nuestros sufrimientos no sean agonizantes. No obstante, proporciona sanidad y redención en nuestros sufrimientos[3].

En estos momentos, tal vez estés bajo pruebas, no porque no tengas fe, sino porque la tienes en realidad. Como un auténtico cristiano, Dios está permitiendo que pases por tribulaciones y tempestades, a fin de que madures aún más. Por eso debemos reconocer que la predicación en contra del sufrimiento, y a favor de la salud perfecta y de la completa prosperidad, es una falsedad y carece de fundamento bíblico.

Como he predicado la Palabra de Dios en setenta y cuatro países en todos los continentes, por experiencia digo que si este evangelio de la completa prosperidad y salud no puede predicarse en países donde a los cristianos los persiguen, maltratan, encarcelan y sufren por la causa de Cristo, hay algo equivocado con esta doctrina o teología, puesto que la Biblia se puede predicar en cualquier nación del mundo. ¡Punto! ¿Qué nos dice la Palabra con respecto a esto?

> Y también todos los que quieren vivir piadosamente en Cristo Jesús padecerán persecución.
>
> 2 Timoteo 3:12

Parece ser que la iglesia de occidente no ha leído este pasaje de la Escritura. Ya sea por nuestra fe y convicción como cristianos, o por alguna oposición, prueba o aflicción, ¡padeceremos persecución! No dice: «A lo mejor padecerán persecución». Dice: «Padecerán persecución». No es cuestión de si va a pasar o no, es cuestión de cuándo irá a pasar, porque le va a pasar a todo cristiano fiel. Si ese no ha sido aún tu caso, tenlo por seguro... ¡la padecerás!

Por otra parte, todos nos enfermaremos algún día. Es más, todos nos enfermamos. Yo ya estuve en un hospital. A mí me sucedió, y tal vez me suceda en el futuro, solo Dios lo sabe. ¿Eso es por falta de fe? Claro que no. ¡Es la realidad! Por ejemplo, mira lo que le sucedió al profeta: «Estaba Eliseo enfermo de la enfermedad de que murió» (2 R 13:14). Si el gran profeta Eliseo, que recibió una porción doble del espíritu y del poder de Elías, se enfermó y murió, ¿crees de veras que nosotros no nos enfermaremos y moriremos algún día? ¿Acaso los falsos predicadores de hoy que proclaman esta descabellada doctrina de la completa prosperidad y salud son mayores que el profeta Eliseo?

Para morir e ir con el Señor no hace falta que nos enfermemos. No obstante, casi siempre es así. Como es lógico, Dios desea sanar cuerpos enfermos y bendecirnos financieramente, a fin de que le sirvamos y llevemos el evangelio del reino de Dios a toda la tierra, pero no siempre es de esa manera. A través de nuestras cruzadas alrededor del mundo, he visto a Dios hacer sanidades físicas. En cambio, por otro lado, hay millones de creyentes fieles que ahora mismo sufren, pues «los mismos padecimientos se van cumpliendo en [nuestros] hermanos en todo el mundo» (1 P 5:9). Este solo versículo derrumba toda la teología o la falsa doctrina de la prosperidad. ¡Solo este! Sin embargo, hay muchísimos más.

Debemos tener entendimiento y reconocer que esto es verdad. El cristiano o ministro que no lo acepta, no conoce las Escrituras y vive en error doctrinal. Sacan un versículo fuera de contexto, lo transforman en una doctrina y crean una teología absolutamente equivocada, falsa y errónea.

Muchos cristianos se sanan, pero otros no. ¿Por qué? ¡Solo Dios lo sabe! Los sanados se regocijan, pero los que no se sanan a veces se preguntan: «¿Por qué Dios se olvidó de mí?». Este no es el caso. Dios nunca se olvida de nadie. Solo que Él tiene sus propósitos y su tiempo, y nosotros no los conocemos. Los cristianos todavía son humanos.

Muchos creyentes y ministros siguen teniendo serias enfermedades dolorosas. ¿Acaso no son espirituales? Nosotros y nuestras familias, al igual que Job, no estamos exentos de enfermedades, calamidades, tragedias ni de infortunios. A todos nos sucede. ¿Acaso somos especiales y diferentes de los demás en cuanto al sufrimiento? ¡Claro que no! Si a su propio Hijo Dios no le concedió ni le permitió ese lujo de no sufrir, ¿crees que nos lo dará a nosotros? Esta fue la causa y el argumento que el diablo usó para acusar a Job:

¿Acaso teme Job a Dios de balde? ¿No le has cercado alrededor a él y a su casa y a todo lo que tiene?

Job 1:9-10

Con estas palabras, el diablo quiso dejar en claro que por lo único que Job servía a Dios era por los beneficios y las bendiciones que recibía de Él; es decir, no le servía porque le amara, sino por lo que le daba. Si a Job lo probaron, ¿crees que a ti y a mí no nos probarán también? Lee todo el capítulo 11 del libro de Hebreos y te darás cuenta de cómo los héroes de la fe sufrieron y glorificaron al Señor a través del dolor y de las circunstancias adversas que afrontaron. Debemos entender, al igual que Job, que todos somos vulnerables como seres humanos. Y que, por lo tanto, el sufrimiento es parte de nuestra existencia, así como lo es la alegría y la tristeza, el reír y el llorar, la paz y la guerra, la luz y las tinieblas, y el nacer y el morir. (Lee Ec 3:1-8).

MEDÍTALO...

En el año 325 d. C., el Credo de Nicea estableció que definitivamente Jesús fue Dios y Hombre, Hombre y Dios al mismo tiempo. El tema central en este concilio de la iglesia fue el debate teológico en cuanto a la deidad de Cristo, y tuvo que ver con su naturaleza y su relación con Dios Padre.

En los tres primeros siglos de la iglesia, se introdujeron una serie de falsas doctrinas y herejías, así que se preguntaron: «¿Fue Jesús realmente divino? ¿Su naturaleza era tanto humana como divina?». ¡Y establecieron que sí, que lo fue y que lo es! Esta es la esencia y la doctrina más fundamental e importante del cristianismo: ¡Su Deidad!

El británico John Charles Ryle, obispo anglicano evangélico, dijo: «Jesucristo no solo es el Hijo de Dios poderoso para salvar, Él es también el Hijo del Hombre, capaz de sentir». Sin embargo, muchos negaron que Él fuera y sea Dios. Hoy sucede lo mismo en muchas iglesias que están llenas de falsas doctrinas y de predicadores engañadores.

Por eso, hay que tener cuidado con lo que crees. ¿Qué doctrinas estás escuchando y de quién las estás recibiendo? En el mundo actual, han salido un sinnúmero de predicadores falsos que, sin tener base en sus enseñanzas, divulgan una doctrina engañosa desde el punto de vista teológico. Así que, repito, debes tener cuidado con esos «falsos maestros» de hoy, pues se autoproclaman «ministros» y engañan a millones de personas a través de la radio y la televisión, de YouTube, del internet y de las redes sociales. «Por sus frutos los conoceréis», dijo Jesús, no por sus dones. No te dejes engañar. Examina las Escrituras y verás que la falsa enseñanza de la prosperidad está fuera de orden por completo, tanto en lo teológico, como en lo espiritual y doctrinal.

LA PREGUNTA DE TODOS LOS TIEMPOS Y JOB

«¿Cómo, pues, se justificará el hombre para con Dios?
¿Y cómo será limpio el que nace de mujer?».
Job 25:4

Los tres amigos de Job vinieron a consolarle, ¡pero acabaron enjuiciándolo con rudeza y sin piedad! Entonces, durante el tercer ciclo de sus discursos condenatorios, Bildad toma la palabra y hace una de las preguntas más importantes que hasta hoy sigue siendo una incógnita.

> ¿Cómo, pues, se justificará el hombre para con Dios? ¿Y cómo será limpio el que nace de mujer?
>
> Job 25:4

Hasta aquí, Job ha intentado justificarse de todas las maneras posibles al argumentar que no era la causa de su propio infortunio, y todavía lo hará en los siguientes capítulos. En su desesperación por encontrar una respuesta, arremete contra Dios. ¿No es justo eso lo que todos hacemos al no entender alguna situación difícil que estamos pasando? Nos justificamos y culpamos a todos, incluso a Dios, pero menos a nosotros.

Sé que hay muchísimas situaciones en las que nuestra mente limitada y nuestro muy finito conocimiento de las cosas espirituales se convierten en un obstáculo para comprender una determinada situación, mucho más cuando no tenemos respuesta. Dios es muy grande para entenderlo con la mente, tenemos que creerle con el corazón. Él es demasiadamente poderoso e inigualable, y nosotros no lograremos entenderle en este mundo... ¡jamás!

La autora Hannah Whitall Smith estaba llena de confusiones y preguntas que Dios no le respondía hasta que, un día, se armó de valor y fue hablar con una señora profundamente espiritual para contarle su problema. Aquí tienes cómo lo relató en su libro:

> Cuando terminé mi historia y me detuve, esperando compasión y consideración, solo me dijo: «Sí, todo lo que dices puede ser muy cierto, pero a pesar de eso, hay Dios». Esperé unos minutos más, pero no sucedió nada, y tal parecía que mi amiga y maestra había dicho todo lo que era necesario [...] Por fin, como ella lo decía con tanta frecuencia y parecía tan segura, comencé a preguntarme si, después de todo, Dios no podría ser suficiente, incluso para mi necesidad, abrumadora y secular, como la sentía [...] Poco a poco llegué a creer que, siendo mi Creador y Redentor, Él debe ser suficiente; y, por fin, emergió una convicción de que Él era de veras suficiente, y mis ojos se abrieron ante el hecho de la absoluta y total suficiencia de Dios[1].

Cuando lidiamos con el dolor físico o emocional, al igual que le sucedió a Hannah Whitall Smith, nos abrumamos por preguntas que no parecen tener respuesta. Como resultado, tratamos de justificarnos ante Dios por considerarnos que no somos merecedores de atravesar esos tiempos de adversidad. Si el que creó el universo y es más poderoso que cualquier cosa visible e invisible no puede ayudarnos a ti y a mí en nuestras crisis, estamos en serios problemas. En cambio, no es así, pues Él puede hacerlo... ¡y lo hará! Por lo tanto, pon esta palabra en tu corazón: «¡Dios es suficiente!».

NUESTRO INCOMPARABLE DIOS

Debemos destacar que Bildad, en su discurso, niega que el hombre sea capaz de justificarse delante de Dios. Así lo manifestó cuando afirmó que ni la grandeza del universo es comparable con su Creador, mucho menos el hombre que ante Él es como un gusano. ¿Te lo puedes imaginar? Aquí tienes sus palabras:

> He aquí que ni aun la misma luna será resplandeciente, ni las estrellas son limpias delante de sus ojos. ¿Cuánto menos el hombre, que es un gusano, y el hijo de hombre, también gusano?
>
> Job 25:5-6

Entonces, ¿qué es el hombre delante de Dios? ¡Nada! En realidad, «menos que nada», como dice el profeta Isaías sin rodeos:

> Como nada son todas las naciones delante de él; y en su comparación serán estimadas en menos que nada, y que lo que no es [...] Él está sentado sobre el círculo de la tierra, cuyos moradores son como langostas; él extiende los cielos como una cortina, los despliega como una tienda para morar.
>
> Isaías 40:17, 22

Entre paréntesis, ¿no es interesante que el profeta Isaías dijera que Dios «está sentado sobre el círculo de la tierra»? ¿Cómo es posible que se refiriera a la redondez de la tierra miles de años antes que los científicos de la era moderna hicieran tal descubrimiento? Más adelante, Job realiza una de las declaraciones y afirmaciones científicas más profundas mucho antes de la era del avance científico y de la tecnología que tenemos hoy. Ese es el poder de Dios por medio de la inspiración del Espíritu Santo en las Escrituras.

A veces, pasamos por alto lo que el Señor nos revela en su Palabra y tratamos de justificarnos al no entender por qué atravesamos tantos problemas. Como resultado, corremos el peligro de que nuestras expectativas nos hagan daño. Cuando damos por sentado que el Señor va a solucionar nuestros problemas, sean los que sean, y que lo hará a nuestra manera y en un tiempo que determinamos nosotros, vamos rumbo a la desilusión y frustración. ¿Por qué? Porque Dios no obra de acuerdo a nuestros calendarios ni según nuestro tiempo. Él tiene su propio calendario, y es quien decide cuándo irá a responder nuestras oraciones y ayudarnos en algún problema.

MEDÍTALO...

La paciencia se describe en aceptar una situación difícil sin darle al Señor una fecha límite para su solución. La razón de la pruebas es para afirmarnos en Cristo. La de Job fue para que pusiera su total confianza en Dios.

El Señor está obrando en nuestras vidas y solo Él sabe con exactitud cuánto tiempo tendremos que afrontar tribulaciones, a fin de salir vencedores y producir los frutos que desea que demos cada uno de nosotros. Así que recuerda: «Todo tiene su tiempo, y todo lo que se quiere debajo del cielo tiene su hora» (Ec 3:1).

El finado Larry Burkett, autor cristiano y consejero financiero, solía decir con una sonrisa: «Dios rara vez llega temprano, pero nunca llega tarde»[2]. Por lo tanto, ten paciencia y cuídate de no establecerle plazos al Señor para que actúe a tu favor y según tus deseos.

Ahora, con esto en mente, pon este pasaje de la Palabra en tu corazón y de seguro que recibirás la paz que necesitas en este momento y siempre:

Por nada estéis afanosos, sino sean conocidas vuestras peticiones delante de Dios en toda oración y ruego, con acción de gracias. Y la paz de Dios, que sobrepasa todo entendimiento, guardará vuestros corazones y vuestros pensamientos en Cristo Jesús.

Filipenses 4:6-7

LA MAGNIFICENCIA DE DIOS Y JOB

«Pero el trueno de su poder, ¿quién lo puede comprender?».
Job 26:14

Los tres amigos y consoladores de Job hablaron mucho, y dieron sus razones e hicieron todo lo posible por descubrir el motivo de la calamidad de Job, pero sus «remedios» nunca sanaron la enfermedad. En el capítulo 25, como ya vimos, Bildad presenta su alegato, al igual que lo hicieron antes los otros dos amigos, con la pregunta sobre la justificación del hombre ante su Creador.

Cuando Job vio que sus acusadores terminaron agotados, emprende un discurso en el que realiza su defensa final (capítulos 27-31). Todo, en un intento desesperado por encontrar la causa de su desgracia. Por sus palabras, es evidente que, a pesar de que el diablo le tocó, dejándolo en la ruina y en completa desolación, no tuvo poder para tocar su espíritu y su alma. Su mente estaba clara y lúcida, con la diferencia de que no comprendía lo que le sucedía, lo cual hacía más agudo su dolor. Aun así, la presencia de Dios estaba con él en medio de su gran calamidad. Esto pasa, y pasará siempre con nosotros, pues la presencia de Dios nos acompañará a cada instante, sin importar la situación en que nos encontremos.

Juan G. Paton fue un misionero escocés del siglo XIX que trabajó toda su vida en medio de pueblos nativos que eran caníbales. Afrontó grandes peligros de parte de los jefes tribales que lo buscaban para matarle. En su autobiografía, escribió:

Sin esa conciencia permanente de la presencia y del poder de mi querido Señor y Salvador, nada en todo el mundo podría haberme protegido de perder la razón y perecer de manera miserable[1].

Job, de igual manera, podía contar con la presencia de Dios en medio de cada una de sus tribulaciones y calamidades.

JOB PROCLAMA LA MAJESTAD Y AUTORIDAD DE DIOS

Alguien dijo que siempre estamos en uno de estos tres lugares en cuanto a las pruebas: 1) «Nos dirigimos hacia una tormenta»; 2) «Estamos en una tormenta»; 3) o «Vamos saliendo de una tormenta». En medio de sus tempestades, Job podía expresar lo que sentía de corazón, pues sabía que podía contar con la presencia de Dios. Así que en el capítulo 26, lo exalta con hermosas palabras, declaraciones y afirmaciones sobre el poder de Dios y su grandeza.

1. Todo está al descubierto delante de Dios

Job 26:6: «El Seol está descubierto delante de él, y el Abadón no tiene cobertura».

El Seol, o el mundo oscuro de los espíritus, está abierto ante los ojos de Dios. Sus ojos atraviesan la sombra de ese lugar, pues su mirada está en todo (Sal 139:8-11).

Si el mundo de los muertos se encuentra al descubierto delante de los ojos penetrantes y profundos de Dios, qué será del infierno que «no tiene cobertura», y qué será del corazón de los seres humanos que no la tienen tampoco. Todo está manifiesto delante del Dios Todopoderoso. Todo está al desnudo delante de Aquel que tenemos que dar cuenta (Heb 4:13).

2. Lo que sostiene la tierra es el poder de Dios

Job 26:7: «Cuelga la tierra sobre nada».

Job ya sabía de astronomía antes que los grandes científicos y adelantos que tenemos hoy. De alguna forma, sabía que la tierra no estaba colgada con ganchos. De seguro que esto fue una revelación divina. De lo contrario, ¿cómo iba a saber semejante cosa? Esta declaración es científicamente exacta, a pesar de que se hizo miles de años antes que lo descubriera la ciencia. Quizá Job no supiera nada de las leyes de la física ni de la gravitación, pero lo movía el Espíritu de Dios, pues el Espíritu de la verdad siempre está por delante de los descubrimientos de los científicos. Mucho antes que los científicos, el profeta Isaías también sabía que la tierra era redonda: «Él está sentado sobre el círculo de la tierra» (Is 40:22).

3. Las aguas están en las manos de Dios
Job 26:8: «Ata las aguas en sus nubes».

Las nubes son de Dios, y Él las controla y ata con sus manos invisibles de manera que no se rompan ni se esparzan hasta que derramen sus aguas donde y cuando Él lo determine. Asimismo, Él tiene el control de nuestras vidas y hace su voluntad cuando y como Él quiere sin pedirle permiso a nadie. Solo nos basta aceptar, admitir y reconocer que Él es soberano.

4. El control de todo está bajo Dios
Job 26:9: «Él encubre la faz de su trono».

Detrás de todas las leyes de la física de la naturaleza y de la grandeza del universo, Job ve el trono de Dios; es decir, observa que Él tiene el control absoluto de todo. La creación visible entera es como un velo extendido sobre la faz de su trono y dominio eternos. Esta es la gloria de la majestad divina que rige tanto en el mundo visible y físico, como en el invisible o espiritual. ¡Cuán grande es Él! ¡Aleluya!

5. El límite de todo pertenece a Dios
Job 26:10: «Puso límite a la superficie de las aguas».

Las aguas están en las palmas de las manos de Dios, y por su infinita sabiduría Él ha señalado la línea que llamamos horizonte, donde parece que se encuentran el mar y el cielo. En todo lo terrenal, Él puso límites, pues establece, pone y quita. En cuanto a los cristianos, por el Espíritu podemos ver más allá de lo que divisan nuestros ojos físicos, pues Él nos enseña debido a que mora en nosotros. Además, podemos descansar tranquilos sabiendo que nuestras vidas están en sus manos seguras, y de allí nada ni nadie nos puede apartar.

6. Todos los mares están bajo el dominio de Dios

Job 26:12: «El agita el mar con su poder».

De igual manera, Dios agita o aquieta la bravura y el poder del mar con sus fuertes olas. La misma mano poderosa que abrió las aguas del Mar Rojo e hizo que «los hijos de Israel» entraran «por en medio del mar, en seco» (Éx 14:22), sigue controlando las agitadas olas del mar: «Dividiste el mar con tu poder» (Sal 74:13).

Otras traducciones de Job 26:12 dice que «al mar agitó con su poder, y a Rahab quebrantó con su entendimiento» (LBLA). Aquí «Rahab» denota orgullo y arrogancia. Así que por el poder de Dios quedan quebrantados el orgullo y la arrogancia del mar y de sus olas. Es más, queda nula toda prepotencia de la grandeza de la creación visible.

7. El Espíritu de Dios engalana el cielo

Job 26:13: «Su espíritu adornó los cielos».

El mismo Espíritu que adornó los cielos ahora hermosea el alma de cada creyente en el que «mora el Espíritu de Dios», que «se movía sobre la superficie de las aguas».

Antes, Bildad dijo que «ni las estrellas son limpias delante de sus ojos» (Job 25:5), pero ahora Job expresa una visión diferente que en el principio Dios proclamó como «buena». Cuando la hermosura del Señor está en nosotros, quedamos limpios y engalanados delante de sus ojos debido a que se nos lavó con la preciosa sangre de Cristo. Por lo tanto, Aquel que adornó los cielos puede hermosear tu vida también por medio del Señor Jesucristo.

8. Todo el poder de la creación pertenece a Dios
Job 26:13: «Su mano creó la serpiente tortuosa».

Otra traducción dice que su mano «traspasó la serpiente tortuosa» (Reina Valera 1909). Ya sea que esta «serpiente tortuosa» se refiera al diablo o a alguna otra cosa, no importa, pues todo está bajo el poder y el control de Dios. Todas las cosas pueden traspasarse en cualquier momento por la intervención divina.

La «serpiente tortuosa» se ajusta muy bien al carácter del diablo que es «tortuoso», «desviado», torcido», «tramposo», «mentiroso», «estafador», y muchas cosas más. Sin embargo, el Dios Todopoderoso controla todas las actividades satánicas; es decir, el diablo no puede ir más allá de lo que Dios se lo permita. En cuanto a ti, no te inquietes, ¡Dios nos tiene a ti y a mí en sus manos!

9. Solo tenemos un conocimiento muy limitado del poder de Dios
Job 26:14: «He aquí, estas cosas son sólo los bordes de sus caminos».

En cuanto a nuestro conocimiento del poder de Dios, lo único que conocemos son los «bordes»; es decir, lo que sabemos se limita a las orillas, mientras hay todo un océano por descubrir.

Solo hemos escuchado, experimentado y conocido un poco, muy poco, de «sus caminos»; yo diría que se trata de un «poquito». A partir de la creación visible podemos darnos cuenta de su grandeza, magnificencia y poder. Si lo que vemos en la naturaleza es grandísimo, imagínate cómo será lo que no hemos visto a través de todo el universo. Lo cierto es que no conocemos nada todavía de la majestad de este Dios tan poderoso y extraordinario. Solo llegamos hasta «las orillas», como los niños cuando juegan a la orilla del agua en la playa mientras hay una inmensidad de mar hacia adentro que descubrir. ¡Alabado sea su Nombre!

10. Solo aprendimos algo muy pequeño en cuanto al poder de Dios
Job 26:14: «¡Y cuán leve es el susurro que hemos oído de él!».

Como dijimos, solo conocemos un poco, muy poco, de quien es Dios en realidad. Apenas conocemos un susurro, que no es nada en comparación con lo que de veras es Él. La palabra «susurro» expresa que nuestro conocimiento es una simple «idea», un «concepto» o cierto «entendimiento» de quién es este Dios tan grande y maravilloso.

11. No hay ser humano que pueda comprender de veras el poder de Dios

Job 26:14: «Pero el trueno de su poder, ¿quién lo puede comprender?».

En otras palabras, ¿quién puede medir, entender o comprender el poder y la magnificencia de Dios? ¿Quién puede controlar la velocidad del rayo y de los grandes truenos que lanza el Todopoderoso y que salen del oriente hacia el occidente en cuestión de segundos? Por más avanzada que esté la ciencia hoy, al hombre le resulta imposible medir el poder de Dios desplegado en la naturaleza. ¡Qué grande es Dios! ¡Aleluya! ¿Quién lo puede conocer en verdad? Todo lo que hemos escuchado, sabido, conocido, estudiado, experimentado, etc., no es nada, absolutamente nada, de quién es Dios y del poder de su grandeza. ¡Él es incomparable, infinito e inigualable!

MEDÍTALO...

El poder de Dios es algo incomprensible. Se trata de un enigma, un misterio, que los teólogos no logran entender a cabalidad. En cuanto a Job, a pesar de que habló de manera excelente y hermosa acerca de la grandeza de Dios, sigue todavía empeñado, como veremos más adelante, en culparlo por lo que le sobrevino. Muchas veces, esto nos sucede a nosotros también. Sabemos del poder, de la grandeza y de la majestad de Dios, pero insistimos en culparlo por algo que no entendemos, o no alcanzamos a comprender, en el momento que atravesamos circunstancias adversas.

El matemático y astrónomo alemán Johannes Kepler, quien fuera uno de los impulsadores de la revolución científica del siglo diecisiete, dijo:

Dios es grande, grandioso es su poder, infinita su sabiduría. Alábenle cielos y tierra, sol, luna y estrellas con su propio lenguaje. Mi Señor y mi Creador. La magnificencia de tus obras quisiera proclamárselas a los hombres en la medida en que mi inteligencia limitada pueda comprenderlas[2].

¡Aleluya!

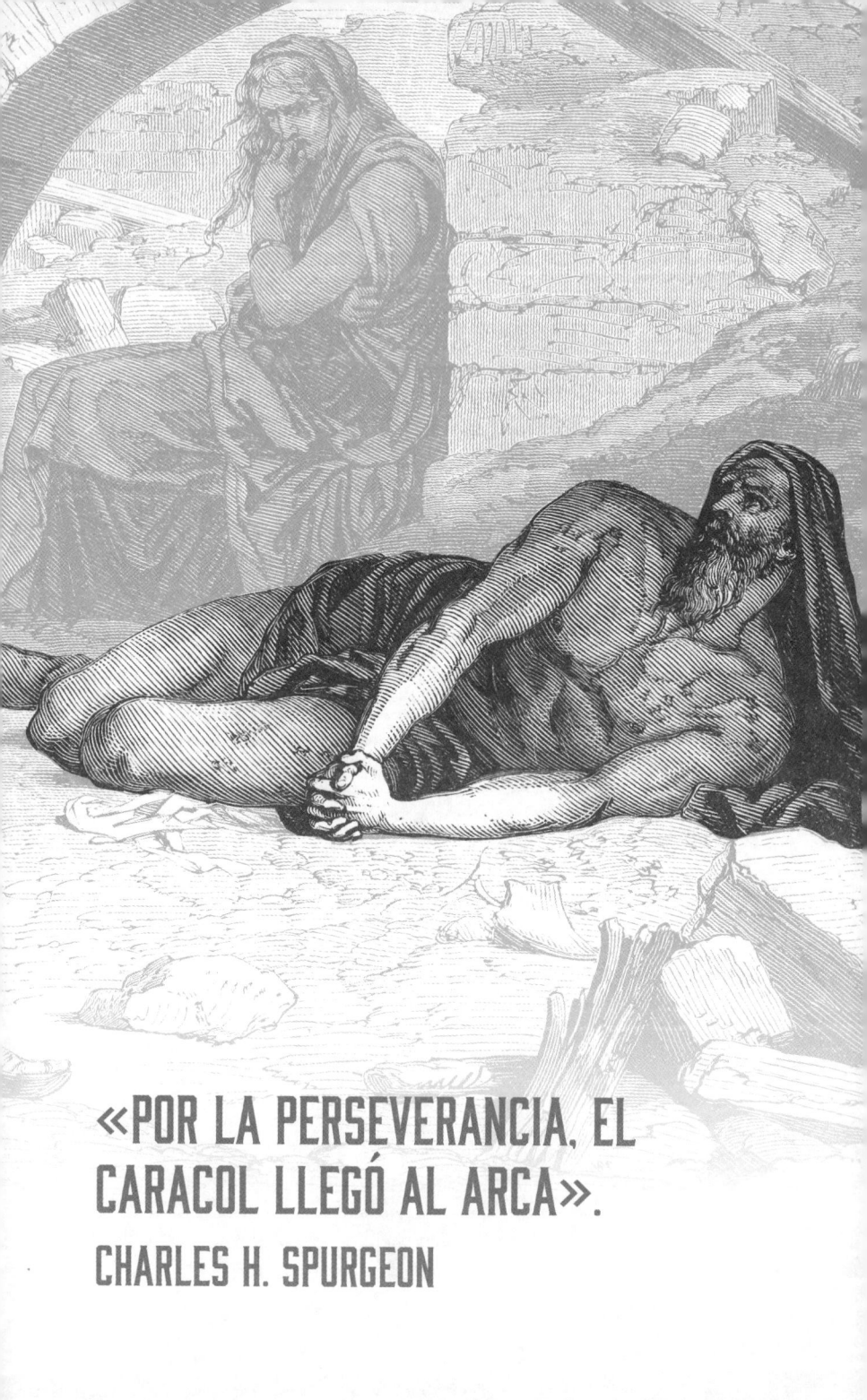

«POR LA PERSEVERANCIA, EL
CARACOL LLEGÓ AL ARCA».

CHARLES H. SPURGEON

LA PERSISTENCIA DE JOB

14

«Mi justicia tengo asida, y no la cederé; no me reprochará mi corazón en todos mis días».
Job 27:6

La persistencia de Job se debió con exactitud a que no entendía sus sufrimientos, así que seguía justificándose delante de Dios. Como es natural para cualquier ser humano, entendemos su dolor y alabamos su paciencia a la hora de soportar los embates del enemigo. Sin embargo, no es menos cierto que Job perseveraba en hacer a Dios como su blanco y que, al parecer, había olvidado todo lo bueno que recibió de Él en el pasado.

Al tratar de entender lo sucedido, creo que un sentimiento de terror y desesperación debió venirle a Job cuando se sentó en el suelo después de su tragedia por perderlo todo. Con esto da a entender que olvidó en un instante cuánto lo bendijo Dios en cada uno de los años anteriores a su infortunio. Mark Mittlelberg, autor, conferenciante y estratega en evangelización y apologética, escribe sobre esto:

> Durante esos tiempos difíciles, es fácil pasar por alto todas las formas en que Dios ha sido bueno con nosotros. Es común en medio de la sequía, por ejemplo, olvidar que la lluvia es la norma. O en medio de la inundación olvidar que las inundaciones ocurren raras veces. O cuando las malas noticias provienen del médico, olvidar que, para la mayoría de nosotros, esto sucede después de muchos años de una salud bastante buena[1].

LA OBSESIÓN DE JOB ANTE LO INCOMPRENSIBLE

Aun después de las bellas palabras que Job pronunciara sobre Dios y de todos los años anteriores de grandes bendiciones de parte del Señor, Job sigue en su obstinación:

1. **Persiste en culpar a Dios por sus pruebas**
   Job 27:2: «Vive Dios, que ha quitado mi derecho, y el Omnipotente, que amargó el alma mía».

2. **Persiste en decir que no ha pecado con su boca**
   Job 27:4: «Mis labios no hablarán iniquidad, ni mi lengua pronunciará engaño».

3. **Persiste en su integridad**
   Job 27:5: «Hasta que muera, no quitaré de mí mi integridad».

4. **Persiste en su justicia propia**
   Job 27:6: «Mi justicia tengo asida, y no la cederé; no me reprochará mi corazón en todos mis días».

Job persiste una y otra vez en justificarse, sin dejar de apelar a su inocencia. Se sentía tan dolorido que no puede reaccionar bien, pues se lo impedía su condición física y espiritual. ¿No nos sucede lo mismo a nosotros cuando afrontamos alguna situación que no entendemos? ¿No nos ofuscamos y seguimos defendiéndonos usando nuestra justicia propia? Siempre pensamos que la culpa es de otra persona, incluso de Dios, pero no de nosotros. ¿No es así? ¿Por qué? Porque queremos que Dios nos responda y se nos manifieste.

Para nuestros adentros, luchamos por entender lo sobrenatural. Con esto olvidamos que nuestra comprensión se limita al mundo natural, del cual oímos, vemos, olemos, tocamos y sentimos. Por eso nos justificamos al no percibir el mundo invisible y la guerra espiritual que se desarrolla a nuestro alrededor. Una guerra de la que nuestra mente finita no puede entender sus implicaciones y lo serio de acusar a Dios. Como resultado, nos defendemos y justificamos cuando no somos capaces de ver el alcance de lo que nos sucede.

Por razones como estas, Job persistía en justificarse, pues no podía ver más allá de lo que les revelaban sus sentidos físicos. Desconocía que la batalla era espiritual contra el propio diablo que quería destruir su fe, determinación e integridad en el Señor. Así que la vía más fácil era afirmar que Dios lo había abandonado. Una vez más, ¿por qué? Porque lo buscaba, pero parecía que Él se le ocultaba. ¿No sucede lo mismo con nosotros? Oramos, oramos y oramos, y parece ser que Dios no nos escucha o, si lo hace, no nos responde...

¿Alguna vez has vivido esta experiencia? ¡Todos la hemos tenido! La soledad de esperar y esperar por una respuesta es terrible y fastidiosa para cualquiera, mucho más si tarda y tarda. Sin embargo, la manera que Dios estableció para llegar a obtener una respuesta se llama «perseverancia» y «determinación». Una vez puestas en práctica, esperaremos hasta que Él nos responda por fin, sin importar el tiempo que demore. ¡Cuán difícil es esto!

Por lo que nos narra la Biblia, sabemos que Dios no fue el culpable de la aflicción de Job. En los primeros capítulos del libro que lleva su nombre, se nos muestra, aunque con mucha cautela, que Dios no fue el causante de los infortunios de Job. Sí, Él permitió que el diablo lo tocara, pero no provocó el dolor ni el sufrimiento de Job. El Señor no era su enemigo y nunca lo abandonó. Aun así, Job tendría que pasar solo la prueba de fe, a fin de demostrarle al diablo que amaba a Dios de corazón y no por interés. Repito, Dios nunca lo abandonó, sino que estuvo al tanto de él a cada momento. Al final, el Señor lo restauró al doble por su pérdida, como veremos más adelante.

MEDÍTALO...

Ser piloto de avión es una carrera profesional que puede ser apasionante y atractiva para cualquier joven. En cambio, para alcanzar ese sueño, primero tiene que formarse en una escuela de aviación donde logre ser competente a la hora de surcar los cielos. En el inicio de su entrenamiento para pilotar un avión, el estudiante vuela con un instructor de experiencia y veterano en la aviación a su lado. Lo hace durante el día y sobre un terreno ya conocido, sin peligros, con un clima perfecto. Todas sus decisiones las basa según su visión, por lo que ve. Entonces, una vez que el estudiante recibe su licencia de piloto, puede volar sobre un terreno desconocido y rodeado de tinieblas.

Por lo aprendido, el joven piloto tiene bien claro que no se puede confiar solo en su visión, sino en los instrumentos de vuelo, ese conjunto de mecanismos que equipan una aeronave y que permiten una operación de vuelo en condiciones seguras. Ahora, como cuenta con estos conocimientos y con instrumentos como el anemómetro, altímetro, indicadores de velocidad vertical, etc., puede «volar a ciegas», sin importar que sea de noche o de día.

Esto nos enseña que nosotros no debemos confiar ni perseverar en nuestra propia sabiduría, sino en los «instrumentos de vuelo» que Dios nos muestra en su Palabra. En el caso de Job, aunque no tenía las Escrituras como nosotros hoy, y persistía en su necedad de justificarse ante Dios, de culparlo y defender su inocencia, creyó con valentía en su Señor en medio del sufrimiento y esperaba la llegada del día en que le concediera la restauración.

LA SABIDURÍA Y JOB **15**

«¿De dónde, pues, vendrá la sabiduría?
¿Y dónde está el lugar de la inteligencia?».
Job 28:20

Job habla de la sabiduría y expresa que toda persona desea encontrarla y poseerla, pues es un interés universal. En cambio, bien sabemos que un hombre puede tener todos los tesoros terrenales, pero si no conoce a Dios y a Cristo, es un necio, como muy bien lo dijo el Señor (Lc 12:19-20).

Cuando analizamos la vida del hombre, llegamos a esta conclusión: Por más dinero que tenga, por más placeres que disfrute o más posesiones extravagantes posea, ya sean mansiones, autos de lujo, yates, aviones privados, sexo, bebida, drogas, viajes, fama, etc., su corazón siempre anhelará llenar el vacío con algo diferente. Aunque tenga todo esto, no será feliz, porque la verdadera felicidad, gozo y alegría están en la sabiduría de conocer a Dios y al Señor Jesucristo. ¡Esa es la clave!

Marcel Proust, hablando desde un punto de vista humano, dijo:

> No recibimos la sabiduría, debemos descubrirla por nosotros mismos, después de un viaje a través del desierto que nadie más puede hacer por nosotros, del que nadie nos puede librar[1].

En realidad, Job pasó por su gran desierto de dolor y sufrimiento. Por lo tanto, su sabiduría no solo la descubrió a través de la vida, sino también durante grandes problemas y dificultades. Lo cierto es que la sabiduría no es algo que nos podamos poner como lo hacemos con la ropa. La sabiduría es carácter, es calidad de vida y, sobre todo, es la condición del corazón de quien conoce a Jesucristo como su Salvador y Señor, puesto que tiene que ver con su relación directa con Dios.

LA SABIDURÍA QUE VIENE DE DIOS

La sabiduría es de lo alto y no se adquiere en los libros y sus letras, ya que hay una gran diferencia entre la sabiduría que proviene de Dios, y el conocimiento humano y secular que se puede adquirir mediante el estudio y la investigación. Una persona cristiana de verdad es sabia y crece en el conocimiento espiritual por medio de la Palabra de Dios. Así que aunque no tenga estudios universitarios, es sabia por el conocimiento que posee de Dios. En cambio, una persona intelectual y secular, aunque tenga títulos universitarios y sea inteligente, pero que no tiene a Cristo como su Salvador y Señor, a los ojos de Dios se considera que es necia.

En los siguientes pasajes de la carta del apóstol Pablo a la iglesia de Corinto, vemos que deja bien claro lo que significan la sabiduría de los hombres y la sabiduría que viene de Dios:

> Pues está escrito: Destruiré la sabiduría de los sabios, y desecharé el entendimiento de los entendidos. ¿Dónde está el sabio? ¿Dónde está el escriba? ¿Dónde está el disputador de este siglo? ¿No ha enloquecido Dios la sabiduría del mundo? Pues ya que en la sabiduría de Dios, el mundo no conoció a Dios mediante la sabiduría, agradó a Dios salvar a los creyentes por la locura de la predicación.
>
> 1 Corintios 1:19-21

> Para que vuestra fe no esté fundada en la sabiduría [secular] de los hombres, sino en el poder de Dios. Sin embargo, hablamos sabiduría [espiritual] entre los que han alcanzado madurez; y sabiduría, no de este siglo, ni de los príncipes de este siglo, que perecen. Mas hablamos sabiduría de Dios en misterio, la sabiduría oculta [...] Porque la sabiduría de este mundo es insensatez para con Dios.
>
> 1 Corintios 2:5-7; 3:19

El mundo tiene grandes problemas debido a tanta inteligencia humana y poca sabiduría, pues una cosa es la «inteligencia», pero otra bien diferente es la «sabiduría»... ¡y mucho más cuando se trata de la sabiduría divina! Abraham Lincoln dijo:

> Los libros sirven para enseñarle al hombre que sus ideas originales no son muy nuevas después de todo[2].

Un cristiano tiene sabiduría espiritual por medio de Cristo, del estudio de la Palabra, del ayuno, de la oración y de la lectura de buenos libros cristianos. Entonces, mediante este conocimiento, el Espíritu Santo obra en su vida de modo que sea más maduro a medida que crece su experiencia en el Señor. Con esto, no me refiero a que el cristiano no reciba conocimientos seculares, si es que desea tener preparación intelectual. Por lo tanto, mientras más sepas y estudies, tendrás la posibilidad de poner esa preparación al servicio de Dios.

Mis hijos Kathryn y Joshua Junior están preparados, así que poseen un profundo conocimiento secular. Sin embargo, lo más importante es que tienen a Cristo como el Señor de sus vidas. Kathryn estudió Psicología en dos universidades, y Joshua estudió economía en una universidad y después abogacía en otra. Hoy en día, es abogado y le aceptaron para trabajar en el Departamento de Justicia de los Estados Unidos en Washington D.C. ¡Alabado sea el Señor! ¡A Dios sea la gloria!

Así como Pablo fue un hombre con una gran preparación para su época, también el Señor lo dotó de un notable conocimiento espiritual. Hoy en día, los hombres no tienen dificultad en encontrar la sabiduría y el conocimiento de este mundo que, para Dios, es locura y necedad, si dicho conocimiento y sabiduría no se basan en Él. Por eso el hombre no es sabio de veras hasta que no llega a conocer a Dios por medio de Jesucristo que es «poder de Dios, y sabiduría de Dios» (1 Co 1:24).

¡Alabado sea su Nombre! De modo que mi consejo es que jamás confundas el conocimiento humano con la sabiduría. El primero solo nos ayudará a ganarnos la vida, mientras que el segundo nos ayudará a vivir y ser felices.

LAS COSAS QUE DESCONOCEMOS AHORA

En su infinita sabiduría, Dios permite pruebas, luchas, tribulaciones, tormentas, dolor y sufrimiento en la vida, a fin de que maduremos, tengamos integridad de carácter y seamos siempre fieles. De cualquier otra manera nunca sería posible. Por otra parte, de seguro que Dios puede eliminar todo el mal, pero como somos personas con libre albedrío, tenemos el privilegio de escoger entre hacer lo bueno o no.

Es evidente que todo dolor y sufrimiento se debe al pecado del hombre y a su rebelión en contra de lo que estableció Dios. Sin embargo, aun cuando como cristianos entendamos esto, a veces nos resulta muy difícil asimilar los designios divinos debido a las muchas limitaciones que tenemos en cuanto a nuestro conocimiento acerca de un Dios tan grande y todopoderoso.

Al ver tanto dolor, miseria, pobreza, hambre, guerra y maldad a nuestro alrededor, la pregunta que surge con nuestro conocimiento limitado es la siguiente: «¿Por qué Dios permite todo esto?». ¡Solo Él nos lo podrá contestar algún día! En su infinita sabiduría, sabe muy bien el motivo, pero ten la seguridad de que Dios no es el causante de la maldad, sino el diablo. Dios lo permite por razones que van más allá de la interpretación de cualquier filósofo o teólogo, sin importar sus profundas conclusiones ni cuántos libros leyeran o escribieran. Nadie, absolutamente nadie, puede contestar esta pregunta del porqué Dios permite la maldad, el dolor y el sufrimiento del ser humano.

Hay una infinidad de libros, tanto seculares como cristianos, que intentan explicar este hecho. En cambio, nadie lo puede hacer de veras, pues todo se convierte en simples especulaciones. Dios es demasiado grande y poderoso para que nosotros seamos capaces de entenderle con nuestras pequeñas mentes que poseen un conocimiento limitadísimo al compararnos con Él.

LO QUE NO ENTENDEMOS HOY

A veces, Dios decide impedir un terremoto, un tornado, un huracán, una catástrofe, una calamidad, un accidente o una enfermedad. En cambio, otras veces, Él decide no intervenir. ¿La razón? ¡Solo Él lo sabe! Por eso es que muchos se debaten con esta pregunta: «Si Dios es bueno, «¿por qué no impide el mal, las enfermedades y el sufrimiento?».

A través de su vasta, grandísima y extraordinaria sabiduría, Dios nos enseña que algún día entenderemos sus razones. Sin embargo, por ahora, hay que seguir creyendo que Él es bueno, como lo testifica su Palabra, y en el futuro sabremos que Él usó alguna circunstancia desagradable en nuestra vida para nuestro propio bien, y que hasta evitó algo peor que ahora no lo vemos así.

Tal vez Dios nos esté diciendo como a Job: «No quiero sacarte fuera de la tormenta espiritual, física, material o emocional que estás pasando, sino que quiero llevarte POR la tormenta para enseñarte muchas cosas y darte al fin la victoria que tanto quieres, anhelas y deseas». Pon esta palabra en tu corazón: A través de las aflicciones, desafíos, pruebas, luchas, tribulaciones, enfermedades, dolor y sufrimiento es que aprendemos mucho más que durante los tiempos donde todo nos va bien. De esta manera es que crecemos en fe, madurez, carácter y firmeza en el Señor, de modo que estemos listos para toda buena obra.

Si Dios no libró a su propio Hijo, Jesucristo, del dolor y del sufrimiento, ¿crees que Él nos librará a ti y a mí? En medio del gran dolor del Salvador, Dios, en su bondad, ¿no nos concedió la salvación para nuestras almas? En medio de todo el horror que Cristo padeció en la cruz, ¿Dios no fue bueno al darnos sanidad para nuestros cuerpos? Por lo tanto, Dios es bueno. Él ve más allá del momento del dolor, pues ve el resultado positivo después del dolor.

Por esto es que los ateos no pueden creer en un Dios que permite el mal, pues sus mentes solo logran asimilarlo según el conocimiento humano. Nosotros, en cambio, lo podemos ver y entender desde el punto de vista del conocimiento divino a través de las Escrituras y la sabiduría que nos da Él, aunque sea muy limitada. David Jeremiah, en su libro *¿A qué le tienes miedo?*, comenta el enfoque de Randy Alcorn acerca de la fe en medio del sufrimiento y el mal, y lo hace con estas palabras:

> En su libro *If God is Good* [...] Randy Alcorn escribe que vemos las enfermedades que no se sanaron y las tragedias que no se evitaron y nos preguntamos por qué Dios no se glorificó a sí mismo actuando. Cómo anhelamos que él aplaste cualquier manifestación del mal y dificultad en nuestra vida. «Pero el poder no es su único atributo —escribe Alcorn—. Él también se glorifica al mostrar su sabiduría». El poder de Dios es algo que complace a la multitud inmediatamente, pero para apreciar la sabiduría de Dios se requiere de paciencia y discernimiento. Un día estaremos con Dios alabándolo por «su sabiduría al no evitar ciertos males que usó, en maneras que nunca podríamos haber imaginado, para nuestro bien final»[3].

DISCURSO DE JOB SOBRE LA SABIDURÍA

Ahora, analicemos el último discurso que pronunciara Job ante sus amigos. Si pudiéramos imaginarlo mientras habla, lo veríamos sobre un montón de cenizas contemplando las estrellas en la oscuridad de la noche, tal como acostumbraba a hacerlo en el pasado, pero bajo unas circunstancias diferentes por completo.

En este discurso en particular, Job diserta acerca de la sabiduría y, entre otras cosas, expresa lo siguiente:

1. Lo encubierto de la sabiduría

Job 28:5: «De la tierra nace el pan, y debajo de ella está como convertida en fuego».

Algunos teólogos dicen que en este versículo Job hacía referencia al infierno. Sin embargo, esto es un enigma para nosotros. Según la opinión de muchos eruditos y estudiosos, este versículo prueba que el infierno está en el centro de la tierra. En el Evangelio de Marcos, Jesús habló acerca del infierno:

Si tu ojo te fuere ocasión de caer, sácalo; mejor te es entrar en el reino de Dios con un ojo, que teniendo dos ojos ser echado al infierno, donde el gusano de ellos no muere, y el fuego nunca se apaga.

Marcos 9:47-48

Los volcanes son estructuras geológicas por la que emerge el magma que se divide en lava y gases que provienen del interior de la Tierra. Cuando el volcán hace erupción, la lava suele tener temperaturas muy elevadas. En el año 2018, entró en erupción el volcán de Fuego en Guatemala, así como el volcán Kilauea, en Hawái, los cuales alcanzaron una temperatura de mil grados centígrados. Ante estos fenómenos de la naturaleza, muchos eruditos bíblicos afirman que allí se encuentra el infierno, cosa que solo sabe Dios. En otras palabras, Dios es el único que tiene la sabiduría para conocer esto, mientras que nosotros nada más que hacemos especulaciones al respecto.

Por otra parte, Job da a entender que ya sabía de la existencia de los volcanes o de alguna otra cosa que aun la ciencia misma desconoce todavía con relación a lo que existe debajo, y en el centro, de la tierra.

2. El lugar en que habita la sabiduría

Job 28:12: «Mas ¿dónde se hallará la sabiduría? ¿Dónde está el lugar de la inteligencia?».

Entonces, ¿dónde nace la sabiduría? ¿Cómo se puede alcanzar el conocimiento de Dios? La sabiduría nace en el corazón humilde y sencillo del cristiano. Además, aquí es que habita el poder de Dios por medio del Espíritu Santo. Ya el sabio Salomón decía dónde encontrarla:

El principio de la sabiduría es el temor de Jehová; los insensatos desprecian la sabiduría y la enseñanza.

Proverbios 1:7

También el profeta Jeremías analiza cómo los sabios carecen de la verdadera sabiduría debido a que desprecian lo que Dios expresa en las Escrituras:

> Los sabios se avergonzaron, se espantaron y fueron consternados; he aquí que aborrecieron la palabra de Jehová; ¿y qué sabiduría tienen?
>
> Jeremías 8:9

Todo el que rechaza la Palabra de Dios no se le considera sabio a los ojos del Señor. Así lo dice este pasaje cuando aclara de dónde proviene la sabiduría:

> Porque Jehová da la sabiduría, y de su boca viene el conocimiento y la inteligencia.
>
> Proverbios 2:6

Por lo tanto, ¡la sabiduría se encuentra en Dios! (Para más detalles, lee Pr 2:1-5).

3. La sabiduría no es algo terrenal

Job 28:13: «No conoce su valor el hombre, ni se halla en la tierra de los vivientes».

Nosotros no tenemos idea del valor de la sabiduría de lo alto, pues su origen no es humano ni depende del intelecto de los sabios, sino que es divina. Este estéril desierto de seres humanos no puede producirla. No está en los abismos de los océanos ni tampoco está en los mares (Job 28:14). Los hombres han sacado muchas cosas valiosas de la tierra y del mar, pero la verdadera sabiduría que hace sabio al hombre para la vida eterna jamás se ha encontrado en estos lugares, aunque la han buscado a través de todas las generaciones.

4. La sabiduría no se puede comprar ni comparar con nada

Job 28:15-17: «No se dará por oro, ni su precio será a peso de plata. No puede ser apreciada con oro de Ofir, ni con ónice precioso, ni con zafiro. El oro no se le igualará, ni el diamante, ni se cambiará por alhajas de oro fino».

Todas las riquezas del mundo jamás podrían comprar la sabiduría de Dios y Jesucristo. ¡Cristo es la sabiduría! Y su precio es incomparable. Así lo expresa el apóstol Pablo en su carta a la iglesia de Colosas:

> Unidos en amor, hasta alcanzar todas las riquezas de pleno entendimiento, a fin de conocer el misterio de Dios el Padre, y de Cristo, en quien están escondidos todos los tesoros de la sabiduría y del conocimiento.
>
> Colosenses 2:2-3

¡Aleluya! No hay sustituto ni equivalente a la sabiduría celestial. Nada ni nadie podrá ocupar jamás el lugar de Cristo.

5. La sabiduría es más valiosa que los diamantes y nada se le puede igualar

Job 28:18-19: «No se hará mención de coral ni de perlas; la sabiduría es mejor que las piedras preciosas. No se igualará con ella topacio de Etiopía; no se podrá apreciar con oro fino».

¿Qué persona osaría ponerle precio y algún valor terrenal a Cristo? ¡Él es incomparable! La felicidad y el gozo de conocer al Señor son inigualables a la alegría de poseer piedras preciosas y diamantes. Lo mejor de este mundo no significa nada cuando se compara con la posesión de la sabiduría de Cristo en nuestra vida por medio de su Palabra.

6. Procedencia y morada de la sabiduría

Job 28:20: «¿De dónde, pues, vendrá la sabiduría? ¿Y dónde está el lugar de la inteligencia?».

La verdadera sabiduría viene de Dios y el lugar de su morada está en la cruz de Cristo. En el Señor y en su cruz es que se encuentran todos los tesoros escondidos de la ciencia y del conocimiento. Allí Él se ofreció como la respuesta a la búsqueda de la sabiduría del hombre que perece por falta de conocimiento de un Salvador, lo cual solo se encuentra en Cristo y en nadie más, como está escrito en Hechos 4:12 y 1 Timoteo 2:5.

7. Hasta la muerte y el infierno han oído de la sabiduría
Job 28:22: «El Abadón y la muerte dijeron: Su fama hemos oído con nuestros oídos».

Cuando mueren los salvos, tienen el pleno conocimiento de Cristo y de la vida eterna. Los que mueren sin Cristo, en cambio, tristemente irán a una eternidad sin el Salvador.

8. Solo Dios concibe y sabe el lugar de la sabiduría
Job 28:23: «Dios entiende el camino de ella, y conoce su lugar».

El camino de la sabiduría es el del amor y de la misericordia. Todo esto es posible cuando se sabe que Cristo es la sabiduría de Dios, y que el lugar donde Él murió es el Calvario con el fin de salvar nuestras almas. Sin duda, esta es la cima de la sabiduría.

Solo Dios podría saber cómo se supliría a plenitud la profunda y eterna necesidad del hombre. Solo el Dios Todopoderoso podía saber y revelarnos a nosotros el secreto de la vida eterna en Cristo. Solo Él sabía dónde estaba este tesoro precioso que es Cristo para dar alivio, satisfacción y salvación al alma eterna del hombre.

9. La omnipresencia de Dios ve todo en su sabiduría
Job 28:24: «Porque él mira hasta los fines de la tierra, y ve cuanto hay bajo los cielos».

Puesto que Dios lo ve todo, «no hay cosa creada que no sea manifiesta en su presencia» (Heb 4:13).

10. La sabiduría es conocer a Dios, temerlo y andar en sus caminos
Job 28:28: «Y dijo al hombre: He aquí que el temor del Señor es la sabiduría, y el apartarse del mal, la inteligencia».

Para nosotros ser partícipes de esta sabiduría, debemos obedecer a Dios y su Palabra, y consagrarnos por completo a Él.

La oración, el ayuno y la lectura diaria de la Palabra de Dios nos harán cada día más sabios. El siguiente pasaje reafirma que por encima de todo lo que tenemos, la sabiduría es más importante que cualquier cosa:

Sabiduría ante todo; adquiere sabiduría; y sobre todas tus posesiones adquiere inteligencia.

Proverbios 4:7

MEDÍTALO...

En 1692, la Universidad de Harvard adoptó su propio lema: *Veritas, Christo et Ecclesiae* (La verdad por Cristo y su Iglesia), el cual incluye en su escudo formado por tres libros. Los dos libros de la parte superior se mostraban abiertos y representaban la Palabra de Dios revelada a través del Antiguo y del Nuevo Testamento. El tercer libro, en cambio, aparecía al revés, pues simbolizaba los límites de la razón y la necesidad de la revelación divina.

Siglos después, los rumbos secularistas que tomó la sociedad se vieron reflejados en el nuevo escudo de la universidad. Ahora, solo aparece la palabra *Veritas*, pues dicen que es una forma abreviada del lema original, de modo que se dejó de usar de manera oficial el lema completo. En algún momento, ya hace mucho tiempo, al tercer libro le dieron la vuelta y lo pusieron al derecho, a fin de representar la «capacidad ilimitada» de la mente humana. Con esto, dan a entender lo contrario al escudo original: la razón no tiene límites y la revelación no es necesaria.

Sin duda, esto es lo que pueden hacer la arrogancia, la soberbia y el orgullo. Cambiaron la sabiduría de Dios por la inteligencia humana. No debe sorprendernos lo que ya Pablo decía en su época, pues afirmó que estas son las personas que «siempre están aprendiendo, y nunca pueden llegar al conocimiento de la verdad» (2 Ti 3:7).

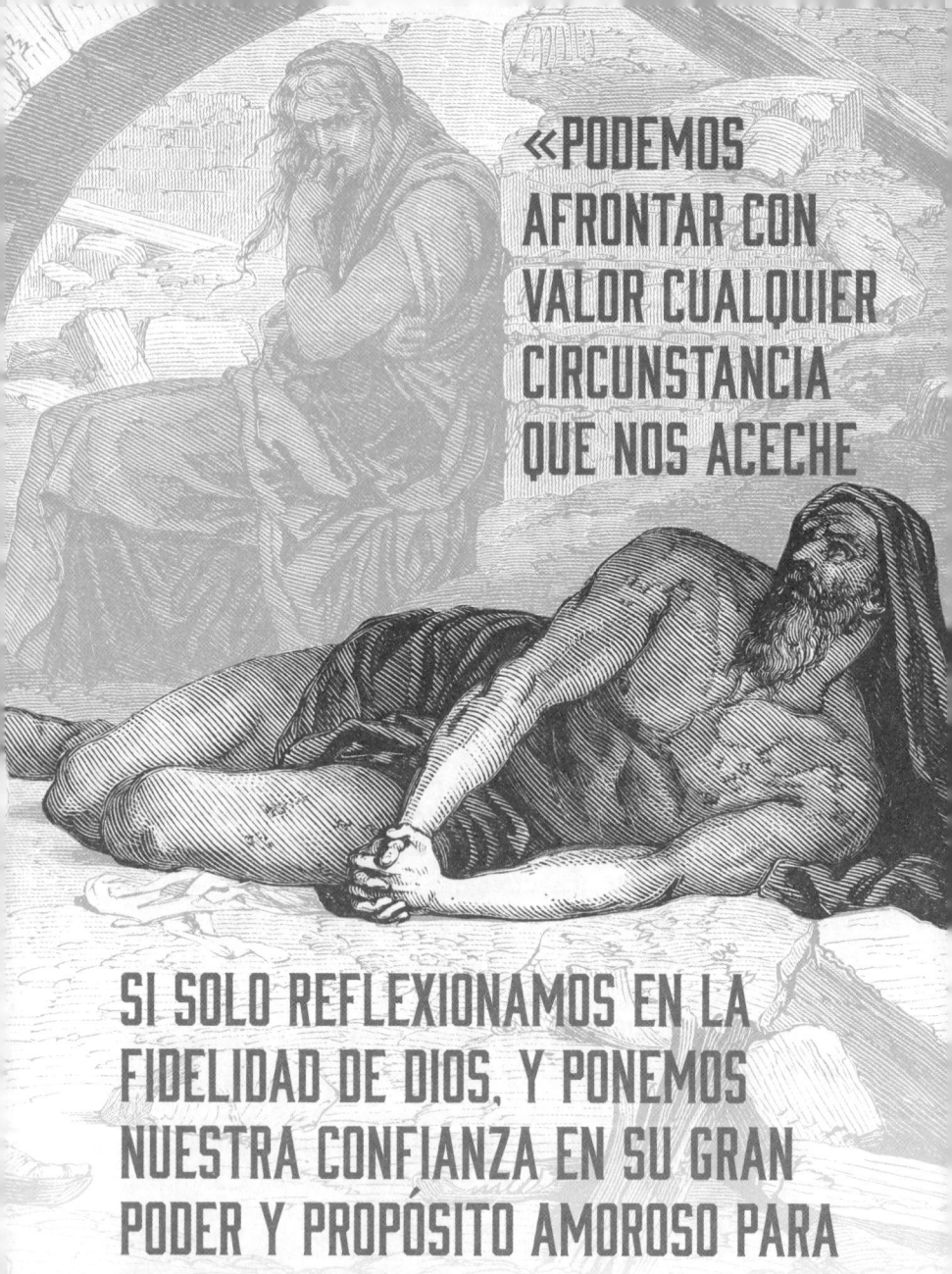

«PODEMOS AFRONTAR CON VALOR CUALQUIER CIRCUNSTANCIA QUE NOS ACECHE

SI SOLO REFLEXIONAMOS EN LA FIDELIDAD DE DIOS, Y PONEMOS NUESTRA CONFIANZA EN SU GRAN PODER Y PROPÓSITO AMOROSO PARA NUESTRAS VIDAS».

DAVID JEREMIAH

LOS RECUERDOS DE JOB

«¡Quién me volviese como en los meses pasados,
como en los días en que Dios me guardaba».
Job 29:2

Para nosotros, es muy difícil poder imaginar las pérdidas de Job. En un solo día, perdió todas sus posesiones, ya fueran casas, propiedades, animales, terrenos, influencia. Lo que es más importante, perdió a sus hijos, el apoyo de su esposa y la salud física.

En cuanto a la salud, es algo que todos nos preocupamos, porque estamos expuestos a las enfermedades. Como es natural, nos puede causar gran temor la expectativa de contraerlas y que esto nos provoque gran dolor, angustia, sufrimiento y deuda.

Es casi imposible para nosotros imaginar alguien en perfecto estado de salud. Sin embargo, Adán y Eva lo tuvieron. Ni siquiera conocían el concepto de enfermedad, pues vivían en una condición de perfección, hasta que llegó el día en que desobedecieron a Dios. Entonces, esto dio lugar al pecado, la enfermedad y la muerte, basta con que leas el capítulo 3 de Génesis y te darás cuenta. A partir de ese momento, la humanidad ha sufrido estas consecuencias que nos causan tanto dolor.

De acuerdo a las estadísticas de 2016 de los Centros para el Control y la Prevención de Enfermedades, las causas más frecuentes de muertes en Estados Unidos fueron[1]:

- Enfermedad del corazón
- Cáncer
- Accidentes (lesiones no intencionales)

- Enfermedades crónicas del tracto respiratorio inferior
- Accidente cerebrovascular (enfermedades cerebrovasculares)
- Alzhéimer
- Diabetes
- Influenza y neumonía
- Nefritis, síndrome nefrótico y nefrosis
- Autolesión intencional (suicidio)

No solo las enfermedades nos causan dolor y sufrimiento, también pueden provocar una gran deuda y pérdida financiera. El periodista estadounidense Ezra Klein, quien fuera columnista y bloguero en *The Washington Post*, dijo:

> Los Estados Unidos es la nación más cara del mundo cuando el asunto se refiere a tratar una enfermedad[2].

Incluso, en 2010, el total del costo del cuidado de la salud en Estados Unidos sobrepasó los dos trillones y medio de dólares[3]. Muchas personas siempre recuerdan cuando todo les iba bien, tanto de manera física como material, hasta que la enfermedad llegó y le trastornó la vida.

LOS RECUERDOS DE TIEMPOS MEJORES

Todos miramos la enfermedad con repulsión, pavor y temor. A medida que perdemos la inocencia del pensamiento de cuando éramos jóvenes al creer que nunca iríamos hacia la vejez ni tendríamos enfermedades, nos sobrevienen el miedo y la incertidumbre. Hasta nos sentimos ansiosos con solo una llamada telefónica del médico o con que nos indiquen una prueba o examen de salud. Nos llenamos de preocupación con un simple dolor en el pecho o que nos falte un poco la respiración. Estos son temores normales y básicos que afronta todo ser humano.

Job, del mismo modo, no fue la excepción. Entonces, cuando la tragedia tocó a su puerta, empezó a recordar el tiempo en el que todo le iba bien:

1. **Job recuerda los días pasados en que Dios lo protegía**
   Job 29:2: «¡Quién me volviese como en los meses pasados, como en los días en que Dios me guardaba».

2. **Job recuerda los días antiguos de bendición**
   Job 29:3: «Cuando hacía resplandecer sobre mi cabeza su lámpara, a cuya luz yo caminaba en la oscuridad».

3. **Job recuerda que Dios le acompañaba desde que era joven**
   Job 29:4: «Como fui en los días de mi juventud, cuando el favor de Dios velaba sobre mi tienda».

4. **Job recuerda cuando Dios, según él, todavía estaba a su lado**
   Job 29:5: «Cuando aún estaba conmigo el Omnipotente, y mis hijos alrededor de mí».

Si alguna vez has perdido un hijo por algún accidente o enfermedad, no puedo imaginarme cuán grande sea tu dolor y sufrimiento. Sin embargo, ten la seguridad de que en medio de tu angustia, el Señor está contigo, aunque ni tú ni yo entendamos por qué lo permitió. Lo que sí sabemos es que Dios es soberano, y Él conoce el mañana y nosotros no. Job recordaba muy bien «cuando aún estaba el Omnipotente» con él. Lo cierto es que Dios seguía estando con Él, pero por su dolor y sufrimiento no podía entender el motivo de sus calamidades.

Nuestra reacción al afrontar las pruebas y aflicciones es la de preguntar: «¿Y dónde está el Dios que siempre estuvo conmigo?». Todos se acuerdan de los días pasados de salud y prosperidad, pero cuando llega el dolor, muchos se vuelven contra Dios y se olvidan de los muchísimos años en que vivieron bien. ¿No fue este el caso de Job?

Ahora bien, ten presente que Dios tiene la habilidad de cambiar una situación negativa en positiva, pues «sabemos que a los que aman a Dios, todas las cosas les ayudan a bien» (Ro 8:28). Del mismo modo, Él puede cambiar «la maldición en bendición»

(Neh 13:2). En cuanto a este hecho, Pablo lo testifica con estas palabras:

> Quiero que sepáis, hermanos, que las cosas que me han sucedido, han redundado más bien para el progreso del evangelio.
>
> Filipenses 1:12

Por lo tanto, de seguro que Dios sigue a tu lado, aunque no entiendas por lo que estás pasando ahora. El Señor tiene el control. Aunque no conteste tus oraciones por el momento, y no veas nada manifestado en el mundo físico, sigue confiando, orando, ayunando y creyendo. En realidad, muchas veces todo lo que sabemos, entendemos y aun los recuerdos que tenemos de las bendiciones pasadas, como las tenía Job, no son suficientes para borrar el dolor y el sufrimiento que nos provoca lo que estamos pasando. Además, la soledad causada por una larga espera en busca de una respuesta de parte de Dios se transforma en una gran carga de desgaste físico y espiritual que demanda fe, determinación, firmeza, carácter y madurez de nuestra parte.

LA ACTITUD ANTE EL DOLOR Y EL SUFRIMIENTO

Sin duda, nos resulta fácil olvidar las bendiciones del pasado cuando llega el sufrimiento. Amamos a Dios cuando todo nos va bien. En cambio, si llega la adversidad, el dolor, la enfermedad y el sufrimiento, reclamamos, murmuramos y acusamos a Dios. Lo cierto es que el sufrimiento es parte de la vida, no es como muchos dicen: «Dios puso el sufrimiento en el mundo solo para castigar a los pecadores». A decir verdad, los justos también sufren y padecen dolor.

Deberíamos recordar cada una de las bendiciones de Dios, pero también deberíamos amarlo por encima de todo. Sin embargo, no lo hacemos y pecamos contra Él. Entonces, cuando nos sorprende el sufrimiento como le sucedió a Job, lo que nos queda es la confusión y los recuerdos de lo que fuimos en el pasado antes que el dolor llegara a nuestra vida.

Cuando llega el dolor, muchos que son como Job, y otros que no son cristianos, se amargan, tienen resentimientos contra Dios, se compadecen de sí mismos y creen que el Señor los abandonó. Incluso, por causa del sufrimiento, llegan a negar la bondad y la existencia de Dios. Esto, por supuesto, NO lo hizo Job, porque a pesar de todo su sufrimiento, NUNCA perdió su esperanza en Dios. Así que el problema de sufrir sin sentido y de manera injusta, como Job pensaba que era su caso, no desaparece de nuestra vida, mucho menos desaparecen las dificultades si las personas siguen empecinadas en negar la existencia de Dios y su justicia.

Ya sea que crean o no que el sufrimiento tiene sentido en la vida, si es justo o injusto sufrir, si se duda de la existencia de Dios y su justicia debido a que Él permite el sufrimiento, esto no marcará diferencia alguna en cuanto al dolor de quien lo padece. Andrea Palpant Dilley, editora colaboradora de *Christianity Today*, comenta de manera acertada en cuanto a esto:

Para hablar de justicia, tienes que hablar acerca de la moralidad objetiva; y para hablar acerca de la moralidad objetiva, tienes que hablar acerca de Dios[4].

Por lo tanto, no se puede quitar a Dios del cuadro y dejarle fuera de este asunto sobre el sufrimiento, puesto que Él es la totalidad de la moralidad objetiva. En otras palabras, solo Dios es justo por completo respecto a la moral. Así que no nos cabe a nosotros preguntar: ¿Es justo o no el dolor que padecemos o el que sufren otros? Tampoco debemos cuestionar cosas como estas: ¿Es adecuado o no desde el punto de vista moral el sufrimiento? ¿Lo merecemos o no? Solo Dios sabe las respuestas concretas a estas preguntas. Solo Él conoce las situaciones reales y el corazón de cada persona. Y solo Él sabe la verdad de por qué permite los sufrimientos en cada individuo. Por eso es que esto ha dado lugar a que muchos acusen a Dios, pues desconocen las respuestas a todas estas preguntas y muchas otras.

MEDÍTALO...

Si te sientes abrumado, piensa en Robert Mills. En 1836, eligieron sus planos para construir el Monumento a Washington. Sin embargo, el dinero no llegó y la construcción se atrasó por años. Luego, los ingenieros descubrieron que el suelo era muy blando y cambiaron de lugar. Algunos saboteadores destruyeron un bloque de mármol de mucho valor y se detuvieron las donaciones.

Los vándalos desfiguraron el monumento y la construcción se detuvo de nuevo. Después que Mills murió en 1855, su monumento era algo feo y deformado. En cambio, hoy los visitantes se quedan sorprendidos delante del obelisco más grande del mundo que, en su pináculo, están inscritas las palabras en latín *LAUS DEO*, que significa «Alabado sea el Señor»[5].

Si hoy te sientes desanimado debido a que perdiste algo muy valioso, no estás solo. El monumento de Mills, por ejemplo, demoró muchísimos años para construirlo. Si estás enfermo o en alguna situación penosa, ya sea de trabajo o salud, no pierdas la esperanza, el Señor hará que todo termine bien. Aunque tu dolor, gastos y pérdidas sean muchas, como los de Job, Dios te va a restaurar al final.

En lugar de mirar tus problemas, dolores y sufrimientos como obstáculos, considéralos como una oportunidad de que Dios sea glorificado en tu situación, aun si es muy difícil para ti. El desánimo seca nuestro espíritu, pero la perseverancia obtiene y lleva a cabo los planes de Dios para nuestra vida. ¡Ten fe! Juan Bunyan dijo:

Siempre es difícil ver el propósito de vagar por el desierto hasta después que termina[6].

¡Dios tiene el control!

LA ACUSACIÓN HACIA DIOS DE JOB

«Él me derribó en el lodo».
Job 30:19

Cuando nos sucede algo malo, nuestra tendencia por naturaleza es acusar y apuntar con el dedo a otra persona, y aun a Dios, y no a nosotros mismos. Sin embargo, hay eruditos que dicen que la desgracia que le sobrevino a Job se debió a que tenía miedo a que le sucediera algún mal. En este pasaje, Job declara:

> Porque el temor que me espantaba me ha venido, y me ha acontecido lo que yo temía.
>
> Job 3:25

Como ven, Job temía que algo malo les sucediera a sus hijos, a él, a sus posesiones y propiedades... ¡y le sucedió! El temor, como ya vimos antes, es algo terrible. Su resultado es desasosiego, intranquilidad y angustia. En su libro *Libres del miedo*, Neil T. Anderson y Rich Miller afirman lo siguiente:

> El miedo es un ladrón. Este erosiona nuestra fe, saquea nuestra esperanza, roba nuestra libertad y nos quita el gozo de vivir la vida abundante en Cristo. Las fobias [o temores] son como las bobinas de una serpiente: cuanto más nos cedemos a ellas, más nos aprietan. Cansados de luchar, sucumbimos a la tentación y nos rendimos a nuestros miedos. Sin embargo, lo que parecía una salida fácil

se convierte, en realidad, en una prisión de incredulidad, en una fortaleza de miedo que nos mantiene cautivos[1].

LAS ACUSACIONES DE JOB

Si el temor de Job contribuyó a su desgracia, es solo una especulación. Lo que sabemos con certeza es que no entendía lo que le sucedía en el mundo espiritual, pues ignoraba el «trato», «el acuerdo» o la «apuesta» que Dios hizo con el diablo. Por lo tanto, Job...

1. **Acusa a Dios por su infortunio**
   Job 30:11: «Porque Dios desató su cuerda, y me afligió».

2. **Acusa a Dios por todas sus pruebas**
   Job 30:15: «Se han revuelto turbaciones sobre mí; combatieron como viento mi honor, y mi prosperidad pasó como nube».

3. **Acusa a Dios por sus aflicciones**
   Job 30:16: «Y ahora mi alma está derramada en mí; días de aflicción se apoderan de mí».

4. **Acusa a Dios por su dolor**
   Job 30:17: «Y los dolores que me roen no reposan».

5. **Acusa a Dios de haberle derribado**
   Job 30:19: «Él me derribó en el lodo».

6. **Acusa a Dios de no oírle**
   Job 30:20: «Clamo a ti, y no me oyes; me presento, y no me atiendes».

7. **Acusa a Dios de crueldad**
   Job 30:21: «Te has vuelto cruel para mí; con el poder de tu mano me persigues».

8. **Acusa a Dios de conducirle a la muerte**
   Job 30:23: «Porque yo sé que me conduces a la muerte, y a la casa determinada a todo viviente».

9. Acusa a Dios de ser el causador de sus problemas
Job 30:26: «Cuando esperaba yo el bien, entonces vino el mal; y cuando esperaba luz, vino la oscuridad».

10. Acusa a Dios por todas sus calamidades
Job 30:27: «Mis entrañas se agitan, y no reposan; días de aflicción me han sobrecogido».

Repito, creo que la razón fundamental de la acusación de Job a Dios es la consecuencia de no entender que lo que sucedía en el mundo espiritual se manifestaba en el mundo físico. Si el Señor le hubiera dicho: «Job, sufre por mí como un soldado de la fe», creo que por ser un hombre piadoso, hubiera soportado y sobrellevado el dolor y el sufrimiento de otra manera y sin sombra de dudas. En cambio, la jugada del diablo y su desafío era que la fe de Job no podía recibir ayuda, a fin de que resistiera la prueba si de veras amaba o no a Dios.

Job le hizo frente a su dilema solo, y sin saber las razones estipuladas entre Dios y el diablo de por qué debía sufrir. La estrategia del diablo tenía como meta desacreditarlo y lograr apuntar una falla en el carácter de Dios. Para esto se basaba en que Job servía a Dios por interés, debido a que lo colmaba de bendiciones, y que no era por amor y devoción voluntaria.

Por otra parte, los tres amigos perseveraban en decir que Dios no se había alejado de Job, sino que este se había alejado de Dios. Sin embargo, las Escrituras nos revelan que esto no era cierto, puesto que la defensa de Job y su acusación hacia Dios no estaban en conexión con la teología y la creencia de dichos amigos. Lo que estos veían era que Job se justificaba, se defendía y acusaba a Dios, y decía ser justo. Entonces, lo recriminaban por querer tener una audiencia con Dios en la que Él le explicara la razón de sus sufrimientos.

Job poseía pocas alternativas y explicaciones aceptables contra Dios. Hasta parecía creer que los razonamientos y motivos que le planteaban sus amigos eran acertados. Sin embargo, se debatía desesperado en su sufrimiento, así que su única posibilidad para comprender sus problemas era mediante la acusación contra Dios y la justificación propia.

¿No actuamos nosotros algunas veces de la misma manera? ¿No hablamos en contra de Dios acusándolo, de pensamiento o palabra, cuando el dolor nos alcanza y no entendemos el motivo? ¡Claro que sí! Cuando Dios guarda silencio, a veces parece ser que Él se esconde de nosotros y lo tenemos como nuestro enemigo.

EL HOLOCAUSTO

A través de la historia, hemos visto que Dios permanece callado ante acontecimientos que consideramos injustos. Por eso, muchas personas, al igual que Job, lo acusan y preguntan cosas como estas: «¿Por qué un Dios bueno permite cosas malas? ¿Por qué un Dios bueno permitió las atrocidades del Holocausto?». En mi opinión, la pregunta obvia debe ser esta: «¿Por qué Dios permitió la muerte de su Hijo en la horrenda cruz por ti y por mí?». Sin duda alguna, Él no tenía por qué hacerlo. Al fin y al cabo, tú y yo éramos los que debíamos pagar por nuestros pecados y no Jesucristo, ¿verdad?

Si vas a una sinagoga o algún lugar en el que se reúnan los judíos que sobrevivieron al Holocausto, no verás personas que tengan vidas sin propósito, sino que encontrarás toda clase de profesionales, médicos, abogados, empresarios, políticos y ministros religiosos que viven con significado, valentía y determinación, aunque les resulte difícil de comprender lo que les sucedió.

Las generaciones de niños que crecieron después de los campos de concentración se volvieron fuertes, inteligentes. En muchos casos, los galardonados con el Premio Nobel en diferentes campos, como Ciencia, Física, Literatura o Política, son judíos. Es el pueblo más inteligente, bendecido y prosperado de la tierra. Sobrevivieron los horrores del Holocausto y nunca culparon a Dios por lo sucedido, sino que se lo atribuyeron a la maldad, infamia y perversidad del corazón inhumano, corrupto, malévolo y diabólico de gente sin Dios. Desde el punto de vista espiritual, lo único que nos queda es afirmar que solo alguien poseído por el demonio es capaz de llevar a cabo tal monstruosidad. Por eso es que, con la colaboración de sus secuaces, Hitler eliminó a seis millones de judíos en el Holocausto.

Aunque muchos de los sobrevivientes del Holocausto afirman que esto no afectó su fe y creencia en Dios, otros tantos, de igual manera, dijeron que después de esta experiencia rechazaron toda idea de la existencia divina, y que perdieron su fe en Dios y nunca más volvieron a tenerla. Sin embargo, hay que reconocer que el ateísmo de tales personas no es tanto una cuestión de creencia teológica, sino de una raíz profunda y emocional, de un sufrimiento sin palabras y de un gran enojo en contra de Dios por haberles «abandonado» durante la Segunda Guerra Mundial.

En su libro *La noche*, Elie Wiesel relata cómo perdió por completo su fe en Dios al ver tanto dolor y el exterminio de los judíos de varias formas, aunque él mismo sobrevivió. Acusó de manera despiadada a Dios y lo responsabilizó por el funesto Holocausto. Con gran respeto a lo que Wiesel vio y pasó, y por ser un autor que describió lo terrible de los campos de la muerte, es que entendemos sus palabras de dolor.

No obstante, también sabemos que muchos vieron y pasaron por lo mismo que Wiesel, pero salieron de semejantes lugares con su fe intacta, y aún más fuerte. En su libro *El hombre en busca de sentido*, Viktor Emil Frankl analiza que muchos prisioneros respondieron de manera diferente al terror que vivieron. Unos perdieron toda su fe y esperanza, pero otros la encontraron a pesar de que estaban en el mismo lugar. Por otro lado, el libro de Corrie ten Boom, llamado *El refugio secreto*, habla de cómo el Dios todopoderoso la guardó de manera milagrosa, a pesar de que experimentó los pavores y la aflicción de ver el sufrimiento de los demás y el asesinato de su propia familia.

Como ves, el mismo episodio, dos historias y puntos de vista diferentes de un mismo nefasto acontecimiento. ¿La diferencia? Uno visto por los lentes humanos de la incredulidad y cegados por el dolor; el otro visto por los lentes de la fe y esperanza en un Dios que sufrió junto a ellos al ver la maldad y la crueldad del hombre.

Se sabe que Elie Wiesel, aunque presentó la objeción a la existencia de un Dios bueno y poderoso al mismo tiempo, a la larga, y al final de su vida, nunca abandonó su fe en Dios.

Bruno Bettelheim, escritor, psicólogo, profesor universitario y psiquiatra que sobrevivió a los campos de concentración, dijo estas palabras sobre los creyentes que también sufrieron estos horrores:

> Es un hecho bien conocido de los campos de concentración que quienes tenían una fuerte convicción religiosa y moral lidiaban con la vida allí mucho mejor que el resto [...] Las personas profundamente religiosas a menudo ayudaban a otros y algunos se sacrificaban de forma voluntaria, muchos más de ellos que de los prisioneros promedio[2].

EL SUFRIMIENTO QUE DA VIDA

Nadie puede entender los campos de exterminio de Hitler y sentir en su totalidad lo que se sufrió, excepto alguien que estuvo ahí y experimentó lo que fue este desafortunado hecho en la historia. Los que no vivimos esto, jamás lo sabremos. En cambio, una cosa sé: Aunque se escucharon los gritos en el Holocausto y Dios guardó silencio, Jesús también gritó: «Dios mío, Dios mío, ¿por qué me has desamparado?» (Mt 27:46), y Él recibió la misma respuesta: ¡Un silencio absoluto!

Por un momento en la cruz, Jesús también se sintió solo y experimentó el abandono de Dios como cualquier pecador, y lo hizo por ti y por mí. ¿Para qué? Para que tú y yo no estuviéramos desamparados y sin Dios por toda una eternidad en el infierno.

Jesús sufrió para que nosotros no sufriéramos. Él sabe lo que es el dolor. Reconozco que no sé los motivos y no tengo las respuestas que tal vez quieras tú. En verdad, nadie las tiene. ¡Solo Dios! En cambio, una cosa sé: El amor de Dios expresado en la cruz por medio del sufrimiento de Cristo me hace imposible acusarlo y no veo que tenga ningún sentido señalarle. Sería un atrevimiento de mi parte culparle, porque Dios mismo sufrió junto con su Hijo en esa sangrienta cruz.

Jesús también fue el blanco de una brutal tortura siendo inocente, el más inocente de todos los seres humanos, mucho más que Job y que cualquiera. Aun así, Dios permitió que muriera en la cruz, como nos declara este pasaje:

> Si Dios es por nosotros, ¿quién contra nosotros? El que no escatimó ni a su propio Hijo, sino que lo entregó por todos nosotros, ¿cómo no nos dará también con él todas las cosas?
>
> Romanos 8:31-32

Entonces, la próxima vez que deseemos cuestionar a Dios acerca de por qué Él no impidió el Holocausto, lo mejor sería preguntar: «¿Por qué Dios no impidió que su propio Hijo fuera entregado y clavado en una cruz por miserables pecadores y merecedores de la perdición eterna?». Quizá ahora seamos nosotros que en vergüenza debamos tapar nuestra boca acusadora y guardar silencio por toda una eternidad.

Johan Christiaan Beker, quien fuera profesor en el Seminario Teológico de Princeton, vivió en un campo de trabajo forzado en Berlín y, al final, se escondió de los alemanes en un ático viviendo en un constante temor de que alguien lo entregara o que lo descubrieran. Vio los mismos lugares de los horrores del exterminio y experimentó de cerca el dolor y el sufrimiento. Después, como resultado, padeció toda su vida de una depresión severa. Sin embargo, durante ese tiempo de infortunio fue que decidió convertirse en un teólogo cristiano y que, a la larga, escribiera un gran libro. El mensaje principal de su obra literaria es que la esperanza cristiana en la resurrección y la renovación nos hace ver lo siguiente:

> Una teología bíblica de la esperanza ve el poder presente de la muerte en términos de su futuro vacío y en el conocimiento de su segura derrota, no la de Dios[3].

MEDÍTALO...

Jean-Baptiste Alphonse Karr, crítico, periodista y novelista francés, escribió:

> Algunas personas siempre se quejan porque las rosas tienen espinas; yo estoy agradecido de que las espinas tienen rosas[4].

Ninguno de nosotros vamos a tener circunstancias perfectas en la vida, esto solo se reserva para el cielo. Hasta los «malos», dijo Jesús, disfrutan de un amanecer y las lluvias en su tiempo. Ya sean justos o malos, todos tenemos el aire para respirar y una creación hermosa para disfrutar. Incluso, nosotros los cristianos tenemos aún más: los beneficios de la gracia en Cristo reservados para quienes lo tienen como su Señor y Salvador.

Dios es un Dios justo (lee Gn 18:25; Ez 18:29). Así que dejemos de acusar a Dios y gocémonos del día que Él nos concedió hoy. ¡Aleluya!

LA CONCIENTIZACIÓN DE JOB

«¿No ve él mis caminos, y cuenta todos mis pasos?».
Job 31:4

Job era consciente de que Dios lo ve todo y lo sabe todo. Tenemos que vivir desde esta perspectiva con la certeza de saber que nada, absolutamente nada, está encubierto a sus ojos. Así que Dios conoce cada una de las tormentas de nuestra vida, ya sean físicas, emocionales, espirituales o materiales, y todo lo que atravesamos en tiempos como estos. Por lo tanto, como es lógico, Él conoce las tormentas que estamos pasando ahora mismo.

En cierta ocasión, después de un día agotador predicándoles a las multitudes, Jesús y sus discípulos toman una barca a fin de cruzar al otro lado y descansar. El Evangelio de Marcos nos narra lo sucedido:

> Se desató entonces una fuerte tormenta, y las olas azotaban la barca, tanto que ya comenzaba a inundarse. Jesús, mientras tanto, estaba en la popa, durmiendo sobre un cabezal, así que los discípulos lo despertaron.
>
> —¡Maestro! —gritaron—, ¿no te importa que nos ahoguemos?
>
> Él se levantó, reprendió al viento y ordenó al mar:
>
> —¡Silencio! ¡Cálmate!
>
> El viento se calmó y todo quedó completamente tranquilo.
>
> —¿Por qué tienen tanto miedo? —dijo a sus discípulos—. ¿Todavía no tienen fe?

Ellos estaban espantados y se decían unos a otros:

—¿Quién es este, que hasta el viento y el mar le obedecen?

Marcos 4:37-41, NVI®

Al igual que los discípulos le hicieron frente a la tormenta física, nosotros también afrontamos todo tipo de tempestades. En este pasaje vemos que Jesús les hace dos preguntas a sus discípulos: «¿Por qué tienen tanto miedo?» y «¿Todavía no tienen fe?». Al responder a estas dos indagaciones, Jesús reveló una clave muy espiritual: Lo opuesto de la fe no es la incredulidad; lo opuesto de la fe es el TEMOR.

La fe produce confianza, mientras que la incredulidad produce TEMOR. En esencia, Jesús decía: «¿Por qué tienen miedo? ¿Todavía no creen que el poder de Dios esté presente en mí?».

LAS TEMPESTADES DE LA VIDA

Tenemos que ser conscientes de muchas cosas, al igual que lo fue Job. La mayoría de las veces el temor nos aterroriza y paraliza, y por eso no recibimos el milagro que necesitamos de parte de Dios. Parece ser que debido al temor los discípulos pensaron que Cristo ignoraba su situación o que al Maestro no le importaba la tempestad. Al ver que se hundían, gritaron:

Y vinieron sus discípulos y le despertaron, diciendo: ¡Señor, sálvanos, que perecemos!

Mateo 8:25

Lamar Williamson Jr., profesor emérito de estudios bíblicos en el *Union Presbyterian Seminary* y en la *Presbyterian School of Christian Education* en Richmond, Virginia, nos recuerda que nuestras tormentas nos hacen pensar si Dios incluso sabe lo que estamos sintiendo:

Clamamos a Dios en medio de nuestras tormentas: «¿No te importa?». Tratamos de hacer que Dios cuide de nosotros. En tales momentos, el texto habla de nuestra condición. Representa a Jesús en el barco con sus discípulos, presente con nosotros y preocupado por nosotros, incluso cuando no percibimos su cuidado[1].

En realidad, ¿no somos todos así? Tal vez haya un temor específico en tu corazón ahora mismo. Quizá no tengas suficiente fe para afrontar tu problema. A lo mejor crees que Dios no te escucha. Sin embargo, ten la seguridad que Él conoce cada pensamiento que te pasa por la mente, así como los sentimientos que tienes en el corazón. Lo cierto es que Dios ve y conoce los temores en tu vida, y Él sabe que las tormentas te harán conocerlo de manera más profunda. De modo que esto es parte del proceso por el que Dios te está conduciendo, a fin de que madures en tu vida cristiana.

Una vez que llegó la calma después que Jesús reprendió los vientos y el mar, todavía los discípulos se preguntaban: «¿Quién es este, que aun el viento y el mar le obedecen?» (Mr 4:41). No preguntaron: «¿Qué Dios es este?». Es decir, todavía tenían velados sus ojos a la realidad de que Jesús también era Dios, quien es el único que puede calmar el mar y reprender los vientos. Es evidente que lo que seguían mirando era la «humanidad» de Jesús, pues no se habían percatado que este «Jesús» era más que «carne y hueso». En otras palabras, los discípulos no se habían dado cuenta de la divinidad de Jesús (su Deidad), y que Él era Hombre y Dios, y Dios y Hombre al mismo tiempo. Era humano por completo, y divino por completo.

En la narración del Evangelio de Mateo acerca del pasaje que venimos analizando, las palabras son un poco más directas:

> Y los hombres se maravillaron, diciendo: ¿Qué hombre es este, que aun los vientos y el mar le obedecen?
>
> Mateo 8:27

Algunas versiones dicen que los discípulos quedaron aterrorizados, o con gran temor, al ver lo que hizo el Señor. De pronto, se dieron cuenta de lo sucedido, pues ahora eran conscientes de que este «hombre», Jesús, era también «Dios», y que estaban delante de la

Presencia de alguien extraordinariamente grande y poderoso. Es más, los discípulos ya no se preocupaban si iban a hundirse o no, puesto que tenían la seguridad en Jesús al saber que tenían delante a Alguien muy poderoso, y por eso estaban admirados y espantados. Poco a poco, sus temores fueron desapareciendo a medida que se hacía presente la fe en Quien los acompañaba en el barco. Nota también que, antes de que se hicieran a la mar y afrontaran la tormenta, Jesús dijo algo interesante:

> Aquel día, cuando llegó la noche, les dijo [a sus discípulos]: Pasemos al otro lado.
>
> Marcos 4:35

Luego, al final del viaje que tanto temor les causó a sus acompañantes, el Evangelio de Marcos señala: «Vinieron al otro lado del mar» (5:1). Es decir, ¡alcanzaron su destino! Si Dios nos prometió algo a ti o a mí, y tenemos la seguridad que lo dijo en realidad, Él lo cumplirá. Tú y yo llegaremos al otro lado, y alcanzaremos nuestro propósito o la meta que nos hemos propuesto.

EL CAMINO HACIA EL OTRO LADO

Hay dos destinos hacia los que nos dirigimos en estos momentos. Uno es temporal, mientras que el otro es eterno. Por su Palabra, Dios nos garantiza que por la fe alcanzaremos los dos: nuestras metas y, por último, llegaremos al cielo, a la mansión celestial, que es nuestro destino final. Pablo lo expresó de esta manera:

> Hermanos, yo mismo no pretendo haberlo ya alcanzado; pero una cosa hago: olvidando ciertamente lo que queda atrás, y extendiéndome a lo que está delante, prosigo a la meta, al premio del supremo llamamiento de Dios en Cristo Jesús.
>
> Filipenses 3:13-14

Estas palabras nos llenan de ánimo, pues de seguro que alcanzaremos nuestras metas temporales, personales y ministeriales, pero también obtendremos el premio eterno en Cristo. ¡Nosotros llegaremos al otro lado! Jesús dijo: «Pasemos al otro lado». ¡Y pasaron! Cristo no dice algo y después cambia. ¡No! Un ejemplo de esto lo tenemos en Pablo. Mira lo que Dios le dijo en su viaje hacia Roma:

> A la noche siguiente se le presentó el Señor y le dijo: Ten ánimo, Pablo, pues como has testificado de mí en Jerusalén, así es necesario que testifiques también en Roma.
>
> Hechos 23:11

En los capítulos 23 al 28 del libro de Hechos, se narran algunos detalles de todo lo que Pablo afrontó, así como los obstáculos que se le presentaron en el camino:

• Pasó dos años defendiéndose de los gobernadores romanos y del rey Agripa.
• Después, camino a Roma, el barco en el que navegaba se destruyó al hacerle frente a una gran tormenta.
• Estando en la isla de Malta debido al naufragio de su embarcación, una víbora lo mordió, pero no padeció ningún mal.

Entonces, ¿llegó Pablo a Roma o se quedó en el camino? ¡Sí, llegó! Al igual que Pablo, nosotros llegaremos «al otro lado». No importa las tormentas que afrontemos ni los problemas por los que tengamos que pasar, alcanzaremos nuestro destino. La fe hizo el milagro en la vida de Abraham, pues «creyó que era fiel quien lo había prometido» (Heb 11:11). Por eso, recuerda que Dios nunca ha fallado, no falla ni fallará jamás. Él no es humano como nosotros, y su fidelidad está siempre presente, ya sea en tiempos de paz o en medio de las tormentas de la vida:

> Por dos cosas inmutables, en las cuales es imposible que Dios mienta, tengamos un fortísimo consuelo los que hemos acudido

para asirnos de la esperanza puesta delante de nosotros. La cual
tenemos como segura y firme ancla del alma.

Hebreos 6:18-19

¡Aleluya!

ALGUNAS CONCLUSIONES IMPORTANTES

Podemos decir que Job no pasó por alto muchas de las cosas que sucedían a su alrededor, y hace un recuento de todo esto en el capítulo 31 del libro que lleva su nombre. Entre otras cosas, Job fue consciente de:

1. **Los peligros del pecado sexual**
   Job 31:1: «Hice pacto con mis ojos; ¿Cómo, pues, había yo de mirar a una virgen?».

2. **La recompensa divina**
   Job 31:2: «Porque ¿qué galardón me daría de arriba Dios, y qué heredad el Omnipotente desde las alturas?».

3. **Dios, quien lo veía todo**
   Job 31:4: «¿No ve él mis caminos, y cuenta todos mis pasos?».

4. **Su integridad**
   Job 31:6: «Péseme Dios en balanzas de justicia, y conocerá mi integridad».

5. **Su vida libre de adulterio**
   Job 31:9: «Si fue mi corazón engañado acerca de mujer, y si estuve acechando a la puerta de mi prójimo».

6. **La punición divina**
   Job 31:23: «Porque temí el castigo de Dios, contra cuya majestad yo no tendría poder».

7. **Su prosperidad**
   Job 31:24-25: «Si puse en el oro mi esperanza, y dije al oro: Mi confianza eres tú. Si me alegré de que mis riquezas se multiplicasen, y de que mi mano hallase mucho».

8. **Lo que es bueno**
   Job 31:28: «Esto también sería maldad juzgada; porque habría negado al Dios soberano».

9. **Las palabras de su boca**
   Job 31:30: «Ni aun entregué al pecado mi lengua, pidiendo maldición para su alma».

10. **La ayuda de Dios, aunque sus enemigos intentaran hacerle mal**
    Job 31:35: «¡Quién me diera quien me oyese! He aquí mi confianza es que el Omnipotente testificará por mí, aunque mi adversario me forme proceso».

Sin duda, Dios no mira con indiferencia nuestra situación. Tampoco nos da la espalda cuando afrontamos tormentas y obstáculos en la vida. Por eso es que debemos tener bien presente que Él siempre estará con nosotros y que tendrá en cuenta cómo es nuestro corazón. A pesar de todas sus calamidades, esta fue la experiencia de Job.

LA REALIDAD DEL DOLOR Y EL SUFRIMIENTO

La Biblia relata la historia de algunos personajes que tuvieron que afrontar el sufrimiento debido a sus errores y pecados. David, por ejemplo, sufrió por causa del adulterio, mientras que Jonás lo vivió por motivo de su desobediencia. Otros, en cambio, sufrieron debido a cosas que les resultaron inevitables. Ese fue el caso de Jeremías y Pablo, quienes fueron víctimas de la traición; también están María y Marta que sufrieron mucho por la pérdida de su hermano Lázaro.

Ya sea por una causa u otra, debemos ser conscientes que el dolor y el sufrimiento son reales, tal y como fue en el caso inmerecido de Job, a quien la Biblia le presta mucha atención al revelar sus grandes sufrimientos. Lo cierto es que nadie sufrió como él, excepto Cristo, lógico. Todos los sufrimientos de las demás personas son fáciles de identificar: falla moral, persecución, debilidad de carácter y la muerte inevitable. Por supuesto, detrás de cada uno de estos sufrimientos están el dolor emocional, la culpa, el enojo, el odio, la tristeza, etc. En cambio, como ya vimos, el tipo de sufrimiento que experimentó Job fue extraordinario e inmerecido, pues perdió sus hijos, sus posesiones y hasta perdió la salud. En un instante quedó en la calle, sin nada en lo absoluto, viviendo como un indigente y, para colmo, enfermo.

Muchas veces, cuando esto le sucede a alguien en una escala menor, viene la tristeza que más tarde se convierte en rencor hacia la existencia y el mismo Dios. Job, por el contrario, ante el quebrantamiento de su vida, se examinó a sí mismo a fin de saber por qué recibía tal castigo. Incluso, hasta pensó que debía aprender algún mensaje claro y directo de Dios. En pocas palabras, quería saber el motivo y las razones de todo lo sucedido en su vida.

Sus tres amigos también le acusaron y procuraron buscar algún pecado oculto. Sin embargo, lo cierto era que no había nada en su vida que pudiera encontrar Dios. Lo estaba probando para demostrarle al diablo que Job podía servir en obediencia a Dios por ser quien es Él, y que no solo le servía por recibir beneficios de su parte. Así que el sufrimiento de Job no era un castigo divino ni una lección por alguna falla de su carácter. Al final, lo que trajo como resultado su sufrimiento fue que tuviera un crecimiento espiritual, que Dios fuera glorificado ante el diablo y que se le restauraran todas las cosas que perdió.

El proceso, por otra parte, transcurrió a través de un largo viaje desde el inicio hasta el final del libro de Job, donde este entendió el propósito de Dios. También comprendió que todo su sufrimiento no se debía a algún pecado o falta, sino a que Dios lo permitía con un designio y causa. Como es lógico, muchas veces la gente sufre por algún pecado en su vida, pero este no era el caso de Job. Tenemos que ser conscientes que a menudo Dios usa circunstancias negativas, como accidentes, tragedias, enfermedades, sufrimiento y dolor, a manera de castigo hacia la persona que se niega a arrepentirse, como bien lo dice este pasaje de la Palabra:

Y le he dado tiempo para que se arrepienta, pero no quiere arrepentirse de su fornicación. He aquí, yo la arrojo en cama, y en gran tribulación a los que con ella adulteran, si no se arrepienten de las obras de ella.

Apocalipsis 2:21-22

En algunas traducciones, se usa la palabra «sufrir» en lugar de «tribulación», como es el caso en la Nueva Versión Internacional y la Reina Valera Contemporánea, por ejemplo. En este pasaje de Apocalipsis se dice bien claro que Dios usa el dolor y el sufrimiento como medio para buscar el arrepentimiento y la conversión de alguien a través de su gracia y misericordia. Y si tú conoces de algún pecado escondido en tu vida, debes examinar tu corazón y arrepentirte. Luego, debes confesarlo y abandonarlo, a fin de que Dios te restaure por medio de Cristo. Ten siempre presente esto:

El que encubre sus pecados no prosperará; mas el que los confiesa y se aparta alcanzará misericordia.

Proverbios 28:13

Así que si sabes que estás sufriendo las consecuencias por causa de algún pecado en tu vida, debes arreglar las cuentas con el Señor hoy, pues Él es paciente con todos nosotros y a veces usa el dolor y el sufrimiento como disciplina en nuestra vida y para nuestro propio bien:

Yo reprendo y castigo a todos los que amo; sé, pues, celoso, y arrepiéntete.

Apocalipsis 3:19

En la Nueva Versión Internacional vemos que se usa la palabra «disciplina» en lugar de «castigo»: «Yo reprendo y disciplino a todos los que amo». Así que Dios nos reprende, nos disciplina, nos da tiempo para estar a bien con Él. En cuanto a Job, en cambio, este no era el caso. Tal vez este no sea tu caso tampoco de por qué pasaste, estás pasando o pasarás por el dolor y el sufrimiento. Por lo tanto, cada uno debe ser consciente de su propio caminar con el Señor y el estado de su vida espiritual ante Él. Solo Dios conoce nuestros corazones, porque ni aun nosotros mismos lo conocemos. Así lo afirma este pasaje de las Escrituras:

> Engañoso es el corazón más que todas las cosas, y perverso; ¿quién lo conocerá? Yo Jehová, que escudriño la mente, que pruebo el corazón, para dar a cada uno según su camino, según el fruto de sus obras.
>
> Jeremías 17:9-10

EL SERVICIO DE CORAZÓN

Dios desea que le sirvamos con rectitud, por voluntad propia, y haciendo uso de nuestro libre albedrío, aunque esto a veces involucre dolor y sufrimiento. No se trata de servirlo para recibir algo a cambio, como una recompensa o reconocimiento, sino por ser quien es Él. Dios desea que nos acerquemos a Él, como lo hizo Job, aun si no entendemos la razón de nuestra situación.

En mi humilde opinión, el mensaje central del libro de Job es que el diablo se mofó de Dios con la acusación de que Job y nosotros los humanos no le servimos con libertad y de corazón, sino por las cosas que recibimos y las bendiciones que nos da. La pregunta es: «¿Job le era fiel a Dios solo porque le bendecía y prosperaba en todo?». La respuesta es: «¡NO!». ¿Por qué? Porque Job se mantuvo fiel durante toda su prueba, aunque se lamentó, se justificó, se defendió, dudó y acusó a Dios, etc. Sin embargo, Job perseveró aun en medio de su enorme sufrimiento. Se aferró a Dios y defendió su integridad como pudo. Se acercó a Dios y confió en la justicia de Él, por lo que es nuestro mejor ejemplo (después de Cristo, por supuesto) a través de la historia de la humanidad y de la aparente injusticia de Dios. Job no servía al Dador de las bendiciones por lo que recibía, sino que después que le quitaron todas las bendiciones, siguió sirviendo al Dador aun sin las bendiciones.

EL DIOS QUE NUNCA NOS ABANDONA

Algunos teólogos dicen que después de un tiempo en el que Job estaba pasando por sus calamidades y al ver que Dios no le respondía, empezó a sufrir de depresión. Atribuyen sus palabras de indagación en cuanto al porqué sufría a un estado depresivo en el que se encontraba debido a sus pérdidas, su enfermedad y la situación caótica en que vivía. Hoy en día, muchas personas también, incluyendo a cristianos, sufren de depresión. Incluso, algunos sufren de una severa depresión, ya sean salvos o no. Debemos ser conscientes que esta es la realidad actual y no se puede pasar por alto.

Gran parte de la infelicidad de quienes están depresivos es que se «escuchan a sí mismos» en lugar de «hablarse a sí mismos». Por lo tanto, si te escuchas a ti mismo, recibirás pensamientos y sentimientos de negatividad, de autocompasión y de suicidio, etc. En cambio, si te paras firme en la autoridad de la Palabra de Dios y te dices y recuerdas quién es Dios, lo que Él es para ti, lo que ha hecho por ti, lo que Él representa en tu vida y lo que Él te promete en su Palabra, la Biblia, serás capaz de ver lo que hará por ti si solo confías en Él. Al final, dirás como David con toda seguridad:

> ¿Por qué te abates, oh alma mía, y te turbas dentro de mí? Espera en Dios; porque aún he de alabarle, salvación mía y Dios mío.
>
> Salmo 42:5

Repara en que David habló consigo mismo, a su alma, a su espíritu, a su mente, y lo hizo dos veces en el mismo Salmo (lee también el versículo 11). David se aferró a Dios. ¿Por qué? Porque se sentía deprimido, abatido y desanimado. Estas palabras lo expresan muy bien: «Dios mío, mi alma está abatida en mí» (v. 6). Tal vez tú te sientas así ahora. Quizá estés en una profunda depresión, ya sea por la muerte de algún familiar, una decepción sentimental, una negación de algo que querías y no lo lograste, o por alguna otra razón, y Dios tarda en contestar tus oraciones. Sin embargo, puedes vencer la depresión y decir como el salmista: «Espera en Dios; porque aún he de alabarle, salvación mía y Dios mío». Esto no es forzar tus emociones y negar la realidad, solo es mirar en fe al que te puede ayudar... ¡Dios!

MEDÍTALO...

En su libro *Walking with God through Pain and Suffering*, Timothy Keller hace referencia al libro del Dr. John White, quien fuera psiquiatra cristiano, *The Masks of Melancholy*, donde relata la batalla que este tuvo que afrontar en contra de la depresión y cómo la venció con la ayuda del Señor:

Hace años, cuando estaba profundamente deprimido, lo que salvó mi cordura fue una gran lucha, seca como el polvo, con la profecía de Oseas. Pasé semanas, mañana tras mañana, tomando notas meticulosas, comprobando las alusiones históricas del texto, y poco a poco comencé a sentir que el suelo bajo mis pies se hacía cada vez más firme. Sabía sin ninguna duda que la sanidad estaba surgiendo de mi lucha por comprender el significado del pasaje. Si los que sufren tienen alguna capacidad para concentrarse, deberían hacer un estudio bíblico inductivo y sólido en lugar de una lectura devocional, porque en la mayoría de las personas deprimidas, la lectura devocional se detiene por completo o se degenera en algo que no es saludable ni útil[2].

Aquí tienes la respuesta a tu depresión. Una persona que se aferró a Dios y su Palabra, y que no perdió su cordura por la ayuda, misericordia y compasión del Señor. ¡Dios hará lo mismo por ti!

ELIÚ LES REBATE A LOS AMIGOS DE JOB

«Asimismo se encendió en ira contra sus tres amigos, porque no hallaban qué responder, aunque habían condenado a Job».
Job 32:3

Como vimos en capítulos anteriores, los tres amigos de Job intentaron ayudarle, y aunque tenían muy buenas intenciones, no pudieron resolver el problema ni descubrir la razón del sufrimiento de Job. Ahora bien, nosotros no debemos decir que todas las opiniones y los discursos de los amigos de Job representaban los puntos de vista de Dios en esa época. Puesto que Él ha ido revelando su naturaleza a través de la historia y de las Escrituras, algunas de estas concepciones han demostrado ser incompletas, ya que el propio Dios dice que los tres amigos de Job no hablaron de manera adecuada. En pocas palabras, esto fue parte de lo que dijeron dichos amigos:

- **Elifaz** dijo que, a juzgar por la manera en que Dios lo había castigado, Job era «inicuo», «impío», «violento» y «soberbio», con gran «malicia» y «maldades [que] no tienen fin» (Job 4:8; 15:20, 25; 22:4-9). Por lo tanto, está convencido que Dios le ocasiona todas estas calamidades al malo. En su opinión, Job cometió injusticias, y se burlaba de Dios al suponer que no las sabía. Entonces, si hacía de nuevo amistad con Dios, tendría paz y todo le saldría bien, pues Dios le perdonaría (Job 22:21).
- **Bildad** lo acusó de que era un «impío» y «malvado» (Job 8:13; 18:5, 21, NVI®).

- **Zofar** lo culpó de que era «escarnecedor», «inicuo» y «malo» (Job 11:3, 14; 20:5, 29).

Sin embargo, Job no era nada de esto. ¡Muy por el contrario! Aunque era inocente, sufría sin saber la razón. Ante esto, es evidente que Dios va más allá de la misma ley y de las interpretaciones que los amigos hicieron con sus discursos en ese momento específico. Como es natural, esto no hace menos inspirado el libro, sino que nos da una versión de lo que sucedió en ese entonces. Si no fuera así, el libro de Job no formaría parte del canon inspirado por el Espíritu Santo de las Sagradas Escrituras.

ELIÚ SE PRESENTA

Al final, interviene un cuarto personaje llamado Eliú que, con palabras profundas, da inicio a sus discursos. Como era más joven, espera para hablar. Entonces, cuando lo hace, se expresa con mucha sabiduría, profundidad y destreza, destacando el poder, la grandiosidad y la majestad de Dios. El *Nuevo Diccionario Ilustrado de la Biblia* dice lo siguiente acerca de Eliú:

> Este personaje no se ha mencionado antes en el libro. Parece ser un joven sabio que ha llegado cuando el debate estaba ya en marcha y que, después que los tres amigos de Job no tienen ya nada que añadir, resuelve también intervenir. Su discurso repite en gran parte lo que ya se ha dicho, pero con la novedad de que su intervención establece un giro distintamente teológico[1].

Eliú procedía de Buz; es decir, era arameo o quizá edomita. Este joven no era uno de los tres amigos de Job, sino un extraño, un testigo aparte, independiente, pero capacitado para hablar con sabiduría y arrojar luz sobre todo este misterio, y la situación difícil y complicada que afrontaba Job. Su arma es que Dios está sobre todos y no tenemos el derecho para exigir explicaciones de lo que hace Él (Job 33:13). Es más, dice que Dios es demasiado grande, poderoso e insondable, y que muchas de las cosas que hace no las podemos entender.

Eliú emprende sus discursos debido a que escuchó que Job decía cosas imprudentes y presuntuosas sobre Dios, a fin de justificarse a sí mismo. La idea de Eliú es que Job es un hombre justo, aunque imperfecto, y que Dios le ama y no lo trata como su enemigo. Sabemos muy bien que, en un principio, Dios permitió que comenzaran los sufrimientos de Job. De esta manera, Él quería demostrarle al diablo y a los ejércitos del cielo que Job apreciaba más la dignidad de Dios que sus posesiones, familiares y riquezas. No obstante, después que Job mostró que amaba de veras a Dios más que cualquier otra persona en el mundo, había otro propósito que Él quería lograr al permitir que este sufrimiento se prolongara durante tanto tiempo. Ese propósito, según Eliú, era eliminar el intento de justificarse sin cesar a expensas de Dios.

Job cometió el error de preocuparse demasiado por defenderse. De ahí que Eliú, un joven que había estado escuchándolo todo, lo censurara por dar más importancia a su propia reputación que al nombre y la autoridad del Señor.

LAS REPRENSIONES DE ELIÚ

Eliú escuchó que los tres amigos condenaron a Job, pero no pudieron ayudarlo a descubrir la causa de su infortunio. Así que con impaciencia, guardó silencio todo el tiempo y estuvo a la espera a que le llegara su turno para hablar.

Luego, al ver que Job se inclinaba más a justificarse a sí mismo que a Dios, y al ver que los tres amigos no podían ayudar a Job para descubrir la razón de su dolor (Job 32:1-4), toma la palabra. Entonces, sucede algo interesante... Eliú decide no responder a las denuncias de Job. En su lugar, ¡reprende con severidad a los amigos de Job! Eliú dice que estos amigos hablaron de manera errónea, pues profesaban la despiadada doctrina de la retribución, de la paga, y que todo infortunio es consecuencia de la desobediencia y del pecado.

Así que Eliú exhorta a los amigos de Job, pues estos tenían la seguridad de que si las cosas iban bien, era porque se vivía en rectitud delante de Dios y de seguro que Él se agradaría de nosotros. En cambio, si las cosas iban mal, era porque se vivía de manera errada delante de Dios y, como resultado, Él nos abandonaría. Sin embargo, esto no es cierto, y es así porque los sufrimientos de Job, por ejemplo, son de veras un misterio, puesto que los propósitos de Dios estaban escondidos de él y en su mayoría hasta para nosotros los lectores de su libro. Por lo tanto, de las pruebas y agonías que afrontó Job salen las más profundas revelaciones de la naturaleza de Dios en las Escrituras y que, más tarde, transformarán por completo el carácter del patriarca.

Job, por su parte, al escuchar las palabras que le dirige Eliú (Job 33:14-30), no las tiene en cuenta para aprender de su dolor y sufrimiento. En su lugar, se excusa, se defiende y acusa al Todopoderoso de ser la causa de su desgracia, cuando lo cierto es que su verdugo era el diablo. Como es lógico, Job no sabía de la conversación que sostuvieron Dios y el diablo, por lo que mantiene su inocencia y no puede darse cuenta de su justificación propia y equivocada.

Eliú sugiere que si Job se humillara ante la presencia de Dios, Él podría intervenir y ayudarlo. Cosa que Job no hace hasta el final y después que Dios le demuestra su poder, autoridad y soberanía, al hablarle desde el torbellino (Job 38—41). En resumen, Job mantiene su posición al defenderse en contra de la culpabilidad que se le atribuye. Mientras que Eliú afirma que lo mejor sería que se humillara, pusiera su confianza y fe en el Señor, y que no buscara más excusas y explicaciones. Como resultado, si tuviera un cambio de actitud, Dios abogaría en su favor.

LOS DISCURSOS DE ELIÚ

Una vez que los tres amigos de Job guardan silencio, Eliú comienza sus discursos, los cuales aparecen registrados en los capítulos 32 al 37. Ahora, después de reprender a los tres amigos, Eliú se dirige a Job, pues se encendió en ira en su contra a causa de su autosuficiencia por cuanto se justificaba a sí mismo más que a su Creador. En este discurso ante Job, Eliú hace algunas referencias significativas acerca del Espíritu Santo.

Ciertamente espíritu hay en el hombre, y el soplo del Omnipotente
le hace que entienda.

Job 32:8

Aquí nos muestra que el entendimiento humano no depende de la
edad ni de la época de la vida, sino que es una acción directa del Espíritu de Dios. Entonces, el Espíritu es el autor de la sabiduría, dotando
a la humanidad y dándole la capacidad para hallarle sentido a la vida.
Por supuesto, esto solo se encuentra en conocer a Dios, de manera que
tanto la inteligencia, la sabiduría como el conocimiento humanos son
dones del Espíritu de Dios. En realidad, el Espíritu divino también es
la fuente de la vida misma. Eliú cita una vez más lo siguiente:

El espíritu de Dios me hizo, y el soplo del Omnipotente me dio vida.

Job 33:4

Sin la intervención directa del Espíritu de Dios, los seres humanos, tales como los conocemos, no habrían llegado a existir como humanidad. Desde la creación fue así... ¡y así será siempre! Eliú afirma
que su propia experiencia da testimonio del poder del Espíritu Santo,
del Espíritu de Dios, del Espíritu de vida, del Espíritu de la sabiduría
y del Espíritu que creó todas las cosas.

Como el Espíritu da vida y sabiduría a los seres humanos, también es indispensable para la continuación del género humano. Así
que Eliú expresa que si Dios quitara su atención de la humanidad, si
retirara su Espíritu creador de la vida de este mundo, pondría fin a la
historia. Así lo declara en el siguiente pasaje:

Si él pusiese sobre el hombre su corazón, y recogiese así su espíritu
y su aliento, toda carne perecería juntamente, y el hombre volvería
al polvo.

Job 34:14-15

Con esto, Eliú señala que Dios es el creador absoluto de todo en
el universo. También destaca que Dios no es egoísta ni caprichoso,

porque se ocupa de los seres humanos, y constantemente los sostiene con el soplo de su Espíritu. Así que el Espíritu Santo está presente en los discursos de Eliú como también en todo el libro de Job, y es el creador y sostenedor de la vida, quien la dota de sentido, poder y sabiduría. En resumen...

1. Eliú ahora tiene su oportunidad para hablar
Job 32:1: «Cesaron estos tres varones de responder a Job, por cuanto él era justo a sus propios ojos».

2. Eliú reconoce que Job intentaba justificarse ante Dios y culparlo por su calamidad
Job 32:2: «Entonces Eliú hijo de Baraquel buzita, de la familia de Ram, se encendió en ira contra Job; se encendió en ira, por cuanto se justificaba a sí mismo más que a Dios».

3. Eliú se enoja en gran medida contra los tres amigos de Job
Job 32:3: «Asimismo se encendió en ira contra sus tres amigos, porque no hallaban qué responder, aunque habían condenado a Job».

En su libro *We Become What We Worship*, el profesor G.K. Beale escribió lo siguiente:

> Cuando mis dos hijas, Hannah y Nancy, tenían alrededor de dos o tres años de edad, noté cómo nos imitaban y reflejaban a mi esposa y a mí. Cuando jugaban con sus muñecas, cocinaban, alimentaban a sus animales de juguete y los disciplinaban de la misma manera que mi esposa les cocinaba, alimentaba y disciplinaba a ellas [...] Dios creó a los humanos para que lo reflejen, pero si no se comprometen con Él, no lo reflejarán a Él, sino a otra cosa en la creación [...] o bien reflejamos al Creador o algo en la creación².

Al enojarse contra los tres amigos de Job, Eliú decía, en esencia, lo siguiente: «Si ustedes tuvieran más conocimiento divino y se parecieran a Él, no hubieran hablado con tanta sabiduría humana al intentar descubrir la causa del problema de Job. Si hubieran buscado en el Señor la respuesta, le habrían contestado como se debe a Job. En cambio, ustedes trataban de encontrar una declaración humana a un problema espiritual, y esto es imposible». ¡Esa es la verdad! Somos lo que imitamos y nos parecemos a quien adoramos. Si nos concentramos en nosotros mismos, practicamos un tipo de idolatría moderna. Si el dinero es nuestro estilo de vida, seremos materialistas. Si buscamos el placer, nos volvemos hedonistas. Si buscamos satisfacer nuestro ego y somos orgullosos, seremos narcisistas y soberbios. El Salmo 135:18 dice que quienes son idólatras se parecen a los ídolos: «Semejantes a ellos son los que los hacen, y todos los que en ellos confían». En cambio, si amamos al Señor, nos pareceremos más a Él cada día. Entonces, esto lo logramos mediante el crecimiento espiritual a través de la lectura de la Palabra, la oración, el ayuno y nuestras actitudes hacia Dios y los demás. A.W. Tozer dijo:

> Por una ley secreta del corazón, tenemos la tendencia de acercarnos hacia la imagen mental de Dios que poseamos[3].

4. **Eliú reconoce que era más joven que los amigos de Job**
Job 32:6: «Y respondió Eliú hijo de Baraquel buzita, y dijo: Yo soy joven, y vosotros ancianos; por tanto, he tenido miedo, y he temido declararos mi opinión».

5. **Eliú reconoce que los amigos de Job tenían más años de experiencia**
Job 32:7: «Yo decía: Los días hablarán, y la muchedumbre de años declarará sabiduría».

6. **Eliú dice que Dios le da al hombre el espíritu de vida, a fin de que tenga entendimiento**
Job 32:8: «Ciertamente espíritu hay en el hombre, y el soplo del Omnipotente le hace que entienda».

7. Eliú se molestó porque ninguno de los tres amigos exhortó a Job como era debido

Job 32:12: «Os he prestado atención, y he aquí que no hay de vosotros quien redarguya a Job, y responda a sus razones».

8. Eliú aclara que no es adulador y que no tendrá en cuenta la posición de Job para decirle la verdad

Job 32:21-22: «No haré ahora acepción de personas, ni usaré con nadie de títulos lisonjeros. Porque no sé hablar lisonjas; de otra manera, en breve mi Hacedor me consumiría».

MEDÍTALO...

Un antiguo himno del pastor metodista William C. Poole (1875-1949) dice lo siguiente en su primera y tercera estrofas:

> Justo cuando lo necesito, Jesús está cerca,
> Justo cuando vacilo, justo cuando temo;
> Listo para ayudarme, listo para animarme,
> Justo cuando más lo necesito.

> Justo cuando lo necesito, Jesús es fuerte,
> Llevando mis cargas todo el día;
> Por todo mi dolor dando una canción,
> Justo cuando más lo necesito[4].

Justo cuando Job más necesitaba de un amigo fiel y que le hablara la verdad, llegó Eliú y lo recriminó por sus acusaciones y justificaciones en contra de Dios. Además, le habló acerca de la grandeza del poder del Creador, su majestuosidad y omnipotencia, como lo veremos más adelante.

Sin embargo, lo que todos necesitamos es un amigo que nos ayude, nos fortalezca, nos anime, nos aconseje y que nos edifique en nuestra vida espiritual. ¿Tienes algún amigo que sea de esta manera?

ELIÚ IMPUGNA A JOB

«¿Por qué contiendes contra él? Porque él no da
cuenta de ninguna de sus razones».
Job 33:13

En el capítulo anterior vimos que Eliú toma la palabra ante el
silencio de los tres amigos de Job. Ahora, continúa su discurso en
el que afirma que Dios tiene un propósito superior al permitir el
sufrimiento de Job, puesto que, incluso, le va a enseñar cosas mayores. De modo que refuta a Job y le muestra que el objetivo divino
no es tanto para castigarlo, sino para disciplinarlo, a fin de evitar
el mal en su vida, apartarlo «de sus obras» pecaminosas y guardarlo
«del orgullo» (Job 33:17, LBLA).

LAS REPRENSIONES DE ELIÚ

Con sus palabras, Eliú ofrece una nueva comprensión del sufrimiento de los justos, que hasta ese momento no habían descubierto Job ni sus tres amigos. Al final, le extiende una invitación a
Job para ver qué respuesta podía dar respecto a sus conclusiones.
Luego, afirma que Dios es mucho mayor que cualquier persona
y que nadie tiene derecho a demandarle razones o explicaciones
de lo que decida hacer. En cuanto a nosotros, todos sabemos que
muchas de las cosas que Dios hace son inexplicables para los seres
humanos.

Así que, según el nuevo enfoque de este discurso respecto al
sufrimiento del justo, podemos analizar lo siguiente:

1. **Eliú afirma que hablaría con rectitud y verdad**
   Job 33:3: «Mis razones declararán la rectitud de mi corazón, y lo
   que saben mis labios, lo hablarán con sinceridad».

2. **Eliú sabía que fue Dios el que le dio la vida**
   Job 33:4: «El espíritu de Dios me hizo, y el soplo del Omnipotente
   me dio vida».
   Toda persona viva tiene al aliento del espíritu de vida que proviene de Dios. Así que cada cristiano posee una doble bendición:
   la vida física y también la vida espiritual, pues ahora tenemos al
   Espíritu Santo que nos ha vivificado a una nueva vida en Cristo.

3. **Eliú afirma que le hablaría a Job de parte de Dios**
   Job 33:6: «Heme aquí a mí en lugar de Dios, conforme a tu
   dicho; de barro fui yo también formado».

   Job había anhelado y pedido un árbitro entre él y Dios, pues
   así lo expresó en este pasaje: «No hay entre nosotros árbitro que
   ponga su mano sobre nosotros dos» (Job 9:33).

   Ante esto, y llegado su turno, Eliú manifiesta su plena confianza en el Señor. Entonces, en otras palabras, responde: «¡Heme
   aquí! ¡Te hablaré de parte de Dios conforme a tu petición, porque yo también soy de carne y hueso como tú y también a mí me
   habla Dios».

   Toda persona cristiana debe estar lista para hablarle a alguien
   de parte de Dios y ministrar en el poder del Espíritu. Además,
   tal persona debe conocer a Dios y su Palabra. Pablo lo declaró de
   esta manera: «Así que, somos embajadores en nombre de Cristo»
   (2 Co 5:20).

   El cristiano que actúa y habla por Dios es un intérprete
   por medio del Espíritu Santo, y se desempeña como embajador
   que anuncia el deber que tenemos todos hacia a Dios. Nosotros
   mismos, que somos cristianos, debemos beber del agua de vida
   que es Cristo para transformarnos en manantiales para los demás
   al proveerles del Agua Viviente. Somos personas de fe y valor, y
   nuestra confianza es que Dios nos usará para su honra y gloria
   hasta cuando Él determine, a fin de entregarle este mensaje

de esperanza a un mundo perdido: «¡Cristo salva, sana y viene pronto!».

4. **Eliú redarguye a Job por hablar de su inocencia ante Dios**
Job 33:8-9: «De cierto tú dijiste a oídos míos, y yo oí la voz de tus palabras que decían: Yo soy limpio y sin defecto; soy inocente, y no hay maldad en mí».

5. **Eliú le aclara a Job que no habló en justicia y que Dios es mucho más grande que nosotros**
Job 33:12: «He aquí, en esto no has hablado justamente; yo te responderé que mayor es Dios que el hombre».

6. **Eliú define que Dios no tiene obligación alguna de explicar sus decisiones**
Job 33:13: «¿Por qué contiendes contra él? Porque él no da cuenta de ninguna de sus razones».

7. **Eliú declara que Dios le habla siempre al hombre**
Job 33:14: «Sin embargo, en una o en dos maneras habla Dios; pero el hombre no entiende».

8. **Eliú dice que Dios habla en sueños para guiarnos**
Job 33:15: «Por sueño, en visión nocturna, cuando el sueño cae sobre los hombres, cuando se adormecen sobre el lecho».

9. **Eliú afirma que Dios abre nuestro oído y nos aconseja**
Job 33:16: «Entonces revela al oído de los hombres, y les señala su consejo».

10. **Eliú declara que la intención de Dios es librarnos del mal**
Job 33:17: «Para quitar al hombre de su obra, y apartar del varón la soberbia».

11. **Eliú asegura que Dios desea librarnos de la muerte**
Job 33:18: «Detendrá su alma del sepulcro».

12. **Eliú declara que a veces, cuando pecamos, Dios usa la enfermedad como disciplina para corregirnos**

Job 33:19, 22: «También sobre su cama es castigado con dolor fuerte en todos sus huesos [...] Su alma se acerca al sepulcro, y su vida a los que causan la muerte».

13. **Eliú destaca que el hombre necesita de alguien que abogue a su favor**
Job 33:23: «Si tuviese cerca de él algún elocuente mediador muy escogido, que anuncie al hombre su deber».

La Biblia es clara al decir que Cristo es el único Mediador y camino hacia el cielo:

> Porque hay un solo Dios, y un solo mediador entre Dios y los hombres, Jesucristo hombre.
>
> 1 Timoteo 2:5

Esta era la búsqueda del corazón afligido de Job. Buscaba un Mediador que aliviara su dolor, que hablara por él ante Dios y que intercediera en su favor. Hoy en día, los sindicatos funcionan como mediadores, pues las uniones de los trabajadores se han formado en todo el mundo. La demanda de los empleados concerniente a sus salarios y condiciones de trabajo entran en conflicto con sus patrones y empleadores. Entonces, para intentar resolver estos problemas, se establecieron árbitros y mediadores, como los sindicatos de los trabajadores, a fin de que sean los intermediarios a la hora de ayudar a arreglar disputas entre obreros y empleadores.

La búsqueda de un mediador no es algo nuevo, pues como vimos antes, Job se lamentó por no tener a alguna persona que le ayudara y que fuera su árbitro o mediador entre él y Dios.

La presencia de un mediador implica que hay un conflicto entre dos personas. En el caso entre Dios y la humanidad, el problema era el pecado manifestado en desobediencia y rebelión. Éramos «enemigos de Dios», pero «fuimos reconciliados con Dios por la muerte de su Hijo» (Ro 5:10), Cristo, quien es nuestro Mediador, el puente entre nosotros y Dios que nos conduce a la vida eterna. Por lo tanto, el problema de la falta de un mediador se solucionó con la venida de Jesús, quien es el Mediador entre Dios y los hombres. Martín Lutero lo dijo de esta manera: «Cristo no es Moisés, ni legislador, ni tirano, sino Mediador de los pecados, Dador de gracia y de vida»[1]. ¡Aleluya! Los abogados estadounidenses Barry C. Scheck y Peter Neufeld, fundadores del Proyecto Inocencia, se propusieron servir como mediadores ante las condenas injustas. El pastor David Jeremiah explica este proceso en uno de sus devocionales diarios:

> El Proyecto Inocencia, fundado en 1992 en Estados Unidos, está dedicado a la utilización de las pruebas de ADN como medio para exculpar a los individuos de los delitos por los que se les condenó y se les encarceló de manera injusta. Así que los involucrados en este proyecto tratan de aportar evidencias que apoyen la inocencia de algunos encarcelados y procuran encontrar al verdadero culpable. El anhelo de las personas convictas por error es que alguien las defienda y hable en su lugar[2].

Esta era la situación de Job ante las acusaciones de sus amigos. Por supuesto, en esa época no existía el Proyecto Inocencia, así que de todo corazón y con gran persistencia buscaba a alguien que estuviera en el cielo o en la tierra que le defendiera, que fuera su abogado y que declarara su inocencia:

> Necesito un mediador entre Dios y yo, como una persona que intercede entre amigos.
>
> Job 16:21, NTV

Este era el deseo de Job, que ahora podemos hacerlo por medio de Cristo, que es tanto nuestro Mediador (1 Ti 2:5), como nuestro Abogado, tal como nos lo asegura este pasaje: «Hijitos míos, estas cosas os escribo para que no pequéis; y si alguno hubiere pecado, abogado tenemos para con el Padre, a Jesucristo el justo» (1 Jn 2:1).

14. Eliú señala que la misericordia de Dios restaura a la vida
Job 33:24: «Que le diga que Dios tuvo de él misericordia, que lo libró de descender al sepulcro, que halló redención».

15. Eliú dice que Dios es el que trae la regeneración
Job 33:25: «Su carne será más tierna que la del niño».

Aunque el lenguaje en este pasaje es en sentido figurado, expresa de modo enérgico el cambio radical operado a través de la redención y la regeneración que solo puede hacer Dios. A semejanza de lo que las aguas hicieron para el famoso general sirio llamado Naamán, quien después de sumergirse siete veces en el río Jordán recibió sanidad, Cristo lo hace ahora con su preciosa, redentora y regeneradora sangre, purificándonos de todo pecado.

16. Eliú enseña que si buscamos a Dios lo encontraremos
Job 33:26: «Orará a Dios, y éste le amará, y verá su faz con júbilo; y restaurará al hombre su justicia».

17. Eliú afirma que si nos arrepentimos de nuestros pecados, Dios nos escuchará
Job 33:27: «Él mira sobre los hombres; y al que dijere: pequé, y pervertí lo recto, y no me ha aprovechado».

Nosotros, que deseamos predicarles a los demás, debemos ser ejemplos de restauración, purificación y regeneración, y decir: «Aunque pequé contra Dios y me desvié del camino recto, Él no me castigó de acuerdo a lo que merecía. Así que ahora, soy salvo por la gracia del Señor Jesucristo». Tu vida pasada antes de ser cristiano quizá fuera sin provecho alguno, pero ahora Él puede restaurarte los años perdidos.

18. Eliú declara que si reconocemos nuestras transgresiones, Dios nos dará otra oportunidad para vivir
Job 33:28: «Dios redimirá su alma para que no pase al sepulcro, y su vida se verá en luz».

19. Eliú hace que meditemos en que Dios nos extiende siempre su misericordia

Job 33:29: «He aquí, todas estas cosas hace Dios dos y tres veces con el hombre».

20. Eliú menciona que cuando Dios ve que nos arrepentimos, confesamos nuestros pecados y nos alejamos del mal, Él nos libra de la muerte antes de tiempo

Job 33:30: «Para apartar su alma del sepulcro, y para iluminarlo con la luz de los vivientes».

MEDÍTALO...

¿Alguna vez has escuchado la frase: «Cuando sientes que estás reducido a la nada, Dios está haciendo algo por ti»? En cierta ocasión en la que los discípulos se sintieron muy débiles, Cristo les dijo que esperaran un poco más de tiempo:

> Todavía un poco, y no me veréis; y de nuevo un poco, y me veréis.
>
> Juan 16:16

Las palabras «todavía un poco» denotan que toda prueba que podamos estar pasando, terminará, ya sea hoy o mañana (lee 1 P 1:6). Cualquier problema o circunstancia que estemos afrontando, cualquier separación, cualquier pérdida, cualquier enfermedad, cualquier problema financiero, cualquier tribulación, cualquier problema familiar, todo esto... «¡es solo por un poco de tiempo!». Y este es todo el tiempo que Dios necesita para hacer un milagro en tu vida. ¡Ten fe!

Job también esperaba y esperaba que terminara su enorme sufrimiento y, a la larga, terminó en el tiempo de Dios. Tu prueba también llegará a su final. Con solo oír a Dios hablar, y esperar pacientemente, que es lo más difícil, de seguro que llegará tu victoria. Recuerda que Dios habla de muchas formas y maneras diferentes. El problema está en que a menudo nosotros no lo escuchamos. Así que mantente atento a la voz de Dios y, en el momento menos esperado, ¡Él te hablará!

«DIOS NO ESTÁ MÁS LEJOS DE TI EN TU PEOR DÍA QUE ÉL LO ESTÁ EN TU MEJOR DÍA. SOLO ABRE TU CORAZÓN PARA RECIBIRLO A ÉL Y A SU AMOR».
DAVID JEREMIAH

ELIÚ LE ANUNCIA LA RECTITUD DE DIOS A JOB

21

«Sí, por cierto, Dios no hará injusticia, y el Omnipotente no pervertirá el derecho».
Job 34:12

En la continuación de su discurso, Eliú se dispone a justificar a Dios. Puesto que no es otro amigo que procura brindar consuelo, este joven intenta ofrecer una nueva perspectiva del dolor de Job. En otras palabras, Eliú defiende la equidad de Dios y le pide a Job que no endurezca su corazón ante las lecciones y las enseñanzas divinas. Aunque no pasaba por alto las muchas pruebas, tribulaciones y aflicciones de Job, Eliú le afirma que Dios es justo en todo lo que hace y que en Él no hay variación ni injusticia alguna. Por lo tanto, exalta la justicia divina por encima de las circunstancias dolorosas que atravesaba Job.

LA FIDELIDAD DE DIOS

Aunque podemos observar en las Escrituras que Job vivió la carga de sentirse alejado de Dios, lo cierto es que el Señor nunca estuvo más cerca de él que durante su prueba. Si Dios lo hubiera dejado, el diablo hubiera despedazado a Job. El patriarca pudiera pensar que Dios miraba con indiferencia su dolor y se apartaba de su sufrimiento, pero la realidad era otra, y la perspectiva de Job era errónea. Sabemos que Job se sintió abandonado por Dios y sin fuerzas, pero lo cierto es que Dios nunca lo dejó.

En su libro sobre la predicación, el pastor Charles Bugg recuerda un día en el que no se sentía bien para predicar su sermón. A su hijo le diagnosticaron una enfermedad grave, y se había tenido que someter a radiaciones y operaciones. Un domingo en particular, el pastor Charles se sentía tan abrumado por el temor y la fatiga, que no estaba seguro de cómo podría pararse ante el púlpito, así que se dijo: «No tengo energía para predicar». En ese momento, el ministro de música anunció el primer himno del culto, y comenzaron a cantar «Grande es tu fidelidad». Ese no era un himno nuevo, recuerda Charles, pues no podía decir con certeza las veces que lo había cantado en otras ocasiones. Ese domingo, en cambio, la conocida letra de ese himno se convirtió en maná del cielo. Se sentía cansado y ansioso, y su fe en Dios estaba frágil, pero tuvo que confesar lo siguiente:

> Si la predicación de ese día dependía de mis sentimientos, podría dar la bendición y volver a casa. Sin embargo, cantar ese himno fue un gran recordatorio de que [...] todo lo que hago como ministro descansa sobre una base más fuerte que la de quien soy. Se apoya en Dios y en la fidelidad de Dios[1].

Tenemos que animarnos como el pastor Charles, y aunque afrontemos situaciones adversas, debemos pararnos firmes en la Roca que es Cristo. Dios sigue siendo fiel y su justicia es incomparable.

LA RECTITUD DE DIOS PERMANECE PARA SIEMPRE

Job experimentó momentos de debilidad y temor ante lo desconocido. Sin embargo, nosotros también hemos atravesado tiempos en los que necesitamos fe para aferrarnos a Dios con toda el alma y entrega de nuestros corazones, pues en épocas de pruebas, dificultades y problemas, solo Él nos puede ayudar. Jamás debemos dudar de la rectitud de Dios, pues nunca nos dejará, sin importar cuán lejos pareciera que se encuentra. ¡Él es fiel!

Por lo tanto, en estos pasajes vemos cómo Eliú exhorta a Job y le habla acerca de la rectitud de Dios:

1. **Eliú le declara a Job que si se consideraba justo solo era a sus ojos y con esto acusaba a Dios**
   Job 34:5: «Porque Job ha dicho: Yo soy justo, y Dios me ha quitado mi derecho».

2. **Eliú reafirma que Dios no es injusto y no tuerce el derecho**
   Job 34:12: «Sí, por cierto, Dios no hará injusticia, y el Omnipotente no pervertirá el derecho».

3. **Eliú redarguye a Job y le dice que intentaba condenar la justicia divina**
   Job 34:17: «¿Y condenarás tú al que es tan justo?».

4. **Eliú le recuerda a Job que Dios no hace acepción de nadie**
   Job 34:19: «¿Cuánto menos a aquel que no hace acepción de personas de príncipes; ni respeta más al rico que al pobre, porque todos son obra de sus manos?».

5. **Eliú le recuerda a Job que Dios todo lo sabe, y que ve y observa los caminos del hombre**
   Job 34:21: «Porque sus ojos están sobre los caminos del hombre, y ve todos sus pasos».

6. **Eliú recomienda que se reconozca el pecado**
   Job 34:31: «De seguro conviene que se diga a Dios: He llevado ya castigo, no ofenderé ya más».

7. **Eliú confirma que, al arrepentirnos, debemos apartarnos del pecado**
   Job 34:32: «Enséñame tú lo que yo no veo; si hice mal, no lo haré más».

8. **Eliú dice que Job falló, y que su pecado añadió acusación y culpa a Dios al intentar justificarse**
   Job 34:36-37: «Deseo yo que Job sea probado ampliamente, a causa de sus respuestas semejantes a las de los hombres inicuos. Porque a su pecado añadió rebeldía; bate palmas contra nosotros, y contra Dios multiplica sus palabras».

Las Escrituras manifiestan la rectitud de Dios. Es más, lo presentan como Soberano sobre el sufrimiento y, al mismo tiempo, como un Dios que sufre con nosotros. Así lo demostró en el Calvario al sufrir junto con Cristo.

También Dios es Omnipotente y bueno, y la Palabra lo describe como Señor absoluto de los eventos de la historia humana. Entró en este mundo por medio de la encarnación de Cristo, donde la eternidad invadió las limitaciones del tiempo y el espacio. Él, inocente y puro, se sometió con humildad al poner su poder divino a un lado y transformarse en un ser mortal. Además, se sujetó a la voluntad del Padre y se volvió vulnerable al sufrir el mayor mal que se haya perpetrado jamás en el mundo: la crucifixión en la horrenda cruz, cosa que nosotros ni ningún otro ser humano ha experimentado ni experimentará jamás. Jesús dejó su trono para ir a una cruz, y dejó su gloria por lo más glorioso: dar su vida por nosotros al salvarnos:

> El cual, siendo en forma de Dios, no estimó el ser igual a Dios como cosa a que aferrarse, sino que se despojó a sí mismo, tomando forma de siervo, hecho semejante a los hombres; y estando en la condición de hombre, se humilló a sí mismo, haciéndose obediente hasta la muerte, y muerte de cruz.
>
> Filipenses 2:6-8

¡Alabado sea tu Nombre, Señor! El Dios de la Biblia sufrió por la humanidad en el Calvario y a la vez es Soberano sobre el sufrimiento. Esto quiere decir que todo sufrimiento, como dicen muchos teólogos, tiene significado, y que el Dios trino al mismo tiempo que sufre, también tiene el poder para librarnos del sufrimiento. El profesor Dan G. McCartney escribió acerca de este sufrimiento:

> La razón principal por la que los cristianos insisten en que se puede confiar en Dios en medio del sufrimiento es que [...] Dios mismo experimentó el sufrimiento de primera mano[2].

Dios sabe lo que es sufrir. Por eso es recto y justo en todas las decisiones que toma cuando permite que suframos, pues Él sufre junto con nosotros. En cuanto a las decisiones que tomamos, ya sean sabias o imprudentes, la Palabra afirma que Dios tiene el control total de nuestras vidas y de la historia humana. Además, al mismo tiempo que ejerce este control, responsabiliza al hombre por sus acciones y sus resultados que escoge con entera libertad.

LA VOLUNTAD DE DIOS Y EL LIBRE ALBEDRÍO

El libre albedrío del hombre y la dirección de Dios en los eventos de la historia del mundo están en competa compatibilidad. Aunque Dios es soberano sobre la historia, Él deja en manos del hombre la responsabilidad por su comportamiento, sus acciones y el sufrimiento que les causa a los demás. Los planes de Dios obran a través de nuestras decisiones, siempre y cuando sean adecuadas y respondan a lo que le agrada a Él.

Su agenda funciona mediante nuestras decisiones, y no alrededor de las mismas, así que tenemos la responsabilidad de sus consecuencias. Dios nunca nos obliga a hacer nada, pero Él usa nuestras decisiones para llevar a cabo su voluntad y para eso se basa en nuestro libre albedrío. De ahí que Dios sea recto en todo lo que hace, porque somos nosotros los que tomamos las decisiones de lo que queremos hacer y no Dios. De modo que en esto se encuentran todas las cosas que recibimos, ya sean buenas o adversas, tal y como vemos que establecen estos pasajes:

> En él asimismo tuvimos herencia, habiendo sido predestinados conforme al propósito del que hace todas las cosas según el designio de su voluntad.
>
> Efesios 1:11

> Has sometido a tu pueblo a duras pruebas.
>
> Salmo 60:3, NVI®

Repito, Dios todo lo permite, ya sean cosas placenteras, contraproducentes o desfavorables. Algunos eruditos dicen que Dios «planea nuestros planes», y que por eso Él nunca tiene la culpa cuando nos sucede algo «malo», porque si vivimos en su voluntad, no habrá error. Por lo tanto, Él es fiel y recto en todo lo que hace:

El corazón del hombre piensa su camino; mas Jehová endereza sus pasos.

Proverbios 16:9

Mientras hacemos nuestros planes y caminamos por fe, estos se ajustan al plan y al propósito más amplio que es el divino, aunque no entendamos cómo sucede algo así. En realidad, este concepto de la soberanía de Dios actuando con nuestra libre expresión es algo maravilloso, pero que al mismo tiempo no sabemos explicar cómo funciona ni cómo Dios lo lleva a cabo. En realidad, Él lo hace sin violar nuestro libre albedrío. ¿Cómo lo hace? ¡Es un misterio! Para un Dios infinito y Todopoderoso esto no es problema. Sin embargo, para nosotros, no es algo práctico ni simple, sino confuso, impreciso y borroso, ya que la mayoría de las veces no sabemos cómo actuar. Por eso debemos proceder con sabiduría y en oración, a fin de que Él nos guíe en todo lo que hagamos.

En cuanto a Eliú, es evidente que tenía bien claras cosas como estas, así que le habló a Job acerca de la rectitud de Dios. Incluso, le dijo que en Él no hay injusticia porque es perfecto y soberano, y que aun cuando tomemos algunas decisiones que no sean buenas, Él puede hacer que obren para nuestro bien.

En lo que respecta a nosotros, debemos tener presente que aun si Dios mismo toma decisiones que nos parecen desfavorables y penosas como resultado de nuestras malas elecciones, Él permitirá que en medio del sufrimiento aprendamos lecciones valiosas para alcanzar la madurez que desea para nuestra vida.

MEDÍTALO...

En cierta ocasión, Warren Earl Burger, abogado a quien el presidente Richard Nixon nominó para presidente del Tribunal Supremo de Estados Unidos, dijo:

> El setenta y cinco por ciento de todos los abogados estadounidenses son incompetentes o deshonestos, o ambas cosas[3].

Con esto, Burger quería decir que el mayor problema era la falta de mejores abogados disponibles para los pobres. Nosotros que vivimos aquí sabemos que tenemos el mejor sistema legal de justicia en el mundo. Sin embargo, aunque la justicia debería ser igual para todos, es lamentable que no sea así. Hay una gran diferencia entre los pobres y ricos, y a diario se cometen muchas injusticias. Felizmente esto no sucede con la justicia de Dios, pues es imparcial e igual para todos, ya sean ricos o pobres. Además, tenemos un abogado con el Padre, a Jesucristo el justo, y Él sí está calificado en gran medida para defender nuestras causas:

> Hijitos míos, estas cosas os escribo para que no pequéis; y si alguno hubiere pecado, abogado tenemos para con el Padre, a Jesucristo el justo.
>
> 1 Juan 2:1

«LA MISERICORDIA DEL SEÑOR A MENUDO CABALGA HASTA LA PUERTA DE NUESTRO CORAZÓN SOBRE EL CABALLO NEGRO DE LA AFLICCIÓN».

CHARLES H. SPURGEON

ELIÚ REDARGUYE A JOB

«¿Piensas que es cosa recta lo que has dicho:
Más justo soy yo que Dios?».
Job 35:2

En su largo discurso, Eliú condena sin rodeos a Job y lo califica de necio por tratar de defender su inocencia y culpar a Dios. Incluso, va más allá al calificar sus actitudes de arrogantes. Si consideramos la precaria situación de Job, ¿cómo no podríamos entender lo que estaba afrontando?

Quizá en nuestra vida tengamos momentos en los que sintamos que las pruebas que atravesamos no tienen fin y que nuestros sufrimientos son casi insoportables. Entonces, de seguro que podemos identificarnos con las angustias y dolores tan terribles que padeció Job.

Es evidente que cuando comparamos al personaje de Job con el concepto de «prueba», llegamos a la conclusión que son sinónimos, y esto es algo que resulta un misterio. Ahora bien, si pudiéramos dar una razón y explicar las calamidades que afrontamos en la vida, podríamos decir que no se tratan de «pruebas», ya que la vida de Job nos demuestra que estas no tienen explicación.

Cuando Martin Greenfield tenía quince años, los soldados nazis lo capturaron y enviaron al temible campo de exterminio de Auschwitz, Polonia, donde lo pusieron a lavar los uniformes de los nazis. Siempre que dañaba un uniforme, lo castigaban con severidad. Un caballero muy amable lo llamó aparte y le enseñó a realizar unas simples costuras. Esta fue su primera lección como sastre.

En 1945, al finalizar la Segunda Guerra Mundial, liberaron a Martin, aunque su familia pereció. Una vez que emigró a los Estados Unidos, Martin se hizo sastre. Hoy en día, Martin Greenfield reside en Brooklyn, Nueva York, y se ha descrito como el mejor sastre de ropa masculina en los Estados Unidos. Su lista de clientes incluye seis presidentes de los Estados Unidos, así como otros políticos y celebridades notables.

A pesar de todas las penurias que atravesó en el campo de concentración, Martin se destaca por ser agradecido, y así lo declara a través de estas conmovedoras y sencillas palabras:

> Todo lo que soy o siempre seré se lo debo a Dios y a los soldados, marineros, aviadores e infantes de marina de las Fuerzas Armadas de los Estados Unidos que lucharon y murieron para liberarme [...] Estoy abrumado de gratitud por quienes son lo suficientemente valientes para servir[1].

Con estas sentidas y sabias frases, el pastor y teólogo Harry A. Ironside expresó muy bien el concepto de la gratitud:

> Nos preocuparíamos menos si alabáramos más. El agradecimiento es el enemigo del descontento y la insatisfacción[2].

Muchas personas han afrontado situaciones difíciles y dolorosas como Martin. Sin embargo, al final, las superaron y salieron adelante con la ayuda del Señor. Al igual que él, siempre debemos tener un corazón agradecido por lo que Dios hace por nosotros y por la manera en que nos bendice. J. Ellsworth Kalas, quien fuera presidente y profesor del Seminario Teológico de Asbury, en Wilmore, Kentucky, dijo una vez:

> Mi lugar en la Calle de la Gratitud depende de ser consciente de manera constante. Así que cada mañana, dentro de la primera media hora del día, anoto tres o cuatro asuntos del día anterior por los cuales estoy agradecido. Casi siempre hay alguien en la lista[3].

¿Tú estás agradecido hoy por alguien que te ayudó en tu momento de necesidad? ¿Qué maravillas Dios ha hecho por ti? ¿Estás agradecido con Él?

LAS REPRENSIONES DE ELIÚ

Detrás de las palabras de Eliú podemos ver que hay algo más que reprensiones, sino también un llamado de atención a desechar la ingratitud, pues amonesta a Job por justificarse y hablar en contra de su Creador. Lo que parece ser que en las «pruebas», Job se «olvidó» de todas las bendiciones que disfrutó antes de su infortunio. Así que Eliú le advierte a Job que está hablando sin sabiduría y sin tacto ante Dios. En resumen, Eliú...

1. **Reprende a Job por justificarse ante Dios al hablar contra su Creador**
   Job 35:2: «¿Piensas que es cosa recta lo que has dicho: Más justo soy yo que Dios?».

2. **Describe que si peca se hace daño a sí mismo y no a Dios**
   Job 35:6: «Si pecares, ¿qué habrás logrado contra él? Y si tus rebeliones se multiplicaren, ¿qué le harás tú?».

3. **Aclara que si actúa en justicia lo hace por su bien**
   Job 35:7: «Si fueres justo, ¿qué le darás a él? ¿O qué recibirá de tu mano?».

4. **Le abre los ojos al decir que muchos no reconocen a Dios en sus caminos**
   Job 35:10-11: «¿Dónde está Dios mi Hacedor, que da cánticos en la noche, que nos enseña más que a las bestias de la tierra, y nos hace sabios más que a las aves del cielo?».

5. **Lo alienta para que espere su respuesta en Dios, sin importar lo que atraviese**
   Job 35:14: «La causa está delante de él; por tanto, aguárdale».

6. Afirma que Dios no desea su castigo, sino enseñarle sus caminos

Job 35:15: «Mas ahora, porque en su ira no castiga, ni inquiere con rigor».

7. Reprende a Job por hablar necedades al no entender la causa de su pena

Job 35:16: «Por eso Job abre su boca vanamente, y multiplica palabras sin sabiduría».

A veces nosotros, al no comprender los problemas y aflicciones que afrontamos, empleamos palabras necias y sin sabiduría, al igual que Job, basados en el dolor del momento. Sin duda, todos hemos pasado por esto.

LA FUENTE INAGOTABLE DEL AMOR DE DIOS

Siempre que pasamos por etapas de angustias y sufrimientos, muchas veces hablamos sin pensarlo dos veces, y volcamos todos nuestros reproches en Dios. Sin embargo, aunque no lo entendamos, debemos tener presente el gran amor que Dios siente por cada uno de nosotros en este mundo.

En los tiempos de Noé, antes del diluvio y la destrucción de la tierra debido al pecado del hombre, Dios declaró unas palabras muy duras y, a la vez, reveló lo que sintió al ver el comportamiento de la gente:

> Y se arrepintió Jehová de haber hecho hombre en la tierra, y le dolió en su corazón.
>
> Génesis 6:6

¡Dios sintió dolor! Sufrió al ver cómo se corrompía su creación. Su corazón se lastimó. De seguro que se trata de un sentimiento de profunda tristeza y decepción. En cuanto a nosotros, ¿cómo podemos comprender que Dios puede sufrir junto con nosotros en nuestras penas? ¿Cómo el Dios soberano podía sufrir con su pueblo? El

Antiguo Testamento nos muestra un Dios que de manera deliberada hace que su corazón sienta nuestra pena y dolor.

> ¿No es Efraín hijo precioso para mí? ¿no es niño en quien me deleito? pues desde que hablé de él, me he acordado de él constantemente. Por eso mis entrañas se conmovieron por él; ciertamente tendré de él misericordia, dice Jehová.
>
> Jeremías 31:20

Al igual que Efraín, somos preciosos para Dios, pues Él se deleita de nosotros y siempre nos tiene presente. Es más, siente piedad por cada uno de nosotros, y nos acompaña en nuestros sufrimientos. Así como un padre sufre por sus hijos, nuestro Padre celestial se duele con nosotros cada vez que afrontamos problemas y calamidades. Por eso, en un estallido de amor, Él nos reafirma lo siguiente:

> ¿Cómo podré abandonarte, oh Efraín? ¿Te entregaré yo, Israel? ¿Cómo podré yo hacerte como Adma, o ponerte como a Zeboim? Mi corazón se conmueve dentro de mí, se inflama toda mi compasión.
>
> Oseas 11:8

El Señor nos muestra su clemencia y compasión a cada instante, pues su corazón «se conmueve» dentro de Él por nosotros. ¡Qué grandioso es nuestro Dios! Lo más increíble es que Dios nos ama de una manera tan extraordinaria que hasta nos resulta incomprensible.

Por otra parte, no debemos leer estos versículos que hablan de los sentimientos, emociones y tristezas de Dios, sin tener en cuenta los demás atributos como son su omnipotencia, omnipresencia, omnisciencia, soberanía, santidad, etc., como dijera el teólogo J. Alec Motyer:

> La esencia de esta revelación es que Yahvé es el Dios vivo, una realidad que se basta por sí sola y es autosuficiente, por lo que no necesita extraer vitalidad del exterior[4].

En otras palabras, Dios no necesita ni depende de nadie ni de nada, pero nosotros sí lo necesitamos y dependemos de Él. Dios tampoco necesita de nuestras expresiones de amor y alabanza, aunque de seguro que más que merecerlo, Él lo aprecia cuando lo amamos y lo alabamos. Desde el punto de vista teológico, repito, Él no necesita de nada ni de nadie para complementarlo, perfeccionarlo ni completarlo. Nosotros, en cambio, sí lo necesitamos en todo momento. En realidad, a Dios no se le puede añadir ni quitar nada. ¡Él es lo que es! Como bien se lo dijo a Moisés cuando lo llamó a libertar al pueblo israelita de la esclavitud de Egipto: «YO SOY EL QUE SOY» (Éx 3:14).

Tampoco debemos leer los pasajes bíblicos que hablan de su amor, sus tristezas, emociones y sentimientos, como si pensáramos que Dios necesita que nosotros lo amemos a cambio. De otra manera, pudiéramos pensar que Él vacila y espera algo de nuestra parte, o que tendrá que estar cambiando siempre, en un proceso de crecimiento. Nosotros, en cambio, necesitamos a diario del amor de Dios, a medida que nos transformamos y maduramos espiritualmente. Dios es perfecto, así que no necesita de nada. Nos ama porque por su naturaleza Él es amor, de modo que no tiene que esforzarse para darnos amor... nos ama porque ese es uno de sus más grandes atributos:

> Dios es amor; y el que permanece en amor, permanece en Dios, y Dios en él [...] Nosotros le amamos a él, porque él nos amó primero.
>
> 1 Juan 4:16, 19

En el análisis que Timothy Keller realiza en su libro *Walking with God Through Pain and Suffering* acerca del amor de Dios, expresó lo siguiente:

> Sin embargo, tampoco debemos ir al otro extremo. Los teólogos a veces han hablado de la «impasibilidad [inmutabilidad, estabilidad]

de Dios»; es decir, Dios no es capaz de tener emociones, ya sean gozo, placer, dolor y pena[5].

Según dicen, Dios no tiene sentimientos ni emociones, pero los pasajes bíblicos que vimos antes prueban todo lo contrario. Por lo tanto, podemos afirmar el error tan grande que se comete con esto, pues las Escrituras nos enseñan que Dios ama, tiene emociones, siente compasión, clemencia, misericordia. Incluso, se alegra y también sufre por la condición espiritual del hombre. Esto se manifiesta con claridad en los hechos concretos que se narran en los primeros capítulos de Génesis, tales como la caída del hombre por la desobediencia o el diluvio que envió Dios ante tanta maldad que había en la tierra.

Es evidente que Dios se duele con nosotros, su pueblo, y está a nuestro lado siempre que sentimos tristezas y sufrimientos. Por eso podemos decir que Dios sufre con su pueblo, tal y como se define muy bien en este pasaje:

> Dijo luego Jehová: Bien he visto la aflicción de mi pueblo que está en Egipto, y he oído su clamor a causa de sus exactores; pues he conocido sus angustias.
>
> Éxodo 3:7

Como vemos, Dios se identifica y sufre las tribulaciones y angustias de su pueblo. (En la versión *La Biblia de las Américas*, la palabra «angustia» se traduce «sufrimiento»). Además, en este otro pasaje vemos de nuevo que Dios se duele con su pueblo:

> Y el pueblo creyó; y oyendo que Jehová había visitado a los hijos de Israel, y que había visto su aflicción, se inclinaron y adoraron.
>
> Éxodo 4:31

Dios «había visto su aflicción»; es decir, sentía el dolor y el sufrimiento junto con Israel. Por lo tanto, tenemos a un Dios que nos ama de una manera profunda, inexplicable y real. Así que no es un amor abstracto ni incierto, sino que su amor es tan inmenso que dio la vida de su Hijo para que muriera en una sangrienta cruz por nosotros. En pocas palabras, este pasaje declara muy bien los sentimientos de Dios hacia nosotros:

> Mas Dios muestra su amor para con nosotros, en que siendo aún pecadores, Cristo murió por nosotros.
>
> Romanos 5:8

MEDÍTALO...

Se cuenta que Jean-Baptiste le Rond D'Alembert, escritor, filósofo y matemático francés, frecuentaba el palacio de Lorena. Queriendo una vez atraer la atención hacia sí mismo, de manera irreverente preguntó:

—¿Soy yo el único en este palacio que no cree en Dios y por eso no lo adora?

—Está engañado, señor Jean —le contestó la princesa—. Usted no es el único en este palacio que no cree en Dios y no lo adora.

—¿Y quiénes son los otros? —preguntó de nuevo el sabio.

—Están todos los caballos, los perros, los gatos y los demás animales de este palacio —respondió la princesa.

—¿Me está comparando con esos seres irracionales? —replicó Jean irritado.

—De ninguna manera —respondió la princesa, y añadió convirtiendo el argumento en su contra—: Puesto que los irracionales no tienen conocimiento ni adoran a Dios, no cometen la imprudencia y la arrogancia como la suya de vanagloriarse de esto.

Con esas palabras, la princesa redarguyó y exhortó con fuerza al «orgulloso ateo».

Al igual que la princesa convirtió el argumento del filósofo en su contra, Eliú redarguyó a Job, y lo reprendió por sus palabras sin sabiduría y acusadoras hacia Dios. Todo esto por justificarse e intentar ser más justo que el Omnipotente debido a su gran sufrimiento y dolor.

Hoy en día, vemos que algunas personas la arremeten contra Dios cuando atraviesan calamidades, pues no logran comprender por qué Él no las libra de tales males. Para otras personas, en cambio, el sufrimiento es una ocasión de un encuentro personal con Dios. ¿Cuál es tu posición?

«¡PODEMOS ENCONTRARNOS EN MEDIO DE LA VOLUNTAD PERFECTA DE DIOS Y EN MEDIO DE UNA TORMENTA PERFECTA AL MISMO TIEMPO!».

DAVID JEREMIAH

ELIÚ LE HABLA DE LA GRANDEZA DE DIOS A JOB

23

«He aquí, Dios es grande, y nosotros no le conocemos, ni se puede seguir la huella de sus años».
Job 36:26

Eliú continúa sus reprensiones contra Job, y esta vez destaca el magnífico poder de Dios y su grandeza, a fin de dejar sentado que nadie tiene derecho a contender con el Señor por mucha razón que crea tener. En su discurso, se refiere al poder de Dios desplegado en la naturaleza para demostrar cuán profunda es la sabiduría del Todopoderoso.

Según mi experiencia como ministro del evangelio por más de treinta y cinco años, he tratado de entender por qué tantas personas se resisten y rechazan a Dios. Tal vez la principal razón radique en la aflicción, el dolor y el sufrimiento. Tales personas razonan así: «¿Cómo un Dios bueno, un Dios justo, un Dios amable, permite tanta miseria, depravación, angustia, muerte, guerras, crímenes, violaciones, dolor y sufrimiento?». Entonces, como resultado, las dudas en sus mentes empiezan a profundizarse llegando a negar la existencia de Dios.

Como todos sabemos, el problema del mal es bien conocido. Si tú crees en un Dios que es todopoderoso y soberano sobre la tierra, y que al mismo tiempo es también perfectamente bueno y justo, la existencia del mal y del sufrimiento presenta un problema. Las antiguas preguntas de Epicuro (341-270 a. C.) no se han respondido aún. En 1776, el escéptico David Hume, filósofo, economista, sociólogo e historiador escocés, presentó su clásico argumento:

¿Él está dispuesto a impedir el mal, pero no puede? Entonces, es impotente. ¿Él puede, pero no está dispuesto? Entonces, es malévolo. ¿Él puede y está dispuesto? Por ese motivo es malo[1].

Lo lamentable es que este fue el pensamiento de los filósofos griegos y también es la manera de pensar de quienes no tienen a Cristo. No creen en un Dios Todopoderoso y bueno al mismo tiempo, no creen que Él sea glorioso, majestuoso, infinito, sin principio ni fin, sabio, Creador y sostenedor de todas las cosas. Por eso muchos insisten en que este es el problema número uno de la objeción más fuerte en contra de la existencia de Dios: el sufrimiento.

EL GRAN PROBLEMA DEL SUFRIMIENTO

El dolor es una realidad viva por todas las edades en las innúmeras sociedades de los seres humanos que han debatido su causa y efecto por milenios. Aunque el dolor y el sufrimiento es algo que se siente de manera física, psicológica y emocional, es también algo filosófico. Esto se debe a que, en cualquier cultura, todos nos preguntamos: «¿Por qué y cómo suceden todas estos males, tristezas y sufrimientos?».

A la hora de establecer las respuestas acerca del sufrimiento, nos basamos en tres premisas diferentes:

- **Espiritual:** Los argumentos espirituales los buscamos en lo que creemos a través de las doctrinas de la fe cristiana.
- **Teológico:** Las razones las basamos en lo que sabemos mediante la Biblia, la Palabra de Dios.
- **Filosófico:** La explicación la obtenemos de lo que conocemos desde el punto de vista humano y del pensamiento personal.

En conclusión, nadie puede afrontar el sufrimiento sin tener formado un conjunto de opiniones en cuanto a esto. Muchos que no creen en la existencia de Dios quieren dar la impresión que por el simple acto de no creer, logran que la presencia del sufrimiento en la humanidad constituya un desafío respecto a la existencia de Dios. Sin embargo, el ateísmo es una postura que acogen ciertas personas, y es la más débil de todas, pero es una creencia también. Cuando se dice: «No creo en Dios», se expresa una creencia y fe respecto al objeto de su negación.

Aunque el cristianismo afronta el gran problema del sufrimiento que permite Dios, tiene muy buenas y mejores respuestas en cuanto a este problema y ofrece opciones aún más elevadas, en comparación con las fallidas alternativas de los ateos, quienes le hacen frente al «terror de la vida y del sufrimiento» sin Dios y sin esperanza. Según lo que afirman, no pueden ver una simple razón para el sufrimiento. Entonces, concluyen que si hay un «Dios», tampoco debe tener ninguna razón significativa para permitir el sufrimiento. Ante tales ideologías, los ateos se olvidan que son solo carne, pues pasan y mueren, mientras que Dios es Espíritu, eterno, autosuficiente e incomparable.

Por estas razones y otras, muchas personas argumentan en contra de la veracidad de la fe cristiana, como lo hizo en su tiempo el escritor Stendhal (seudónimo de Henri Beyle) cuando declaró lo siguiente: «La única excusa para Dios es que Él no existe»[2].

Al considerar el sufrimiento desde otra perspectiva, debemos analizar a Adoniram Judson, quien fuera el primer misionero estadounidense en el extranjero. Judson dedicó por entero su vida al servicio del Señor en Birmania, y allí perdió a su primera esposa. Después de tres meses, murió su bebé recién nacida, su hijita María. Ante estas pérdidas, Judson se llenó de tristeza. Como estuvo viajando cumpliendo con el ministerio durante la enfermedad de su esposa, se sintió tan abrumado de tristeza que creía imposible que se perdonara a sí mismo por esto. Más tarde, escribió:

> Dios es para mí el Gran Desconocido. Yo creo en Él, pero no puedo hablar[3].

Todos ya nos hemos sentido así en alguna ocasión. Esto es real. Dios parece muy distante al ignorar nuestras plegarias. En cuanto a ti, ¿alguna vez te has sentido de esta manera?

LA REVELACIÓN DE LA GRANDEZA DE DIOS

En medio de las reprensiones de Eliú, Job se sentía triste, con un gran dolor físico y emocional, abandonado, con una gran soledad y vacío por Dios debido a que no recibía su respuesta respecto a los males que atravesaba. Asimismo nosotros, que creemos en un Dios Todopoderoso, muchas veces nos angustiamos por no saber la causa de nuestro sufrimiento. En su lugar, sentimos a Dios distante sin entender sus razones para tenernos de esa manera. De seguro que cada uno de nosotros ha afrontado todo esto, ¿verdad? En cuanto a Job, recibe las palabras de Eliú que declaran de muchas maneras la grandeza de Dios:

1. **Eliú le comunica a Job que todavía tenía más cosas que decirle**
   Job 36:2: «Espérame un poco, y te enseñaré; porque todavía tengo razones en defensa de Dios».

2. **Eliú defiende a Dios, ya que Job lo acusó sin razón**
   Job 36:3: «Tomaré mi saber desde lejos, y atribuiré justicia a mi Hacedor».

3. **Eliú declara que aunque Dios es grande y poderoso en gran medida, no desprecia a nadie**
   Job 36:5: «He aquí que Dios es grande, pero no desestima a nadie; es poderoso en fuerza de sabiduría».

4. **Eliú trae gozo al decir que si reconocemos que hemos pecado contra Dios, Él nos mostrará nuestros caminos pecaminosos para que podamos cambiar**
   Job 36:8-9: «Y si estuvieren prendidos en grillos, y aprisionados en las cuerdas de aflicción, él les dará a conocer la obra de ellos, y que prevalecieron sus rebeliones».

Si pecamos y nos rebelamos contra el Señor, y esto nos produce aflicción, dolor, tristeza, enfermedad y una extensa lista de problemas, Dios nos hará conocer por su Palabra dónde hemos pecado y estamos en falta. Luego, en su amor, ternura y misericordia, nos perdonará y restaurará.

5. Eliú dice con exactitud que debemos arrepentirnos de nuestros pecados
Job 36:10: «Despierta además el oído de ellos para la corrección, y les dice que se conviertan de la iniquidad».

6. Eliú afirma también que si nos arrepentimos, Dios nos bendecirá
Job 36:11: «Si oyeren, y le sirvieren, acabarán sus días en bienestar, y sus años en dicha».

7. Eliú declara que si no nos arrepentimos, sufriremos daño
Job 36:12: «Pero si no oyeren, serán pasados a espada, y perecerán sin sabiduría».

En cambio, si no queremos escuchar, hacer caso y actuar de acuerdo con la exhortación del Señor, tendremos consecuencias. Aun así, siempre nos dará una oportunidad para arrepentirnos, arreglar las cosas y estar en plena comunión con Él.

8. Eliú aconseja de forma categórica que vivamos en el temor de Dios
Job 36:18: «Por lo cual teme, no sea que en su ira te quite con golpe».

Debemos temer a Dios y no vivir en pecado, pues en cualquier momento Él puede permitir una enfermedad, calamidad, accidente y hasta la muerte inesperada. Por eso debemos vivir en santidad, respeto e integridad ante Dios y los demás.

Claro, no todas las aflicciones, problemas, calamidades, enfermedades, accidentes y aun la muerte no son por causa del pecado, sino por un propósito específico que Dios tenga para nosotros. Examina tu vida, no juegues con las cosas espirituales, mira tu corazón y ve si hay allí alguna iniquidad escondida (lee el Sal 139).

9. **Eliú comenta que no debemos seguir en pecado**
Job 36:21: «Guárdate, no te vuelvas a la iniquidad».

10. **Eliú informa con éxito que Dios es grande y que no hay nadie que pueda enseñar como Él**
Job 36:22: «He aquí que Dios es excelso en su poder; ¿qué enseñador semejante a él?».

11. **Eliú comenta que nadie puede enseñar a Dios**
Job 36:23: «¿Quién le ha prescrito su camino?».

12. **Eliú afirma en victoria que Dios es insondable, no lo conocemos y que su poder es infinito**
Job 36:26; «He aquí, Dios es grande, y nosotros no le conocemos, ni se puede seguir la huella de sus años».

Dios es poderosísimo, su sabiduría es infinita y su poder es incomparable. Además, Él es grandioso en maravillas, y nosotros no tenemos ni idea de la grandeza del Dios Todopoderoso, pues de eternidad a eternidad Él es Dios (Sal 90). En otras palabras, existe la eternidad pasada que no conocemos, pero también está la eternidad futura donde viviremos con Él para siempre. ¡Aleluya!

LA MANIFESTACIÓN SUPREMA DEL AMOR

Antes hablamos del amor y de la grandeza de Dios. Sin embargo, no podemos dejar de mencionar algo muy importante ni pasarlo por alto. Se trata de lo grande que es el amor del Hijo de Dios y del Dios Hijo, de Cristo, que entregó su vida por nosotros en la cruz.

Los Evangelios nos muestran que Jesús experimentó las presiones diarias de la vida humana, tales como dificultades, dolor y sufrimiento.

- Experimentó cansancio y sed (Jn 4:6).
- Sintió angustia, aflicción, pena, agotamiento, fatiga, tristeza (Mr 3:5; Jn 11:35; 12:27).

- Su sufrimiento fue inmenso, pues «Cristo, en los días de su carne», ofreció «ruegos y súplicas con gran clamor y lágrimas» (Heb 5:7).

- Supo de primera mano lo que significaba que sus propios familiares y amigos lo entendieran mal y lo rechazaran por completo en su ciudad natal (Ju.7:3-5; Mt 13:57; Mr 3:31).

- Lo tentaron (Mt 4:1-11; Lc 4:1-13; Heb 2:18; 4:15).

- Padeció, pues «aunque era Hijo, por lo que padeció aprendió la obediencia» (Heb 5:8).

- Agonizó en el Getsemaní hasta el punto de sudar gotas de sangre (Lc 22:44).

- Al final, le hizo frente a la muerte por crucifixión (Mt 27:29-31; Mr 15:24-27; Lc 23:33; Jn 19:16-18).

Donald Arthur Carson, teólogo evangélico nacido en Canadá y profesor de Nuevo Testamento, dijo lo siguiente con respecto al sufrimiento de Jesús:

El Dios en quien descansamos sabe qué es el sufrimiento, no meramente del modo en que Dios sabe todas las cosas, sino por experiencia[4].

¿Experiencia de quién? Del propio Cristo que sufrió como el Hombre Dios y el Dios Hombre en los días de su humanidad. Al final de su vida lo vemos abandonado, rechazado y burlado. Es más, su vida terrenal llegó a su clímax de una manera que nos resulta insondable, pues va más allá de nuestro entendimiento al experimentar una agonía que traspasa en gran medida el conocimiento de cualquier persona.

Dios sabe lo que es sufrir, no solo porque lo ve y conoce desde una claridad mayor e infinita que nosotros, sino debido a que Él mismo sufrió por medio de Cristo de la manera más severa, cruel y terrible. Jesús llevó sobre sí la terrible penalidad por el pecado que merecíamos nosotros. Incluso, su propio Padre lo desamparó por nuestro pecado (Mt 27:46). Tanto Dios como Cristo soportaron el sufrimiento en sus corazones, mostrándonos de esa manera un amor que llega a ser profundo e inexplicable.

EL PADRE Y EL HIJO EN NUESTRO DOLOR

Cristo, al igual que el Padre, se identifica con nuestros dolores y sufrimientos. Esto se ve con claridad durante la persecución y el arresto de los primeros discípulos del Señor, como los que llevó a cabo Saulo de Tarso que, sin percatarse que lo hacía en contra del mismo Cristo, tuvo que caer postrado ante Él:

> Y cayendo en tierra, oyó una voz que le decía: Saulo, Saulo, ¿por qué me persigues?
>
> Hechos 9:4

Cristo aprendió el sufrimiento por experiencia propia en los días de su carne. Por lo tanto, Él sabe lo que es sufrir y aún sufre con su pueblo, nosotros, su Iglesia. De modo que si el propio Dios y Cristo no hubieran sufrido juntos en el Calvario, ¿cómo podríamos confiar en ellos cuando sufrimos si no hubieran tenido esta experiencia? Confiamos tanto en el Padre como en el Hijo porque saben lo que es sufrir. Si Dios estuviera limitado o no poseyera el control absoluto del universo, su sufrimiento no habría sido voluntario ni hubiera estado motivado por amor.

Tanto Dios como Cristo nos amaron de forma voluntaria y, del mismo modo, el Señor se entregó por amor a nosotros, de ahí que su agonía fuera algo tan profundo. Con respecto a eso, el filósofo francés Albert Camus dijo:

> Puesto que Cristo lo había sufrido, y voluntariamente, ningún sufrimiento era ya injusto, cada dolor era necesario [...] Si todo, sin excepción, desde el cielo hasta tierra, está entregado al dolor, entonces es posible una extraña dicha[5].

Así que el gran sufrimiento de Cristo se debió a que se entregó de forma voluntaria por nosotros en la cruz. Por lo tanto, esto nos confirma que Dios entiende el sufrimiento humano, pues Él no es un Dios cruel y sin sentimientos como los gobernantes maléficos que no se preocupan por lo que siente y padece la humanidad.

No me canso de repetir que el propio Jesús sufrió de manera injusta por nosotros en la cruz. ¿Por qué? Porque los pecadores éramos nosotros, ¡no Él! Cristo ocupó nuestro lugar en la cruz. Los que merecíamos estar clavados en esa cruz éramos tú y yo. Por eso, y mucho más, ¡gracias, Jesús!

Aunque a menudo no entendemos nuestros sufrimientos, debemos confiar en Dios, pues su sabiduría es infinita, su poder es incomparable y su misericordia es sin igual. Él merece nuestra confianza absoluta después de lo que Cristo hizo en la cruz por nosotros, lo cual manifiesta de manera sublime la grandeza de Dios y la grandeza de su amor. Nuestras mentes no podrán asimilar jamás ni comprender cuán grande es Dios ni cuán profundo es su amor y el de Cristo. ¡Aleluya!

En cuanto a Eliú, aquí tienes el punto central de la enseñanza que le dio a Job: La grandeza de Dios y su enorme poder y autoridad en el universo. Si pudiéramos entender lo profundo del sufrimiento y del amor de Cristo, tendríamos una idea de la grandeza del poder del Creador. Sin embargo, nosotros jamás podremos entenderlo por completo, ¡pues eso solo será posible el día en que nos encontremos en su presencia!

MEDÍTALO...

Es evidente que nosotros somos muy pequeños, insignificantes y limitados en comparación con el Señor. Entonces, ¿cuál es la idea que tenemos de la grandeza de Dios como Creador? Esta pregunta estuvo en los pensamientos del astronauta estadounidense James Benson Irwin, quien fuera piloto de la Fuerza Aérea de los Estados Unidos y que después trabajó para la NASA.

Cuando fue a la luna, en la misión Apolo 15, escribió que no podía dejar de pensar en el Creador y su poder mientras miraba la inmensidad del espacio sideral con sus estrellas, planetas y galaxias del universo. Al mirar la tierra desde la luna, no era más que una pequeña canica y no podía imaginar que en esa bolita moraba su esposa, sus hijos y billones de personas que no tenían ningún concepto de quién es el Creador. Más tarde, James Irwin declaró:

> Estar en la luna tuvo un profundo impacto espiritual en mi vida. Antes de ingresar al espacio con la misión Apolo 15 en julio de 1971, ¡era, por decir lo mínimo, un cristiano tibio! Incluso, era un cristiano silencioso, pero siento que el Señor me envió a la luna para que pudiera regresar a la tierra y testificar de su Hijo, Jesucristo. Todo el logro del espacio se pone en una perspectiva adecuada cuando uno se da cuenta de que Dios caminando sobre la tierra es más importante que el hombre que camina sobre la luna[6].

¡Qué gran verdad! Y para ti, ¿cuán grande es Dios en tu vida?

ELIÚ LE DESCRIBE LA MAJESTAD DE DIOS A JOB

24

«En Dios hay una majestad terrible. Él es Todopoderoso,
al cual no alcanzamos, grande en poder».
Job 37:22-23

Tenemos que reconocer que el problema del mal es real en todas partes del mundo. Es más, lo afrontan tanto creyentes, no creyentes como secularistas. Junto con el problema del mal está el sufrimiento, lo cual es un gran desafío al desconocerse por qué lo permite Dios. De ahí que los ateos pongan en duda la existencia de Dios. Su opinión la expresan de la siguiente manera: «Si Dios fuera Todopoderoso y bueno, es de esperar que detenga todos los horrores del mal y del sufrimiento, pues no solo desearía hacer tales cosas, sino que tendría la total capacidad para hacerlo. Entonces, si no lo hace, es porque no existe».

Sin embargo, este argumento carece de toda razón lógica, pues Dios tiene sus motivos para no impedir el mal y el sufrimiento. De modo que argumentar con Él, como lo hizo Job, no nos llevaría a nada. ¿A qué se debe esto? Aquí tienes la respuesta:

> ¿Por qué contiendes contra él? Porque él no da cuenta de ninguna
> de sus razones.
>
> Job 33:13

Por lo tanto, el mal existe y persiste, sin importar lo que Dios decida en su soberanía.

LAS ARGUMENTACIONES SOBRE LA EXISTENCIA DEL MAL

Los filósofos y ateos concluyen que este Dios Todopoderoso y bondadoso no puede existir o es probable que no exista. De todo esto se desprenden dos clases de argumentos en contra de Dios con relación al mal: 1) El argumento de la lógica, el cual «busca probar con certeza que no hay Dios». 2) El argumento de la evidencia «del mal», que prueba lo contrario; es decir, «es probable que Dios no exista». Así que afirman que si Él fuera Todopoderoso y bueno, jamás permitiría las atrocidades del mal y del sufrimiento.

Hasta los años de 1980, los filósofos y ateos consideraban como concluyentes y dados por hecho los argumentos de la lógica contra Dios respecto a la existencia del mal y al porqué Él lo «permitía». Era una prueba que corroboraba, según su opinión, que el Dios tradicional de la Biblia no existía. Afirmaban que, en general, esto hacía que el cristianismo no fuera convincente, plausible ni confiable. El fallecido filósofo británico John Mackie, al escribir acerca del mal y la Omnipotencia de Dios, expresó:

> El teólogo puede [...] admitir que ninguna prueba racional de la existencia de Dios es posible. Y aún puede retener todo lo que es esencial para su posición, sosteniendo que la existencia de Dios es conocida de alguna otra manera no racional. Sin embargo, creo que se puede hacer una crítica más reveladora a través del problema tradicional del mal. Aquí no se puede demostrar que las creencias religiosas carecen de apoyo racional, sino que son positivamente irracionales, que las diversas partes de la doctrina teológica esencial son incoherentes entre sí[1].

Sin embargo, las cosas empezaron a cambiar con la publicación del libro del Dr. Alvin Plantinga, prominente erudito y filósofo cristiano estadounidense, especialista en los campos de la filosofía de la religión, la lógica y la justificación de la creencia en Dios. La revista *TIME* lo describió como: «El principal filósofo protestante ortodoxo de los Estados Unidos»[2].

Plantinga fue presidente de la Sociedad de Filósofos Cristianos de 1983 a 1986. En sus libros *God and Other Minds, An Evaluation of Alvin Plantinga's Free Will Defense, Warranted Christian Belief in God,* junto con otros libros muy rigurosos en sus argumentaciones, *The Nature of Necessity* (1974) y *God, Freedom and Evil* (también de 1974), defendió y justificó a Dios del mal en el mundo. En este último libro, y teniendo en cuenta estos planteamientos, Plantinga expresó lo siguiente:

> La existencia de la cantidad y variedad del mal que se muestra en el mundo no hace improbable [aun en el sentido lógico más general] la existencia de un Dios [sabedor de todo], omnisciente, omnipotente y completamente bueno[3].

En todos estos escritos, estudios y libros, Plantinga presentó el argumento en defensa de Dios, basado en el razonamiento justo de la creencia en Dios y la defensa que Él le concede al libre albedrío del hombre, ya que este puede decidir y tiene la opción de hacer el bien o el mal. Por lo tanto, la existencia del mal no es prueba de que Dios no exista, sino que el hombre toma sus propias decisiones malas y que, por consiguiente, recibe las consecuencias de su pecado por su desobediencia.

Plantinga, y muchos otros eruditos, estudiosos y filósofos que siguieron esta línea en defensa de Dios, fueron tan eficientes, que veinticinco años después es aceptado y admitido en gran medida que el argumento lógico en contra de Dios NO DIO RESULTADO.

En cuanto a la acusación en contra de Dios del porqué permite el mal y el sufrimiento, así como del «argumento lógico» de los ateos hacia el Creador, William Alston, quien fuera filósofo cristiano, escribió: «Ahora se reconoce en (casi) todos los lados que el argumento lógico está en bancarrota»[4].

LA RESPUESTA DEL MUNDO ANTE EL MAL

Entonces, los escépticos, pensadores, filósofos y ateos empezaron a rebatir la existencia del Creador con una nueva versión de los planteamientos anteriores que llamaron «el argumento de la evidencia» en contra de Dios. En esta reformulación, el argumento fue mucho más débil, pues proponían que el sufrimiento no es la prueba, sino la evidencia que hace que la existencia de Dios sea menos probable, pero no imposible. Sin embargo, la respuesta no se hizo esperar en defensa de Dios y en contra del argumento de la evidencia por parte de los académicos cristianos. J.P. Moreland, apologeta, filósofo y teólogo cristiano, y William Lane Craig, también teólogo, expresaron:

> La versión lógica del problema del mal afirma que la coexistencia de Dios y el mal (o la cantidad y los tipos observados del mal) es lógicamente imposible. Hoy en día, esta versión del problema se ha abandonado casi universalmente porque la carga de la prueba que demuestra que no existe ninguna posibilidad de la coexistencia de Dios y el mal (que se observa) es demasiado pesada para que la pueda soportar el ateo[5].

En conclusión, por más que los secularistas, filósofos y ateos intenten ir en contra de la existencia de Dios y acusarlo por el mal en el mundo, no hay manera posible en que puedan «probar» tales «teorías». Así que les digo, mis queridos hermanos, «la carga de la prueba es muy pesada para que los ateos sean capaces de soportarla, sostenerla y resistirla» ante la realidad de la existencia de Dios. Sus argumentos siempre serán «teorías», pero nunca «tesis». Es más, nunca serán capaces de probar lo contrario y negar la existencia de un Dios soberano, majestuoso, poderoso, grandioso, sin igual, incomparable, sin límites, Omnipotente, Omnipresente y Omnisciente. Un Dios que controla el universo y toda su creación. ¡Ese es mi Dios! ¡Aleluya! Ahora bien, mi pregunta para ti es: «¿Él también es tu Dios?».

En el caso del mal y del sufrimiento, los cristianos solo creemos en la Palabra de Dios, así como en lo que Él determina y decida, aunque muchas veces no lo entendamos. Por eso Eliú, al finalizar su discurso, su invitación a Job es para que le tema a Dios, aunque no lo entienda, y llama la atención sobre el carácter educativo y no retributivo del sufrimiento humano.

También nosotros, en medio de la majestuosidad de Dios de la que todos somos testigos, muchas veces nos parece que Él se alejó y se apartó de nosotros, como en el caso de Job. Lo consideramos tan distante que no lo podemos encontrar y, a veces, no sentimos su presencia, por más que oramos, ayunamos y leamos las Escrituras. Como ya vimos, algo similar le sucedió a Adoniram Judson ante la pérdida de su esposa y su hijita. Por otra parte, C.S. Lewis, el escritor cristiano más influyente del siglo veinte, también sufrió en gran medida debido a una gran tristeza, dolor y aflicción por la muerte de su esposa. No podía sentir la presencia de Dios, así que escribió:

> Acércate a Él cuando tu necesidad es desesperada, cuando toda otra ayuda es vana, ¿y qué te encuentras? Una puerta que te cierran en las narices, el sonido de una cerradura, de una cerradura doble, al otro lado. Y después, silencio[6].

Entonces, sin importar lo que atravesemos en la vida, siempre debemos recordar que Dios está a nuestro lado aunque no lo veamos, pues su grandeza se manifiesta a cada instante de una manera extraordinaria y sobrenatural.

LA GRANDEZA DE DIOS EN MEDIO DEL DOLOR

Adoniram Judson y C.S. Lewis no perdieron su fe en Dios, a pesar de que experimentaron el sufrimiento y la soledad. Nosotros no la perderemos tampoco, pues aunque Él guarde silencio, de seguro que se debe a que se encuentra obrando a nuestro favor. Hasta los destacados siervos y ministros de la iglesia se han sentido solos, tristes y abandonados por el Señor. Eso lo vemos desde los tiempos bíblicos, como en los casos de Job, Elías, Jonás, Jeremías, etc., hasta el día de hoy.

Ahora bien, en medio de tanto dolor, angustia, sufrimiento y soledad que experimentaba Job, consideremos cómo Eliú...

1. Describe la majestad de Dios

Job 37:4-5: «Después de ella brama el sonido, truena él con voz majestuosa; y aunque sea oída su voz, no los detiene. Truena

Dios maravillosamente con su voz; él hace grandes cosas, que nosotros no entendemos».

2. **Declara que Dios hace todo esto para que los hombres reconozcan su poder**
   Job 37:7: «Así hace retirarse a todo hombre, para que los hombres todos reconozcan su obra».

3. **Revela que por el poder de Dios es que se forma el invierno**
   Job 37:10: «Por el soplo de Dios se da el hielo, y las anchas aguas se congelan».

4. **Aclara que en las manos de Dios está el control de todo el universo**
   Job 37:12: «Asimismo por sus designios se revuelven las nubes en derredor, para hacer sobre la faz del mundo, en la tierra, lo que él les mande».

5. **Exhorta a Job a observar las obras de Dios**
   Job 37:14: «Escucha esto, Job; detente, y considera las maravillas de Dios».

6. **Enseña que Dios es Perfecto en sabiduría y en todo lo que hace**
   Job 37:16: «¿Has conocido tú las diferencias de las nubes, las maravillas del Perfecto en sabiduría?».

7. **Habla de nuevo acerca de la Majestad y del poder de Dios**
   Job 37:22-23: «En Dios hay una majestad terrible. Él es Todopoderoso, al cual no alcanzamos, grande en poder».

8. **Al final, aclara que todas las obras de Dios son para que los hombres le teman y que Él desprecia a los llamados «inteligentes» o «sabios» según su propia opinión**
   Job 37:24: «Lo temerán por tanto los hombres; él no estima a ninguno que cree en su propio corazón ser sabio».

Dios detesta la prepotencia, la soberbia, el orgullo, la presunción, la vanidad, la jactancia y la arrogancia de la «sabiduría humana» que arremeten en su contra. Ese fue el primer pecado, el de Lucifer, que por su belleza y perfección, se rebeló en contra de su Creador al querer usurpar y ocupar el lugar de Dios. Por lo tanto, debido a su altanería y petulancia, se convirtió en el diablo (Is 14:11-15; Ez 28:12-19). Actitudes como estas se han repetido siempre a lo largo de la historia del hombre. Se trata de personas que se creen «importantes» delante de Dios, ¡a pesar de que no son nada en realidad! Los secularistas y ateos que se creen tan inteligentes, no tienen ni idea de la grandeza del poder de Dios, de su majestad ni de su grandiosidad. Así que se pasan toda una vida combatiendo a un Dios que dicen que no existe.

Entonces, si creen que Dios no es real y no existe, ¿por qué lo combaten? Si creen que algo no existe, ¿por qué intentar probar lo contrario? Si creen que Dios se va a rebajar a su nivel de humanos, simples seres mortales a sus ojos, están muy engañados. Dios no bajará a sus niveles. Si quieren encontrar a Dios, deben ir a Él por la fe en Cristo, pues ya Dios descendió al nivel del hombre cuando envió a su Hijo al mundo a morir en la cruz del Calvario. Aunque digan lo contrario, Jesucristo no se quedó allí, ¡pues resucitó y está vivo! ¡Aleluya!

CONOZCAMOS A DIOS

Eliú resume su discurso declarando que, en cuanto al conocimiento del Altísimo, Él es soberano como Creador y sustentador del mundo físico y espiritual, y también tiene el control absoluto de todas las cosas en el universo. Del mismo modo, Dios está íntimamente vinculado con nuestra vida de una forma que muchas veces no somos capaces de comprender, puesto que Él es muy grande para entenderlo con nuestras mentes humanas y muy limitadas.

Toda sabiduría que conduce a la verdad viene del Señor. La única manera en que una persona puede conocer y comprender a Dios es a través de la revelación de su Palabra. Entender la verdadera naturaleza de Dios nos conduce a esperar la redención y la vida eterna, y creer en nuestra bienaventuranza que viviremos con Él por toda la eternidad.

El verdadero conocimiento de Dios conduce a la humildad y a la sencillez, siempre que reconozcamos que somos muy pequeños delante de Él. Muchos piensan que la humildad es falta de autoestima, pero más bien constituye un rechazo a la autosuficiencia y es una expresión de nuestra dependencia del Señor.

El sabio vive de acuerdo con las verdades que conoce sobre Dios en su Palabra, el mundo y sí mismo. Se acerca a Dios de manera humilde y sincera, negándose a culparlo de cualquier error o adversidad que le ocurra. El sabio está en condiciones de hacerle frente al sufrimiento y soportarlo, debido al conocimiento de que la mano misericordiosa de Dios prevalecerá al final, sin importar la situación difícil que atraviese. También el sabio conoce que aun cuando procuremos vivir en rectitud, esto no puede ganarnos el favor de Dios.

La gracia es un regalo, un favor no merecido, así que debemos optar por confiar en la absoluta soberanía de Dios en cualquier adversidad, problema, prueba, tribulación, aflicción o enfermedad que tengamos. Debemos saber que, si bien Dios puede permitir que se nos someta a prueba, establece límites estrictos al respecto. El propio diablo está limitado a la voluntad divina y solo actúa hasta donde el Señor lo permite.

LA DISCIPLINA DE UN DIOS SANTO

A menudo, las obras de Dios son incomprensibles para la mente humana, de modo que no podemos entenderlas debido a nuestra naturaleza y a nuestras muchas limitaciones. Por eso debemos tener presente que Dios es absolutamente justo en sus relaciones con los hombres y Él es quien permite que afrontemos situaciones adversas. Ante esto, tenemos que reconocer que, debido a nuestros pecados y rebeliones, Dios nos somete a su disciplina, a fin de traernos de vuelta a Él.

Otra cosa que debemos tener presente es que Dios es el creador y sustentador del universo y que no hay nada ni nadie que esté fuera de su alcance. No debemos olvidar que es Él, y no nosotros, quien determina lo que es bueno y lo que es malo. Así que tenemos que aceptar la corrección del Señor y considerarla una bendición para nuestras vidas, y que, a través de las pruebas, alcanzamos la sabiduría que necesitamos.

Esta es precisamente la gran enseñanza del libro de Job: la demostración del amor de Dios hacia nosotros y su propósito en enseñarnos. Entendamos de una vez por todas que acusar a Dios, culparlo y justificarnos a nosotros mismos es una necia decisión que no nos lleva a ningún lugar. Por lo tanto, cree que solo la justicia que Cristo nos imputa hace posible que permanezcamos en pie delante de Dios. Así que tenemos que ser diligentes a la hora de evitar toda manifestación de autosuficiencia de nuestra parte, y humillarnos a menudo en la presencia de Dios. No debemos atrevernos a replicarle ni a discutir con Él. Acusarlo y arremeter en su contra es lo mismo que blasfemar. Nunca debemos cuestionar ninguna de las acciones del Señor, sino que tenemos que aceptarlas como su voluntad para nuestras vidas.

No es nada extraño ni sorprendente que encontremos dificultades durante nuestra existencia. Todos las tenemos. Hay que aceptar que esto es parte de la vida y que la fe siempre las vencerá. Por eso debemos asegurarnos del hecho de que Dios tiene la palabra final en todas las cosas, y aceptar la naturaleza transitoria y problemática de la vida humana. Así que la adversidad es como un fuego mediante el cual Dios nos purifica.

Entonces, si las adversidades, oposiciones o limitaciones son parte de la acción disciplinaria de Dios, seamos conscientes de inmediato de qué se trata, y vayamos ante Él en arrepentimiento y confesión. Además, descansemos en la protección del Señor contra los ataques del enemigo y no le temamos, pues el Señor honrará nuestra fe si permanecemos firmes hasta el final. Ahora bien, para los que no aman al Señor, no quieren conocerlo, ni desean venir a los pies de Cristo, esta Palabra de Proverbios es para ellos:

> Por cuanto aborrecieron la sabiduría, y no escogieron el temor de Jehová, ni quisieron mi consejo, y menospreciaron toda represión mía, comerán del fruto de su camino, y serán hastiados de sus propios consejos. Porque el desvío de los ignorantes los matará, y la prosperidad de los necios los echará a perder.
>
> Proverbios 1:29-32

Por otra parte, una persona que reconoce el poder de Dios y su sabiduría es humilde ante el Señor y admite su incompetencia para entender su obra a plenitud:

> Ciertamente más rudo soy yo que ninguno, ni tengo entendimiento de hombre. Yo ni aprendí sabiduría, ni conozco la ciencia del Santo.
>
> Proverbios 30:2-3

La Nueva Versión Internacional utiliza la palabra «ignorante» en lugar de «rudo»: «Soy el más ignorante de todos los hombres [...] No he adquirido sabiduría». ¿Y quién es la sabiduría? ¡Cristo!

Entonces, si nos humillamos y aceptamos nuestras limitaciones, iremos a Él «para que sean consolados [nuestros] corazones, unidos en amor, hasta alcanzar todas las riquezas de pleno entendimiento, a fin de conocer el misterio de Dios el Padre, y de Cristo, en quien están escondidos todos los tesoros de la sabiduría y del conocimiento» (Col 2:2-3).

MEDÍTALO...

Una tradición medieval narra la siguiente anécdota...

Un día, el gran teólogo Agustín de Hipona paseaba por la orilla del mar, dándole vueltas en su cabeza a muchas de las doctrinas sobre la realidad de Dios. Entre estas, meditaba en la doctrina de la Trinidad y la majestad de Dios. Así que trataba de entender el Dios trino: Dios Padre, Dios Hijo y Dios Espíritu Santo, Dios en tres personas distintas, y sintió la tentación de rechazar la Trinidad. Entonces, se puso a meditar en este pasaje:

> Porque tres son los que dan testimonio en el cielo: el Padre, el Verbo y el Espíritu Santo; y estos tres son uno.
>
> 1 Juan 5:7

De repente, alza la vista y ve a un hermoso niño que está jugando en la arena a la orilla del mar. Le observa más de cerca y ve que el niño corre hacia el mar, llena el cubo de agua del mar, y vuelve donde estaba antes y vacía el agua en un hoyo. Así el niño lo hace una y otra vez, hasta que ya Agustín, lleno de curiosidad, se le acerca al niño y le pregunta:

—Oye, niño, ¿qué haces?

—Estoy sacando toda el agua del mar y la voy a poner en este hoyo —le responde el niño.

—Pero eso es imposible —le dice Agustín.

Entonces, Dios le habló al corazón de Agustín: «Yo Soy tan grande que es imposible que me pongas dentro del hoyo de tu mente tan pequeña al intentar entenderme».

Mis hermanos, el esfuerzo humano por comprender la grandeza, la infinitud, la majestuosidad y la inmensidad del poder de Dios y su amor por nosotros es lo mismo que si intentáramos, como aquel niñito, sacar «toda el agua» del mar y echarla en un hoyo en la arena.

Del mismo modo, Job no podía comprender el poder de Dios. Por eso es que antes se defendió con uñas y dientes en contra de los discursos de sus tres amigos, contestándoles de manera apasionada. Sin embargo, ¿cómo reaccionó después de las declaraciones de Eliú en cuanto a la grandeza y la majestad de Dios? ¿Cómo recibió la Palabra del Señor? Al final, inclinó la cabeza, guardó silencio, se humilló y le dio la razón a Dios. Si Job se hubiera rebelado en contra de la Palabra del Señor, si hubiera cerrado su corazón, no habría podido experimentar la coronación de su prueba. Ahora, como veremos, el propio Dios le habla personalmente.

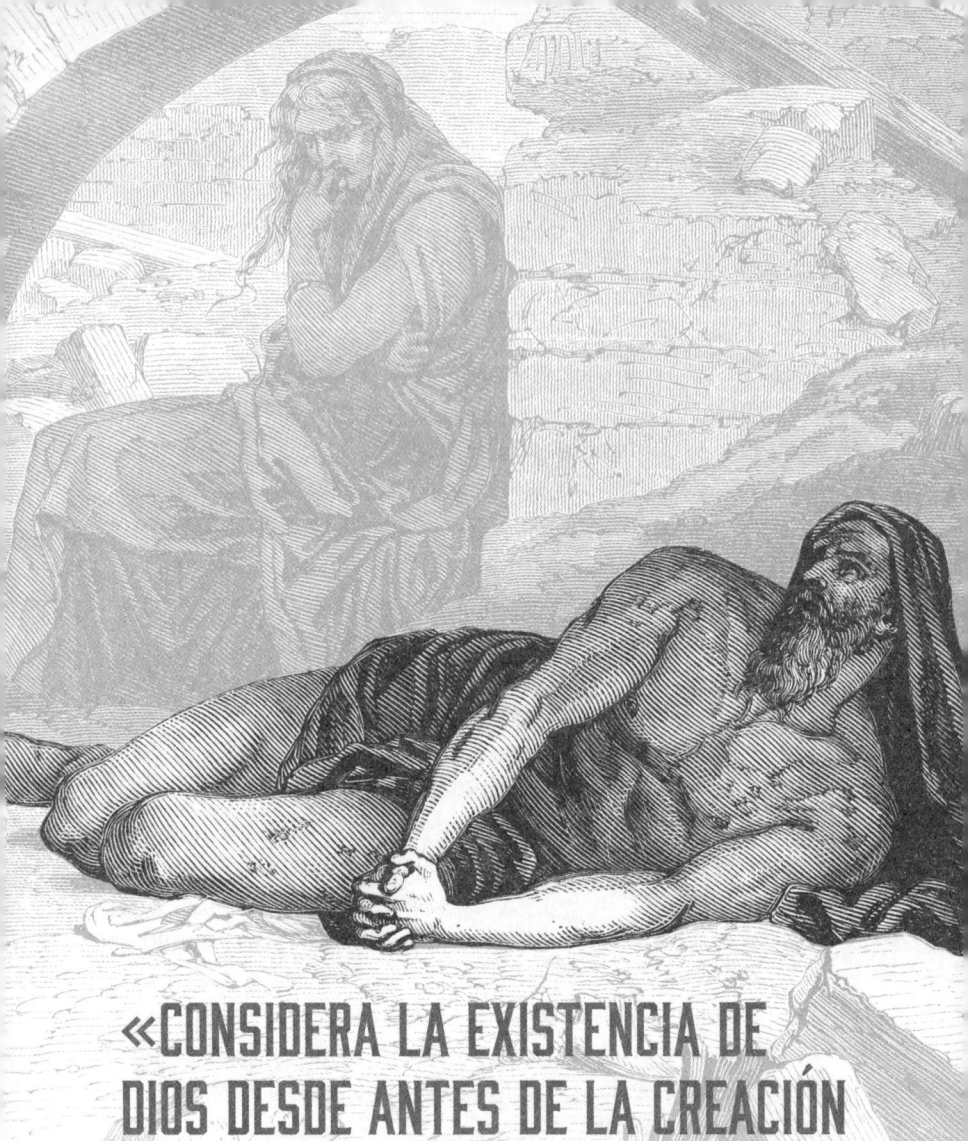

«CONSIDERA LA EXISTENCIA DE
DIOS DESDE ANTES DE LA CREACIÓN
DEL MUNDO; MIRA AL QUE ES,
Y FUE, Y QUE HA DE VENIR, AL
TODOPODEROSO».

CHARLES H. SPURGEON

DIOS LE CONTESTA POR MEDIO DE SU OMNIPOTENCIA A JOB

«Entonces respondió Jehová a Job desde un torbellino».
Job 38:1

Con los capítulos 38 al 41 del libro de Job podemos tener una idea del poder, la grandeza, sabiduría y majestad incomparable de Dios. Con solo el despliegue de su poder en el mundo natural y físico de la creación y de la naturaleza, le enseña a Job y lo humilla de tal manera que este no tiene nada que decirle al Señor.

Una vez que terminaron las palabras y los discursos de sus tres amigos y de Eliú, el Señor le responde a Job desde un torbellino. La respuesta de Dios siempre es definitiva y final. No hay apelación ante Él.

El libro de Job, al igual que muchos libros del Antiguo Testamento, termina con la Teofanía; es decir, con la manifestación de la divinidad de Dios. Así que la respuesta divina y los argumentos que Él usó tuvieron un gran impacto sobre la mente, el corazón y el espíritu de Job.

EL TEMOR Y LA FE

Cuando Dios le responde desde un torbellino, no trata de explicar el porqué de los padecimientos de Job, sino solo intenta humillarlo a través de una serie de preguntas. Una vez que leemos las palabras que vienen de parte de Dios en la tormenta, llegamos a concluir lo siguiente sobre las calamidades de Job:

- Es evidente que no debía saber el motivo de su dolor.
- Es posible que algunas cosas relacionadas con el sufrimiento humano Dios no nos las pueda explicar sin alterar al mismo tiempo su propósito.
- Debido a nuestra naturaleza humana, Dios participa y está relacionado con nuestros asuntos diarios.
- Job y su dolor, al igual que el nuestro, le importan muchísimo a Dios como para que se tomara su tiempo para hablar. El Señor compara su grandeza, majestad y Omnipotencia con las limitaciones, la pequeñez y la impotencia de Job.

Tal vez el propósito de Dios fuera agotar los sentimientos de justificación propia, autoestima y autosuficiencia de Job, de tal forma que este encontrara y descubriera por medio del poder del Señor cuán débil, pequeño y dependiente era de Dios en realidad. O tal vez Dios se propusiera sacar fuera el temor del corazón de Job, el cual tuvo desde el principio:

> Porque el temor que me espantaba me ha venido, y me ha acontecido lo que yo temía.
>
> Job 3:25

En cuanto a nosotros, quizá el temor sea el problema que afrontemos ahora. Recuerda, como dijimos antes, que la fe y el temor, o el temor y la fe, no pueden caminar juntos. Acuérdate de que en la tempestad los discípulos tuvieron que decidir entre el temor o la fe.

Charles Spurgeon usa dos ejemplos bíblicos para mostrarnos de qué manera nuestra fe crece, se fortalece y madura:

- **Primer ejemplo: David**
  «En el día que temo, yo en ti confío» (Sal 56:3).
- **Segundo ejemplo: El profeta Isaías**
  «¡Dios es mi salvación! Confiaré en él y no temeré» (Is 12:2, NVI®).

Abundando en el tema, el pastor y escritor David Jeremiah nos narra lo siguiente en su libro *¿A qué le tienes miedo?*:

Charles Spurgeon compara la fe de estos dos hombres con las medicinas, y la de Isaías es la marca más fuerte. Él habla de un hombre que tuvo un resfrío pero dio gracias por la prescripción que lo ayudó a superarlo. Un vecino dijo: «¿Agradecido por qué? ¡Yo tengo algo que te ayudaría a evitar el resfrío en primer lugar!». Si tienes una fe que te ayuda a lidiar con el temor, Spurgeon dijo que se alegraba por ti. Sin embargo, ¿por qué no desarrollar una fe de más alto nivel que es resistente al temor?[1]

En resumen, la fe te evitará el resfriado y que tengas que tomar la medicina. El temor hará que te dé el resfriado y que debas tomar la medicina. La comparación de Spurgeon es acertada, aunque debido a nuestra naturaleza humana, de vez en cuando somos blancos de algún resfriado o de alguna otra enfermedad. Sin embargo, Dios puede evitar la enfermedad o puede permitirla para después sanarnos y glorificar su nombre. De modo que tenemos que crecer en la fe y desarrollarla con la meta de llegar a una fe madura y sólida. Entonces, tenemos fe por temor, y temor por fe. Tal vez este fuera el problema de Job.

LAS RESPUESTAS QUE PARECEN IMPOSIBLES

Dios le respondió a Job y se le manifestó de una forma terrible, increíble, poderosa, sorprendente, grandiosa y majestuosa. Con todo, no destruyó a Job, sino que le habló de su poder y autoridad. Al principio, parecía que Dios juzgaría a Job con severidad, pero como lo veremos en los capítulos siguientes, no fue así, sino que demostró su omnipotencia de una manera extraordinaria.

A veces, nuestros ojos no pueden darle crédito a lo que vemos en las noticias horribles en la televisión. Son escenas devastadoras, tristes, dolorosas y destructivas. Lo más curioso es que Dios no nos contesta la razón de tanto sufrimiento. Por ejemplo, a algunas personas las mantienen vivas a través de tubos de respiración artificial. En otros casos, vemos cómo en otras naciones los niños mueren de hambre. Sin embargo, aquí en Estados Unidos echamos la comida que nos sobra a la basura.

También miramos cómo un tornado, una tormenta, un temporal, un terremoto o un incendio destruyen todas las posesiones de una familia y las desaparece en cuestión de minutos, ya sean autos, casas, hijos y familiares. ¿Y qué me dicen de las guerras inútiles y los ataques terroristas a personas inocentes en aeropuertos, aviones y edificios? Como resultado, dejan a miles de personas muertas, como fue el caso de las Torres Gemelas, de Nueva York, el 11 de septiembre de 2001. Nos quedamos perplejos ante la ola de violencia, robos, crímenes y violaciones que presenciamos en todas partes del mundo. Podría seguir citando muchas cosas más que tanto tú como yo sabemos que suceden a diario.

A nivel personal, si afrontamos alguna situación de dolor y sufrimiento, nos preguntamos: «¿Por qué Dios no contesta mis oraciones o me habla de manera específica de mi problema? ¿Por qué Dios no me visita en persona y me explica la razón de lo que estoy pasando? ¿Por qué estoy atravesando esta enfermedad, esta pérdida, este dolor, este sufrimiento? ¿Por qué debo pasar por esta experiencia agonizante y difícil?». El propio Jesús, cuando clamó en el huerto de Getsemaní y le pidió tres veces al Padre que lo librara de la cruz, Él guardó silencio. Incluso, después clamó en el Calvario con desesperación: «Dios mío, Dios mío, ¿por qué me has desamparado?» (Mt 27:46), pero no obtuvo respuesta. Job, en cambio, tuvo el privilegio de recibir una visita personal de parte del mismo Dios y escuchó la voz divina en forma de un torbellino.

Job, que es el prototipo, el modelo, el ejemplo de la persona que más sufrió de manera inocente de toda la Biblia, con excepción de Cristo, por supuesto, escuchó la voz de Dios. En su caso, el Señor le contestó con el más largo discurso que narra las Escrituras. Por medio de Job, creo que también Dios nos ofreció una enseñanza o lección de lo que significa mantener y preservar la libertad de expresión y del libre albedrío de la humanidad.

Entonces, me pregunto: «¿Qué otra cosa pudiera haberle contestado Dios a Job?». Pudiera haberle puesto la mano con delicadeza sobre la cabeza a Job y decirle cuánto esta experiencia le haría crecer y madurar espiritualmente. Pudiera haberle dicho que estaba orgulloso de él, de su actitud y perseverancia en medio de la prueba. Pudiera haberle dicho que se había ganado una victoria decisiva aun sin conocer los detalles de la conversación y la «apuesta» entre el diablo y Él. Pudiera haberle dicho: «Job, sé que has recibido un tratamiento injusto según tu parecer, pero venciste. No tienes idea de lo que esto representa para mí» (porque Dios venció al diablo a través de la obediencia de Job). Pudiera haberle dicho: «No te imaginas la importancia de lo que hiciste al vencer este duro sufrimiento y lo que esto representará para las generaciones venideras».

Asimismo, pienso que Dios pudiera haberle dicho a Job algo sobre el valor de vencer el dolor y el sufrimiento, y de cuánto apreciaba que se mantuviera firme. En fin, Dios le pudiera haber dicho a Job muchísimas cosas. Por ejemplo, algunas frases de amabilidad, una sonrisa de compasión, una breve explicación de lo que le sucedió. Cualquier cosa que fuera, de seguro que hubiera ayudado a Job. Sin embargo, muy por el contrario, Dios le respondió de una forma enérgica, terminante y poderosa. En esencia, borró treinta y seis capítulos anteriores de debates de los amigos de Job en cuanto al asunto de encontrar la causa del dolor y del sufrimiento.

CUANDO DIOS ROMPE EL SILENCIO

La mayoría de las veces, Dios no responde a nuestras preguntas y mucho menos nos da la razón del porqué de sus decisiones, como muy bien lo dice este pasaje:

> ¿Por qué contiendes contra él? Porque él no da cuenta de ninguna de sus razones.
>
> Job 33:13

En cambio, a veces Dios contesta, como fue el caso de Job. En cuanto a ti, ten presente que sea cual sea el problema, necesidad o enfermedad que estés afrontando en estos momentos, si oras y esperas con fe y confianza, y si Él lo decide así para tu provecho espiritual, Él te contestará también. Entonces, si Él lo hace, considéralo algo especial, un privilegio y un gran honor, porque a muy pocos creyentes Dios les hace esta excepción.

Ahora, pasemos a analizar la primera parte de la respuesta que Job recibió de parte del Señor:

1. Dios le responde a Job

Job 38:1: «Entonces respondió Jehová a Job desde un torbellino».

Dios permita que nos hable de la forma que desee y nos haga ver cuán pequeños somos delante de Él y de su grandiosa presencia. Job, en cambio, durante sus discursos preguntó varias veces:

> ¿Cuántas iniquidades y pecados tengo yo? Hazme entender mi transgresión y mi pecado.
>
> Job 13:23

Entonces, ahora Dios le concede su deseo y le responde. Job estaba muy obsesionado con mantener su camino de credibilidad, pues no cabe duda de que había vivido con buena conciencia delante de Dios, y su tendencia era la de jactarse de su integridad, a la vez que se justificaba a sí mismo y acusaba a Dios por su calamidad. Lo que Job no entendía era que su integridad se basaba en la gracia de Dios y que nunca la hubiera obtenido sin el favor y la misericordia que le proveyó el propio Dios.

Como vimos, Job decía: «Hazme entender mi transgresión y mi pecado». La respuesta de Dios a Job revela que sus iniquidades estaban escondidas en su corazón, en su interior, en su espíritu. Aunque Job no se daba cuenta, esto se llamaba jactancia, orgullo o soberbia. Dios, sin embargo, ve los corazones y no se equivoca, como lo dice la Palabra en este pasaje:

> Engañoso es el corazón más que todas las cosas, y perverso; ¿quién lo conocerá? Yo Jehová, que escudriño la mente, que

pruebo el corazón, para dar a cada uno según su camino, según el fruto de sus obras.

Jeremías 17:9-10

Entonces Dios habló a Job por medio de un torbellino, con una voz potente, real, poderosa y extraordinaria. Aun así, Él no acusa de forma directa a Job, sino que lo reprende por mostrar la condición de su corazón, ignorancia e impotencia al depositar su confianza en su propia justicia.

Hoy en día, Dios ya no necesita hablar de la misma manera en que lo hizo con Job. ¿Por qué? Porque Él nos habla por medio de Cristo y de su Palabra, como lo afirma en este pasaje del libro de Hebreos:

Dios, habiendo hablado muchas veces y de muchas maneras en otro tiempo a los padres por los profetas, en estos postreros días nos ha hablado por el Hijo, a quien constituyó heredero de todo, y por quien asimismo hizo el universo; el cual, siendo el resplandor de su gloria, y la imagen misma de su sustancia, y quien sustenta todas las cosas con la palabra de su poder, habiendo efectuado la purificación de nuestros pecados por medio de sí mismo, se sentó a la diestra de la Majestad en las alturas.

Hebreos 1:1-3

Cuando oramos, hablamos nosotros con Dios por medio de Cristo y del Espíritu Santo, pero cuando leemos la Palabra de Dios, Él nos habla a nosotros.

2. Dios llama insensato a Job
Job 38:2: «¿Quién es ése que oscurece el consejo con palabras sin sabiduría?».

Dios permita que nos haga ver nuestra ignorancia, insensatez, y que nos humille de tal manera que no podamos levantar la cabeza al intentar justificarnos y culparlo como hizo Job al no entender lo que le sucedía.

La respuesta de Dios viene en forma de una avalancha de preguntas. Lo interesante es que Él no tiene por qué contestarnos todas las veces que creamos que tenga que hacerlo, como lo dice bien claro este pasaje:

> ¿Es sabiduría contender con el Omnipotente? El que disputa con Dios, responda a esto.
>
> Job 40:2

Repito, Dios no tiene la obligación de contestar a todos nuestros caprichos. En cambio, Él contesta la oración específica que tiene sentido y que está en el centro de su voluntad. Aun así, a menudo se demora mucho para hacerlo.

3. Dios le pregunta a Job

Job 38:3: «Ahora ciñe como varón tus lomos; yo te preguntaré, y tú me contestarás».

Dios permita que nos pregunte lo que Él ya sabe que no podemos contestar. Además, que todo hombre se avergüence por no poder contestarle al que conoce todas las cosas y que solo lo alabe a Él por siempre, pues tiene todas las respuestas que jamás tendremos nosotros.

Solo en los capítulos 38 y 39 hay sesenta y siete preguntas. Cada una parece destellar luz sobre la falta de sabiduría de Job. Entonces, siempre que eso sucede, Job se humilla cada vez más delante de la asombrosa presencia de Dios. Por lo tanto, el Señor va despacio quebrantando a Job hasta destrozar su «ego» por completo. Cada interrogante de Dios es una revelación e instrucción para Job. Todas sus preguntas como, por ejemplo: «¿Dónde estabas tú?», «¿Quién ordenó?», «¿Sobre qué?», «¿Quién extendió?», «¿Quién encerró?», «¿Has mostrado?», etc., son evidencias de lo que Dios ha hecho y puede hacer, y que no hay nadie y nada como Él. ¡Aleluya!

4. Dios cuestiona a Job

Job 38:4: «¿Dónde estabas tú cuando yo fundaba la tierra? Házmelo saber, si tienes inteligencia».

Dios permita que Él nos cuestione lo que no podemos responderle y que también ponga en su lugar de una vez y para siempre a todos los arrogantes, soberbios, prepotentes, orgullosos y necios «científicos» que niegan su existencia, su poder, su Nombre, su autoridad y su majestad en el universo. No solo eso, sino que los reduzca a la vergüenza, tanto a ellos como sus teorías absurdas y sin sentido, y que Él exalte su Nombre en la tierra ante todo y sobre todos. ¡Aleluya!

Dios permita que los científicos cristianos sean bendecidos y prosperados, y que la comunidad científica que los conoce sirva de testimonio a los demás «científicos». Como resultado, que los lleve al conocimiento de Aquel que solo es digno de toda alabanza y gloria. A la larga, todo científico honesto, humilde y sincero encontrará a Dios, pues no hay ningún conflicto entre la ciencia, Dios y su Palabra.

Todas estas preguntas que Dios le hizo a Job son otras tantas revelaciones de la sabiduría y del poder del Señor y de su «perfecto control y absoluto dominio en los cielos», en el universo y en lo que llamamos las leyes inmutables de la Física, tal y como Dios pregunta en este pasaje:

¿Supiste tú las ordenanzas de los cielos?

Job 38:33

¿A qué ordenanzas se refiere Dios? Se refiere a las leyes establecidas en el universo por el Todopoderoso. Los que desean contender con Él, deberían analizar con mucho cuidado este versículo y su declaración divina.

Quizá alguien diga: «¡Pero yo no creo en Dios y mucho menos en la Biblia!». ¿Mi respuesta? Nada de esto marca diferencia alguna. No importa si crees o no en las leyes de la Física y de la naturaleza.

No puedes eliminarlas. Si no crees, súbete arriba del edificio más alto de tu ciudad y lánzate hacia abajo. En seguida te darás cuenta si las leyes de la Física existen o no cuando te despedaces al caer al suelo.

El hecho de si crees o no en Dios o en su Palabra es irrelevante, pues algún día tendrás que comparecer delante del juicio de Dios, sin importar tus opiniones. Está establecido. A Dios no le afecta en lo absoluto lo que pensamos o dejamos de pensar de Él. Esto no tiene ninguna importancia para Él. Dios es lo que dice que es en su Palabra, ya sea que creamos o no en Él. ¡Punto!

UN RUMBO DIFERENTE E INESPERADO

En los capítulos 38 al 41, Dios llevó a Job a un viaje de «turismo verbal», a fin de que observara las maravillas de su creación en la naturaleza. Con ese propósito, le hizo muchísimas preguntas que Job no las pudo contestar, por supuesto. El discurso del Señor dejó a Job desconcertado, perplejo, aturdido, ofuscado, maravillado y callado, pues no se esperaba esto. Según su opinión, le hacía falta una explicación que le revelara el motivo de su sufrimiento. En cambio, Dios le contestó algo distinto por completo.

Ahora bien, no debemos olvidar que cuando Dios le contestó, Job estaba desesperado por el dolor. Su cuerpo lleno de llagas le ocasionaba un gran sufrimiento, tanto de manera física como emocional, debido a la muerte de sus diez hijos. Además, lo había perdido todo y estaba en la calle, desamparado, sin familia, sin amigos, desalentado, etc. Así que nos preguntamos: «¿Dios no pudiera haber escogido otra hora mejor para darle un curso sobre las maravillas de la naturaleza? ¿Por qué Dios evadió lo que Job esperaba? ¿Por qué ignoró los tormentos del pobre Job y, en su lugar, habló de su poder y autoridad desplegados en la creación?».

Sin embargo, al final vemos que esto era justo lo que necesitaba Job y no las respuestas a sus inquietudes. Cuando lo analizamos, vemos que esto calmó su corazón y hasta lo hizo humillarse delante del Señor aceptando sus palabras y represiones.

Delante de su única audiencia, que solo era Job, Dios habla con júbilo acerca de la inmensidad de su majestuosidad y excelso poder cuando creó todas las cosas, así que le inunda la mente a Job con todas estas maravillas. Al final, lo deja anonadado con preguntas que jamás el patriarca sería capaz de responder. Después de cada descripción, Dios le reafirma su poder. En otras palabras, le pregunta cosas como estas: «¿Eres tan poderoso como yo para duplicar todas estas hazañas y proezas que he hecho? ¿Eres tan sabio que puedes gobernar el mundo y el universo?».

Las palabras del Señor hicieron tal impacto devastador en el corazón y la mente de Job que lo llevaron al arrepentimiento por haber hablado sin sabiduría. Solo la primera pregunta de Dios a Job es suficiente para quitarle el aliento de vida:

> ¿Dónde estabas tú cuando yo fundaba la tierra? Házmelo saber, si tienes inteligencia.
>
> Job 38:4

¿Quién puede contestar tal pregunta? Esto solo fue para empezar, ¡pues fueron sesenta y siete preguntas!

UNAS LECCIONES DIFÍCILES DE OLVIDAR

En los capítulos 38 y 39, el Señor llama la atención de Job para que considere su creación del mundo físico, natural, y del universo. Job, al igual que nosotros, no tenemos la más mínima idea del gran poder desplegado por el Señor a través de su majestuosa creación. Solo poseemos una idea extremamente pequeña y muy limitada.

Sin duda, el Señor le da una gran lección a Job al hablarle acerca de los inmensos y grandísimos océanos, de los fundamentos profundos de la tierra, de la puesta del sol, de los cimientos de la roca y del mar, de las alturas en las nubes y de la tierra, de los lugares de nieve, lluvia, granizo y relámpagos, y hasta le describe las constelaciones y las estrellas. Después de enseñarle a Job sobre la tierra, el mundo físico y el universo, Dios le pregunta:

¿Has considerado tú hasta las anchuras de la tierra? Declara si sabes todo esto.

Job 38:18

Como vemos, en las palabras de Dios se deja notar algunos matices de ironía al preguntarle varias veces a Job dónde estaba cuando Él creó todas las cosas. Incluso, le dice:

¡Tú lo sabes! Pues entonces ya habías nacido, y es grande el número de tus días.

Job 38:21

Más adelante, el Señor lo lleva a considerar su creación del mundo natural. Por ejemplo, le habla de las peculiaridades y hábitos de animales como el león, el cuervo, las cabras monteses, el ciervo, el asno, el buey, el avestruz, el caballo, el gavilán, el águila, etc. Parafraseando sus palabras, le pregunta de nuevo a Job: «A ver, dímelo y explícame la función de cada animal, porque de seguro que tú lo sabes».

El gran poder, sabiduría y majestuosidad desplegado por Dios en la creación de la tierra, de la naturaleza y del universo es incomprensible, pasmoso y va más allá del entendimiento de la mente humana. La conclusión es sencilla: Él es Dios y Job no lo es... ¡y nosotros tampoco lo somos! De seguro que por eso Dios le hizo tantas preguntas, ¡pues Job no las podía contestar! (Algo similar nos sucede a nosotros).

Al llegar a este punto, creo que Job ya no soportaba tantas preguntas. Cada vez más estaba perplejo, atónito, asombrado y deslumbrado con el poder y la sabiduría de Dios. La Biblia dice que Dios pregunta dónde está la sabiduría del hombre y que para Él, la sabiduría del hombre es insensatez (1 Co 1:19-21; 3:19). En realidad, a los ojos de Dios, toda la inteligencia y sabiduría del hombre es, en el mejor de los casos, una partícula minúscula en comparación con su gloria, poder y majestad; es decir, ¡no es nada o menos que nada!

Como nada son todas las naciones delante de él; y en su comparación serán estimadas en menos que nada, y que lo que no es [...]

Él está sentado sobre el círculo de la tierra, cuyos moradores son como langostas; él extiende los cielos como una cortina, los despliega como una tienda para morar.

Isaías 40:17, 22

Volviendo a Job, recuerda que Dios ya le había hecho sesenta y siete preguntas con relación a las maravillas de su grandeza en la creación de la tierra, de los animales, del mundo y del enorme universo. En otras palabras, Dios le dio una lección magnífica sobre ciencia, geología, meteorología, oceanografía, astronomía y zoología. Aun así, Job no pudo contestarle ni siquiera una pregunta. Solo podía guardar silencio, reconociendo su propia ignorancia e insignificancia delante del Omnipotente.

Como vimos, Dios le hizo a Job muchas preguntas donde le dejó claro que solo Él es capaz de controlar lo incontrolable. Después de sus preguntas y de mostrarle su soberanía y autoridad, la conclusión es evidente: Job es un insensato e impotente delante de tal grandeza, y no puede contestar porque no sabe. No tiene idea de cuán gigantesco es el universo ni cómo hacerlo funcionar.

Sin duda alguna, el poder de Dios está rodeado de misterios, ya sea por encima o por debajo de la tierra, así como en la expansión del universo. Por eso es que nosotros deberíamos cerrar la boca también, pues delante de la sabiduría de Dios, los avances científicos de los últimos años son como cubos de agua salada sacados del océano y arrojados en un hoyo en la arena mientras sube la marea. Nada de esto impresiona a Dios. De lo que sí deberíamos maravillarnos es de nuestra propia insensatez y no dejarnos impresionar por la ciencia.

A pesar de ser insignificante e indocto, Job presumía a la hora de cuestionar los caminos de Dios, de modo que argumentaba, acusaba y se justificaba ante el Todopoderoso. Ahora, en cambio, se somete a la sabiduría infinitamente superior de Dios y a su conocimiento, reconociendo que había hablado sobre cosas que ignoraba, no sabía y no entendía.

NUESTRA RESPUESTA ESTÁ EN DIOS

Entonces, hagamos dos preguntas necesarias que se han repetido todos a través de los siglos, ya sea a nivel secular y filosófico, como teológico y espiritual: «¿Respondió Dios las inquietudes y preguntas que Job tenía sobre el sufrimiento? ¿Le declaró el motivo de su dolor y de la injusticia que afrontó?». ¡Creo que no! Pareciera ser que Dios evitó de manera deliberada dar explicaciones lógicas... punto por punto.

En lo particular, encuentro irónico que tantas personas hayan escrito libros intentando defender la reputación de Dios respecto a este difícil tema del dolor y del sufrimiento, tanto con relación a Job como al que existe en el mundo actual. Sin embargo, veo que Dios no necesitó dar una explicación en defensa propia. Entonces, ¿qué quería Dios de Job en realidad? Creo que únicamente deseaba que Job depositara su total confianza y fe en Él. Aunque este pobre hombre desconocía el motivo de su sufrimiento, debía admitir que Dios tenía el control de todo, aun si se trataba de sus calamidades. ¿No nos pasa esto a nosotros también?

Muchas veces no entendemos por qué nos suceden tantas cosas adversas y lo único que debemos hacer, sin tener una respuesta directa de Dios, es seguir confiando en Él. Creo que detrás del espléndido y poético discurso del Señor, todo se resume a esto: «Job, hasta que no puedas saber un poco más de cómo gobernar el universo físico y la creación natural, no me enseñes y digas cómo gobernar el universo invisible, moral y espiritual del cual no tienes idea alguna».

En mi opinión, a todos nosotros, y no solo a Job, nos vienen bien estas palabras. Si estamos faltos de sabiduría para entender las maravillas del mundo natural en el que vivimos, al cual podemos ver y tocar, ¿quiénes somos nosotros para juzgar a Dios en cuanto a su gobierno moral y espiritual que no vemos, que está invisible y oculto a nosotros?

Hasta que no podamos crear una sola gota de lluvia por nuestra cuenta, o crear un copo de nieve, no tenemos la potestad para demandar a Dios en un proceso legal ante un tribunal ni exigirle que nos dé respuestas a todas nuestras preguntas. Todo el que se atreva a acusar a Dios debe considerar primero si es capaz de igualarse a Él en grandeza, majestuosidad y sabiduría. Luego, que intente a ver si logra algo en contra de Dios mismo. ¡Imposible! Así que pongámonos la mano sobre la boca y, en silencio, humillémonos delante del grandioso poder y autoridad del Señor. No hay nadie como Él ni nada se le puede igualar. ¡Aleluya!

Un Dios tan sabio que es capaz de gobernar el universo y que fue capaz de cuidar de Job, es lo suficientemente apto como para cuidar de ti y de mí, sin importar los momentos más sombríos, difíciles y dolorosos que podamos atravesar en la vida.

MEDÍTALO...

En su libro *¿Hay algo más grande que una ballena azul?*, Robert E. Wells nos habla de la grandeza y majestuosidad de Dios:

¿Es la ballena azul lo más grande que existe? Una ballena azul puede llegar a medir treinta metros de largo y pesar hasta veinte elefantes, pero es pequeña en comparación con...
El Monte Everest
El Monte Everest es enorme, pero es pequeño en comparación con el tamaño de...
La Tierra
Sin embargo, más de un millón de nuestras tierras cabrían dentro de...
Nuestro Sol
No obstante, nuestro Sol es solo una estrella de tamaño mediano y más de cincuenta millones de nuestros soles cabrían dentro de...
La superestrella Antares
Miles de millones de estrellas, incluyendo Antares y nuestro Sol, conforman nuestra galaxia, la Vía Láctea.
La Vía Láctea es solo una galaxia. El Universo está compuesto por todas las galaxias. ¿Podría haber algo más grande?[2]

¡Qué grandiosidad la de Dios, mis hermanos! Los científicos dicen que el valor aproximado en el que viaja la luz es de trescientos mil kilómetros por segundo; es decir, le da alrededor de siete vueltas y media a la tierra por segundo. Imagínate que las estrellas están separadas una de la otra a la velocidad de millones de años luz... Una distancia inimaginable para nosotros. Y Dios creó todo este gigantesco universo con la palabra hablada por su boca:

> Por la palabra de Jehová fueron hechos los cielos, y todo el ejército de ellos por el aliento de su boca [...] Porque él dijo, y fue hecho; él mandó, y existió.
>
> Salmo 33:6, 9

¡Cuán grande es nuestro Dios! ¡Aleluya! Ya vimos la grandeza del tamaño de Dios, ¿y cuál es el tamaño de tu problema y sufrimiento hoy que Dios no puede solucionar? ¿Hay algo que Él no pueda hacer por ti? La Palabra dice: «Porque nada hay imposible para Dios» (Lc 1:37).

Tal vez estés enfermo, tengas un problema familiar o algún caso en el tribunal. Quizá tu problema sea financiero, residencia legal, ciudadanía, trabajo y no sabes cómo Dios suplirá tu necesidad. Por lo tanto, mi pregunta para ti es: «¿De qué tamaño es tu Dios?». Recuerda que nuestro Dios no tiene límites. Es más, ¡no se puede medir!

DIOS LE RESPONDE, HUMILLA, PREGUNTA, CONFRONTA Y DESAFÍA A JOB

26

«Además respondió Jehová a Job, y dijo: ¿Es sabiduría contender con el Omnipotente? El que disputa con Dios, responda a esto».
Job 40:1-2

La historia nos revela de manera precisa que en esta vida sucede, y sucederá, todo en absoluto. Poderosos imperios y naciones se han levantado y han caído. El poder, la fama, el dinero, la posición y la influencia de reyes, príncipes, presidentes, gobernadores, primeros ministros, etc., terminarán algún día, si es que en muchos casos no han finalizado aún. La Palabra lo afirma:

> El mundo pasa, y sus deseos; pero el que hace la voluntad de Dios permanece para siempre.
>
> 1 Juan 2:17

La influencia de James Addison Baker, más conocido como Jim Baker, en Washington D.C. es legendaria. De profesión abogado, sus credenciales lo distinguen en gran medida: Subsecretario de Comercio, secretario del Tesoro, secretario de Estado, jefe del Consejo Nacional de Seguridad, consejero de política exterior, jefe de Gabinete de la Casa Blanca y asesor comercial. Para los presidentes que trabajó están Gerald Ford, Ronald Reagan y George Bush padre. Baker podía entrar y salir de la Casa Blanca a su antojo.

Un día, mientras servía como secretario de Estado, durante la presidencia de Bush, Baker se dirigía a su casa en su limosina. En el trayecto reconoció a un hombre caminando por la calle que también fue jefe del personal de la Casa Blanca en una administración previa presidencial. Notó que el hombre caminaba solo. Los reporteros ya no estaban a su alrededor. No tenía seguridad a su lado. Era un simple hombre andando solo por una calle desierta. Allí estaba, dijo Baker, solo, sin periodistas, sin guardaespaldas, sin admiración, sin público y sin el reconocimiento del poder. Un hombre solitario con sus pensamientos. Este hombre lo tuvo todo, pero nada más que por un tiempo. Esa imagen quedó en la mente de Baker como un recordatorio constante de la naturaleza pasajera del poder. Más tarde, James Baker dijo:

> Tener una posición de poder no trae seguridad interior ni satisfacción. Eso solo viene al desarrollar una relación personal con Dios, que para mí está personificada en Jesucristo. La verdadera seguridad interior y la satisfacción vienen por la fe[1].

De la misma forma, Job lo tuvo todo... riquezas, poder, influencia y posición. En cambio, como ya vimos, lo perdió todo también. Entonces, después que discutió, se justificó y acusó a Dios, Job tuvo que reconocer que solo Él es Omnipotente y Supremo, que su poder jamás pasará, y que su influencia y permanencia es por toda la eternidad.

YAHVÉ: «EL QUE ES»

A pesar del lenguaje fuerte y desafiante de Dios hacia Job, Él no vino para denunciarlo, juzgarlo ni aplastarlo, sino para demostrarle su gracia y misericordia. La primera indicación de esto es que ahora Dios se le revela como Yahvé, el cual es uno de los nombres con que se designa a Dios en la Biblia. Esta palabra estuvo ausente por completo hasta ahora en el libro de Job.

Etimológicamente, la palabra Yahvé proviene del Tetragrámaton hebreo compuesto por cuatro letras: YHVH. (En español se suele sustituir con las palabras Jehová u otras formas que significan «el que soy»). Debido a la dificultad para pronunciar las cuatro consonantes, y por respeto para referirse a Dios, la gente decía Adonay, que significa «el Señor».

El nombre Yahvé es el mismo nombre con el que Dios se le reveló a Moisés en la zarza ardiente cuando le llamó para liberar a su pueblo de la esclavitud de Egipto. Este nombre solo lo usan quienes tienen una relación personal e íntima con Dios, para quienes tienen una alianza y un pacto de amor con Él. Por lo tanto, con este nombre Dios le responde a Job, pues básicamente lo invitaba a tener una relación personal con Él.

Gerald H. Wilson, quien fuera un erudito del Antiguo Testamento, comenta sobre esto:

> La evidencia sugiere que Dios no se muestra con sarcasmo debido a su superioridad hacia Job al intentar reprenderlo o ridiculizarlo. En su lugar, Él viene con su poder a demostrarle a Job a través de una experiencia única que Él es Dios. Entonces, pone a Job en su lugar, no mediante una represión ni una advertencia en su contra por intentar cuestionar al Todopoderoso, sino por la gracia de Dios que permite que le vea, en la medida de lo posible desde el punto de vista humano. Y como resultado, la aparición y demostración del poder de Dios, por muy increíble y poderosas que sean, solo pueden entenderse como un acto de gracia[2].

Basado en el nombre «Yahvé», Dios se le revela a Job a través de un torbellino; es decir, se le revela mediante un viento tormentoso, una gran tempestad. La gente de los tiempos de Job sabía cuán destructivo podía ser este viento que es comparable al de un huracán. Incluso, los hijos de Job murieron a causa de «un gran viento» (1:19). Así que a Job le aterrorizaba que Dios lo fuera a destruir por una gran «tempestad» (9:17).

LA EXPLICACIÓN INCONCLUSA

Job esperaba que Dios lo destruyera, pero no lo hace. Todo lo contrario fue lo que Él le ordenó a Moisés, pues nadie podía acercársele siquiera en el monte Sinaí. Si lo hacían, morirían cuando descendiera el Señor (Éx 19:16-21). Aquí, sin embargo, Dios aparece y se muestra, pero Job vive. El Señor se revela como un Dios personal y de gracia, así como un Dios infinito con un poder ilimitado. El Señor no dirige sus palabras para redargüir a Job ni tampoco las intenciones de los amigos de Job.

Según mi opinión, creo que Job esperaba una «explicación» de parte de Dios en cuanto a la causa de su sufrimiento, mientras que los amigos de Job esperaban una «condenación» de parte de Dios hacia Job. No ocurre ninguna de las dos cosas. En su lugar, Dios demuestra su poder y sus maravillas a través de su creación. En fin, Dios no le da a Job ninguna «explicación» de lo que le ha sucedido. Él es Dios y Señor del universo y no tiene obligación alguna de hacerlo. Es más, Él no le dice nada respecto al «concilio» celestial y la conversación que sostuvo con el diablo. Dios no le da «razón» alguna de por qué permitió que el acusador le infligiera tal sufrimiento a su vida.

Para Dios, no hubiera sido difícil darle alguna explicación a Job. Incluso, pudiera haberle dicho: «Mira, Job, sé que estas calamidades te han causado un gran dolor y sufrimiento. Sin embargo, quiero que te des cuenta que a través de esto tu nombre será grande algún día y servirá de inspiración a millones de personas que sufrirán hasta que termine su tiempo. Nadie más que a ti y a mi Hijo, que sufrirá mucho más que tú, se conocerán como los dos hombres más grandes de la historia al soportar con paciencia el sufrimiento». Si Dios le hubiera dicho esto, tal vez Job le hubiera contestado: «Ah, si esto es así, es diferente a lo que yo pensaba. Ahora entiendo que si el resultado de todo mi sufrimiento irá a alcanzar, ministrar, ayudar y bendecir a millones y millones de personas, mis aflicciones bien valdrán la pena». Francis Andersen nos explica su punto de vista sobre esto:

> Una de las grandes excelencias del libro de Job es que a él lo llevan al contentamiento sin nunca saber ni tener el conocimiento de los hechos de su caso [...] La prueba que Dios le impone solo sería eficaz si Job no supiera la razón de su sufrimiento. Dios sujeta a Job a una situación de abandono para hacerlo caminar con una fe

absoluta por completo, a fin de que este lo amara solo a Él. Parece ser que Dios no le concede este privilegio a mucha gente, porque muchos pagan un precio terrible de sufrimiento hasta descubrirlo. Sin embargo, parte de este descubrimiento es ver el sufrimiento en sí mismo como uno de los dones más preciosos de Dios. Esconder la historia completa de Job, aun después que pasó la prueba, lo mantiene caminando por fe y no por vista. Job no dice al final: «Ahora lo veo todo». Él nunca lo ve todo, sino que ve a Dios (42:5). Tal vez sea mejor que Dios no nos diga toda la historia de nuestras vidas[3].

Estoy de acuerdo con Andersen. Dios no tiene por qué decirlo todo en cuanto a nuestras vidas. La grandiosidad postrera de Job solo podría venir si este no supiera la razón de su sufrimiento. Dios lo determinó así, ¿y quiénes somos nosotros para discutir sus decisiones? Después vemos que el resultado del sufrimiento elevó a Job a un nivel incomparable de espiritualidad. ¿Por qué? Porque Job nunca ve toda la historia, lo que estaba escondido detrás del telón, entre la conversación de Dios con el diablo. Nunca ve la razón de su sufrimiento, sino que solo ve a Dios por medio de la demostración de su poder. Lo cierto es que esto es lo único que nosotros necesitaremos ver por toda la eternidad. ¿No es así?

Según mis análisis, hay otra razón muy poderosa del porqué Dios no le reveló a Job el motivo de su sufrimiento. Lo crucial es que el diablo acusó a Job de ser una farsa, de algo que no era real. Por lo tanto, desmentía a Dios diciendo que Job solo lo servía por los beneficios personales que recibía. El diablo no solo quería traer dolor y sufrimiento a Job, sino también desacreditarlo y exponerlo como un fraude. Por esto considero que Dios permitió que el diablo lo tocara, y le concedió solo el espacio limitado para alcanzar con exactitud lo opuesto de lo que quería el diablo. Al final, tuvo que tragarse sus palabras y quedó avergonzado.

Sé que algunos lectores modernos tienen el problema de entender por qué Dios permitió el sufrimiento de Job. No obstante, piensa de esta manera: Si tú supieras que después de tres mil años tu dolor y sufrimiento te daría un nombre y un lugar único en el plan de Dios para ser de bendición a millones y millones de lectores en cuanto al sufrimiento, y a tu actitud de resistencia y paciencia, ¿no lo harías? Al permitir que a Job le infligieran tal dolor, Dios creó uno de los más eficaces recursos para ayudar a un sinnúmero de personas a la hora de lidiar con el problema del sufrimiento en el mundo, así como para afrontar tantas adversidades.

LA RESPUESTA QUE NO SE ESPERABA

Dios permite el mal solo hasta cierto punto, a fin de derrotarlo Él mismo. Eso fue lo que sucedió con Job. ¡El diablo quedó avergonzado! Como siempre lo he dicho: ¡Dios tiene el control absoluto de todo! Aunque Él trazó un plan en la historia que incluye el mal, esto nos confunde y nos hace enojar porque no entendemos el motivo. Aun así, un libro como el de Job nos explica esas mismas cosas que no entendemos, pues abre la cortina por un instante al decirnos que Dios permitirá el mal hasta determinado punto y nivel, pues traerá lo opuesto a lo que quiere el diablo.

El propósito del maligno es destruir a la humanidad. Sin embargo, al final, el que quedará destruido será él:

> Y el diablo que los engañaba fue lanzado en el lago de fuego y azufre, donde estaban la bestia y el falso profeta; y serán atormentados día y noche por los siglos de los siglos.
>
> Apocalipsis 20:10

Sin duda alguna, Dios triunfará sobre todo el mal y sufrimiento. Así que ahora el Señor humilla, pregunta, confronta y desafía a Job, aunque esta no era la respuesta que se esperaba:

1. **Dios le responde a Job**
   Job 40:1-2: «Además respondió Jehová a Job, y dijo: ¿Es sabiduría contender con el Omnipotente? El que disputa con Dios, responda a esto».

El resultado que obtuvo Job al intentar ser sabio a sus propios ojos fue que Dios lo llamara insensato. Querer entender a Dios y su poder con nuestras mentes diminutas, finitas y limitadas es como hacer que un niño de cinco años explique la ley de la relatividad del físico Einstein, o los cálculos matemáticos del astrónomo Isaac Newton, o que aun el pequeño pueda comprender en su mente la anatomía del cuerpo humano. ¡Esto es imposible!

2. Dios hace que Job reconozca su error

Job 40:3-4: «Entonces respondió Job a Jehová, y dijo: He aquí que yo soy vil; ¿qué te responderé? Mi mano pongo sobre mi boca».

El resultado que obtuvo Job por haberse justificado y jactado delante de Dios fue que se viera su gran error. Debió darse cuenta que esto no lo llevaría a nada. ¿Quién puede pelear con Dios y salir ileso?

3. Dios hace que Job se humille delante de Él

Job 40:5: «Una vez hablé, mas no responderé; aun dos veces, mas no volveré a hablar».

El resultado que obtuvo Job por haberse exaltado delante de Dios fue la humillación. En otras palabras, Job dijo: «Ya no volveré a hablar según mi propia confianza, falta de sabiduría y necedad... ¡ya no volveré a hacer eso de nuevo!».

Todo jactancioso debe cerrar la boca ante Dios. Cuando vemos nuestras «justicias» delante del Cordero de Dios colgado en el madero por nuestros pecados, no tenemos otra opción que humillarnos y reconocer que todas nuestras «justicias» delante de Él son como «trapos de inmundicia». ¡No quieras saber el significado de esto en el sentido literal!

> Si bien todos nosotros somos como suciedad, y todas nuestras justicias como trapo de inmundicia.
>
> Isaías 64:6

Delante de la cruz de Cristo, todo orgullo, soberbia y jactancia se hacen pedazos.

4. Dios responde, pregunta y pide otra vez una respuesta de Job
Job 40:6-7: «Respondió Jehová a Job desde el torbellino, y dijo: Cíñete ahora como varón tus lomos; yo te preguntaré, y tú me responderás».

El resultado que obtuvo Job de su propia justicia fue intentar rebatir a Dios por sus hechos. ¿Qué más pudiera refutar Job? Lo cierto es que estaba humillado por completo. Entonces, ¿cómo pudiera contestarle Job a Dios después que quedara avergonzado delante del Señor?

5. Dios confronta a Job
Job 40:8: «¿Invalidarás tú también mi juicio? ¿Me condenarás a mí, para justificarte tú?».

El resultado que obtuvo Job por haber acusado a Dios varias veces en sus discursos y justificarse a sí mismo fue que recibiera una reprensión y corrección enérgicas de parte de Dios. ¿No hacemos nosotros lo mismo cuando no entendemos algo y lo primero que sale de nuestra boca es acusar a Dios y justificarnos delante de Él?

6. Dios desafía a Job
Job 40:9: «¿Tienes tú un brazo como el de Dios? ¿Y truenas con voz como la suya?».

El resultado que obtuvo Job por querer igualarse a la justicia de Dios, aunque de manera inconsciente, fue que el Señor lo desafiara de una forma bochornosa. En realidad, ¿quién tiene un brazo, un poder, una autoridad y una majestad como la de Dios? ¡Nadie! Los teólogos afirman que lo que Job decía, en esencia, es que era capaz de manejar el universo y hacer un mejor trabajo que Dios. Como Andersen lo expresa de modo categórico:

Aquí encontramos de manera profunda el aspecto principal de la teología del libro de Job. Aquí también hay una reprensión para cualquier persona que reclama y se queja sobre algún caso en particular de su vida, y que propone ayudar a Dios de una mejor forma acerca de cómo Él debe manejar el universo, a la vez enseñar a Dios a combatir el mal de una manera más sobresaliente[4].

Hermanos, ¡esto es absurdo! Aunque no lo creas, muchos cristianos quieren «echarle una mano a Dios al intentar ayudarlo a resolver algún problema». No necesitamos mencionar siquiera las consecuencias que sufrió Abraham cuando «intentó ayudar» a Dios para que naciera el hijo de la promesa, Isaac, y que por medio de Agar naciera Ismael (el padre de los árabes). Hoy en día, estamos en un tremendo problema en el Oriente Medio y en el mundo debido a la desobediencia de Abraham. Pon esta palabra en tu corazón: «Dios no necesita la ayuda tuya ni la mía. Él es capaz de hacer y resolver las cosas completamente solo. Tampoco necesita ninguna opinión ni idea nuestra, sea cual sea el problema que afrontemos».

LA REVELACIÓN QUE SATISFACE

Según dicen los eruditos, el discurso del Señor no resolvió del todo las preguntas e inquietudes de Job. A pesar de eso, es muy probable que Dios no nos conteste a nosotros de la misma manera, por supuesto, y mucho menos por un torbellino. No obstante, a su tiempo, Él nos responderá de una forma u otra, o tal vez nunca lo haga.

Es posible que a nosotros nos resulte un poco difícil entender por qué Job se sintió tan satisfecho con una aparente respuesta evasiva de Dios. Lo cierto es que lo que al final llenó de veras la vida de Job de esperanza en medio de su dolor y sufrimiento fue la Presencia de Dios que inundó su ser. Esto fue posible al escuchar su voz y ver su poder a través del torbellino, por el cual Él le manifestó su gran soberanía en la naturaleza y en el universo.

A nosotros, en cambio, que no hemos escuchado la voz audible de Dios en un torbellino, ¿qué lecciones podemos aprender y aplicar de todo esto? Por instinto, la mayoría de nosotros queremos saber la causa del sufrimiento para después decidir la respuesta que debemos darle al Señor, opción que no se le dio a Job. Dios desvió la atención del asunto de la causa y no le dio a Job la alternativa de responder sobre esto. En su lugar, Él le contestó a través de su asombroso poder.

Dios acepta la total responsabilidad del manejo, control y funcionamiento del universo con todos sus problemas correspondientes. Para alguien como Job que se enfocaba en estos asuntos que solo Dios puede solucionar, creo que Él le daba un consejo similar a este: «Job, para de quejarte de una vez. No tienes idea de lo que estás hablando». Al igual que el teólogo presbiteriano Carl Frederick Buechner comentó acerca de Job:

> Dios no explica. Él explota. Le pregunta a Job quién cree que es. Él le dice que tratar de explicar el tipo de cosas que Job quiere que se expliquen sería como tratar de explicarle a una pequeña almeja quién es Einstein [...] Dios no revela su gran diseño. Él se revela a sí mismo[5].

Vuelvo a decir, hermanos, Dios nunca explica, nunca da satisfacciones y razones a Job en cuanto al origen y el porqué de su sufrimiento. Tratar de argumentar, como lo hizo con Dios, no lo llevó a nada. Entonces, según mi opinión, el modelo bíblico que debería ser para todos los cristianos que sufren no es preguntar: «¿Será que Dios es el responsable de mi dolor?». En su lugar, debe ser: «¿Cómo tengo que reaccionar ahora ante el sufrimiento en esta situación por la que estoy pasando?».

EL ALCANCE DEL SUFRIMIENTO

Muchos cristianos que han pasado por circunstancias de dolor dicen que el sufrimiento produjo algo profundo de crecimiento espiritual en sus vidas, que les trajo valor y los cambió para ser mejores personas y mejores cristianos. La Biblia habla del resultado positivo después del sufrimiento. Analiza lo que nos dice la Palabra, la cual reafirma este punto:

> También nos gloriamos en las tribulaciones, sabiendo que la tribu-
> lación [el sufrimiento] produce paciencia; y la paciencia, prueba; y
> la prueba, esperanza; y la esperanza no avergüenza; porque el amor
> de Dios ha sido derramado en nuestros corazones por el Espíritu
> Santo que nos fue dado.
>
> Romanos 5:3-5

En este pasaje, la Nueva Versión International (NVI) usa la palabra «sufrimiento» en lugar de la palabra «tribulación», como lo
vemos en la Reina Valera de 1960. Pablo decía que para él era un
regocijo, una bendición, sufrir por Cristo. Nosotros, en cambio, a
menudo tratamos huir del sufrimiento de una manera o de otra.
Ese es nuestro instinto como humanos, pues «a nadie le gusta sufrir».

Pablo también habla de la prueba que produce esperanza.
Solo alguien bajo pruebas, críticas, rechazo y burlas al afrontar
circunstancias adversas puede madurar y crecer espiritualmente, a la
vez que Dios le usa de una manera extraordinaria. Sin embargo, el
sufrimiento desde este punto de vista no quiere decir que el cristiano
sea masoquista ni que insinúe que se sienta feliz debido a una
tragedia. Su deseo es el de participar, o ser parte, de los sufrimientos
que también los demás cristianos pasan alrededor del mundo, ya
sea cuando los expulsan de sus casas, reciben mofas, los persiguen o
encarcelan por el simple hecho de ser cristianos.

Hoy en día, nuestros hermanos sufren por Cristo en muchos
países. Basta con que leas los informes de los ministerios La Voz de
los Mártires y Puertas Abiertas sobre la iglesia perseguida alrededor
del mundo. Entonces, como declara este pasaje de la Escritura,
sienten gozo aun en medio de tantas tribulaciones:

> Hermanos míos, tened por sumo gozo cuando os halléis en di-
> versas pruebas, sabiendo que la prueba de vuestra fe produce pa-
> ciencia. Mas tenga la paciencia su obra completa, para que seáis
> perfectos y cabales, sin que os falte cosa alguna.
>
> Santiago 1:2-4

Fíjate que Santiago NO dice: «Tengan gozo cuando estén en las pruebas». Lo que quiere expresar, en su lugar, es: «Tengan por sumo gozo cuando afronten las pruebas». La aplicación adecuada de las palabras tiene un gran significado: Una celebra el hecho del dolor, la otra aplaude la oportunidad de crecer espiritualmente a través del dolor. NO nos regocijamos en el hecho de estar sufriendo, sino en la confianza de que el dolor SÍ puede traer una gran oportunidad de cambio en la vida y transformarnos. El valor NO reside en el dolor en sí mismo, sino en lo que SÍ puede resultar para nosotros al hacer un uso positivo del mismo.

El dolor no debe carecer de sentido. Por lo tanto, nos regocijamos en que el sufrimiento sea una oportunidad de ejercer nuestra fe en un Dios que puede sacar algo bueno de una situación mala. Además, puede transformar una circunstancia negativa y dolorosa en algo positivo y provechoso. Esto es lo que el Señor trataba de enseñarle a Job, de modo que este comprendiera la respuesta tan especial que le daba a través de un torbellino.

MEDÍTALO...

Algún tiempo atrás, un destacado caballero vino a Cristo después de rechazarlo por varios años. Puesto que la esposa era cristiana desde mucho tiempo antes, su esposo acostumbraba a conducir el auto para llevarla a la iglesia y se dormía en los cultos. En la Escuela Dominical argumentaba en contra del cristianismo y de la Biblia, pues era un acreditado académico y profesor universitario. La incredulidad y el desprecio por las cosas de Dios era lo que más se destacaban en su vida.

Un día, su esposa y él fueron de vacaciones a la China. Durante ese tiempo, la mujer tuvo un derrame cerebral. Más del ochenta por ciento de su cerebro, que tuvo un sangramiento interno, quedó dañado y ella estuvo en un coma profundo por varios meses. En desesperación, el hombre empezó a clamar al Dios de su esposa noche y día. Muchos cristianos chinos fueron a orar por ella en el hospital y, de paso, por su esposo también.

Entonces, en contra de todos los pronósticos desalentadores de los médicos y del cuadro crítico de su esposa, un día ella abrió los ojos y movió sus dedos. Se quedó en cuidados médicos por más de dos años y poco a poco fue adquiriendo la movilidad. El esposo, un orgulloso ateo, quedó humillado y avergonzado en gran medida. Así que detestó su propia soberbia que antes lo mantuvo lejos del Señor. Por lo tanto, arrepentido y humillado, aceptó al Todopoderoso que antes acostumbraba a ridiculizar.

El Señor continuó escuchando las oraciones por la sanidad completa de su esposa. Esta, por otra parte, consiguió hablar y pensar con claridad. Su esposo la atiende a diario en su casa, pues ella no puede salir. En el día de su bautismo, su esposa no pudo asistir para atestiguar en persona la historia de su conversión y verle bajar a las aguas. Sin embargo, el esposo se apresuró para llegar a casa y contarle a su esposa el gozo que sintió durante su bautismo. Una enfermedad le sobrevino a su esposa bajo la permisión de la perfecta voluntad de Dios. Esto de seguro fue para que este hombre prepotente se convirtiera y algún día pudiera disfrutar la eternidad junto a su amada en el cielo.

Mis hermanos, en cuanto a mi familia, tenemos una experiencia similar. Dios usó el accidente automovilístico de mi hermano Tairone en Brasil para que todos nosotros nos convirtiéramos a Cristo. De la misma forma, Dios ha usado circunstancias semejantes para humillar y salvar a muchas otras personas.

También de la misma manera Dios humilló a Job para enseñarle muchas cosas que estaban escondidas en su corazón, como su justificación, acusación, presunción y jactancia espiritual. Por lo que hemos visto, entonces, el sufrimiento de Job tenía una doble explicación:

• En el nivel divino: Su propósito era la demostración del valor del carácter recto de Dios.
• En el nivel humano: Su propósito era purificar a Job, despojándolo de su justicia propia, autosuficiencia y orgullo de ser «recto a sus ojos».

Ante esto, podemos decir que el sufrimiento de Job no fue un castigo, ni una señal del juicio y de la ira de Dios. El sufrimiento de Job tampoco fue por el dolor del látigo del verdugo, sino por el dolor del bisturí del cirujano y gran especialista celestial, que opera removiendo lo que no sirve en nuestras vidas. Por lo tanto, el Señor permitió que con las desgracias desapareciera el orgullo oculto en la vida de Job. Este acto fue lo más amoroso que Dios podría hacer, sin importar el costo que Job tendría que pagar. Además, esto lo llevó a su arrepentimiento y reconocimiento ante el Todopoderoso y Soberano Dios.

EL ARREPENTIMIENTO DE JOB

27

«Por tanto me aborrezco, y me arrepiento en polvo y ceniza».
Job 42:6

Después de tantas tribulaciones y tormentas, la pobre alma de Job pudo al fin darle un vistazo a la bondad de Dios. Hasta aquí, Job había atravesado un desierto de desolaciones, pruebas y sufrimientos, pero en este momento logró comprender que quien permitió todo lo sucedido fue el propio Dios. Ahora, Job tiene la bendición de entender los designios de Dios y su perfecta voluntad. Esto es importante que nosotros lo aprendamos también, pues así nos lo afirma este pasaje de las Escrituras:

> Es necesario que a través de muchas tribulaciones entremos en el reino de Dios.
>
> Hechos 14:22

Así que debemos acordarnos de que todos los logros espirituales se alcanzan a través de luchas, batallas, padecimientos, pruebas, aflicciones y tribulaciones. Esa fue la experiencia de personas como Abraham, José, Moisés, Josué, David, Daniel, Cristo, los apóstoles, etc. Por eso hay que tener presente que el discípulo no es mayor que su Señor (Mt 10:24), pues «si sufrimos, también reinaremos con él» (2 Ti 2:12).

LA HORA DE LA REFLEXIÓN

A estas alturas, llegamos al punto culminante de la vida atribulada de Job. Terminaron las muchas palabras y los discursos elocuentes. En las preguntas del Señor le llegó por fin la calma a Job. Como es lógico, Job se arrepintió de haber hablado en contra del Señor con palabras sin sabiduría y discernimiento. Nosotros no somos mejores que Job, pues también necesitamos arrepentirnos de muchas palabras necias que hemos dicho y de las varias veces que hemos actuado por nuestra cuenta al querer solucionar nuestros propios problemas.

Job intentó justificarse al culpar a Dios por su infortunio y lo acusó de ser injusto. Tal vez nosotros hayamos intentado en ocasiones decidir las cosas por nuestra cuenta y pretender ser el «dios» de nuestro propio destino. Muchos, al ver que Dios no contesta sus oraciones o deseos, cometen la necedad de actuar como si fueran «dioses» de sus vidas y proceden de acuerdo a su justicia propia tal y como lo hizo Job. ¿Qué nos lleva a nosotros actuar de manera similar? ¡La desesperación de no obtener una respuesta de Dios!

Pon esta palabra en tu corazón: «Si a cada momento estás pidiendo una demostración visible de la presencia del Dios invisible, vivirás en total desesperación durante tu vida cristiana. La verdadera fe no presiona a Dios para que Él haga lo que queremos ni tampoco para que se haga nuestra voluntad. ¡Dios no actúa así!».

Tal parece que mientras Dios «se escondía» de Job durante su tribulación, este nunca le exigió que se manifestara, sino que lo único que hizo fue atreverse a pedirle «una audiencia» a fin de exponerle su causa. Por supuesto, Dios nunca le concedió ese deseo. Así que no debemos esperar que para nosotros sea diferente. Solo debemos seguir confiando en fe que, en un determinado momento, Dios nos contestará si esa es su voluntad. En caso contrario, es inútil que insistamos, pues esto no nos llevará a ningún lugar, excepto a vivir en continuas lamentaciones, dudas y amarguras. Lo cierto es que a veces actuamos y jugamos como si fuéramos «dioses» al intentar arreglar las cosas a nuestra manera al no ver los resultados que esperamos.

Una mujer hermosa, pero algo insensata, se le acercó a un científico brillante y le sugirió que fuera el padre de su hijo. «Con su mente y con mi atractivo cuerpo», le dijo, «imagínese cuán brillante y hermoso niño tendríamos». Al pensar en esta propuesta, el científico contestó: «¿Pero qué sucedería si el niño hereda su mente y mi cuerpo?»[1]. Mis lectores, este hombre no fue el primero en preguntarse lo que podría suceder si alguien juega el papel de «ser» Dios. Tenemos que arrepentirnos de actitudes como estas de querer «jugar a ser Dios» y de pretender que podemos arreglar los problemas solos. Lo que es peor, de querer ayudar a Dios y echarle una mano para solucionar alguna cuestión. Job vivió en persona esta experiencia de intentar justificarse delante de Dios al no conocer todos los detalles del porqué de su sufrimiento e infortunio.

En su libro *Walking with God through Pain and Suffering*, Timothy Keller hace referencia al libro *El silencio de los animales*, de John Gray:

> Gray afirma que la sociedad occidental secular cree que puede librar al mundo del mal mediante la superación personal del hombre, sin Dios, pero que muchos de estos esquemas grandiosos han llevado a un mal mayor[2].

A continuación, Keller menciona el artículo «Pecking Order», de Thomas Nagel, donde este expresa lo siguiente:

> Es cierto que nos enfrentamos a una versión secular del problema del mal: ¿cómo podemos esperar que los seres capaces de comportarse tan mal diseñen y sostengan un sistema que los lleve a ser buenos? Gray tiene razón en que algunas de las soluciones intentadas para este problema han sido catastróficas[3].

Repito, ¡esto es absurdo! La humanidad no puede librarse del mal porque el pecado está arraigado dentro del corazón de cada persona y sus inclinaciones son de cometer actos de maldad, pues no pueden actuar con rectitud sin la guía o dirección del Espíritu de Dios en sus corazones. Este cambio, por supuesto, solo lo logramos por medio de Cristo cuando lo hacemos nuestro Salvador y Señor de nuestra vida.

UN ENCUENTRO DEFINITIVO

Ante la confrontación de Dios, por fin Job reconoce sus errores y que Él tiene todo el poder, grandeza y majestad desplegada en su creación de la naturaleza. Del mismo modo que Job, tenemos que entender de una vez por todas que Dios habita en un nivel espiritual mucho más alto y superior que el universo físico que vemos nosotros. Hay un mundo espiritual e invisible que no vemos y hay un mundo físico que vemos. Si el propio universo por más gigantesco que sea no lo contiene, porque Él hizo el universo, ¿cómo podríamos entender a Dios que no está limitado ni al tiempo ni al espacio como nosotros? ¿Cómo comprender a un Ser tan grande que escapa a nuestros límites de percepción? ¡Solo por la fe!

En realidad, ante el dolor y el sufrimiento, no tenemos respuestas firmes y sólidas acerca de este profundo dilema como el de Job. Mucho menos tenemos respuesta a los motivos o razones de las decisiones divinas. En el caso de Job, las respuestas que buscaba estaban más allá de su facultad de comprensión, puesto que eran de un nivel espiritual, invisible y profundo que no puede entender ningún ser humano.

Al igual que Job no entendía sus limitaciones en cuanto a tiempo, espacio y leyes naturales de la física, nosotros tampoco. Lo cierto es que estamos restringidos y vemos todas las cosas en un momento específico. Sin embargo, Dios no las ve así. Nosotros vemos las cosas y vivimos de día en día restringidos al tiempo, pero Dios es eterno y lo ve todo de una sola vez porque no tiene limitaciones. Dios ve el fin antes del inicio, pues sabe de una sola vez cómo será el fin de la historia del mundo.

Nosotros, en cambio, solo podemos esperar que pase el tiempo y la historia de la humanidad. Por eso, cuando no entendemos algo, debemos callar, orar y esperar, pues solo Dios sabe todas las cosas, nosotros no. ¡Dios es poderoso! ¡Dios es majestuoso! ¡Dios es grandioso! ¿Serías capaz de comprender a un Dios tan grande que antes de crear el tiempo ya había previsto la manera de redimir la tierra antes de que existiese siquiera? ¿Cómo podemos entender esto? ¡Imposible!

En conclusión, no podemos comprender la mente divina y argumentar con Dios. Si Él no nos contesta nuestras preguntas, es porque no tiene que hacerlo en realidad. ¡Él es Dios y nosotros no!

Punto. Ante este encuentro inevitable y definitivo de Job con el Señor, vemos lo siguiente:

1. **El arrepentimiento de Job**
   Job 42:1-2: «Respondió Job a Jehová, y dijo: Yo conozco que todo lo puedes, y que no hay pensamiento que se esconda de ti».
   Job empieza a arrepentirse delante de la majestuosa presencia de Dios y reconoce que Él «todo lo [puede]», lo ve, lo sabe y lo escudriña. Asimismo, tiene que admitir que solo Él es Omnisciente y Omnipotente, y que todo el universo, ya sea visible o invisible, está bajo su poder, control y autoridad.

2. **La confesión de Job**
   Job 42:3: «¿Quién es el que oscurece el consejo sin entendimiento? Por tanto, yo hablaba lo que no entendía; cosas demasiado maravillosas para mí, que yo no comprendía».
   La respuesta del Señor a Job fue por medio de una manifestación de sí mismo a través de su Palabra. La voz de Dios trajo la visión de Dios, y esta le trajo la fe en Dios a Job y su completa dependencia de Él. Vio a Dios al escuchar por la fe de sus maravillas, puesto que «la fe es por el oír, y el oír, por la palabra de Dios» (Ro 10:17). ¿Por qué? Aquí tienes la respuesta:

   > Porque la palabra de Dios es viva y eficaz, y más cortante que toda espada de dos filos; y penetra hasta partir el alma y el espíritu, las coyunturas y los tuétanos, y discierne los pensamientos y las intenciones del corazón.
   >
   > Hebreos 4:12

   Las palabras y las preguntas del Señor a Job penetraron en su corazón y alma de una manera poderosa, discerniendo lo que tenía en su mente y espíritu. Como resultado, los pensamientos de Job se transformaron hasta el punto de expresar que «hablaba lo que no entendía», no comprendía, pues eran «demasiado maravillosas» para su entendimiento.

3. La búsqueda de Job

Job 42:4: «Oye, te ruego, y hablaré; te preguntaré, y tú me enseñarás».

Ahora Job quería, deseaba y anhelaba conocer a Dios, de modo que lo buscó para aprender y le pide que le enseñe. ¡Qué cambio y diferencia de cuando Job se justificaba, acusaba y culpaba a Dios al no entender la vida atribulada y las aflicciones que afrontaba!

Así somos nosotros, pues como humanos intentamos comprender lo incomprensible, intentamos entender lo inentendible y procuramos saber lo que está oculto y no se nos ha revelado aún. De esa manera se comporta nuestra naturaleza humana. Por eso necesitamos pedirle a Dios que nos permita conocerlo y nos enseñe cada día sus caminos a través de su Palabra. Entonces, ante esta realidad de un Dios tan grande y poderoso, de seguro que nos maravillaremos al pensar en su grandeza, poder y majestad.

4. El entendimiento de Job

Job 42:5: «De oídas te había oído; mas ahora mis ojos te ven».

Una cosa es escuchar a alguien hablar acerca de Dios y otra muy diferente es escucharlo a Él cuando nos habla directamente a través de su Palabra. En el caso de Job, esa palabra la recibió en su corazón. ¿Cómo Job veía a Dios? ¡Por medio del poder del Señor desplegado a través de la naturaleza y de su majestad en el universo!

Lo mismo ocurre con nosotros. Escuchar un mensaje es una cosa, pero vivirlo, aplicarlo, ponerlo en práctica al ser hacedores y llegar a conocer a Dios es otra muy distinta. El entendimiento de Job y su capacidad de comprender las cosas cambió por completo cuando escuchó la voz de Dios. Lo mismo sucede, y sucederá, siempre con nosotros cuando buscamos a Dios en oración, ruegos, ayuno y en consagración a Él.

5. La humillación de Job

Job 42:6: «Por tanto me aborrezco, y me arrepiento en polvo y ceniza».

El aborrecimiento de uno mismo es el resultado y la consecuencia natural de haber tenido un encuentro personal con Dios. Cuando el profeta Isaías vio al Señor sentado en un trono alto y sublime, también se aborreció a sí mismo al decir con humildad:

> Entonces dije: ¡Ay de mí! que soy muerto; porque siendo hombre inmundo de labios, y habitando en medio de pueblo que tiene labios inmundos, han visto mis ojos al Rey, Jehová de los ejércitos.
>
> Isaías 6:5

¡Ah, esos labios! Fueron los labios, la boca de Job, los que le llevaron a hablar sin sabiduría. Lo mismo sucedió con Pablo cuando tuvo su encuentro personal con Jesús en el camino de Damasco. Como resultado, se humilló y se aborreció a sí mismo, tal y como lo relata este pasaje:

> Mas yendo por el camino, aconteció que al llegar cerca de Damasco, repentinamente le rodeó un resplandor de luz del cielo; y cayendo en tierra, oyó una voz que le decía: Saulo, Saulo, ¿por qué me persigues? Él dijo: ¿Quién eres, Señor? Y le dijo: Yo soy Jesús, a quien tú persigues; dura cosa te es dar coces contra el aguijón. Él, temblando y temeroso, dijo: Señor, ¿qué quieres que yo haga?
>
> Hechos 9:3-6

Hasta ese momento, Pablo había perseguido a la iglesia, le había hecho daño al pueblo de Dios, había actuado con soberbia, orgullo y jactancia. Sin embargo, cuando tuvo su encuentro personal con Cristo, quedó temblando y temeroso;

es decir, se aborreció a sí mismo... ¡Esto es lo que hace un verdadero encuentro personal con Cristo! ¡Aleluya!

SE PRODUCE EL CAMBIO

La respuesta final de Job a Dios en 42:1-6 es bien clara, pues aquí muestra una actitud de alabanza que le brota del corazón. Desde las primeras líneas, como vimos, se manifiesta casi una explosión de reconocimiento absoluto del poder del Señor: «Yo conozco que todo lo puedes». Es más, reconoce que nadie podía frustrar ninguno de los planes de Dios y, a la vez, lo adoró por decirle «cosas demasiadas maravillosas [...] que no comprendía». También reconoce que en las demandas que le hizo a Dios no había considerado las maravillas del poder extraordinario del Señor. Admite que, detrás de todo, Él tiene un plan en lo que hace, aunque parezca que está escondido, en secreto. Incluso, aunque no podía verlo, Dios tenía el control.

¿A qué se debe este cambio tan obvio en las palabras de Job? A que antes había oído de Dios con sus oídos, pero que ahora lo veía con sus ojos. Esto prueba que ante el torbellino, o la gran tempestad, y que Dios le hablara de su Omnipotencia y grandiosidad, Job pudo verlo por medio de su poder desplegado en la creación del universo y en la naturaleza. Lo vio en el esplendor de su majestad tanto en el mundo físico como en el natural. Como resultado, fue más allá al entender el poder incomparable de Dios en el mundo espiritual que produjo un cambio de idea, de opinión, así como de un punto de vista teológico de quién era Dios como nunca lo había entendido o visto al principio.

Por supuesto, esto cambió de manera radical a Job y lo destronó de su intento insistente que hizo varias veces al justificarse, disculparse, y demandar ser vindicado y declarado inocente por Dios. Tanto la experiencia espiritual como el entendimiento teológico de quién era Dios llevaron a Job a su transformación. Entonces, dice:

> Por tanto me aborrezco, y me arrepiento en polvo y ceniza.

> Job 42:6

Esta declaración no es lo que parece ser en la superficie. La palabra «me arrepiento» en el original hebreo es realmente «me retracto» o «retraerse». En realidad, según afirman algunos teólogos, Job no se «arrepentía», sino que se «retractaba». Con esto, dicen, Job no expresaba un «arrepentimiento general» por todas sus justificaciones, errores, excusas, dudas, acusaciones, etc., pues si se «arrepentía», solo acataba las palabras que le dijeron sus amigos en todos sus discursos, ya que su intención era lograr que Job «se arrepintiera». Sin embargo, este no es el caso.

Lo cierto es que, de acuerdo a los teólogos, Job no tenía que «arrepentirse» de nada, pues no había pecado. Así que solo necesitaba «retractarse» y hacer lo que no quería hacer:

> Entonces respondió Job a Jehová, y dijo: He aquí que yo soy vil; ¿qué te responderé? Mi mano pongo sobre mi boca. Una vez hablé, mas no responderé; aun dos veces, mas no volveré a hablar.
>
> Job 40:3-5

Ahora, Job abandonaba sus ideas de justificarse, culpar a Dios, acusarlo, dudar de Él y de creerse limpio a sus propios ojos. Se «retractaba» de exigir respuestas de Dios, a fin de que le explicara el porqué de sus sufrimientos y calamidades. Job «revocaba» su desconfianza hacia Dios, así que se humilla y se inclina delante de Dios reconociendo su error de haber hablado sin sabiduría y de lo que no sabía.

En todo esto hay algo muy importante que notar. Hasta en los largos discursos de Dios a Job, y de sus fuertes y potentes palabras que le recordaban a Job de cuán finito, pequeño y humano era, no hay ninguna declaración de parte de Dios con relación a los «pecados» de Job. Dios no le dice nada en lo absoluto que diera a entender que el pecado era el motivo de su sufrimiento. Aunque Job nunca supo las razones de su tragedia, ahora conoce algo que le trae paz a su corazón, como lo expresa Francis Andersen:

El hecho mismo de que Dios no se presente (como lo hicieron sus amigos) con una lista de los pecados de Job es prueba suficiente de que esto no era necesario. La aparición de Dios a Job a través de un gran y terrible torbellino, pero como Yahvé, sin ninguna acusación significa que Dios lo ama y lo acepta, y que su poco común sufrimiento no es por culpa de algún pecado específico. Entonces, la falta de condenación significa que Job está bien con Dios. En efecto, Dios le decía: «Esto debe ser suficiente para ti, Job»[4].

¡Y lo era de veras!

MEDÍTALO...

Cierta vez, un locutor radial entrevistó a un misionero y le hizo una pregunta muy comprometedora.

—¿Cuál es la diferencia entre el hinduismo y el cristianismo? —le preguntó.

—¡Muchas! —le respondió el misionero; luego, le hizo también una pregunta a su entrevistador—: ¿Qué cosa tiene el cristianismo que no tiene el hinduismo?

—¿Qué cosa? —replicó el locutor.

La respuesta del misionero no se hizo esperar:

—¡Un Salvador!

Esto es lo que buscaba Job... ¡un Salvador! Alguien que le salvara de su sufrimiento. Cuando Dios le habló desde el torbellino, Él actuó como un Salvador para Job, llevándole al arrepentimiento de sus necias palabras, justificaciones y acusaciones. Todos necesitamos al Salvador. ¡Cristo el Señor! Él es el único y suficiente Salvador y Señor que nos puede llevar a la vida eterna a través del arrepentimiento y la confesión de nuestros pecados, tal y como nos lo garantiza este pasaje de las Escrituras:

La sangre de Jesucristo su Hijo nos limpia de todo pecado [...] Si confesamos nuestros pecados, él es fiel y justo para perdonar nuestros pecados, y limpiarnos de toda maldad.

1 Juan 1:7, 9

¡Aleluya!

LA RESTAURACIÓN Y EL FINAL BIENAVENTURADO DE JOB

«Y quitó Jehová la aflicción de Job, cuando él hubo orado por sus amigos; y aumentó al doble todas las cosas que habían sido de Job».
Job 42:10

Los amigos de Job hicieron todo lo posible por aliviarle sus sufrimientos, dolores, pruebas y tribulaciones. Sin embargo, debido a que emplearon la sabiduría humana y la elocuencia, no consiguieron este cometido. En realidad, por algunos momentos llegaron a azotar a Job con sus palabras, aunque muchas veces le dijeron algunas verdades. A los ojos de Dios no hicieron ningún bien, tal como lo dice este pasaje:

> Y aconteció que después que habló Jehová estas palabras a Job, Jehová dijo a Elifaz temanita: Mi ira se encendió contra ti y tus dos compañeros; porque no habéis hablado de mí lo recto, como mi siervo Job. Ahora, pues [...] id a mi siervo Job, y ofreced holocausto por vosotros, y mi siervo Job orará por vosotros [...] Fueron, pues, Elifaz temanita, Bildad suhita y Zofar naamatita, e hicieron como Jehová les dijo; y Jehová aceptó la oración de Job.
>
> Job 42:7-9

Como ya dijimos, Job esperaba una explicación de Dios sobre su sufrimiento, pero sus amigos esperaban una condenación. Ninguna de las dos cosas sucedió, sino que Dios reprendió a los amigos de Job, algo que estos no se suponían.

Nosotros, al igual que Job, creemos que el mundo visible es real y el mundo invisible es irreal. En cambio, la Palabra de Dios nos enseña lo contario. Una vez que Job comprendió, y nosotros deberíamos hacer lo mismo, que por la fe en un Dios que no se puede ver y que habita en un «mundo sobrenatural» o nivel espiritual muy superior al nuestro es que las cosas van tomando su lugar. Es más, se van formando despacio, poco a poco, hasta que se convierten en una respuesta «real». Entonces, podemos verla cuando se manifiesta en el «mundo» físico o visible.

RESULTADOS DE LA FIDELIDAD

La restauración de Job no sucedió de la noche a la mañana. Vivió un tiempo de sufrimiento y grandes tragedias, hasta que aprendió a alabar a Dios y esperar en Él en medio del dolor. Tuvo que comprender que Dios no fue el causante de su desgracia, sino que Él lo permitió para demostrarle al diablo que Job sí lo amaba de verdad y que no lo hacía por interés ni por lo que recibía de su mano, como sugirió el maligno.

Así que Job está parado solo ante la humanidad hasta el día de hoy, con excepción de Cristo, por supuesto, pues es el gran ejemplo de perseverancia, fe, espera y determinación. Soportó el sufrimiento y el dolor hasta que recibió la restauración que le concedió el Omnipotente. Por consiguiente, suceden una serie de acontecimientos que son dignos de notar:

1. **Cuando Job oró por sus amigos, el Señor le quitó su tribulación**
   Job 42:10: «Y quitó Jehová la aflicción de Job, cuando él hubo orado por sus amigos».
   Dios se vuelve a Elifaz, Bildad y Zofar, y les dice que sus discursos basados en su teología acusadora, moralista, legalista, religiosa y de retribución al intentar culpar a Job de pecado estaban fuera de orden y equivocados, ya que Job era su «siervo». También les dice que Job había sufrido siendo inocente y que

este debía orar por ellos. Para sus tres amigos y consoladores, la oración de Job fue más eficaz y oportuna que todos sus discursos elocuentes basados en la sabiduría humana.

Sin embargo, para nosotros, al igual que para muchos teólogos, la pregunta es obvia: «¿Por qué Dios afirma a Job de esta manera?». Si hacemos un recuento de todo lo que dijo Job, vemos que maldijo el día en que nació, desafió la sabiduría de Dios, le reclamó muchas veces, le expresó sus dudas, lo acusó, se justificó a menudo, pero también se disculpó delante de Él. Entonces, ¿por qué Dios lo vindicó de esta manera? Porque creo que Él es perdonador y misericordioso, y lo hace mediante su gracia.

Tenemos que recordar que en medio de todo el dolor y sufrimiento que afrontó, Job nunca dejó de orar y buscar a Dios. Sí, lamentó su condición, pero solo le reclamó a Dios. Sí, se justificó, pero se justificó ante Dios. Sí, acusó, pero acusó a Dios. Sí, clamó y lloró, pero clamó y oró a Dios. Sí, cuestionó, pero le cuestionó a Dios. No le importaba cuál fuera su agonía, la dirigía hacia Dios y nadie más.

Job continuó buscando a Dios hasta que lo encontró. Al final, Dios mismo dijo que Job triunfó. Qué maravilloso es que nuestro Dios vea nuestro dolor, sufrimiento, tristeza, así como nuestros cuestionamientos, y nos diga: «¡Triunfaste!». Esto no se debió a que Job siempre expresara las palabras adecuadas ni a que los motivos de su corazón estuvieran bien, sino a que soportó las acusaciones en su contra y persistió con obstinación. A la vez, tomó la decisión de buscar a Dios y su presencia, probando así que el sufrimiento NO le alejó de Dios, sino que le ACERCÓ a Él. ¡Y esto marcó una gran diferencia!

Volviendo a los tres amigos, comprobamos que la oración de Job por ellos fue más eficaz y oportuna que todos los discursos elocuentes con los que pretendieron amonestar, pues lo basaban solo en la sabiduría humana.

42.10 hubo orado, *palal*; Strong #6419: Orar, rogar, interceder, suplicar. Este verbo aparece más de 80 veces. *Palal* nos habla de la oración como intercesión, o sea, el pedirle a alguien con más poder y sabiduría que intervenga a favor de la persona que ora. Por ejemplo, Ana oró por un hijo (1 S 1.12); Ezequías oró porque se extendiera su vida (Is 38.2, 3); y Jonás oró desde el vientre del pez (Jon 2.1–9). Además, *palal* se encuentra en la promesa de 2 Crónicas 7.14: «Si se humillare mi pueblo, sobre el cual mi nombre es invocado, y oraren... entonces yo oiré desde los cielos...» Véanse otros ejemplos del uso de *palal* en relación con la súplica o intercesión en Génesis 20.7, 17; Números 11.2 y 1 Samuel 12.23[1].

Cuando Job oró por sus amigos, Dios le quitó su aflicción. La liberación vino a través de un acto de intercesión, de una buena disposición por los que intentaron ayudarle, pero sin éxito. Job los bendijo.

La bendición siempre es más poderosa que cualquier maldición. Por eso tenemos que bendecir y no maldecir jamás a otros, sin importar que nos persigan, critiquen o que nos hagan la vida imposible mediante mentiras, calumnias y acusaciones. Cuando oramos por los que nos hacen daño, esto representa una actitud que brota del corazón y, como es natural, se debe a la gracia de Dios que nunca dejará de traer bendición sobre bendición a quien la practica.

Lo cierto es que los tres amigos de Job intentaron ayudarlo, pero sin lograr lo que se proponían. Dijeron muchas cosas sobre Dios que son verdades, ya que plantearon algunas cosas como estas: «En el fin, toda maldad será juzgada», «Dios se agrada del justo», «Dios es recto y no es injusto» y «no podemos entender los caminos de Dios más allá de nuestras mentes limitadas y pequeñas». Todas estas declaraciones son ciertas. A pesar de eso, el propio Job los catalogó de «consoladores molestos» (Job 16:2). Al final, tampoco el propio Dios aprueba la manera de actuar de esos amigos ni la forma en que le hablaron a Job. ¿Por qué? Porque aunque declararon cosas acertadas, las aplicaron de manera inapropiada al juzgar el corazón y la vida de Job, pues dijeron que el sufrimiento

de su amigo se debía al pecado. El erudito bíblico Don Carson
habló acerca de la actitud de los tres amigos de Job:

> Hay una forma de utilizar la teología y los argumentos teo-
> lógicos que hieren en lugar de sanar. Esto no es culpa de la
> teología ni de los argumentos teológicos; es culpa de los «in-
> humanos consoladores» que se sujetan a un fragmento ina-
> propiado de verdad, en un momento inoportuno, con una
> actitud condescendiente, con una aplicación insensible, don-
> de su verdadera teología la expresan en tales clichés cargados
> de cultura que critican en vez de consolar[2].

He notado que hay cristianos, e incluso ministros, que
cuando van a tratar de consolar a alguien por determinada
tragedia, dicen cosas absurdas, tales como: «Sé cómo te sientes»,
«Por alguna razón Dios se llevó a tu hijo», «A lo mejor en el
futuro iba a ser un traficante o drogadicto», «Quizá se fuera a
perder en la inmoralidad» o «Bueno, todos tenemos que morir
algún día». Estas son cosas que no se dicen. ¡Ni tú ni yo somos
Dios! Desconocemos el sufrimiento y el dolor del corazón de la
persona. Incluso, no sabemos lo que nos deparará el mañana, ni
lo que podría pasar o no.

En horas como esas de sufrimiento, sobran la teología y
las palabras de consolación. Cuando alguien está sufriendo, lo
mejor que podemos hacer es callar, estar junto a esta persona
y poner nuestro hombro para que pueda llorar. De seguro
que podríamos decir muchas verdades y citar versículos para
ayudar a tal persona, pero ese no es el momento adecuado. Lo
más apropiado es guardar silencio, pues la verdad dicha con
brusquedad y sin sensibilidad hiere aún más en lugar de sanar.
Por nuestra falta de sensibilidad, amor y compasión hacia los
demás, muchos se alejan de Dios.

Tal vez los temas de los discursos de los tres amigos de Job
dieran la inquietante sensación de levantar intrigas y sospechas,
pues son los mismos argumentos que muchos cristianos suelen

decirles hoy a quienes sufren. Está claro que uno debe buscar y examinarse en cuanto a descubrir la razón de por qué uno sufre y defenderse si no encontramos algo en contra nuestra, como fue el caso de Job.

Por otra parte, resulta irónico que Dios les dijera a los amigos de Job que estaban equivocados al hablarle de esa manera a su «siervo Job». Incluso, Dios les afirma que todos sus discursos y argumentos estaban fuera de orden, porque no habían hablado lo recto (Job 42:7). Concluimos, entonces, que a pesar de que en el Antiguo Testamento Dios castigaba el pecado con mucha frecuencia, la inocencia y el ejemplo impecable de Job brillaron en gran medida en medio del dolor.

El libro de Job le pone fin a la idea de que, si sufrimos, es por algún pecado o porque Dios nos está castigando o tratando de decirnos algo a través del dolor. Es cierto que la Biblia afirma que cosechamos lo que sembramos (Sal 1:3; 37:25), pero el libro de Job deja muy claro que Dios no le da el derecho a nadie de acusar a otra persona por este principio bíblico general, y que cada caso es particular y único delante de Él. Solo Dios conoce el corazón de una persona. Así que ni tú ni yo conocemos lo más profundo de los pensamientos y de las intenciones de los demás.

2. El Señor bendijo doblemente a Job

Job 42:10: «Y aumentó [Dios] al doble todas las cosas que habían sido de Job».

El diablo quedó derrotado, y la bondad y misericordia de Dios triunfaron una vez más. A pesar de todo lo que le causó a Job con el permiso de Dios, ahora el Señor bendice a este hombre sufriente al doble de lo que tenía antes. Lo mismo hará Dios con nosotros, solo considera este pasaje de la Palabra y verás esta verdad:

He aquí, tenemos por bienaventurados a los que sufren. Habéis oído de la paciencia de Job, y habéis visto el fin del Señor, que el Señor es muy misericordioso y compasivo.

Santiago 5:11

El final del trato y de la disciplina de Dios en nuestra vida siempre es de misericordia y compasión. El Señor volverá a bendecirte muchas veces más en comparación con lo que poseías antes. El diablo será derrotado en tu vida, al igual que lo fue en la vida de Job.

3. El Señor le devolvió a Job sus familiares

Job 42:11: «Y vinieron a él todos sus hermanos y todas sus hermanas, y todos los que antes le habían conocido, y comieron con él pan en su casa, y se condolieron de él, y le consolaron de todo aquel mal que Jehová había traído sobre él; y cada uno de ellos le dio una pieza de dinero y un anillo de oro».

¡Dios irá a restaurar tu matrimonio! ¡Dios irá a restaurar a tus hijos! ¡Dios irá a restaurar a tu familia! ¡Dios irá a restaurar tus finanzas! ¡Dios irá a restaurar tu trabajo! ¡Dios irá a restaurar tu vida espiritual! ¡Dios irá a restaurar todo en tu vida! Pon esta Palabra de Joel 2:25-26 en tu corazón: «Y os restituiré los años que comió la oruga, el saltón, el revoltón y la langosta, mi gran ejército que envié contra vosotros. Comeréis hasta saciaros, y alabaréis el nombre de Jehová vuestro Dios, el cual hizo maravillas con vosotros; y nunca jamás será mi pueblo avergonzado». ¡Aleluya!

4. El Señor bendijo en gran medida la vida de Job

Job 42:12: «Y bendijo Jehová el postrer estado de Job más que el primero; porque tuvo catorce mil ovejas, seis mil camellos, mil yuntas de bueyes y mil asnas».

Dios le restauró todo a Job al doble. Catorce mil ovejas por las siete mil que perdió. Seis mil camellos por los tres mil que perdió. Y mil yuntas de bueyes por las quinientas que perdió.

Todo lo que el diablo te robe, ya sea de manera material o física, se te restituirá y doblará en bendición. El Señor te bendecirá y prosperará aún más de lo que tengas idea. Recuerda: La bendición de Dios siempre es mayor que la maldición del diablo. ¡Que el Señor lo reprenda!

5. El Señor volvió a bendecir con hijos a Job

Job 42:13-15: «Y tuvo siete hijos y tres hijas. Llamó el nombre de la primera, Jemima, el de la segunda, Cesia, y el de la tercera, Keren-hapuc. Y no había mujeres tan hermosas como las hijas de Job en toda la tierra; y les dio su padre herencia entre sus hermanos».

Aquí hay un detalle muy importante: Dios le dio diez hijos a Job y no veinte, que sería el doble de los diez que perdió. Según mi opinión, la razón es que los diez hijos que murieron le esperaban en el cielo. Para nosotros como padres, es evidente que otros hijos no sustituirán a los primeros. Debe ser un dolor inimaginable haber perdido a los hijos. Solo Dios puede consolar a los padres que pasan por esta terrible experiencia. Si alguna enfermedad o accidente les cobró la vida a tus hijos, Él es poderoso para bendecirte y darte hijos de nuevo. Sin embargo, como ya mencioné, ningún hijo sustituye al otro. No hay palabras humanas de consuelo para los padres que viven esta tragedia con sus hijos. Y si ese es tu caso, este pasaje de la Escritura es para tu corazón:

> Bendito sea el Dios y Padre de nuestro Señor Jesucristo, Padre de misericordias y Dios de toda consolación, el cual nos consuela en todas nuestras tribulaciones, para que podamos también nosotros consolar a los que están en cualquier tribulación, por medio de la consolación con que nosotros somos consolados por Dios.
>
> 2 Corintios 1:3-4

6. El Señor le dio una larga vida a Job

Job 42:16: «Después de esto vivió Job ciento cuarenta años».

Digamos que Job tuviera setenta años cuando lo perdió todo. Ahora, a su vida se le concede el doble en tiempo: ciento cuarenta años. No obstante, espera un poco, medita y examina la Palabra cuando dice: «Después de esto». Es decir, el tiempo se le añadió después de las pruebas, aflicciones, sufrimientos y tribulaciones.

Digamos que Job tuviera setenta años cuando lo perdió todo. Entonces, si Dios le concedió otros ciento cuarenta años al decir: «Después de esto», ¿a qué se refiere con la palabra «esto»? ¡A las pruebas! Por lo tanto, es de suponer que Job viviera hasta los doscientos diez años, pues son setenta más ciento cuarenta. No es de sorprendernos, pues la Palabra nos afirma que «fueron, pues, todos los días de Matusalén novecientos sesenta y nueve años; y murió» (Gn 5:27). De acuerdo con los teólogos y eruditos, Job fue contemporáneo de Moisés y su libro se escribió aun antes de Génesis, por lo que es el más antiguo de la Biblia. Incluso, al libertador del pueblo hebreo le atribuyen la autoría del libro de Job.

7. El Señor hizo que Job viera a sus descendientes
Job 42:16: «Y vio a sus hijos, y a los hijos de sus hijos, hasta la cuarta generación».

Dios permita que tengamos vida para ver a nuestros nietos, pues ya sería mucho pedirle ver a los bisnietos, como los vio mi madre. Aun así, Dios lo puede hacer. ¡Todo es posible para Él!

Entonces, Job vio a sus hijos y descendientes hasta la cuarta generación; es decir, vio a sus hijos, nietos, bisnietos y tataranietos... ¡cuatro generaciones! Esto es lo que llamamos ser bendecido, restaurado y prosperado. ¡Es increíble que se logre vivir con salud hasta la cuarta generación!

La señora Misao Okawa, quien fuera una supercentenaria japonesa, le concedió una entrevista al periódico *Telegraph*, del Reino Unido, el día que cumplió ciento diecisiete años. Cuando le preguntaron cuáles fueron los momentos más felices de su vida, su respuesta fue: «Mi boda en 1919 y los nacimientos de mis hijos que tienen noventa y cuatro, y noventa y dos años respectivamente». ¿Qué te parece?

8. El Señor hizo que Job llegara a su vejez
Job 42:17: «Y murió Job viejo y lleno de días».

Nadie quisiera atravesar tribulaciones, pruebas y sufrimientos como Job, ¿pero a quién no le gustaría tener su misma bendición

326 • *EL SUFRIMIENTO Y LA RESTAURACIÓN DE JOB*

final? El salmista expresó que solo el Altísimo puede afirmar algo como esto: «Lo saciaré de larga vida, y le mostraré mi salvación» (Sal 91:16). Eso fue justo lo que le hizo Dios a Job: Le dio una larga, muy larga vida, bendición al doble y reparación en todo. ¿A quién no le gustaría esto?

Hoy en día, nosotros podemos hacer nuestra la promesa de Jeremías 33:6: «He aquí que yo les traeré sanidad y medicina; y los curaré, y les revelaré abundancia de paz y de verdad», donde la palabra «curaré» también puede traducirse como «restauraré».

NUESTRA RESTAURACIÓN Y LA DE JOB

En una campaña al aire libre, un evangelista le hablaba a la gente del milagro de Jesús cuando Él transformó el agua en vino en las bodas de Caná de Galilea. Un borracho, que se paró para escuchar el mensaje, preguntó con aire de burla: «¿Cómo Jesús pudo transformar el agua en vino?». El evangelista le respondió con determinación: «La manera en que Cristo lo hizo no lo sé, pero en mi casa, Él transformó la bebida en pan, el cigarrillo en muebles, las peleas en amor, la incredulidad en fe y el guiñapo humano que era yo en un predicador del evangelio». Eso es lo que hace Dios: ¡Nos transforma! Y eso fue lo que Él hizo con Job: ¡Le restauró por completo y le dio muchísimos años de vida!

En la actualidad, vivimos tiempos en los que parece ser que está venciendo el mal perpetrado por el diablo en contra de la humanidad. Esto lo vemos reflejado en el pecado, el dolor, el sufrimiento, las guerras, el hambre, las violaciones, las enfermedades, la pobreza, el sida, el derrumbe de la familia y el hogar, el cáncer, las cárceles, las injusticias humanas, la muerte, etc. Sin embargo, algún día todo esto terminará y la promesa para nosotros los cristianos de que esto se hará realidad está en este pasaje:

> Enjugará Dios toda lágrima de los ojos de ellos; y ya no habrá muerte, ni habrá más llanto, ni clamor, ni dolor; porque las primeras cosas pasaron.
>
> Apocalipsis 21:4

Nuestra mirada debe estar siempre en vivir una eternidad con Dios y no en lo que atravesamos ahora. Algún día, Él nos mostrará que nuestra fe delante de su presencia valió la pena. Entonces, mientras vivamos aquí, tenemos que poner esta palabra en nuestro corazón:

> Y sabemos que a los que aman a Dios, todas las cosas les ayudan a bien.
>
> Romanos 8:28

A menudo, muchos cristianos tuercen y malentienden esta declaración al implicar que «solo cosas buenas les suceden a quienes aman a Dios». En cambio, esto no es lo que dice el versículo. Pablo habla con exactitud todo lo contrario de lo que significan estas «cosas», tal y como declara más adelante:

> ¿Quién nos separará del amor de Cristo? ¿Tribulación, o angustia, o persecución, o hambre, o desnudez, o peligro, o espada?
>
> Romanos 8:35

Todas estas cosas fueron parte de su vida y ministerio. De modo que afirma que Dios usó estas «cosas» para hacer avanzar el evangelio. Aunque les resultaron tristes y dolorosas, el Señor usó dichas «cosas» o circunstancias para sacar algo bueno de lo malo que Pablo recibió a través de persecuciones, encarcelamientos, burlas, etc. Estoy seguro que, de manera similar, Dios usa el sufrimiento en nuestra vida para producir un resultado bueno y positivo.

Ahora bien, debes recordar el modelo establecido al final del libro de Job: Las respuestas a las preguntas sobre las causas del sufrimiento solo están en la potestad o el dominio del Señor. De modo que no se supone que nosotros entendamos el porqué de las «cosas» que suceden ni que especulemos acerca de las razones que Dios tiene al permitirlas en nuestra vida.

Pablo y otros escritores del Nuevo Testamento nos sugieren que solo confiemos en el Señor y respondamos al dolor con fe, aunque no lo entendamos por completo. Si lo hacemos, de seguro que Dios usará para nuestro beneficio las «cosas» que no nos resultan placenteras en el momento de la prueba, como el propio Job bien lo dijo:

> En la aflicción despertará su oído. Asimismo te apartará de la boca de la angustia a lugar espacioso, libre de todo apuro, y te preparará mesa llena de grosura.
>
> Job 36:15-16

En la Nueva Versión Internacional, vemos que este pasaje nos declara que «a los que sufren, Dios los libra mediante el sufrimiento; en su aflicción, los consuela» (v. 15). La idea de que el sufrimiento nos puede ser productivo trae una nueva dimensión a nuestra experiencia del dolor. Los que se ven sometidos a sufrimientos y enfermedades pueden testificar en los hospitales de sus propias experiencias, pues saben de primera mano lo que es sufrir. Literalmente, el cristiano que ha sufrido de una manera o de otra se transforma en un mejor creyente. Incluso, quienes han pasado por el dolor se vuelven mejores personas, porque son sensibles a lo que han vivido. Dios, en nosotros, usa las «cosas» desagradables y las convierte en resultados que nos resultan agradables. Así que podemos decir con toda seguridad que Dios puede sacar lo bueno de lo malo; es decir, sacar «cosas» buenas de las «cosas» malas que hemos sufrido.

A través de los años, he leído biografías de grandes cristianos y cristianas que han sufrido de manera profunda, al igual que de personas sin Cristo que se han visto sometidas al dolor. El resultado en ambas categorías es asombroso debido a las diferencias entre sí. La pregunta es: «¿El dolor y el sufrimiento han acercado a estos cristianos y personas hacia Dios, o las han apartado de Él?». Algunos se acercaron más a Dios, otros se distanciaron con amargura de Él. La gran diferencia parece estar en el enfoque de la atención individual de cada uno con relación al sufrimiento. ¿Por qué? Porque los que se obsesionan con querer saber las causas de sus tribulaciones, hacen preguntas como estas:

- ¿Qué hice para merecer esto?
- ¿Qué trata de decirme Dios con esto?
- ¿Me están castigando?

Por eso vemos que las personas que se enfocan en saber el porqué del sufrimiento, en su mayoría se apartan de Dios con gran enojo y amargura por no recibir la respuesta a sus preguntas. En contraste, las personas que obtienen el triunfo en medio de sus sufrimientos son las que deciden confiar en el Señor al no hacerle ninguna pregunta. Solo tienen fe en que saldrán de esa situación, puesto que Dios tiene el control. Y así sucede.

¿Te das cuenta de lo distintas que son estas dos clases de personas que sufren? Unas le preguntan a Dios por qué, y nunca reciben la respuesta, por supuesto. En cuanto a las otras que solo creen y confían en Él, aunque sin entender el motivo, salen victoriosas de la prueba, del dolor y del sufrimiento. ¿A cuál de estos dos tipos de personas pertenecemos tú y yo?

Tengo la seguridad de que el problema no se encuentra en Dios, pues Él no ama a una clase de persona más que a la otra. La actitud individual de cada una de estas personas ante el sufrimiento es lo que marca la diferencia, puesto que una pregunta, mientras que la otra confía. Recuerda que Dios se identificó más con los desvaríos, delirios e incoherencias de Job, en lugar de hacerlo con los amigos consoladores que solo daban muestras de una falsa piedad.

¿Será que nos ayudaría de veras saber con exactitud por qué Dios permite sufrimientos y dolores específicos? Tal vez tal conocimiento nos haga más daño y nos cause más aflicción que alivio. Creo que esto no redundaría en beneficio alguno, puesto que en nuestra hora de aflicción lo único que nos serviría de ayuda sería confiar por completo en Él. De ese modo se quebrantaría nuestra autosuficiencia y crearía una relación de intimidad personal con Dios a través de una fe inquebrantable. Incluso, podría transformar nuestro sufrimiento en cualidades de valores eternos y, a la vez, en un crecimiento espiritual significativamente profundo.

Recuerda que nuestras mentes son muy pequeñas para entender a Dios, nuestros brazos son muy cortos para pelear en su contra y nuestras bocas son muy inservibles para encontrar palabras apropiadas a fin de discutir con Él. Entonces, ¿qué debemos hacer? Solo tenemos que creerle a Dios y no intentar entenderlo. Si actuamos de esta manera, Él nos restablecerá.

LA INTERPRETACIÓN DE ROMANOS 8:28

En cuanto a nosotros los cristianos se refiere, tenemos claro que la restitución es posible debido a lo que nos promete Romanos 8:28: «Y sabemos que a los que aman a Dios, todas las cosas les ayudan a bien, esto es, a los que conforme a su propósito son llamados». Sin embargo, Job no tenía este pasaje de la Escritura al cual aferrarse con fe. Nosotros, en cambio, sí lo tenemos.

Al igual que muchos otros versículos en las Escrituras que nos resultan difíciles de entender, aún más con relación a por qué Dios permite el mal o consiente que sucedan cosas malas, a menudo Romanos 8:28 nos deja algunos interrogantes. Solo el Espíritu Santo nos puede revelar el verdadero propósito de Dios.

David Jeremiah, en su libro *¿A qué le tienes miedo?*, cita el comentario que hiciera James Montgomery Boice, quien fuera teólogo cristiano, maestro de la Biblia y autor, acerca de Romanos 8:28, donde aclara que Pablo no afirmaba que las cosas dolorosas y tristes fueran buenas:

> El texto no enseña que las enfermedades, el sufrimiento, la persecución, el dolor o cualquier otra cosa de esas sea buena en sí. Al contrario, esas cosas son malas. El odio no es amor. La muerte no es vida. El sufrimiento no es alegría. El mundo está lleno de mal, pero lo que el texto enseña [...] es que Dios usa esas cosas para efectuar sus buenos propósitos en la gente. Dios saca bien del mal[3].

En otras palabras, Dios cumple su voluntad en nosotros al darnos algo positivo en el desenlace de las circunstancias negativas que atravesamos, sin importar que se trate de dolor, calamidades, desastres, enfermedades, pérdidas, infortunios, pesar, congoja, etc. Lo mismo hizo Dios con Job al final de toda su aflicción que le causó el diablo, a fin de intentar destruir su fe y confianza en el Señor. De igual manera, Dios usó la dura realidad de la crucifixión por medio de un Cristo perfecto para llevar a cabo sus propósitos maravillosos de los que somos partícipes todos los cristianos.

En las manos poderosas y sabias de Dios, los eventos malos se usan como recursos para que se lleven a cabo fines buenos de los que nosotros, en el momento de la prueba, no podemos entender. La clave se encuentra en estas palabras: «Y sabemos que a los que aman a Dios, todas las cosas les ayudan a bien». De acuerdo al texto griego, podemos afirmar lo siguiente: «¡Él está trabajando!». En otras palabras, Dios está activo de manera incesante, enérgica e intencional al hacer que todas las cosas terminen para nuestro beneficio.

Si tú has perdido algo como Job, Dios te lo devolverá todo, ya sea en esta vida o en la venidera. Este es su propósito, pues está ocupado creando un destino y final maravilloso para nosotros que le amamos. Nota que dice: «A los que aman a Dios». Así que esta PROMESA no es para todas las personas, sino solo para los cristianos, los creyentes, los que amamos a Dios, y seguimos y obedecemos al Señor Jesucristo y su Palabra; es decir, «los que [amamos] a Dios». ¡A tu vida vendrá la compensación por tu sufrimiento!

La frase que Pablo usa para describir la manera en que Dios obra a nuestro favor es: «Todas las cosas les ayudan a bien», la cual equivale al término griego «**sunergeo**», de donde tenemos la palabra «sinergismo». En Santiago 2:22 dice: «¿No ves que la fe actuó juntamente con sus obras, y que la fe se perfeccionó por las obras?». En la *Biblia Plenitud* se nos aclara muy bien este pasaje:

> **2.22 actuó juntamente,** *sunergeo*; Strong #4903: Compare «sinergia». De *sun,* «junto», y *ergeo,* «trabajar»; de aquí, cooperar, ayudar, colaborar, colaborador. Hay una armonía práctica o sinergia entre la fe vertical en Dios y las obras horizontales en un

mundo lleno de necesidades. La fe es ambas cosas: espiritual y práctica[4].

A fin de entender mejor el término *sinergismo*, considera cómo se define en español el *sinergismo*:

La acción combinada de varias sustancias químicas, las cuales producen un efecto total más grande que el efecto de cada sustancia química separadamente[5].

En la teología cristiana, tenemos la certeza de que las cosas ayudan (colaboran, trabajan) para el bien de los que amamos a Dios. En otras palabras, las cosas «trabajan o actúan juntas» para bien. De ese modo, Dios «actúa» a nuestro favor. Él usa todas las circunstancias, ya sean buenas o malas, positivas o negativas, a fin de traer el resultado que Él desea para beneficiar nuestras vidas.

Job sabía que Dios es bueno y fiel. Es más, tenía la seguridad de que, al final de todo, Él le daría la recuperación y le ayudaría a salir adelante. Lo mismo nos sucederá a ti y a mí. ¡Él nos ayudará! Basta esperar, orar, ayunar, leer las Escrituras, creer, poseer una fe inamovible en el Señor. Entonces, en su tiempo, Él actuará por nosotros. Recuerda que «todas las cosas [nos] ayudan a bien».

Es evidente que si permitimos que la naturaleza siga su curso, las cosas nunca trabajarán por sí solas. ¿Por qué? Porque estamos ante algo espiritual, ya que solo Dios puede causar el sinergismo en nuestras vidas. Él es el que mezcla y mueve todas las cosas. Algo similar ocurre cuando alguien hace un delicioso pastel y, como sabe que debe combinar varios ingredientes, los junta para llevar a cabo su propósito.

Donald Grey Barnhouse, quien fuera predicador, pastor, teólogo, pionero de la radio y escritor cristiano estadounidense, explicó que las palabras de Romanos 8:28, «y sabemos», es un antídoto poderoso en cuanto al miedo de todo lo que nos pueda pasar:

Es posible que aquí y ahora sepamos que todas las cosas cooperan para nuestro bien. Aferrarnos a ese hecho es tranquilizar la turbulencia de la vida para llevar tranquilidad y confianza a toda la vida. Nada puede tocarme a menos que pase por la voluntad de Dios. Dios tiene un plan para mi vida. Dios está obrando de acuerdo a un propósito firme y eterno[6].

Según Romanos 8:28, todo obra para que Dios pueda rehabilitarte en cada una de las esferas de la vida. Él puede restaurarte en cuanto a la familia, los hijos, el trabajo, las finanzas, la salud, etc. Es más, puede sacarte de las deudas y puede devolverte todo lo que perdieras y mucho más, incluyendo lo que te robara el diablo. Aquí tienes la promesa de Dios para ti y para mí:

> He aquí que yo les traeré sanidad y medicina; y los curaré, y les revelaré abundancia de paz y de verdad.
>
> Jeremías 33:6

Ahora bien, debido a las diferentes circunstancias negativas que nos rodean, nos resulta difícil ver con claridad las promesas de Dios. Por lo tanto, ten la seguridad de que Él está obrando a nuestro favor; es decir, obra para bien tanto para ti como para mí, pues su propósito es darnos el final dichoso que esperamos y que nos consuela:

> Porque yo sé los pensamientos que tengo acerca de vosotros, dice Jehová, pensamientos de paz, y no de mal, para daros el fin que esperáis.
>
> Jeremías 29:11

De seguro que vendrá lo que esperamos tú y yo. ¡Créelo!

En los capítulos 30 y 31 de Jeremías, puedes leer sobre la restauración de Israel. ¡Lo mismo sucederá con nosotros! La promesa de nuestra renovación también está en este pasaje que nos da un gran ánimo:

> Y os restituiré los años que comió la oruga, el saltón, el revoltón y la langosta.
>
> Joel 2:25

En otras palabras, Él nos compensará por todo lo malo que Él permitió en nuestras vidas, todas las circunstancias adversas, todo dolor, enfermedad, etc. Además, debemos entender que Él tiene sus propósitos en cada una de estas calamidades, ¡puesto que Él es Dios y nosotros no!

Annie Johnson Flint, quien fuera poetisa y compositora cristiana, hizo una linda descripción del significado de Romanos 8:28 al usar lo intrincado y complicado que son los mecanismos que operan en una máquina, o diversas maquinarias, a fin de llevar a cabo su trabajo en una fábrica:

En el edificio de una fábrica, hay ruedas y engranajes,
Hay cigüeñales y poleas, correas ajustadas o flojas...
Algunas giran velozmente, algunas rotan lentamente,
Algunas se impulsan hacia delante, algunas hacia atrás;
Algunas son suaves y silenciosas, otras son ásperas y ruidosas,
Golpean, rechinan, suenan, se mueven de un tirón.

En una confusión bárbara de aparente caos,
Se elevan, impulsan, accionan; pero hacen su trabajo.
Desde la palanca más poderosa hasta el piñón o engranaje
   pequeño,
Todas las cosas se mueven juntas con el propósito planeado;
Y detrás del funcionamiento hay una mente que controla,
Una fuerza que dirige y una mano que guía.

Así funcionan todas las cosas para los amados de Dios;
Algunas cosas podrían ser dolorosas si estuvieran solas;
Parecería que algunas obstaculizan; y algunas podrían
   hacernos retroceder;
Pero obran juntas, y obran para bien,
Todos los anhelos frustrados, todas las negaciones severas,
Todas las contradicciones, difíciles de entender.
Y la fuerza que las sostiene, las apresura y las retarda,
Las detiene, las pone en marcha y las guía, es la mano de
   nuestro Padre[7].

LAS PROMESAS DE ROMANOS 8:28

Al seguir hablando de renovación o restauración, consideremos de nuevo Romanos 8:28 cuando nos revela que somos participantes de grandes bendiciones y promesas:

Y sabemos que a los que aman a Dios, todas las cosas les ayudan a bien, esto es, a los que conforme a su propósito son llamados.

Como ya mencionamos, este versículo es la clave para que cada cristiano viva una vida de victoria, reintegración, restauración y bendición. ¿Y cuáles son las características de las promesas de Romanos 8:28? Aquí tienes algunas:

1. **Es una promesa firme y definitiva**
«Y sabemos»: Basados en las Escrituras, tenemos pleno conocimiento de la fidelidad del Señor. Entonces, si Él lo dijo, así será. El libro de Romanos usa cinco veces la frase «y sabemos», lo cual pone de manifiesto nuestra seguridad en que Dios tiene un plan para nuestras vidas.

2. **Es una promesa peculiar y exclusiva**
«Que a los que aman»: No es a todas las personas que se les concede este privilegio, sino que solo es para los cristianos. No se aplica a quienes no son salvos, los que no conocen a Cristo, los que no aman al Señor. De modo que los impíos no pueden, tienen el derecho ni posibilidad alguna de reclamar esta gran promesa, pues solo se puede recibir por medio de Cristo.

3. **Es una promesa infalible y divina**
«A Dios»: Puesto que quien promete es el Dios Creador y Soberano del universo, el Omnipotente, el Todopoderoso, sabemos que Él lo cumplirá. Si Él lo prometió, es imposible que haya falla ni error. Sus promesas están garantizadas, pues podemos basarnos en la integridad de la Palabra de Dios. Es más, como Él nunca ha fallado, tenemos la certeza de que cumplirá lo que prometió.

4. Es una promesa segura y única

«Todas las cosas les ayudan a bien»: Lo que Dios permite está bajo su control. Y todas las cosas, como ya vimos antes, colaboran para que el plan de Dios se lleve a cabo, aunque no podamos verlo cuando las situaciones adversas que atravesamos nos bloquean la visión y obstaculizan nuestra fe.

Dios está obrando detrás del telón, a pesar de que no podemos comprenderlo, como fue en el caso de Job. De modo que podemos tener la seguridad de que Él actúa a través de su manera única de hacer las cosas, como las lleva a cabo siempre. De ahí que todas las cosas ayuden a bien, ya sea en el nivel personal, ministerial, familiar, físico, financiero, emocional o espiritual. Dios usa cada uno de los eventos para ayudarnos en todos los aspectos de nuestra vida.

5. Es una promesa con una causa y meta

«Esto es, a los que conforme a su propósito»: ¿Cuál propósito? Para nosotros es el de vivir en el centro de su perfecta voluntad. Todavía me acuerdo de lo que sucedía cada vez que mi mamá hacía un pastel por el cumpleaños de cualquiera de nosotros sus hijos. Si probaba un pedacito de cada cosa, de cada ingrediente, uno por uno, no me gustaba, no era sabroso. Si probaba por separado la harina, la sal, el azúcar, los huevos y todo lo demás que llevaba, como todo niño curioso, no me gustaba su sabor. En cambio, cuando mi madre mezclaba todos los ingredientes y terminaba, ¡teníamos un pastel delicioso! Así es que Dios trabaja en nuestras vidas. Cada parte, cada experiencia, cada oración, casa situación triste, cada lucha, prueba, tribulación, sufrimiento o dolor, todo esto Dios lo usa para llevar a cabo su propósito en nuestras vidas.

6. Es una promesa dinámica y global

«Son llamados»: ¿Quiénes son los llamados? ¡Tú y yo! ¿A qué nos llamaron? ¡A ser salvos! ¡A servirle! Esta es una promesa para el cuerpo de Cristo, para toda su Iglesia en conjunto. Por lo tanto, esta promesa es dinámica, emprendedora, pues tiene que ver con el crecimiento activo, permanente y sólido de la Iglesia de Cristo, la cual somos nosotros. Además, es global, pues trasciende cultura, raza, pueblo, nacionalidad, lengua, dialecto y color. ¡Es mundial! ¡Aleluya!

LA VICTORIA QUE PROMETE ROMANOS 8:28

¿Recuerdas la historia de José? Dios usó todas las circunstancias difíciles que tuvo que atravesar, a fin de llevar a cabo su plan perfecto respecto al pueblo de Israel. Ahora, repasemos algunas de las vicisitudes que afrontó José:

- Sus hermanos lo envidiaban.
- Le quitaron la túnica de colores que le regaló su padre.
- Lo echaron en una cisterna seca con la idea de matarlo.
- Lo vendieron como esclavo a Egipto.
- Lo compró un oficial del faraón llamado Potifar.
- La mujer de este oficial lo tentó, pero José venció la prueba.
- Fue víctima de acusaciones por violación y lo enviaron a la cárcel siendo inocente.
- Sufrió y estuvo en angustias dentro la prisión.

Sin embargo, a pesar de todas estas calamidades, y muchas más, Dios nunca lo abandonó y siempre halló gracia a los ojos de quienes le rodeaban. En esencia, pasó de la cisterna a la esclavitud, de la esclavitud a prisionero, pero de la prisión terminó en el palacio, pues al final le reveló el significado de los sueños que tuvo el faraón, convirtiéndose en el segundo al mando y el primer ministro de Egipto. El salmista lo resume muy bien con estas palabras:

Envió un varón delante de ellos; a José, que fue vendido por siervo.
Afligieron sus pies con grillos; en cárcel fue puesta su persona.

Hasta la hora que se cumplió su palabra, el dicho de Jehová le probó. Envió el rey, y le soltó; el señor de los pueblos, y le dejó ir libre. Lo puso por señor de su casa, y por gobernador de todas sus posesiones.

Salmo 105:17-21

De manera específica, considera este versículo: «Hasta la hora que se cumplió su palabra, el dicho de Jehová le probó» (105:19). Por lo tanto, Dios probó a José y usó todas las adversidades para cumplir sus propósitos. ¡Todo esto fue «hasta la hora»! Es decir, Dios sabe hasta cuándo tú y yo podremos soportar las pruebas, luchas, tribulaciones, aflicciones, dolor, sufrimientos, mentiras, acusaciones e injusticias que se levantan contra nosotros. Entonces, llegada la «hora», en el tiempo de Dios, Él nos bendecirá como lo hizo con José.

Por lo tanto, cuando estemos en medio del fragor de la batalla, tengamos presentes la vida de José, y consideremos que los propósitos de Dios son inviolables para nuestra vida. Sus hermanos, por otra parte, se portaron muy mal, pero no recibieron lo que merecían sus acciones. Es más, José no los condenó con sus palabras, pues comprendió que todas las cosas que le sucedieron fueron para el bien de su familia y de su pueblo. Así lo declara en este pasaje:

Vosotros pensasteis mal contra mí, mas Dios lo encaminó a bien, para hacer lo que vemos hoy, para mantener en vida a mucho pueblo.

Génesis 50:20

De cierta forma, este pasaje es el Romanos 8:28 del Antiguo Testamento para José. Mientras sufría y esperaba en Dios durante su encarcelamiento debido a falsas acusaciones injustas, pudo ver más allá a los planes de Dios. ¡Así que Dios lo encaminó todo para bien! Lo mismo hará el Señor con tu vida y la mía. No importa la situación que estemos pasando y que todo se vea oscuro, nublado y borroso. Ten calma y paciencia, ¡pues Dios tiene el control! Si lo dudas, considera cómo Job, a pesar de todas las pruebas que afrontó, tenía la seguridad que su vida estaba en las manos del Todopoderoso:

> Mas él conoce mi camino; me probará, y saldré como oro.
>
> Job 23:10

Como ya vimos, ¿no fue esto lo que sucedió con Job? ¿Y qué me dices de Jesús? Él sufrió y padeció dolor, angustias, maltratos, una corona de espinas en su cabeza, clavos en sus manos y sus pies. Entonces, cuando lo clavaron en la horrenda cruz, ¿cómo podía salir algo bueno si lo consideramos desde el punto de vista humano? Nosotros lo sabemos. Salió lo más preciado para nosotros: ¡La salvación! En cuanto a la muerte de Cristo, mira lo que Pedro le dijo al pueblo de Israel:

> Varones israelitas, oíd estas palabras: Jesús nazareno, varón aprobado por Dios entre vosotros con las maravillas, prodigios y señales que Dios hizo entre vosotros por medio de él, como vosotros mismos sabéis; a éste, entregado por el determinado consejo y anticipado conocimiento de Dios, prendisteis y matasteis por manos de inicuos, crucificándole.
>
> Hechos 2:22-23

¡Sí, leíste bien! Todo fue debido al «anticipado conocimiento de Dios». De modo que su nacimiento, muerte y resurrección se profetizó, predestinó y determinó con antelación por la perfecta voluntad de Dios para la salvación de todo el que cree. Todo estaba en el plan perfecto de Dios. Y así es con tu vida y la mía, pues cada una de las cosas encaja con exactitud de acuerdo a como debe ser en el plan de Dios.

¿CÓMO DEBEMOS ACTUAR DE ACUERDO A LAS PROMESAS DE ROMANOS 8:28?

Como ya sabemos con absoluta certeza que Romanos 8:28 es verdad debido a que lo hemos experimentado, ¿cómo deberíamos actuar basados en estas promesas que hemos hablado en cuanto a la regeneración o restauración en nuestras vidas? Aquí tienes tres aspectos muy importantes a considerar:

1. **Debemos actuar en completa confianza en Dios sin importar las circunstancias**
   Isaías 40:28: «¿No has sabido, no has oído que el Dios eterno es Jehová, el cual creó los confines de la tierra? No desfallece, ni se fatiga con cansancio, y su entendimiento no hay quien lo alcance».
   Puesto que Dios creó la tierra y el universo, ¿crees que Él no merece nuestra confianza?

2. **Debemos actuar en completo agradecimiento a Dios sin importar las circunstancias**
   Salmo 100:4: «Entrad por sus puertas con acción de gracias, por sus atrios con alabanza; alabadle, bendecid su nombre».
   A pesar de las adversidades, ¿crees que Dios no tiene el mérito para que se le alabe después de tantas cosas que Él ha hecho por nosotros?

3. **Debemos actuar en completa fe mirando hacia adelante sin importar las circunstancias**
   Filipenses 3:13-14: «Olvidando ciertamente lo que queda atrás, y extendiéndome a lo que está delante, prosigo a la meta, al premio del supremo llamamiento de Dios en Cristo Jesús».
   No importa lo que hemos pasado, estemos pasando o pasaremos, debemos seguir firmes hasta el final.

LA RESTAURACIÓN Y LA DERROTA DEL MAL

Tenemos la seguridad que las situaciones adversas, aunque se deban a la maldad, la tragedia, el sufrimiento y el dolor, como fueron los infortunios de Job, no son parte de la creación original del hombre. Sin embargo, vemos que Dios las entreteje a través de un plan sabio que traerá como resultado la completa restauración del ser humano. Por eso es que podemos decir que la promesa de

Romanos 8:28 sigue vigente aún para nosotros, pues sabemos que el Señor restaurará todas las cosas al final de los tiempos.

Acerca de esto, el apóstol Juan tuvo una visión de Dios sentado en el trono con un libro sellado en su mano derecha. Estaba sellado con siete sellos, y aunque le parecía que nadie podía abrir el libro, alguien le dice que el León de la tribu de Judá lo puede hacer, el cual es Jesús. ¿Y por qué Cristo tiene el poder y la autoridad para abrir los sellos del libro? ¡Por su sufrimiento, muerte y resurrección!

> Y miré, y vi que en medio del trono y de los cuatro seres vivientes, y en medio de los ancianos, estaba en pie un Cordero como inmolado, que tenía siete cuernos, y siete ojos, los cuales son los siete espíritus de Dios enviados por toda la tierra.
>
> Apocalipsis 5:6

¡Inmolado! Se trata del Cordero que sufrió, padeció y entregó su vida por nosotros en la cruz. Cristo dio su vida por causa del mal, de la maldad y del pecado del hombre. Dio su vida para restaurar y resarcirnos todas las cosas.

En su libro *Walking with God Through Pain and Suffering*, Timothy Keller comenta lo que dijera Christopher J.H. Wright, clérigo anglicano y erudito del Antiguo Testamento, acerca del libro de Apocalipsis:

> Muchos eruditos están de acuerdo en que este rollo contiene «el significado y el propósito de la historia, el gran plan de Dios para todos los tiempos». Está sellado con siete sellos y Juan comienza a llorar porque le parece que nadie tiene la capacidad de abrir el rollo, es decir, de «interpretar y llevar a cabo el plan de Dios» [...] Christopher Wright lo resume: «La cruz fue lo peor que pudieron hacer el mal humano [y no humano] y la rebelión contra Dios»[8].

En la cruz, Cristo venció la maldad y la rebelión del diablo y del hombre. ¡Aleluya! Por eso fue que Él pudo abrir los sellos. De la misma forma, Dios abrirá las puertas y los sellos que cierran tu vida ahora, los cuales te impedirían obedecer a tu llamado y poner a su servicio tus dones y talentos en el ministerio. También les abrirá esas puertas y sellos a tus finanzas, salud, trabajo, hijos, familia, etc. Repito, Dios abrirá los sellos, Dios te restaurará todo lo que te robó el enemigo. ¡Gloria a Dios! ¡Créelo!

Sin el sufrimiento de Cristo en la cruz, no se hubiera vencido el mal; pero ahora el mal es el que está vencido, derrotado, por la sangre de Cristo en la cruz, por su muerte expiatoria y su gloriosa resurrección. La cruz de Cristo modificó y restauró al hombre a su estado original de comunión con Dios. Toda clase de mal estuvo sobre Cristo en la cruz. Él fue una víctima de la injusticia humana para que tú y yo pudiéramos ser justos delante de Dios por medio de Él.

Entonces, ¿qué soportó Jesús para garantizarnos la victoria que podemos disfrutar nosotros hoy como sus seguidores? Entre otras cosas:

- Los discípulos lo abandonaron y negaron.
- El pueblo, con los líderes religiosos y seculares de la época, lo entregaron para que le crucificaran.
- Tuvo un juicio injusto y corrupto.
- Lo torturaron, maltrataron, escupieron y le arrancaron su barba.
- Le pusieron una corona de espinas en su cabeza.
- Le clavaron sus pies y manos en una horrenda cruz.
- Cargó sobre sí todo tipo de pecado, malicia, cobardía, mentira, engaño, crímenes, injusticias, racismo, nacionalismo, corrupción política y religiosa, así como toda la furia del diablo.

Todas estas cosas las sufrió el Señor por ti y por mí en la cruz. Por consiguiente, Él derrotó el pecado, el mundo, la muerte y el diablo con todas sus fuerzas malignas. La cruz de Cristo resolvió el problema del mal para siempre. Sí, ¡lo destruyó! ¡Aleluya! Es más, echó por tierra tanto el mal del diablo, quien es el causante del sufrimiento y del dolor, como el mal perpetrado por el hombre, su pecado y sus consecuencias. Cristo los venció a los dos en la cruz. ¡Gloria a Dios!

Sin embargo, el mal no solo es el resultado de la rebelión del diablo como el causante original de la maldad, mucho menos es el resultado de los seres humanos pecadores. La fuente del mal abarca cosas mayores y más profundas. En realidad, es el misterio de la maldad, como dijo el apóstol Pablo en referencia a esto:

Porque ya está en acción el misterio de la iniquidad.

2 Tesalonicenses 2:7

En la cruz, sin importar el misterio que sea, Cristo destruyó el mal del diablo y la maldad de los hombres. El mal se conquistó en todas sus formas y efectos, y se venció en la cruz. El mal se volvió contra sí mismo. También al diablo le vino su destrucción como resultado de su propia maldad.

La acción de Dios fue absolutamente sorprendente al adquirir una victoria extraordinaria por medio de la muerte de su Hijo en la cruz, lo cual permitió que el hombre recuperara su estado original. Dios atrapó al engañador en sus propios engaños. Al que quería destruir lo destruyeron. De seguro que esta será la destrucción final del mal y la restauración del hombre en todos los niveles, ya sean físicos, psicológicos (o emocionales) y espirituales; es decir, la cruz restauró y remodeló al ser humano en cuerpo, alma y espíritu.

Aunque el cristianismo nunca dijo que podía ofrecer una explicación total de la existencia de la maldad y del sufrimiento, sí ofrece una respuesta contundente a este problema, la cual se dará al final de los tiempos y de la historia. Además, será satisfactoria por completo, puesto que vendrá de manera infinita y suficiente del mismo Dios.

La cruz aseguró la derrota del mal en el pasado y, hasta ahora, por la obra expiatoria de Cristo en el Calvario, también nos garantiza la derrota final de todo el mal en el futuro durante la restauración de todas las cosas:

Porque el Cordero que está en medio del trono los pastoreará, y los guiará a fuentes de aguas de vida; y Dios enjugará toda lágrima de los ojos de ellos.

Apocalipsis 7:17

La parte culminante del libro de Apocalipsis es la restauración de todo:

- «Un cielo nuevo y una tierra nueva» (21:1).
- «Ya no habrá muerte, ni habrá más llanto, ni clamor, ni dolor; porque las primeras cosas pasaron» (21:4).
- «Y no habrá más maldición» (22:3).

En otras palabras, desaparecerán el mal, el dolor, el sufrimiento, la enfermedad y el pecado. Debido a la obra de Jesús en el Calvario, llegará a su fin todo el sufrimiento de la humanidad. ¡Aleluya! ¡Él murió para restaurarlo todo! Entonces, «hasta los tiempos de la restauración de todas las cosas» (Hch 3:21), «nosotros esperamos, según sus promesas, cielos nuevos y tierra nueva, en los cuales mora la justicia» (2 P 3:13). Por eso es que el deseo vehemente de cada cristiano está en la gran redención que nos espera al final de los tiempos:

> Porque el anhelo ardiente de la creación es el aguardar la manifestación de los hijos de Dios. Porque la creación fue sujetada a vanidad, no por su propia voluntad, sino por causa del que la sujetó en esperanza; porque también la creación misma será libertada de la esclavitud de corrupción, a la libertad gloriosa de los hijos de Dios. Porque sabemos que toda la creación gime a una, y a una está con dolores de parto hasta ahora; y no sólo ella, sino que también nosotros mismos, que tenemos las primicias del Espíritu, nosotros también gemimos dentro de nosotros mismos, esperando la adopción, la redención de nuestro cuerpo.
>
> Romanos 8:19-23

Sin duda, el cristianismo tiene una esperanza que no existe en ninguna otra religión. El punto de vista secular no ve ningún futuro, ya sea bueno o malo, mientras que las demás religiones creen en una eternidad o en un cielo que es una consolación por las pérdidas y sufrimientos de esta vida. Sin embargo, como ya dijimos, el cristianismo no solo ofrece consolación, sino que ofrece una restauración completa, final y definitiva. ¡Aleluya!

Los que practican el secularismo dicen que la materia del universo que vemos es todo lo que existe. Afirman que lo natural es lo que observamos y que no hay nada sobrenatural que no percibimos, tales como ángeles, demonios, espíritus, almas, Dios o el diablo. La realidad es que si aceptas este pensamiento, no tendrás esperanza, consolación ni restauración. En cambio, si eres cristiano, todas las promesas de restauración en las Escrituras son tuyas, pues Cristo ya lo hizo posible para ti y para mí.

Puedo decirte que tengo mucha experiencia debido a que he predicado en más de setenta y cuatro países en todos los continentes. Aunque he visto de cerca la guerra espiritual contra las fuerzas del mal, también he visto las manifestaciones reales de milagros, prodigios y señales en sanidades increíbles en muchísimas personas. Entonces, ante tantas experiencias de fe y de provisión del Señor, ¿cómo es posible que alguien se atreva a decir que Dios no existe? ¡Esto es absurdo! Solo un necio diría algo como esto. Así lo corrobora este pasaje de las Escrituras:

> Dice el necio en su corazón: No hay Dios. Se han corrompido, hacen obras abominables; no hay quien haga el bien.
>
> Salmo 14:1

Los ateos, secularistas y materialistas no tienen ninguna esperanza en este mundo y mucho menos en el venidero. En cambio, nosotros los cristianos tenemos estas palabras como el fundamento de nuestra fe, para que «por dos cosas inmutables, en las cuales es imposible que Dios mienta, tengamos un fortísimo consuelo los que hemos acudido para asirnos de la esperanza puesta delante de nosotros. La cual tenemos como segura y firme ancla del alma» (Heb 6:18-19). ¡Aleluya!

Jesucristo sufrió para que nosotros no sufriéramos por la eternidad. Él se despojó de su gloria, para que nosotros algún día fuéramos parte de su gloria. Él se quedó solo en la cruz, para que nosotros no nos quedáramos solos sin Dios y sin esperanza. Él experimentó el abandono en la cruz, para que a nosotros no nos abandonaran para siempre en el infierno. Él fue atado y crucificado, para que nosotros fuéramos libres. Él fue rechazado, para que nosotros fuéramos aceptados por Dios Padre. ¡Alabado sea su Nombre! ¡Gracias, Señor!

MEDÍTALO...

En 1927, la revista estadounidense *TIME* empezó a publicar un suplemento en el que se escoge a un personaje que, en sus primeros años, denominaron el «Hombre del año». Sin embargo, a partir de 1999, este suplemento pasó de llamarse «Hombre del año» a «Persona del año». No siempre se ha escogido a un individuo, pues la revista ha seleccionado también a héroes de diferentes categorías y por distintas causas, matrimonios, grupos de personas, instituciones o movimientos sociales, dependiendo de su influencia y del impacto que tuvieran el año anterior.

Si Dios hubiera tenido que escribir en una revista las dos personas que más han sufrido y han sido pacientes en el mundo, de seguro que escogería, en primer lugar, a Jesús y, en segundo lugar, a Job, debido a sus calificaciones y méritos personales basados en la capacidad de soportar pruebas, aflicciones y tribulaciones con paciencia.

En la historia de la humanidad, no existe ninguna persona que se les asemeje, ni que cargara con el dolor y el infortunio como Cristo y Job. Los dos vivieron vidas incomparables y extraordinarias, fundamentados y afirmados en sus convicciones personales de quién era Dios en los momentos más difíciles y de gran necesidad en sus vidas. Aunque Jesús era Hombre Dios, y Dios Hombre al mismo tiempo, las Escrituras dicen categóricamente:

> Y Cristo, en los días de su carne, ofreciendo ruegos y súplicas con gran clamor y lágrimas al que le podía librar de la muerte, fue oído a causa de su temor reverente. Y aunque era Hijo, por lo que padeció aprendió la obediencia.
>
> Hebreos 5:7-8

¡Cristo padeció! En otras palabras, ¡sufrió! Lo que es más importante, esto lo hizo por amor a ti y a mí.

SEGUNDA PARTE

EL MAL Y EL

SUFRIMIENTO,

Y CÓMO

AFRONTARLOS

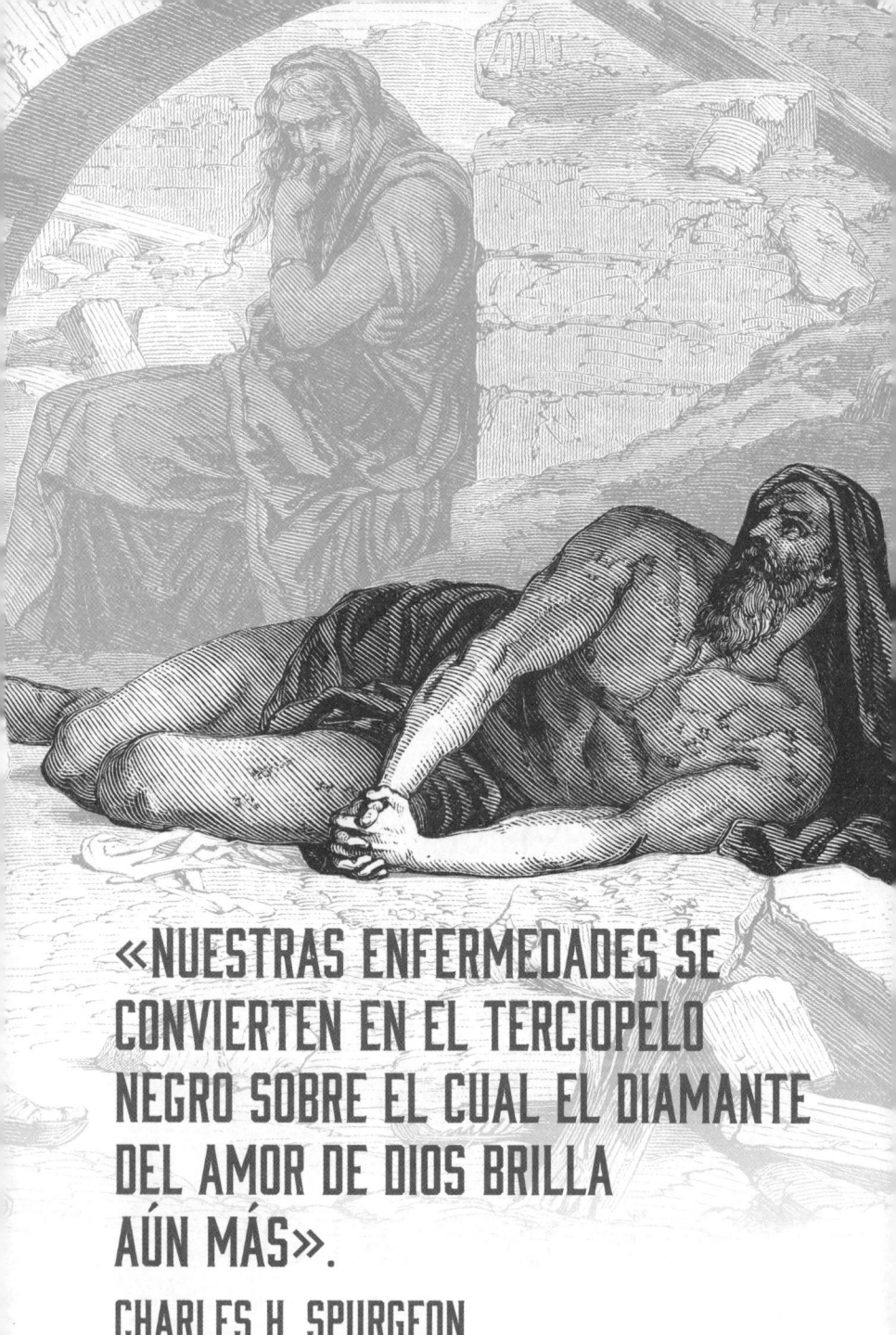

«NUESTRAS ENFERMEDADES SE
CONVIERTEN EN EL TERCIOPELO
NEGRO SOBRE EL CUAL EL DIAMANTE
DEL AMOR DE DIOS BRILLA
AÚN MÁS».

CHARLES H. SPURGEON

EL DEBATE SOBRE LA CAUSA DE LA ENFERMEDAD DE JOB

«Y cuando hubo dicho esto, los judíos se fueron, teniendo gran discusión entre sí».
Hechos 28:29

La causa de la enfermedad de Job y de todo el mal que soportó ha sido causa de gran discusión y debate a través de todos los tiempos. La enfermedad provoca en el enfermo reacciones e interrogantes, al igual que le sucedió a Job, al querer encontrar una razón que le explique lo ocurrido. Sin embargo, para esto no hay respuestas fáciles. Algunas personas preguntan: «¿Por qué me ha tocado a mí? ¿Por qué esta enfermedad? ¿Por qué precisamente ahora?». Incluso, se hacen otras preguntas también: «¿Qué habré hecho yo para merecer esto? ¿Dónde está la justicia de Dios?». Muchos que afrontan enfermedades dolorosas culpan a Dios por sus sufrimientos, pero los cristianos maduros sienten el llamado a salir en defensa de Dios en contra de quienes lo acusan y culpan por sus dolores.

LA RESPUESTA DE FILÓSOFOS Y TEÓLOGOS AL PROBLEMA DEL MAL
Ante tanta incertidumbre respecto a un sinnúmero de preguntas sin respuestas, ¿qué hicieron los filósofos y algunos teólogos para darle nombre a esta situación ineludible del bien y del mal? El término que se usó se conoce como «teodicea».

Agustín de Hipona, quien dedicara gran parte de su vida a escribir sobre filosofía y teología, fue el primero en desarrollar el concepto de la teodicea, la cual designó para responder al problema del mal. Desde su punto de vista, intentó explicar a un Dios omnipotente lleno de bondad en medio de tanta evidencia del mal en el mundo. A lo largo de la historia, se han propuesto diferentes variaciones de esta teodicea que, en general, afirma que Dios es perfectamente bueno, creó el mundo de la nada y que el mal es el resultado del pecado original de los humanos. Estableció que la entrada del mal en el mundo se explica como el castigo por el pecado, y su continua aparición se debe al uso indebido del libre albedrío.

Como resultado, la teodicea agustiniana sostiene que Dios no es el responsable del mal ni del sufrimiento. Con esto, rechazó la idea de la existencia del mal en sí, pues lo consideró como una corrupción de la bondad. Además, Agustín creía en la existencia de un infierno físico como un castigo por el pecado, pero afirmó que quienes elegían aceptar la salvación de Jesucristo irían al cielo.

Tomás de Aquino, bajo la influencia de Agustín de Hipona, propuso una teodicea parecida que basó en la idea de que Dios es bondadoso y que no puede haber mal en Él. Creía que la existencia de la bondad da lugar a la presencia del mal, y todo debido a la naturaleza de los seres humanos. Agustín también influyó en el teólogo Juan Calvino. Según sus conclusiones, y apoyado en las ideas de Agustín, propuso que el mal se debe al libre albedrío, y que el pecado pervierte a los humanos que necesitan la gracia divina para la vida moral.

En su libro *God, Freedom and Evil*, el Dr. Alvin Plantinga ofrece también una alternativa a la teodicea enfocada en demostrar la posibilidad lógica de la existencia de Dios. En su versión de la defensa del libre albedrío, argumenta que la coexistencia de Dios con el mal no es lógicamente imposible, y que la voluntad propia de cada persona no contradice la existencia del mal ni de por qué lo permite Dios. Este planteamiento se asemeja a la teodicea basada en la respuesta de por qué Dios permite el mal. Aunque creó una alternativa a la teodicea, esta demuestra una defensa de Dios al justificarlo por el sufrimiento y el mal que padecemos, así como al explicar que tenemos el libre albedrío y que, por lo tanto, tenemos la posibilidad de escoger entre el bien y el mal. Como vemos, se trata de un intento de vindicar a Dios en cuanto al problema del mal ante un Dios Todopoderoso y bueno[1].

LA CONFIRMACIÓN DE LA TEODICEA

Cuando se habla de la «teodicea», debemos remontarnos al siglo XVIII, pues este término lo acuñó de manera definitiva el filósofo, teólogo, jurista y político alemán Gottfried Leibniz, a fin de darle título a una de sus obras: *Ensayo de Teodicea. Acerca de la bondad de Dios, la libertad del hombre y el origen del mal.* Entonces, ¿qué es en sí la teodicea?

> La teodicea [...] es una rama de la filosofía cuyo objetivo es la demostración racional de la existencia de Dios mediante razonamientos, así como la descripción análoga de su naturaleza y atributos. Etimológicamente hablando, Teodicea es «justificación de Dios», y por tanto se enmarca en el ámbito más amplio de la Teología natural, aunque a menudo estos dos términos se toman como sinónimos[2].

Sobre la teodicea, el *Diccionario Bíblico Digital* aclara lo siguiente:

> El libro de Job se considera la t. más antigua. Es un término que el filósofo alemán Gottfried Wilhelm Leibniz, en 1697, dio forma para intentar justificar a Dios ante la desgracia y el mal existentes en el mundo a pesar de su omnipotencia y bondad[3].

Por lo tanto, la palabra teodicea, que viene de los vocablos griegos *theós* (Dios) y *dike* (justicia), quiere decir literalmente «una justificación de los caminos y de las decisiones de Dios a los seres humanos». Además, procura proveer una respuesta que explique por qué un Dios justo permite la existencia del sufrimiento y que a su paso continúe trayéndole dolor a la humanidad. De ahí que la teodicea intente revelar las razones y los propósitos de Dios al justificar las acciones divinas del sufrimiento y del mal, todo para satisfacer los interrogantes que surgen al respecto en cada persona.

El diccionario *Merriam-Webster* define la palabra «teodicea» de esta manera: «Defensa de la bondad y omnipotencia de Dios ante la existencia del mal»[4]. La teodicea más prominente de estas explicaciones es la llamada «teodicea del libre albedrío». Su historia es larga y antigua, y se remonta, como vimos, hasta Agustín de Hipona que presentó dos tipos de mal. Con esto afirmaba que el término «mal» se usa de doble manera: (1) para lo que hace el hombre, y (2) para lo que sufre. Lo primero es el pecado, lo segundo es el castigo del pecado. En su forma más simple, y tomando en consideración todas estas argumentaciones, la teodicea puede explicarse de la siguiente manera:

> Dios no nos creó como robots ni animales con instinto, sino como agentes libres y racionales con la habilidad de escoger, decidir y, por lo tanto, de amar. Si Dios nos hizo capaces de decidir lo bueno con entera libertad, también Él nos hizo capaces de escoger la maldad del mismo modo.

Al analizar esta descripción de la teodicea, vemos que se insiste, lo cual es cierto, que Dios no creó de veras el mal, puesto que se trata de algo que va en contra de cómo creó el universo. Agustín de Hipona, Tomás de Aquino, Juan Calvino y otros, enseñaron que el mal más bien es lo torcido y corrompido de algo bueno creado por Dios, y que se cambió de su forma y diseño original. Por consiguiente, Dios no es el autor del mal, pero lo permite para alcanzar, lograr y conseguir un bien mayor en cuanto a la libertad humana, así como su libre albedrío de escoger y decidir lo bueno sobre lo malo.

En otras palabras, podríamos decir lo siguiente: El Dios que todo lo conoce con antelación sabía de la gran maldad de los hombres que resultaría por tomar la elección de separarse de Él por libre voluntad. De cualquier manera, el don del libre albedrío que Él les concedió a los hombres hubiera valido la pena, pues la existencia de una eternidad futura de amor depende de este don. Así que esta eternidad supera, tiene un mayor peso y excede los horrores de una larga espera temporal debido al alejamiento de Dios por la humanidad. Entonces, al servirlo ahora de manera voluntaria por nuestro libre albedrío, o voluntad propia, Él nos librará de los pavores aún mayores y eternos del infierno por rechazarlo.

DESARROLLO DE LA «TEODICEA»

Con el paso del tiempo, otros filósofos, tratando de imitar el ejemplo de Leibniz y sus antecesores, les llamaron «teodiceas» a sus tratados sobre el problema del mal. Como en un análisis completo de la cuestión, donde no pueden pasarse por alto las pruebas tanto de la existencia de Dios como sus atributos, vemos que todo nuestro conocimiento acerca de Dios se introdujo de forma gradual en el dominio de la teodicea. De esa forma, la teodicea llegó a ser sinónima de teología natural; es decir, la parte de la metafísica que presenta pruebas positivas de la existencia y de los atributos de Dios, y que resuelve las dificultades que se le oponen.

Por lo tanto, en la actualidad podemos redefinir la teodicea como la ciencia que trata de Dios mediante el ejercicio de la sola razón. Es ciencia porque ordena de manera sistemática el contenido de nuestro conocimiento sobre Dios y demuestra, en el sentido estricto de la palabra, cada una de sus proposiciones. Sin embargo, apela a la naturaleza como única fuente de pruebas, mientras que la teología explica nuestro conocimiento de Dios.

Como dijimos, la teodicea a veces se identifica con la teología natural, pero más propiamente sirve para designar la sección de la teología filosófica que intenta mostrar la «justicia de Dios», a pesar de la presencia del mal en el universo y en la historia de la humanidad. Por otra parte, la estrecha conexión entre la teología filosófica y la teodicea se deriva, entre otras cosas, de la importancia que ha adquirido la existencia del mal en general y del sufrimiento de los inocentes en particular. En resumen, la teodicea es la forma más común de responder a la cuestión de por qué un Dios bueno y Todopoderoso permite la manifestación del mal, de modo que intenta resolver este problema tan complejo.

ALGUNOS PUNTOS DE VISTA RESPECTO AL MAL

Como una respuesta a la cuestión del mal, algunos teólogos establecen la diferencia entre «teodicea» y «defensa». La defensa intenta demostrar que la manifestación del mal no contradice la existencia de Dios, pero no propone que seres racionales sean capaces de entender por qué Dios permite el mal. De modo que la teodicea trata de enseñar que es razonable creer en Dios aun en medio de tantas evidencias del mal que vemos a diario en el mundo, a la vez que trata de explicar por qué el mal es real, sin que con esto se llegue a negar la existencia de Dios.

Ahora bien, poniendo en contexto lo que establecen la «defensa» y la «teodicea», podemos decir que la primera propone soluciones al problema lógico del mal, sin culpar a Dios, mientras que la segunda demuestra la evidencia de la existencia del mal sin negar la existencia de Dios. Sin embargo, según los eruditos y estudiosos, esto presenta dos problemas inmediatos. La primera, explica solo una categoría del mal, pero la realidad es que hay dos muy diferentes:

1. **El mal moral:** Esta teodicea se basa en los pecados y desobediencias de los hombres, por lo que se limita a explicar la maldad basada en las decisiones humanas y sus consecuencias, sin responder a la maldad natural ni a los llamados «hechos de Dios».
2. **El mal natural:** Esta teodicea establece la maldad debido a desastres naturales como huracanes, inundaciones, tsunamis, terremotos, etc., y se desliga del mal moral.

En mi opinión, y ahondando más en estas dos vertientes, solo podemos explicar y entender lo que es el «mal moral», o la maldad moral, que se produce cuando el hombre decide desobedecer a Dios de forma deliberada. En cuanto al «mal natural», el cual se ve a menudo en el mundo, es algo que no podemos explicar. Dios es el único que pudiera darnos las razones de por qué permite estas calamidades, desastres y tragedias, pues al fin y al cabo, misterios como estos solo le pertenecen a Él, como bien nos lo aclara este pasaje bíblico:

> Las cosas secretas pertenecen a Jehová nuestro Dios; mas las reveladas son para nosotros y para nuestros hijos para siempre, para que cumplamos todas las palabras de esta ley.
>
> Deuteronomio 29:29

Lo cierto es que hay cosas que jamás entenderemos. Solo Dios, cuando estemos en su presencia, nos lo podrá explicar, si es que lo hace. Por lo tanto, creo que Dios no pudiera haber creado seres y agentes libres como los seres humanos que fueran capaces de amarlo, y que también, al tener el libre albedrío, no fueran propensos a que lo rechazaran, desobedecieran y se apartaran de Él, tal y como lo vemos en el mundo hoy.

El libre albedrío actúa en estas dos opciones. En nosotros está decidir tanto el bien como el mal. Entonces, no cabe la menor duda de que la maldad y el mal no proceden de Dios. Él no puede cometer ni hacer el mal. Él no puede dejar de ser fiel. Él no puede ser tentado, no puede mentir, no puede quebrantar una promesa ni puede contradecirse. Él es perfecto, santo, puro y su carácter es inmutable (Mal 3:6), pues el propio «Jesucristo es el mismo ayer, y hoy, y por los siglos» (Heb 13:8).

En cuanto al mal natural, que causa tantas pérdidas humanas y materiales, solo es la consecuencia del pecado original que afectó la tierra desde el principio de la caída del hombre, como lo expresa este pasaje:

> Porque sabemos que toda la creación gime a una, y a una está con dolores de parto hasta ahora.
>
> Romanos 8:22

¿Por qué gime la creación? Por los desastres y calamidades que sufre hasta que llegue la redención completa al ser creados nuevos cielos y nueva tierra. Por eso es que nosotros sufrimos los resultados de la desobediencia del mal moral, pero la tierra sufre las consecuencias del mal natural. ¡Todo esto por causa y razón del pecado original!

VARIAS CONCLUSIONES IMPORTANTES

Según algunos teólogos, la teodicea revela suficientes razones de por qué Dios permite la presencia del mal y del sufrimiento en el mundo, y que se le debe justificar por sus acciones. De acuerdo a lo que expresan, hay una larga lista de otras teodiceas diferentes, como son la teodicea de la plenitud, la teodicea del castigo, etc. Debido a que el espacio no nos permite comentar estas teodiceas, no entraremos en detalles, puesto que son profundas, complicadas y largas. Por lo tanto, nos limitamos a comentar lo que ya expresamos antes con las teodiceas del «mal moral» y del «mal natural», que considero que son las más importantes y primordiales en cuanto al sufrimiento.

Como bien ya vimos, en el caso de Job no se puede aplicar la teodicea del castigo por consecuencia del pecado, puesto que sufrió sin haber pecado. A pesar de su inocencia, soportó las calamidades con muchísima paciencia y perseverancia, y cargó con su dolor. Entonces, Dios permite el sufrimiento con independencia de si la persona pecó o no. En esto residen algunos problemas que, según los teólogos, tiene la teodicea del libre albedrío. Sin embargo, es evidente que todas las teodiceas que tratan de presentar una defensa y justificación de Dios por permitir el mal y el sufrimiento en la humanidad proponen explicaciones convincentes desde cada uno de sus puntos de vista.

Ahora bien, creo que ninguna iglesia, credo, concilio o denominación cristiana ha adoptado una teodicea específica en cuanto a por qué Dios permite el sufrimiento. Considero que todos nos basamos en que Dios es Soberano y que, por lo tanto, Él decide lo que quiere y que nosotros, al no entender sus designios, solo tenemos que seguir creyendo sin preguntarle ni intentar saber las razones de sus decisiones. Así fue con Job, pues aunque no entendía lo que sucedía, siguió creyendo en la misericordia de Dios.

Si lo analizamos, la Biblia no registra ningún intento por justificar a Dios. Está claro que Él es soberano de manera absoluta y que, debido a su naturaleza bondadosa, siempre ha querido la existencia del bien. Aun así, también ha permitido, por razones que solo Él sabe, la presencia del mal, y todo resulta para su honra y gloria. Por otra parte, el sacrificio de Cristo no le da al creyente humilde una solución, sino una respuesta satisfactoria, de modo que debe haber una buena razón para permitir el mal, aunque esto no implique un defecto en Dios ni en su benevolencia. Si hubiera habido algún defecto en Él, hubiera sido muy difícil que enviara a su Único Hijo, el cual es más valioso que todos los mundos, para salvar a uno.

Con relación a esto y a todas las teodiceas diferentes que han intentado dar una justificación a los procedimientos de Dios y de por qué Él permite el mal, el Dr. Alvin Plantinga escribió:

> Tengo que decir que debo intentar explicar por qué Dios permite el mal; las teodiceas, como podemos llamarlas, me parecen tibias, superficiales y, en última instancia, frívolas[5].

La evidencia de este planteamiento lo podemos ver con claridad en el mismo libro de Job. Por eso digo que el Dr. Plantinga, aunque creó una alternativa de lo que es una teodicea, tiene razón. Lo cierto es que nuestras mentes no llegan a entender estos misterios, y sería inapropiado que con mentes tan limitadas intentemos comprender todas las razones que Dios tiene para permitir el mal, el sufrimiento y el dolor que le sobreviene a todo el género humano. ¡Solo Él lo sabe!

En cuanto a los padecimientos de Job, muchos teólogos modernos y eruditos del pasado han intentado por siglos debatir y discutir entre sí las causas que lo llevaron a tal estado. Algunos estudiosos señalan a Job para probar que la enfermedad se debe a menudo al pecado de un cristiano. Otros comentaristas bíblicos dicen, en cambio, que a veces Dios mismo lo permite en su voluntad, a fin de enseñar o corregir a alguien.

Es acertado decir que Dios permitió la enfermedad de Job para mostrarle a Satanás que él no se apartaría de su Guardador ante la adversidad. Sin embargo, vale la pena observar que la aflicción de Job se debía directamente al diablo y no a algún pecado (Job 2:2). Además, la enfermedad solo era una de las otras aflicciones que sufría debido a la pérdida de sus hijos y sus bienes. Más tarde, cuando Dios le sanó y le restauró, bendiciéndole al darle el doble por todas sus pérdidas, el texto hebreo literalmente se refiere a su total recuperación. Esto constituye una evidencia de que toda su restauración consistió en un rechazo de la maldad y la recuperación de las cosas «que habían sido de Job» (42:10).

Sin embargo, este es un complicado caso de muchos debates y opiniones diferentes, de modo que requiere que se reconozca también que la sanidad de Job parece coincidir con su arrepentimiento. El capítulo 29 da a entender que Job estaba demasiado ensimismado en sus cosas, de lo cual se arrepiente más tarde (42:5-6). Con esto vemos que hay una vinculación entre el cambio de actitud de Job y la restauración divina.

Antes de comenzar a dar nuestras opiniones y puntos de vista si es por el pecado o por la voluntad divina que Él permite la enfermedad de alguien, sería sabio notar cómo Dios corrigió a los amigos de Job, quienes habían argumentado que sus aflicciones se debían al juicio de Dios (42:7-9). Al final, vemos que el espíritu de perdón de Job hacia sus amigos fue algo decisivo para su propio bienestar y el de ellos.

MEDÍTALO...

Muchas veces no entendemos el porqué de una enfermedad o situación adversa como la de Job ni a qué se debe que Dios lo permita. Por lo tanto, ¿nos sería de beneficio saber las razones de por qué Dios actúa de ciertas maneras? ¿No sería mejor no saberlas, como en el caso de Job, y solo creerle a Él? ¿Piensas que tal vez tendríamos más crecimiento espiritual si solo confiamos por completo en Dios sabiendo que tiene sus razones y desarrollar una fe profunda en Él?

Creo que Dios no nos permite conocer los «motivos» del sufrimiento por la sencilla razón de que Él sabe que de ninguna manera sería beneficioso para nosotros. De lo contrario, de seguro que siempre nos daría los porqués y los cómos de sus decisiones, cosa que Él jamás hará, como bien lo reafirma este pasaje:

> ¿Por qué contiendes contra él? Porque él no da cuenta de ninguna de sus razones.
>
> Job 33:13

Blaise Pascal, teólogo, filósofo y escritor francés, cierta vez se sintió bien desconcertado al no entender las razones de Dios, así que hizo la siguiente oración:

> No te pido salud ni enfermedad, ni vida ni muerte; sino que puedas disponer de mi salud y mi enfermedad, de mi vida y de mi muerte, para tu gloria [...] Solo tú sabes lo que me conviene; tú eres el maestro soberano; haz conmigo conforme a tu voluntad. Dame, o quítame, solo conforma mi voluntad a la tuya. Solo sé una cosa, Señor, que es bueno seguirte y malo ofenderte. Aparte de eso, no sé qué es bueno ni malo. No sé qué es lo más provechoso para mí, la salud o la enfermedad, la riqueza o la pobreza, ni cualquier otra cosa en el mundo. Ese discernimiento va más allá del poder de los hombres o los ángeles, y está escondido entre los secretos de tu providencia, que yo adoro, pero que no procuro entender[6].

¿No deberíamos hacer nosotros lo mismo?

Cuando te sientas abrumado por tu dolor y sufrimiento, al no comprender por qué te suceden ciertas cosas y al no saber la razón de por qué Dios las permite, haz lo que escribió en una carta Ana Frank el 23 de febrero de 1944:

> El mejor remedio para aquellos que tienen miedo, que se sienten solos o están tristes, es salir a algún lugar donde puedan estar tranquilos, acompañados del cielo, de la naturaleza y de Dios. Solo entonces podrán sentir que todo es como debe ser[7].

Acepta el consejo de esta jovencita que sufrió tanto en los campos de concentración nazis... ¡y créele a Dios en medio de todo lo que tengas que afrontar en esta vida!

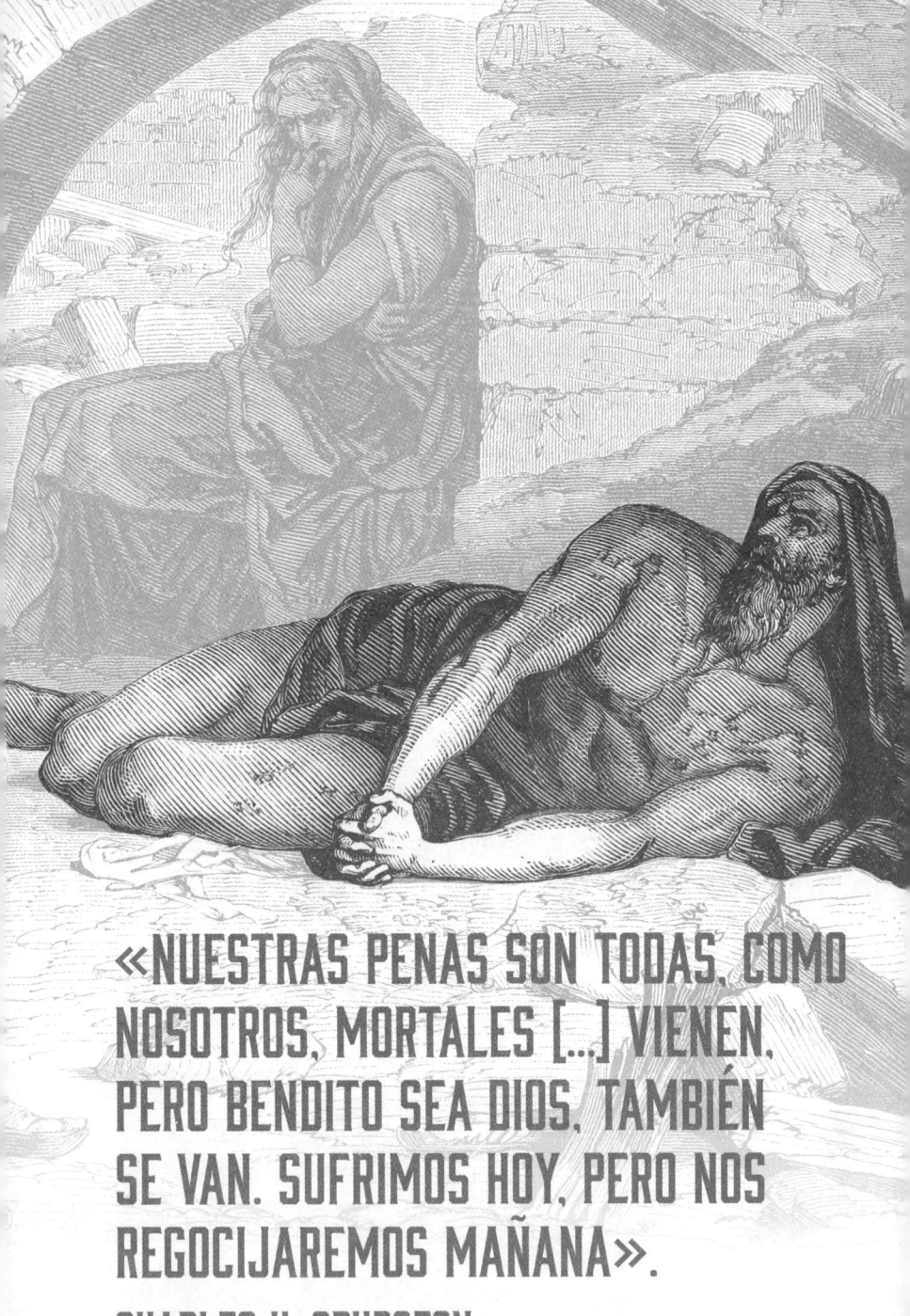

«NUESTRAS PENAS SON TODAS, COMO NOSOTROS, MORTALES [...] VIENEN, PERO BENDITO SEA DIOS, TAMBIÉN SE VAN. SUFRIMOS HOY, PERO NOS REGOCIJAREMOS MAÑANA».

CHARLES H. SPURGEON

EL DILEMA DEL MAL Y DEL SUFRIMIENTO DE JOB

«En el año tercero de Ciro rey de Persia fue revelada palabra a Daniel, llamado Beltsasar; y la palabra era verdadera, y el conflicto grande».
Daniel 10:1

El dilema del gran conflicto de Job ha sido un enorme enigma por todas las generaciones. De ahí que surgieran corrientes filosóficas con el intento de tener una respuesta que satisficiera las necesidades del hombre por conocer la razón del mal y del sufrimiento. Una de estas corrientes, como vimos en el capítulo anterior, es la teodicea. Edgar S. Brightman (1884-1953), quien fuera filósofo y teólogo asociado con la Universidad de Boston, la definió de la siguiente manera:

> [La teodicea es] el intento de justificarle el camino de Dios al hombre; es decir, resolver el problema del mal a la luz de la fe en el amor y la justicia de Dios[1].

Sin embargo, ninguna teodicea podrá saciar jamás a nuestros corazones que anhelan una respuesta adecuada. Así que solo nos toca pedirle a Dios que nos dé sabiduría, a fin de estar «siempre preparados para presentar defensa con mansedumbre y reverencia ante todo el que [nos] demande razón de la esperanza que hay en [nosotros]» (1 P 3:15).

LA POSICIÓN DE LA «DEFENSA»

En las décadas pasadas, los teólogos cristianos han desistido, y considero que es lo mejor, de intentar saber y descubrir mediante las teodiceas por qué Dios permite el mal y el sufrimiento. Es más, creo que hicieron bien, pues los cristianos no deben formular más teodiceas, sino solo intentar explicar una «defensa», ya que esta se aleja del pensamiento de querer saber la relevación del porqué Dios permite lo que sucede en este mundo.

La defensa se levanta en contra de los ateos que, a pesar de sus esfuerzos y argumentos, han fallado en presentar su caso. Por eso es que sea un fracaso total la carga del peso de sus teorías a la hora de intentar probar que Dios no existe. En pocas palabras, la defensa prueba que la tesis de los ateos que va en contra de Dios de por qué Él permite el mal carece de fundamento.

La defensa muestra que la presencia del mal no quiere decir que Dios no sea real ni que no haya probabilidades de su existencia. A decir verdad, el mal existe y Dios lo permite, y solo Él conoce las razones. Sí, el mal es innegable, pero también hay un Dios Todopoderoso, y en ambos casos no hay contradicción alguna. Justo aquí está el talón de Aquiles del «argumento de la lógica» en contra de Dios (al referirse que Dios no puede existir, puesto que el mal es una realidad).

Sin embargo, este argumento va declinando cada día. ¿Por qué? Porque tenemos que pensar de esta manera: «Si tienes un Dios infinito y poderoso, y posees suficientes razones para estar enojado debido a que Él permite el mal, al mismo tiempo tienes a un Dios infinito y poderoso que debe tener suficientes razones de por qué permite el mal. En otras palabras, tú tienes tus razones y Dios tiene las suyas. ¡Así de sencillo!

PROPÓSITOS DEL SUFRIMIENTO

En el siglo quinto del cristianismo, tal vez Gregorio Magno (540-604) fuera el autor más influyente en cuanto a sus escritos sobre el sufrimiento. Sus obras más importantes fueron *Regla pastoral*[2] y *Moralia, sive Expositio in Job*[3], que es el título del comentario de Gregorio al libro bíblico de Job. A este libro se le conoce también con el nombre de *Magna Moralia*, donde se recogió una serie de discursos sobre el libro de Job.

Por un lado, Gregorio rechazó la idea de que el sufrimiento fuera una ilusión o el resultado caprichoso del destino, sino que afirmó que siempre tenía un propósito específico. En lugar de las personas ser las víctimas de un severo destino cruel, estas se encontraban en las manos de un Dios sabio. Así que Gregorio argumentó con energía que no hay que creer en un trágico y ciego final, sino que debemos soportar nuestro sufrimiento con paciencia, así como lo hizo Job. Por otro lado, también rehusó el error contrario, el del karma hindú, la creencia que dice que la proporción de nuestros sufrimientos es el pago debido a la proporción de nuestros pecados.

Gregorio enseñó que mientras el sufrimiento en general se debe al pecado humano, esto no quiere decir que sufrimientos específicos sean siempre el resultado de pecados concretos. Advirtió del peligro de hacer una conexión directa entre el pecado y el sufrimiento, puesto que, después de todo, es la gran lección del libro de Job.

En *Moralia*, Gregorio nos muestra que los amigos de Job insistían en que su gran sufrimiento era el castigo por su iniquidad. En cambio, fallaron en ver que en el mundo hay muchos tipos diferentes de sufrimiento y sirven para un gran número de propósitos distintos en el plan divino. Según Gregorio:

- Algunos sufrimientos sobrevienen para castigar y corregir a una persona por actitudes indebidas en su vida, como en el caso de Jonás en la tormenta.
- El sufrimiento no es para enmendar equivocaciones pasadas, sino para prevenir errores en el futuro, como en el caso de José, a quien vendieron como esclavo.
- También están los sufrimientos con el propósito específico de llevar a una persona a amar a Dios aún más ardientemente, y a descubrir la paz y la libertad definitivas, como en el caso de Job.

Sin embargo, lo lamentable es que después del tiempo de Gregorio, un cambio gradual, pero significativo, ocurrió dentro de la iglesia. Poco a poco se llegó a la conclusión de que la respuesta apropiada al sufrimiento era soportarla con paciencia, pero siempre con la ayuda divina, a fin de merecer el cielo. En otras palabras, el sufrimiento se transformó en una forma de pago para recibir el perdón de pecados. Esto es muy parecido a lo que enseñan las religiones orientales con respecto al karma. Entonces, si aceptas el sufrimiento con paciencia, esto eliminará la deuda de tu pecado, y te ayudará a ganar y merecer por ti mismo los favores de Dios y la entrada a la felicidad eterna.

Esta doctrina es errónea y falsa por completo, así como contraria a lo que enseña la Biblia, pues solo somos salvos por los méritos de Cristo en la cruz y por su sacrificio expiatorio. Nuestras obras no significan nada cuando se trata de recibir favores de Dios. Nadie se merece el cielo. Tampoco se puede ganar ni obtener a través de las obras, de lo que hacemos o soportamos. Así lo afirma la Palabra de manera categórica:

> Porque por gracia sois salvos por medio de la fe; y esto no de vosotros, pues es don de Dios; no por obras, para que nadie se gloríe.
>
> Efesios 2:8-9

Además, la salvación no se recibe por ninguna otra persona ni por ningún «mediador», como Alá, Buda, Confucio, el dalái lama, María, etc., excepto por medio de Cristo, así como lo corroboran estos pasajes de la Biblia:

> Y en ningún otro hay salvación; porque no hay otro nombre bajo el cielo, dado a los hombres, en que podamos ser salvos.
>
> Hechos 4:12

> Porque hay un solo Dios, y un solo mediador entre Dios y los hombres, Jesucristo hombre.
>
> 1 Timoteo 2:5

El Señor fue el que pagó el precio por nosotros al morir en la cruz, nadie más. No hay ninguna otra «obra» ni «sacrificio» que podamos hacer para «merecer» el cielo. Ya Cristo lo hizo todo. Solo tenemos que recibir por la fe en Él la vida eterna, el perdón de nuestros pecados, la remisión por su sangre. Ninguna otra persona murió en la cruz por nosotros, excepto Cristo, como expresa este pasaje que da por terminado este asunto:

> En quien tenemos redención por su sangre [de Cristo], el perdón de pecados según las riquezas de su gracia.
>
> Efesios 1:7

¿Leíste bien? ¡La redención solo es posible por la sangre de Cristo! El único que murió y derramó su sangre para la redención y salvación del ser humano fue Cristo.

LA TEOLOGÍA DE LA REFORMA Y LUTERO

Cuando vino la Reforma protestante, Martín Lutero predicó que no había nada que pudiera hacer una persona por su salvación. Además, dejó claro que podemos ser aceptados por completo y ser contados como justos delante de Dios por medio de la fe en Cristo y, de manera solemne, por la dádiva de la gracia divina. Al final, entender esto es conocer la verdadera libertad, la cual nos quita de encima la enorme carga de probar y ganar aceptación, o «merecimiento», por algo que se «deba hacer» a fin de ganar el «favor» de Dios. Esto se traduce en libertad del temor a un futuro incierto y a cualquier ansiedad en cuanto al destino eterno, pues sabemos que solo por los méritos de Cristo es que somos salvos.

Por lo tanto, esta gran doctrina liberadora por fin concede la capacidad de afrontar todo sufrimiento, sabiendo que por la cruz y resurrección de Cristo es que Dios nos hace «justos» y aptos para obtener la vida eterna en el futuro. Así que mientras vivamos en este mundo, logramos vencer todo sufrimiento debido a la obra expiatoria de Jesucristo en el Calvario.

En la teología de Lutero, el sufrimiento tenía un papel importante, pues antes de disfrutar del gozo y amor que nos ayuda a vencer el dolor, el propio sufrimiento debe despojarnos de todo nuestro orgullo y autosuficiencia. Entonces, como resultado, esto nos llevará a encontrar nuestra verdadera felicidad y seguridad en Cristo. Lutero declaró:

Puesto que Dios retira toda la autosuficiencia de nosotros a través de las muchas tribulaciones, al corazón le es imposible tener calma y soportar el sufrimiento, a menos que haya una búsqueda de Dios al unirse a Él por medio de la fe[4].

En otras palabras, hermanos, el sufrimiento disipa toda ilusión de que tenemos la fuerza y la competencia de gobernar y salvar nuestras vidas. Lo cierto es que somos «nada» en medio del sufrimiento, por lo que debemos llenarnos de Dios y de su gracia. Ante esto quiero enfatizar que la antigua enseñanza de que podemos «ganar el favor» de Dios por la calidad de nuestra paciencia bajo el sufrimiento y «merecer» el cielo, no da resultado en realidad. Esto nunca podría darnos paz en nuestras conciencias, pues jamás sabríamos hasta qué punto deberíamos sufrir en sumisión y pureza de corazón para «merecer» la entrada al cielo por nuestros propios «méritos», trabajos y obras. ¡Esto es imposible! Solo por los méritos de Jesús somos salvos.

Cristo sufrió y murió por nosotros, y Él no evadió la cruz. Así que solo Él nos puede traer alivio y consuelo en nuestros sufrimientos. Es más, cuando entendemos el profundo sufrimiento y dolor de Cristo, todo lo que padezcamos en este mundo desarrollará nuestro carácter. Así que no podemos esperar que nuestra paciencia en el sufrimiento «merezca» recibir la paz de Cristo. Por el contrario, necesitamos de la paz de Cristo si queremos ser «pacientes en el sufrimiento», y esto solo es posible por la ayuda y los méritos del Señor. Puesto que su amor por nosotros es incondicional, debemos saber que Él está a nuestro lado en todo momento. De esa manera, seremos capaces de soportar y vencer el dolor.

LO INEXPLICABLE PARA EL SER HUMANO

De regreso al problema del sufrimiento y del mal, como los que atravesó Job, podemos preguntar: «¿Cuántas veces nosotros también, en medio de las pruebas, enfermedades y tribulaciones, sentimos que nos despedazan las circunstancias que obran en nuestra contra?». Ante esto, no somos diferentes a Job, pues cuestionamos si de veras sabemos dónde está Dios.

Las situaciones adversas y de dolor que afrontamos es un hecho que no se puede negar en el mundo físico en el que vivimos. Sin embargo, debemos tener claro que el diablo es el causante de todo mal y que, además, es quien nos trae situaciones terribles y dolorosas para hacernos renegar de Dios. La existencia del mal y del sufrimiento es real y ha sido uno de los grandes obstáculos que ha hecho caer al hombre por no entender su situación en determinado momento o época, como le sucedió a Job.

Durante siglos, los teólogos han tratado de explicar el enigma del origen del mal y del sufrimiento, y de por qué Dios lo permite en los seres humanos. También los filósofos con su sabiduría «humana» han intentado dar razón sobre la causa del mal y del sufrimiento. No obstante, han fracasado en sus intentos de razonar y tratar de entender lo que solo Dios puede explicar y dar el fundamento para este gran enigma. Los hombres, en su vano intento y afán de explicar el origen del mal y del dolor, han razonado con sus mentes limitadas y sus sabidurías humanas, por lo que fracasan desde un principio.

El origen del mal y del sufrimiento es algo mucho más complicado, difícil y complejo de lo que pensamos. La humanidad ha puesto sus ojos en lo que no entiende, y el diablo ha usado la confusión que esto provoca como una de sus armas favoritas. El *Nuevo Diccionario Bíblico Ilustrado* nos proporciona la definición del mal:

El mal no es «algo» que tenga existencia de una manera positiva, sino la deterioración de algo bueno o su ausencia. La rebelión (mal) toma el lugar de la obediencia. La desconfianza (mal) toma el lugar de la comunión. Así, el mal es algo negativo, y sólo existe en relación con el bien, que procede de Dios, y que sí existe sin ·necesidad de existencia de mal alguno[5].

En resumen, el mal no tiene nada de positivo y proviene del diablo, pues fue quien se rebeló en contra de Dios y lo desobedeció. El diablo es la personificación de la maldad, así como de todo lo negativo. Dios, en cambio, siempre es bueno, y más que bueno.

En cuanto a las ideas de negación de Dios que tienen las personas que se proclaman ateas, vemos que empezaron al percatarse de que el mal se originó con el diablo. Entonces, si fue así, se preguntan: «¿Por qué Dios no intervino cuando el diablo se rebeló y lo destruyó para evitar tanto dolor, sufrimiento y muerte?». Con esto se olvidan que Dios creó el hombre con el libre albedrío, con voluntad propia, y que al desobedecer, vino el pecado, la enfermedad y la muerte. Por lo tanto, el resultado del pecado lo vemos en toda la maldad presente en el mundo actual, lo cual se manifiesta en guerras, hambre, violencia, asesinatos, injusticias, violaciones, robos, drogas, pobreza, aborto, sida, miseria, dolor, cáncer, etc. ¡Lo cierto es que el hombre solo cosecha lo que siembra!

Ahora bien, la pregunta de por qué Dios permite el mal solo Él nos la responderá en el día que estemos en su presencia. Así que nadie lo sabe. Por más que el hombre culpe a Dios debido a todo lo que ignora en cuanto a esto, Dios no es el causante del mal, sino el diablo. Este dilema sobre el sufrimiento es algo que solo Él nos lo podrá explicar con detalles algún día.

Los atributos del carácter de Dios, como su bondad, misericordia, compasión, benignidad, amor, etc., son innegables en las Escrituras. En Él no puede haber, ni existe, maldad alguna. ¡Imposible! Cuando llegamos a conocerle por medio de Cristo, y al darnos cuenta de su plan eterno para redimirnos a través de su Hijo en el Calvario, debemos reflexionar en su profundo amor por la humanidad y su deseo de restaurarla mediante la sangre de Cristo.

LO QUE NO ENTENDEMOS

En el caso de Job, vemos sus palabras de arrepentimiento al entender por fin su situación y el sufrimiento en que se encontraba:

> Entonces respondió Job a Jehová, y dijo: He aquí que yo soy vil; ¿qué te responderé? Mi mano pongo sobre mi boca.
>
> Job 40:3-4

> Yo conozco que todo lo puedes, y que no hay pensamiento que se esconda de ti. ¿Quién es el que oscurece el consejo sin

entendimiento? Por tanto, yo hablaba lo que no entendía; cosas demasiado maravillosas para mí, que yo no comprendía [...] Por tanto me aborrezco, y me arrepiento en polvo y ceniza.

Job 42:1-3, 6

¿Lo ves? ¡Se trataba de cosas que Job no entendía, no comprendía! ¿No somos todos así en realidad? Cuando no sabemos algo y estamos pasando por el dolor y el sufrimiento, lo primero que hacemos es culpar a Dios. Esa es nuestra naturaleza humana, pues de inmediato buscamos un culpable, ya que deseamos encontrar alivio a todo nuestro sufrimiento y dolor, tal y como lo hizo Job.

He predicado varias veces en Francia y, con relación al sufrimiento, los franceses tienen un refrán que dice: «El sufrimiento pasa, pero el haber sufrido, nunca pasa». Y para todos los que han sufrido, esto es una realidad. Algunos sobrevivientes del Holocausto, como Corrie ten Boom y Elie Wiesel, testificaron que aún después de las atrocidades que presenciaron, el amor de Dios y su sabiduría es mayor que las depravaciones del corazón humano, puesto que el Señor fue suficiente para sostenerlos en medio de los horrores que vivieron.

MEDÍTALO...

Ruth Bell Graham, quien fuera la esposa de Billy Graham, narró este episodio en uno de sus libros:

Alexander Grigolia emigró a Estados Unidos de la Georgia soviética. Obtuvo tres doctorados y empezó a enseñar en la Universidad de Pensilvania. A pesar de todo lo que había logrado, seguía insatisfecho. Un día, mientras un limpiabotas le daba brillo a sus zapatos, notó que el muchacho estaba gozoso. Grigolia le preguntó: «¿Por qué estás tan alegre?». La respuesta del limpiabotas fue: «Jesús me ama. Murió por mí para perdonarme. Él me hace feliz».

Años más tarde, la especialidad de mi esposo en la universidad fue antropología. Su profesor amado y admirado fue el renombrado Dr. Alexander Grigolia de la Universidad de Pensilvania, quien encontró a Dios, muchos años antes, a través del simple testimonio de un limpiabotas[6].

Como ves, la felicidad de este humilde y sencillo trabajador estaba en Jesús, cosa que no tenía el hombre con tres doctorados. De la misma forma, nuestro gozo en medio del sufrimiento, aunque no lo entendamos, no depende de nuestro intelecto ni del nivel de inteligencia que poseamos. Por el contrario, todo obedece a la fe que reside en conocer a Cristo como nuestro Señor y Salvador, y aceptar lo que Él determine para nuestra vida, ¡pues siempre será lo mejor!

¿DIOS FUE BUENO Y TODOPODEROSO AL MISMO TIEMPO CON JOB?

31

«Y pasando Jehová por delante de él, proclamó: ¡Jehová! ¡Jehová! fuerte, misericordioso y piadoso; tardo para la ira, y grande en misericordia y verdad».

Éxodo 34:6

En el mundo, la razón del mal siempre ha sido tema de debates entre filósofos, pensadores e intelectuales, así como el de muchas discusiones teológicas durante siglos en todos los círculos religiosos del mundo. William A. Dyrness, teólogo estadounidense y profesor de teología y cultura en el Seminario Teológico Fuller, comentando acerca de por qué Dios permite el mal, escribió citando al filósofo griego Epicuro:

> Incluso antes de la venida de Cristo, los filósofos griegos formularon el problema del mal. Epicuro (341-270 a. C.), citado por Lactancio (260-340 d. C.), lo puso así: «Dios desea eliminar los males y no puede; o no está dispuesto ni es capaz, o está dispuesto y es capaz a la vez. Si está dispuesto y es incapaz, es débil, lo cual no está de acuerdo con el carácter de Dios; si Él es capaz y no está dispuesto, es envidioso, que está igualmente en desacuerdo con Dios; si no está dispuesto ni es capaz, es envidioso y débil a la vez y, por lo tanto, no es Dios; si Él está dispuesto y es capaz, lo que por sí solo es apropiado para Dios, ¿de qué fuente son los males? ¿O por qué no los quita?»[1].

LA PREGUNTA MILENARIA

En su época de estudiante de Teología, el rabino Harold Kushner tenía muchas preguntas acerca de Job y su experiencia con el sufrimiento. Cuando a su hijo Aarón lo diagnosticaron a los tres años de progeria, un síndrome genético que consiste en el envejecimiento prematuro, lo cual significaba que el niño solo viviría hasta su adolescencia temprana, afrontó la pregunta milenaria de Epicuro: «¿Por qué Dios permite el mal?».

Años más tarde, el rabino Kushner escribió acerca de las dudas y los temores que surgen cuando ocurre una tragedia. Así que en su libro *When Bad Things Happen to Good People* [Cuando las cosas malas le pasan a la gente buena], se expresa como rabino, padre, lector y ser humano, el cual se publica cuatro años después de la muerte de su hijo, la que le sobrevino a los catorce años de edad.

En el análisis del sufrimiento que realizó en este libro, Kushner se hizo eco de una antigua definición teológica que, en esencia, es una pregunta: «¿Es Dios perfectamente bueno y perfectamente Todopoderoso?». Con esto manifestaba que los sufrimientos en el mundo sugieren que si Él es Dios, no es bueno; o si es bueno, Él no es Dios. En otras palabras, debía estar faltando algo tanto en su amor como en su fuerza y poder.

Entonces, ahondando en el dilema o el enigma más antiguo del mundo, el sufrimiento, Kushner concluyó que Dios es todo bondad, pero no es Todopoderoso. Incluso, afirmó que se preocupa de manera profunda por el género humano que creó, pero que después lo dejó a fin de que condujera sus propios asuntos sin su intervención. En general, lo que Kushner decía era que o bien Dios es bueno y quería sanar a su hijo, pero NO podía debido a que no es Todopoderoso; o Dios es Todopoderoso, pero NO es bueno, y no quería sanar a su hijo, porque no le importaban los sufrimientos, problemas y dolores de los demás. ¡Esta es una declaración teológica peligrosa, absurda y descabellada! A pesar de todas sus elucubraciones, Kushner tuvo que rendirse ante un Dios que es Todopoderoso, pero que también es todo amor.

LO QUE ENSEÑAN LAS ESCRITURAS

Las Escrituras hablan de un Dios bueno y al mismo tiempo Todopoderoso. Hablan de un Dios Todopoderoso y al mismo tiempo bueno. Esta conclusión solo la puede hacer alguien que conoce a Dios y, por eso, muchísimas personas se alejan del Señor en lugar de buscarlo. Así que no creas declaraciones y conclusiones absurdas y sin sentido de la gente que dice cosas similares a las de Kushner cuando afrontó una prueba tan difícil con la pérdida de su único hijo. ¿Por qué? Porque la vida de Job nos muestra que, al final de todo sufrimiento, dolor, enfermedad y pérdida que experimentó, Dios lo sanó, le restauró y le dio el doble. Entonces, como ya vimos, Dios fue bueno y Todopoderoso con Job, y fue Todopoderoso y bueno al mismo tiempo con él, puesto que le restituyó todas las cosas.

En el libro de Santiago se nos habla de la paciencia y la perseverancia de Job. Ahí nos dice que, al igual que la intención de Dios hacia Job era buena y hacerle bien, también así lo es para con nosotros. Por lo tanto, esta Palabra nos consuela:

> He aquí, tenemos por bienaventurados a los que sufren. Habéis oído de la paciencia de Job, y habéis visto el fin del Señor, que el Señor es muy misericordioso y compasivo.
>
> Santiago 5:11

¿Leíste bien? El Señor es «muy misericordioso» y es muy «compasivo». No solo Él es misericordioso y compasivo, sino que es «MUY» misericordioso y compasivo. ¡Aleluya!

Dios es Todopoderoso y bueno, y es bueno y Todopoderoso. Sin embargo, ¿habrá alguna prueba en las Escrituras que atestigüe esta declaración? ¡Claro que sí!

> Y pasando Jehová por delante de él, proclamó: ¡Jehová! ¡Jehová! fuerte, misericordioso y piadoso; tardo para la ira, y grande en misericordia y verdad.
>
> Éxodo 34:6

Aquí lo tienes... Dios es fuerte, misericordioso y piadoso. ¡Aleluya! ¡Ese es nuestro Dios! Por otra parte, ¿hay alguna base bíblica que nos diga que Dios es bueno. ¡Por supuesto que sí! Solo cito tres pasajes:

> Aclamad a Jehová, porque él es bueno; porque su misericordia es eterna.
>
> 1 Crónicas 16:34

> Gustad, y ved que es bueno Jehová; dichoso el hombre que confía en él.
>
> Salmo 34:8

> Aleluya. Alabad a Jehová, porque él es bueno; porque para siempre es su misericordia.
>
> Salmo 106:1

Todos estos pasajes dicen que Él «es bueno». Es decir, no expresan que a lo mejor es bueno ni que tal vez lo sea, sino que afirman que Dios «es bueno».

En cuanto a Dios como Todopoderoso, ¿cuál es la base bíblica? ¡Es muy abundante! Así que solo citaré dos:

> Era Abram de edad de noventa y nueve años, cuando le apareció Jehová y le dijo: Yo soy el Dios Todopoderoso; anda delante de mí y sé perfecto.
>
> Génesis 17:1

> Él es Todopoderoso, al cual no alcanzamos, grande en poder.
>
> Job 37:23

Ahora bien, respecto al Señor Jesucristo, ¿hay alguna base bíblica sobre su amor? Sin duda alguna, pues existen muchísimos pasajes que lo afirman. Veamos solo dos:

> Como el Padre me ha amado, así también yo os he amado; permaneced en mi amor.
>
> Juan 15:9

Con Cristo estoy juntamente crucificado, y ya no vivo yo, mas vive Cristo en mí; y lo que ahora vivo en la carne, lo vivo en la fe del Hijo de Dios, el cual me amó y se entregó a sí mismo por mí.

Gálatas 2:20

Además, ¿hay base bíblica que nos diga que Jesús es Todopoderoso? La Palabra nos lo muestra con claridad:

Yo soy el Alfa y la Omega, principio y fin, dice el Señor, el que es y que era y que ha de venir, el Todopoderoso.

Apocalipsis 1:8

Entonces, tanto el Dios Padre como el Dios Hijo son misericordiosos, clementes, piadosos, bondadosos, amorosos y, también, Todopoderosos. ¡Aleluya!

DIOS ES BUENO Y TODOPODEROSO

Después de todas las pruebas bíblicas que acabamos de ver, ¿cómo decir que Dios es bueno, pero no es Todopoderoso? ¿O que Él es Todopoderoso, pero no es bueno? Ante esto, debemos responder estas preguntas:

- ¿Acaso Aquel que creó nuestros cuerpos físicos no nos dará también la energía y la fuerza para vivir?
- ¿Acaso Aquel que creó nuestros pulmones no nos dará el aire para respirar?
- ¿Acaso Aquel que creó nuestros estómagos no nos dará el alimento?
- ¿Acaso Aquel que creó nuestros ojos no nos dará la visión?
- ¿Acaso Aquel que creó nuestros oídos no nos dará la audición?
- ¿Acaso Aquel que creó nuestras narices no nos dará el olfato?
- ¿Acaso Aquel que creó nuestras lenguas no nos dará el gusto?
- ¿Acaso Aquel que creó nuestras manos no nos dará la capacidad de tocar y sentir?
- ¿Acaso Aquel que creó nuestras piernas no nos permitirá caminar?

- ¿Acaso Aquel que creó nuestros pies no nos guiará?
- ¿Acaso Aquel que creó nuestros brazos no nos dará la habilidad de moverlos?
- ¿Acaso Aquel que creó nuestras bocas no nos dará el habla?
- ¿Acaso Aquel que creó nuestra mente no nos dará la sabiduría?
- ¿Acaso Aquel que creó nuestra alma no nos dará la salvación por medio de Cristo?

Dios nos concede todo esto por su misericordia, por eso no es de extrañar que el salmista nos dijera lo siguiente:

> Él ama justicia y juicio; de la misericordia de Jehová está llena la tierra.
>
> Salmo 33:5

¡Aleluya! Aquel que nos creó es el mismo que nos concedió todas estas cosas. De la misma manera, están la bondad y el poder de Dios. Así que podemos afirmar que Dios es bueno y Todopoderoso, y Dios es Todopoderoso y bueno al mismo tiempo. ¡Aleluya!

J.I. Packer, autor y teólogo cristiano, escribió:

> Cuando los escritores bíblicos llaman *bueno* a Dios, están pensando, en general, en todas esas cualidades morales que hacen que su pueblo lo llame *perfecto*, y en particular en la generosidad que los mueve a llamarlo *misericordioso* y *compasivo*, y a hablar de su *amor*².

Por lo tanto, no puedo estar de acuerdo con el rabino Kushner que, con declaraciones como estas, afirmó que Dios no tiene poder:

> Dios quiere que los justos vivan vidas pacíficas y felices, pero a veces ni siquiera Él puede lograr eso. Es demasiado difícil, incluso para Dios, evitar que la crueldad y el caos reclamen a sus víctimas inocentes. Sin embargo, ¿podría el hombre, sin Dios, hacerlo mejor? [...] Si Dios es un Dios de justicia y no de poder, Él todavía puede

estar de nuestro lado cuando nos suceden cosas malas. Él puede saber que somos personas buenas y honestas que merecen algo mejor. Nuestras desgracias no son obra suya, por lo que podemos acudir a Él en busca de ayuda [...] Nos dirigiremos a Dios, no para ser juzgados ni perdonados, sino para ser fortalecidos y consolados[3].

En otras palabras, lo que Kushner decía es: «Dios está indignado y enojado con el sufrimiento del hombre en la tierra, pero sus manos están atadas, puesto que no tiene la suficiente fuerza y poder, así que no es Todopoderoso para hacer algo». ¡Esta es una de las afirmaciones teológicas más absurdas que haya escuchado jamás!

Un Dios como el de Kushner, no es digno de ser alabado. De seguro que no es mi Dios, a quien sirvo, y tampoco debe ser el Dios al que sirves tú. Nuestro Dios es bueno y Todopoderoso, y es Todopoderoso y bueno al mismo tiempo.

Aunque el libro de Kushner carece del argumento teológico sólido basado en las Escrituras, de inmediato se transformó en un éxito de librería porque la gente que no conoce a Dios encontró que se identificaba con su dolor y era reconfortante. El rabino escribió lo que piensa la mayoría de las personas que no conocen a Dios y que mucho menos quieren creer en Cristo, pues declaran que Dios desea ayudar a la humanidad en cuanto al dolor y al sufrimiento, pero no puede. Es como decir que clamamos a Dios para que nos ayude en nuestros problemas, dolores y sufrimientos, pero que esperamos demasiado de Él, pues aunque quisiera ayudarnos, no puede. ¡Esto es absurdo!

Tal parece que las «declaraciones» de Kushner nos quisieran convencer que son verdad. En cambio, ¿lo son en realidad? ¡Por supuesto que no! Estas «afirmaciones» teológicas no son ciertas y es una afrenta al honor de la verdad de las Escrituras de lo cual no hay ninguna, absolutamente ninguna, evidencia de esta absurda afirmación «teológica» al declarar que Dios «no puede». ¿De dónde sacó esto? ¡De la Biblia no fue!

El propio discurso y la respuesta del Señor a Job en los capítulos 38 al 41 afirman todo lo contrario. En este pasaje Dios demuestra su poder y majestuosidad sobre la creación y el universo. ¿Es que esto no es poder? Además, ¿no es Omnipotencia ese tremendo poder desplegado en la naturaleza?

Considero que Kushner no reveló estas «verdades escondidas» sobre Dios, como tampoco el Señor se las reveló a Job en su discurso para decirle algo así: «Job, siento mucho lo que te está pasando. Espero que te des cuenta de que yo no tengo nada que ver con esto. De verdad, quisiera ayudarte, pero no puedo». Dios nunca se disculpó con Job por su falta de poder. Si Dios es menos que Todopoderoso, ¿por qué escogió el peor momento y la situación más difícil de Job cuando se cuestionó su poder y demostró su poderío en la creación? ¿Lo que dijo Dios no es suficiente para ponernos a pensar en su Omnipotencia y grandiosidad? Creo que para rebatir las «afirmaciones» de Kushner, las palabras de Elie Wiesel son muy apropiadas:

> Si eso es lo que es Dios [que no tiene poder], ¿por qué no renuncia
> y deja que alguien más competente ocupe su lugar?[4]

Pregunto: ¿El hijo de Kushner es el único que se le murió a un rabino? ¿Y qué me dices de los hijos de los ministros que fallecen? A muchos rabinos, y también a ministros cristianos, les ha sucedido esto. Sin embargo, nunca han hablado ni escrito algo en contra de Dios. Se resignaron a aceptar su voluntad en medio del sufrimiento y dolor, aun sin entender lo que les sucedía. Entonces, ¿quién le dio el derecho a Kushner para arremeter contra el Señor a través de argumentos «teológicos» carentes de toda lógica? Con sus afirmaciones, rebajó a Dios al nivel de cualquier otro «dios» de las falsas religiones al restarle poder y autoridad, y de esa manera influir en miles y miles de personas de forma negativa en contra del Creador.

Si Kushner se sintió decepcionado, amargado y resentido con Dios por «fallarle» al no sanar a su hijo, debió guardar esto para sí, y no destrozar «la poca» fe de muchísimas personas «desprovistas» de cualquier madurez espiritual. Hay que tener cuidado con lo que se dice y se escribe sobre Dios, y mucho más en lo que respecta a su carácter y sus atributos. Él no es como cualquier otro «dios» pagano, ni es algún otro asunto trivial o tema de discusión del que podamos hablar o escribir como el deporte, el trabajo, el tiempo, la política, etc. ¡Dios es algo serio!

Por lo tanto, lo que creemos es que Dios es Todopoderoso y al mismo tiempo bueno, pero que permite el mal, el sufrimiento, el dolor, la tristeza, la aflicción y las situaciones adversas. Entonces, como cristianos, consideremos responder a estas obvias preguntas acerca de Dios:

1. ¿Él quiere impedir el mal, pero no puede? De ser así, solo sería bueno y no Omnipotente.
2. ¿Él puede, pero no quiere? Esto contradeciría su bondad al ser solo Omnipotente y no compasivo.
3. ¿Él no quiere ni puede? En ese caso, no sería misericordioso ni Omnipotente.
4. ¿Él quiere y puede? Con esto, iría en contra de la realidad del mal; es decir, el mal existe, pero Dios lo permite por razones y motivos que solo conoce Él.

Sin embargo, la Biblia nos dice que Dios es bueno y Todopoderoso al mismo tiempo, como lo expresa este pasaje:

> Tú, Señor, eres bueno y perdonador, y grande en misericordia para con todos los que te invocan [...] Porque tú eres grande, y hacedor de maravillas; solo tú eres Dios.
>
> Salmo 86:5, 10

¡Dios es fuerte, grande y hacedor de maravillas! También es perdonador y misericordioso, lleno de amor, piedad, clemencia, afecto, ternura, etc. Por lo tanto, Dios es Todopoderoso y bueno al mismo tiempo. ¡Punto! Aunque Dios permite el mal, no deja de ser Omnipotente y bueno, lo que significa que la divina omnipotencia y bondad no están en enemistad con la presencia del mal en el mundo, pues Dios quiere, desea y anhela que todos los seres humanos sean salvos, como lo dice con claridad este pasaje:

[Dios] quiere que todos los hombres sean salvos y vengan al conocimiento de la verdad.

1 Timoteo 2:4

A fin de que todos los hombres se salven y, a la vez, se mantengan la libertad humana y el libre albedrío respecto a esa salvación, se experimente el dolor del mal y se demuestre el gran amor que Dios siente por sus hijos, Él envió a su propio Hijo, Jesucristo, para que nos librara del mal. Siendo así, Dios está con nosotros en nuestros males y nos ayuda a vencerlos, porque Él es tanto bueno como Todopoderoso, y también es Todopoderoso y bueno al mismo tiempo. ¡Aleluya!

MEDÍTALO...

Nosotros tenemos algunos ejemplos de cosas que suceden «continuamente» en nuestro mundo: El estruendo de las cataratas del Niágara, que comprenden tres cataratas: la «catarata canadiense», en Ontario, la «catarata estadounidense» y la «catarata Velo de Novia», más pequeña, ambas en Nueva York; el tronante ruido de las cataratas Victoria en Zambia, África; el flujo constante de energía de nuestro sistema solar y el continuo tirón de la gravedad que nos mantiene en la tierra. Como estas cosas pasan de manera constante, apenas pensamos en ellas y a veces ni las apreciamos. Mientras las acciones de algunas cosas en la naturaleza podrán interrumpirse un día, hay una continua realidad que nunca cesará: «La bondad de Dios».

La palabra «misericordia» en hebreo (Sal 52:1), también se traduce como «bondad, misericordia y bondad amorosa». Además, se interpreta como «lealtad». Por lo tanto, Dios siempre es fiel, confiable y está dispuesto a ayudar, de modo que es digno de confianza. De esta manera el salmista describe a Dios cuando habla que el amor leal de Dios permanece para siempre:

> Mas la misericordia de Jehová es desde la eternidad y hasta la eternidad sobre los que le temen, y su justicia sobre los hijos de los hijos.
>
> Salmo 103:17

Las cataratas, la luz solar y la gravedad podrán terminar algún día, pero la bondad, misericordia y la bondad amorosa de Dios jamás acabarán. Como dijo Jerry Bridges (1929-2016), quien fuera autor, conferenciante y miembro del personal del ministerio Los Navegantes:

> Dios es infinitamente glorioso en todos sus atributos, pero la Biblia parece dar preeminencia a su santidad y a su bondad o amor [...] La bondad de Dios es la preeminente expresión de su gloria[5].

Entonces, mis hermanos, Kushner debería, como rabino, conocer muchísimo mejor las Escrituras y darse cuenta de que el poder, la misericordia y la bondad amorosa del Señor permanecen para siempre, como bien declara la Palabra.

«ESTE ES UN MOMENTO EN QUE TODO EL PUEBLO DE DIOS NECESITA MANTENER SUS BIBLIAS Y SUS OJOS ABIERTOS. DEBEMOS PEDIRLE A DIOS DISCERNIMIENTO COMO NUNCA ANTES».

DAVID JEREMIAH

LA APLICACIÓN PERSONAL A NUESTRAS VIDAS DEL LIBRO DE JOB

32

«Pero sed hacedores de la palabra, y no tan solamente oidores».
Santiago 1:22

El libro y las experiencias de Job están para que nosotros aprendamos y pongamos en práctica sus enseñanzas al aplicarlas a nuestra vida. Job era un hombre íntegro, temeroso de Dios y, aunque era muy rico para la época en que vivió, ofrecía holocaustos al Señor y tenía comunión con Él (Job 1:5).

Sin embargo, como hay algunos cristianos que solo buscan las cosas placenteras de esta vida, jamás llegan a conocer ni a distinguir los designios divinos. Por lo que debemos tener presente que si buscamos al Señor en momentos de pruebas, como los que pasó Job, tendremos la certeza de que Él estará con nosotros y lograremos aplicar lo experimentado para nuestro crecimiento espiritual.

Ahora bien, si nuestros ojos solo están en las cosas de la tierra, nunca seremos capaces de desarrollar un carácter maduro, de fe y de determinación cuando llegue el sufrimiento. Con sencillez, C.S. Lewis lo resumió muy bien:

> Aspiren al cielo y obtendrán la tierra «por añadidura»; aspiren a la tierra y no tendrán ni lo uno ni lo otro[1].

Si le prestamos atención a los discursos de Elifaz, Bildad, Zofar y Eliú, concluimos que a pesar de que fueron discursos basados en la sabiduría humana y terrenal, están llenos de instrucciones. Aun así, erraron al intentar descubrir la razón del infortunio de Job. ¿Por qué? Porque el énfasis estuvo en apuntar solo a la sabiduría de la tierra, y la experiencia humana y limitada, cuando debieron haber buscado la sabiduría divina. En otras palabras, tanto los tres amigos como Eliú tenían sabiduría, pero esta no fue suficiente para aliviar el dolor de Job ni para descubrir la razón de su sufrimiento.

A pesar de eso, no podemos pasar por alto que el libro de Job forma parte del canon sagrado de las Escrituras y que, por lo tanto, se escribió por la inspiración del Espíritu Santo. Considera lo que el apóstol Pablo, en su carta a Timoteo, aclara al respecto:

> Toda la Escritura es inspirada por Dios, y útil para enseñar, para redargüir, para corregir, para instruir en justicia, a fin de que el hombre de Dios sea perfecto, enteramente preparado para toda buena obra.
>
> 2 Timoteo 3:16-17

BREVE ANÁLISIS DE LAS ENSEÑANZAS DEL LIBRO DE JOB

El libro de Job nos enseña muchas lecciones, por lo que quiero destacar algunas de ellas que de seguro te servirán de gran ayuda en tu vida espiritual

1. Dios es magnífico y soberano

Nosotros no podemos entender las acciones de Dios solo con nuestra mente, pues se necesita de la fe que debe basarse y fundamentarse en el amor de Dios, y en el conocimiento que tenemos de Él.

La soberanía divina significa que Dios hace lo que quiere y que Él es todopoderoso; es decir, su poder es ilimitado, Él lo sabe todo, es omnipresente, ya que está en todas partes, y sus decisiones son finales. En fin, Dios es el autor de todo el poder del universo y nosotros somos «menos que nada» delante de Él:

Como nada son todas las naciones delante de él; y en su comparación serán estimadas en menos que nada, y que lo que no es.

Isaías 40:17

¡Qué grandeza! ¡Aleluya! Muchas veces no nos entendemos siquiera a nosotros mismos. Entonces, ¿cómo vamos a entender los designios y el carácter de las acciones de Dios? En cambio, cuando comprendemos que Dios es compasivo, misericordioso y benevolente con nosotros, y que Él nos cuida y comunica ese cuidado a nosotros, sus hijos, como lo hizo en el sufrimiento de Job, esto lo cambia todo. Como resultado, logramos ver las cosas a través de los lentes del plan divino.

La fe debe tener un lugar donde descansar y renovar sus fuerzas. Cuando los padecimientos, sufrimientos y el dolor profundo amenazan los fundamentos de nuestra fe, como fue el caso de Job, nuestras creencias y convicciones pueden destruirse ante el embate y ataque del diablo, a menos que tengamos bien arraigadas esas sólidas verdades bíblicas.

En tiempos de tragedia, tenemos la tendencia de hacer de Dios nuestro adversario y no nuestro ayudador, sustentador y abogado. Si tomamos a Job como modelo, podemos declararnos sin culpa y cuestionar la justicia de Dios, acusarlo y justificarnos, o podemos inclinarnos en humildad y esperar que Él se revele a sí mismo y a sus propósitos para nosotros. Aunque la espera es algo muy difícil, el camino del conocimiento de la fe y la batalla que esta produce es algo personal donde cada cristiano tiene que aprender a luchar y vencer.

Cada uno de nosotros ha pasado, pasa o pasará por el fundidor de las pruebas de la vida. Unos lo harán solos, otros con la ayuda de alguien, y aun otros con la ayuda de Dios y de una persona cercana. Como cristianos, debemos afrontar los retos de nuestra fe en Dios y resistir al diablo (Stg 4:7) y toda fuerza que esté fuera de nuestro control. Entonces, obtendremos el triunfo a diario al basarnos y fundamentarnos en la Palabra, el ayuno y la oración. Por lo tanto, te recomiendo que leas todo el libro de Job para obtener una mejor perspectiva, un conocimiento general y un mejor entendimiento de lo que acabamos de hablar. Sin duda, es un libro profundo, y sus verdades y principios son dignos de aprender a fin de aplicarlos a nuestra vida.

2. Dios desea que le expresemos todo lo que guarda nuestro corazón

Una de las enseñanzas que el libro de Job nos concede, para nuestra aplicación personal, es que a Dios podemos expresarles nuestros sentimientos. De modo que podemos decirle lo que nos sucede, y hacerlo sin rodeos ni temor a represalias de su parte. En oración, podemos manifestarle nuestro enojo, tristeza y desesperación por guardar silencio cuando más lo necesitamos. A Él podemos contarle nuestras más profundas emociones y dudas, pues entiende cómo nos sentimos. No podemos negar nuestras emociones ni hacer que desaparezcan, por lo que lo más adecuado es expresárselas al Señor.

No obstante, aunque Dios puede soportar todas las palabras frustrantes de los seres humanos, hay algo que Él no toleraría, y es que alguien niegue su existencia y lo desconozca, como dice este pasaje:

> Pero sin fe es imposible agradar a Dios; porque es necesario que el que se acerca a Dios crea que le hay, y que es galardonador de los que le buscan.
>
> Hebreos 11:6

La frase «que le hay» se refiere a que se debe «creer que Él existe». Esto jamás fue parte de los pensamientos de Job, pues nunca dudó de la existencia de Dios. Sí, acusó a Dios, se defendió, habló en su contra, se justificó ante Él, pero nunca le negó, le ignoró ni le abandonó. Cuando el hombre niega a Dios, ¡esto es algo que Él no puede resistir!

3. Dios entiende nuestras palabras y expresiones de dolor y sentimientos

Mi padre murió en Brasil cuando estábamos en Ghana, África Occidental, durante una cruzada en el año 2001. Fue muy doloroso para mí no haber podido estar en su funeral. En mi dolor, llegué a decirle en oración al Señor: «¿Qué pasa contigo? ¿No te he servido toda una vida? ¿No pudieras haber esperado algunos días hasta terminar la campaña? ¿Te sientes solo ahí en el cielo que tenías que llevar a mi padre ahora estando yo tan lejos?». Fueron palabras de dolor, de padecimiento, de impotencia y de la horrible realidad que es la muerte.

Todos los que hemos pasado por experiencias similares sabemos lo terrible que son estos momentos. Lo mismo lo viví de nuevo cuando murió mi madre. Mi esposa, Dámaris, pasó por esto con sus padres, con la diferencia de que sí pudo estar en sus funerales.

En realidad, Dios no le presta mucha atención a reclamaciones como las mías ante la muerte de mi padre, pues Él sabe que son palabras que se expresan con tristeza, angustia y sufrimiento ante el último enemigo a ser vencido, la muerte.

MEDÍTALO...

En su libro *Cuando la vida duele*, Philip Yancey cita el libro del escritor y profesor William Raeper, quien escribiera la biografía de George MacDonald, pastor, escritor y poeta escocés:

> George MacDonald escribió una vez una carta de consuelo a su madrastra después de la muerte de una buena amiga de ella: «Dios no dejaría que [la muerte] sea la ley de su Universo si eso fuera lo que nos pareciera»[2].

Lo cierto es que la muerte no es la ley del universo, sino la causa de la desobediencia del hombre que, debido a su rebelión en contra de Dios, vino el pecado, la enfermedad y la muerte. El libro de Job nos enseña sobre esto, lo cual debemos aplicarlo a nuestra vida y ser realistas, ya que todos nos dirigimos hacia la muerte que afrontaremos algún día, excepto si Cristo viene antes. El propio Job lo definió de esta manera:

> Porque yo sé que me conduces a la muerte, y a la casa determinada a todo viviente.
>
> Job 30:23

Con estas palabras no expresa pesimismo ni falta de fe, mucho menos una «confesión sin sentido», puesto que es verdad. Cada uno de nosotros quiere vivir, pero la realidad es que todos mueren. Por lo tanto, tenemos que aplicar todas las enseñanzas del libro de Job a nuestras vidas, incluyendo las que no nos gustan, como la muerte que todos tratamos de evitar. El teólogo Albert Barnes (1798-1870), refiriéndose a la aplicación de la Palabra a nuestras vidas mediante la obediencia, dijo:

> No se requiere un gran aprendizaje para ser cristiano y estar convencido de la verdad de la Biblia. Solo se requiere un corazón sincero y la voluntad de obedecer a Dios[3].

En definitiva, para nosotros los humanos la muerte es la única cosa monstruosa que nos causa el más grande dolor emocional que podamos sentir. Sin embargo, también es una puerta que Dios abre para una vida mejor y una eternidad de felicidad con Cristo para nosotros los cristianos. ¡Aleluya!

LA EDIFICACIÓN ESPIRITUAL PARA NOSOTROS DEL LIBRO DE JOB

33

«Delante de Dios en Cristo hablamos; y todo [...]
para vuestra edificación».
2 Corintios 12:19

Todo lo que afrontamos en la vida debemos aprovecharlo para nuestro bien. Hasta las experiencias tristes y dolorosas que nos causan angustia, como fue en el caso de Job, nos enseñan muchas cosas que servirán para nuestra edificación. Por eso es que el sufrimiento nos comunica y nos muestra los caminos de Dios de maneras que no serían posibles a través de ninguna otra vía. Se trata de un proceso por el que pasaron muchos hombres y mujeres tanto del Antiguo como del Nuevo Testamento, y que aun Cristo experimentó de la forma más horrenda en la cruz. Aun así, ten la seguridad de que lo que afrontamos, o afrontaremos, no es comparable con lo que nos espera en los cielos, tal y como nos lo dice el apóstol Pablo:

> Pues tengo por cierto que las aflicciones del tiempo presente no son comparables con la gloria venidera que en nosotros ha de manifestarse.
>
> Romanos 8:18

Todo el dolor y sufrimiento que podamos enfrentar en algún momento de nuestra vida desaparece ante la gloria venidera y eterna con Cristo. Una vez más, las palabras de Pablo nos llenan de aliento:

Por tanto, no desmayamos; antes aunque este nuestro hombre exterior se va desgastando, el interior no obstante se renueva de día en día. Porque esta leve tribulación momentánea produce en nosotros un cada vez más excelente y eterno peso de gloria.

2 Corintios 4:16-17

Tanto a los romanos como a los corintios, Pablo les recuerda que nos espera la gloria. Esta es la perspectiva que Job mantuvo durante todo su tiempo de tribulación y sufrimiento, pues así lo afirmó:

Mas él conoce mi camino; me probará, y saldré como oro.

Job 23:10

Piénsalo: ¿Crees de veras que unos días de dolor y sufrimiento en un hospital es para reclamarle a Dios después de haber vivido toda una vida con salud? ¿Y qué es esto comparado a una eternidad sin fin al lado del Señor? Como dijera Philip Yancey al citar a la autora Teresa de Ávila hablando desde esta perspectiva eterna:

Ahora bien, nuestra vida incluye el sufrimiento, pero esa vida representa solo una hora de la eternidad. Como lo expresó de manera audaz St. Teresa de Ávila, desde el cielo, la vida terrenal más miserable se verá como una mala noche en una mala posada[1].

LO QUE DEBEMOS SABER...

Como cristianos, no podemos pasar por alto una serie de hechos muy importantes que nos ayudarán a crecer cada vez más en nuestra vida espiritual. Por lo tanto...

1. **Debemos saber...** que Dios está vinculado de manera profunda a nuestras vidas en medio del dolor y del sufrimiento de una forma que no somos capaces de comprender, mucho menos de entender por completo, los designios divinos.

2. **Debemos saber que...** Dios merece nuestra confianza, pues jamás nos ha fallado.

3. **Debemos saber que...** todo el conocimiento y la sabiduría que conducen a la verdad provienen de forma directa del Señor.

4. **Debemos saber que...** la única manera en que una persona puede llegar a entender a Dios es a través de la revelación que es posible mediante las Escrituras.

5. **Debemos saber que...** la verdadera naturaleza de Dios nos conduce a esperar la redención y la vida eterna, las cuales solo podemos recibirlas por medio de Jesucristo.

6. **Debemos saber que...** si nos humillamos por no comprender a Dios y sus decisiones, esto no nos hace menos ni nos baja la autoestima, sino que reconocemos que no podemos entenderlo por nuestros propios medios. Como resultado, esto nos lleva a una total dependencia de Dios.

7. **Debemos saber que...** los cristianos sabios viven y se edifican mediante las verdades que se encuentran en la Palabra de Dios.

8. **Debemos saber que...** si nos acercamos a Dios de manera humilde, sincera y de corazón, negándonos a culpar a Dios de cualquier error o calamidad de los que seamos víctimas, Él nos bendecirá.

9. **Debemos saber que...** el creyente sabio está en condiciones de afrontar y soportar el dolor, el sufrimiento y la prueba con el pleno conocimiento de que la mano amorosa y buena de Dios prevalecerá al final, así como lo fue con Job.

10. **Debemos saber que...** el creyente sabio conoce que aun cuando vivimos con integridad, nuestra rectitud no puede ganarnos el favor de Dios. Por lo tanto, debemos optar por confiar en la absoluta soberanía de Dios en cualquier adversidad, problema o circunstancia.

11. **Debemos saber que...** si bien Dios puede permitir que se nos someta a prueba, establece límites estrictos que el diablo no puede traspasar para hacernos daño, pues «el maligno no [nos] toca» (1 Jn 5:18). Pon esta palabra en tu corazón: Las obras de Dios son demasiado profundas, grandes y poderosas, y casi siempre son un enigma para la mente humana.

12. **Debemos saber que...** Dios y sus decisiones son absolutamente justas en sus relaciones con los seres humanos.

13. **Debemos saber que...** Dios es el creador y sustentador del universo, y Él, y solo Él, determina lo que es bueno y lo que es malo.

14. **Debemos saber que...** justificarnos a nosotros mismos es una mala idea. Cree que solo la justicia que Cristo nos da hace posible que podamos estar en pie delante de la presencia de Dios.

15. **Debemos saber que...** hay que evitar con diligencia toda actitud de autosuficiencia, y que esta nos impide madurar por el Espíritu Santo y formar por el poder de Dios.

16. **Debemos saber que...** la humildad es imprescindible, y que nunca debemos responder de una manera insensata a las decisiones de Dios. Es más, nunca debemos contradecirlo, rebatirlo ni refutarle. Él sabe lo que hace y no necesita de nuestra ayuda ni opinión.

17. **Debemos saber que...** acusar y culpar a Dios es una manera de ser irreverente ante Él. Jamás debemos cuestionar ninguna de las acciones o decisiones de Dios.

18. **Debemos saber que...** siempre encontraremos problemas y obstáculos en la vida, por lo que debemos aceptarlos, puesto que Dios los usa para que maduremos en nuestro carácter; al final, y sin importar lo que venga, venceremos por la fe.

19. **Debemos saber que...** Dios siempre tiene y tendrá la palabra final sobre cualquier asunto en nuestra vida.

20. **Debemos saber que...** si la actual prueba, adversidad o sufrimiento se deben a la acción disciplinaria de Dios debido a algún acto de desobediencia en nuestra vida; cuando este sea el caso, aunque no siempre es así, debemos tomar de inmediato la decisión de arrepentirnos de nuestros pecados.

21. **Debemos saber que...** somos demasiado pequeños para igualarnos a Dios, que nuestros brazos son demasiado cortos para pelear con Él y que nuestra mente es demasiado limitada para entenderlo; por lo tanto, solo nos resta creer en Él y esperar por su misericordia.

Al analizar todas estas cosas que debemos saber, llegamos a la conclusión de que el conocimiento y la experiencia espiritual forman parte de lo que todo creyente necesita, a fin de que esté «enteramente preparado para toda buena obra» (2 Ti 3:17).

LA REALIDAD DEL SUFRIMIENTO

En su libro *Essais*, el novelista francés Albert Camus dejó en claro sus conceptos acerca del sufrimiento de Cristo, tal y como lo expresa Timothy Keller, pastor, teólogo y apologeta estadounidense, en su libro *Walking with God through Pain and Suffering*:

> Camus observó: «[Cristo] el Hombre-Dios, también sufre con paciencia. El mal y la muerte ya no pueden imputarse por completo, ya que Él sufre y muere [...] La divinidad aparentemente abandonó su privilegio tradicional, y sobrevivió hasta el final, incluida la desesperación, la agonía de la muerte»[2].

Más adelante, Keller abunda de nuevo en el tema:

> Como sostiene Camus, la cruz hace imposible decir cosas tan simplistas. Ya que como no se ha mantenido inmune a nuestro dolor, podemos confiar en Él[3].

Podemos decir, mis hermanos, que todos sufrimos por una razón u otra, pues hasta el propio Jesús experimentó el sufrimiento. Esto es algo que se olvida a menudo, pues muchas veces a los cristianos les gusta apuntar con el dedo para culpar a otra persona que está en dolor y decirle que sus males se deben a su desobediencia o pecado. Esto va en contra de la persona de Cristo que, como modelo perfecto y sin pecado, sufrió de una manera terrible.

Por eso, nunca debemos decirle a una persona que sufre: «Seguro que estás en dolor por algún pecado que cometiste». ¿Por qué? Porque Jesús nunca pecó, pero sufrió. En realidad, Él sufrió más que cualquier persona, y esto lo sabemos muy bien. Si Cristo padeció al estar en este mundo, nosotros sufriremos también, ya sea por una enfermedad, alguna circunstancia adversa, una larga prueba o una etapa desagradable de dolor que Dios permitiera en nuestra vida.

He aquí lo que debemos entender: En la vida real, un cristiano o ministro que vive en santidad no está exento de sufrir problemas ni de experimentar pérdidas materiales, de salud, de un hijo, cónyuge o de algún otro familiar cercano, etc. En la vida, la fe, la obediencia y la fidelidad a Dios de un verdadero creyente solo se comprueban cuando Dios somete a prueba a quienes creen en su Palabra, pues con esto se demuestra si le seguirán obedeciendo aun en medio de situaciones difíciles, sean las que sean. Es innegable que muchas veces no entendemos estas cosas. Sin embargo, el verdadero hombre o mujer de Dios somete su voluntad a la perfecta voluntad divina en medio de cualquier circunstancia por ilógica que nos parezca.

Estas cualidades difícilmente se pueden probar cuando el creyente vive en la comodidad y total prosperidad, pues solo se evidencian cuando el cristiano, como en el caso de Job, atraviesa el sufrimiento y el dolor inmerecidos que NO se producen a causa del pecado. Mediante la fidelidad que mostró Job, Dios pudo demostrarle al diablo que a pesar de que este hombre santo sufrió de manera injusta al perder sus posesiones, sus hijos y su salud, no pecó contra su Creador y se mantuvo fiel a Él durante esa prueba. Por medio de Job, Dios confirma que sí es posible mantenerse fiel a Él incluso al sufrir infortunios sin merecerlo. El maligno buscaba que Job, al verse afectado por la pérdida de sus posesiones, pecara contra Dios, pero esto no sucedió.

Ahora, deseo contarles brevemente sobre la enfermedad y el dolor que afronté con mis piernas, y que el Señor me ayudó para que sirva de edificación para ti, así como el libro de Job es de edificación para todos nosotros.

LOS ATAQUES DEL ENEMIGO

Durante el año 2013, empecé a sentir que se me entumecían de vez en cuando la pierna y el brazo izquierdos. En los primeros meses de 2014, sentí con más fuerza la molestia y el dolor. A pesar de que me encontraba en esta condición, en abril del mismo año fui a predicar en una campaña en Bangkok, Tailandia, y mi hijo Joshua Yrion, fue conmigo. Fueron veinte horas de vuelo, siendo doce hasta Japón y ocho más hasta Tailandia, con tres horas de espera. Ya puedes tener una idea del cansancio y del dolor en mis piernas al viajar veinte y tres horas, y después predicar en las mañanas a los pastores y en las noches a los inconversos. Sin embargo, ¡lo hice con la ayuda del Señor!

Dos meses después, cuando el lunes 30 de junio por la mañana me fui a parar de la cama, sentí que mis piernas estaban débiles y no me respondían. De inmediato, llamé a Dámaris, a Kathryn y a Joshua, y oraron por mí. Gracias a Dios pude levantarme y me llevaron a urgencias del Hospital Presbiteriano de Whittier en el condado de Los Ángeles. Allá los médicos me detectaron una enfermedad neurológica que causa el entumecimiento y que se conoce con el nombre de meralgia parestésica, la cual consiste en una sensación de adormecimiento, parestesias y dolor en el área de distribución del nervio femorocutáneo lateral. Por lo general, cuando esta zona se comprime o aprieta, causa molestia y dolor.

En mi caso, esta enfermedad se debía a la inflamación de los nervios de mi espalda de tanto presionarla y apretarla contra el asiento de los aviones debido a los muchos viajes. Entonces, con la afección de estos nervios, la inflamación pasó a mis piernas, sobre todo a la izquierda. Por la dureza de mis piernas sentía mucho dolor y molestia. Durante todo el día en el hospital, los médicos me hicieron muchísimos exámenes para definir y estar seguros de la causa del entumecimiento o rigidez.

Por otra parte, el Señor se les reveló a dos profetas cercanos a mí y les mostró que mi enfermedad era nada más y nada menos que un ataque satánico, diabólico, oriundo del propio infierno, una obra de brujería, santería y hechicería, que querían dejarme en una silla de ruedas al intentar paralizarme el lado izquierdo de mi cerebro que causaría que mi cuerpo se entorpeciera al dejarme mis piernas inmóviles. De esa manera, detendrían y acabarían con el ministerio, el sostén financiero de los misioneros, nuestro Instituto Teológico en la India y nuestras campañas alrededor del mundo. De inmediato, busqué una Palabra de lo que me dijeron y el Señor me habló a través de este pasaje para decirme que se trataba de una obra satánica:

> Porque contra Jacob no hay agüero, ni adivinación contra Israel. Como ahora, será dicho de Jacob y de Israel: ¡Lo que ha hecho Dios!
>
> Números 23:23

La Nueva Versión Internacional traduce este pasaje de la siguiente manera: «No hay brujería que valga, ni valen las hechicerías contra Israel». El Señor me confirmó por esta Palabra que era una guerra espiritual.

Durante la noche en el hospital, sentí mucho dolor y Dámaris se quedó conmigo. Entonces, acercándose a mí muy afligida, la miré y le dije: «Yo no voy a morir, trae el aceite que tienes en tu bolsa y que trajimos de Jerusalén, úngeme y ora». Así que oramos y reprendimos toda obra satánica que enviaron en contra de mi vida, y lo hicimos en la autoridad del Nombre de Jesús, de la Sangre de Jesús, de la Palabra de Jesús, del Poder de Jesús y en la unción del Espíritu Santo. ¡Y tuvimos paz! Sabíamos que el Señor estaba conmigo en medio de mi prueba.

Aunque mi dolor persistía, creí por la fe en la sanidad de Cristo basada en su Palabra. Al otro día, ya al final de la tarde, me dieron de alta y salí del hospital acompañado por Dámaris y mis hijos, en victoria sobre las huestes satánicas. Solo el hecho de estar caminando hoy es una sanidad y un milagro en sí mismos. Aunque todavía de vez en cuando me molesta y me duele por la dureza de la pierna izquierda, sobre todo después de vuelos largos e intercontinentales, creo en una sanidad completa y absoluta de mis piernas.

A pesar de esto, no paré de viajar, seguí el mismo ritmo y sigo viajando alrededor del mundo, porque el ministerio, las campañas, la salvación de las almas, la obra de las misiones y nuestro Instituto Bíblico no se pueden detener. Yo estaré aquí y predicaré hasta que Dios lo diga, y no hay diablo y ninguna fuerza satánica y del infierno que diga lo contrario.

Para que veas lo que es la guerra espiritual, el 20 de agosto de 2016, mientras predicaba en Bellingham, Washington, me dispararon para matarme, de acuerdo al informe pericial de la policía, lo que presencié yo y el testimonio de los hermanos. La experiencia es muy larga para contártela. El diablo está furioso conmigo y le ha puesto un precio a mi cabeza. Primero, quiso paralizarme, detenerme, y después me quiso matar. Sin embargo, ¡no pudo lograrlo! ¡Está vencido! Cristo ya lo venció en la cruz. ¡Aleluya!

MEDÍTALO...

Las pérdidas y el sufrimiento de Job también se trataron de una guerra espiritual, un conflicto, un embate del diablo en su contra, aunque no podía comprenderlo porque era de una esfera y nivel espirituales. Claro que, como es lógico, lo de Job fue muchísimo mayor, gigantesco y de enormes proporciones, que no es de compararse con mi pequeña experiencia y prueba que tuve en el hospital con el dolor de mis piernas. Comparado con el sufrimiento emocional y físico de lo que perdió Job, lo que afronté yo con mi dolor no fue nada.

Aprendamos esto de una vez por todas: Muchas veces no entendemos los designios de Dios, sus planes, su manera de actuar ni de por qué Él permite determinado dolor, circunstancia o enfermedad. Nuestra mente es muy limitada y no consigue entender o comprender las decisiones que toma Dios. Para nosotros, esto es muy difícil, pues somos humanos. Incluso, a veces en medio de una prueba parecida como la de Job, una situación contraria, o en el dolor y el sufrimiento, buscamos respuestas y a menudo no las encontramos. Todo lo que nos resta hacer es confiar, esperar y poner nuestra esperanza en Él sabiendo, que tarde o temprano, nos contestará. En mi caso, Él peleó por mí contra el enemigo y venció. De igual manera, Él peleará por ti y vencerás. ¡Aleluya!

«LAS MEJORES PERSONAS A MENUDO TIENEN VIDAS TERRIBLES. JOB ES UN EJEMPLO, Y JESÚS, EL SUPREMO "JOB", EL ÚNICO QUE SUFRE DE VERDAD Y TOTALMENTE INOCENTE, ES OTRO».

TIMOTHY KELLER

LA COMPARACIÓN ENTRE CRISTO Y JOB

«He aquí, tenemos por bienaventurados a los que sufren. Habéis oído de la paciencia de Job, y habéis visto el fin del Señor, que el Señor es muy misericordioso y compasivo».
Santiago 5:11

Algunos eruditos dicen que los dolores, dificultades, luchas, tribulaciones, sufrimientos y pruebas de Job guardan cierta semejanza con los de Cristo en varios aspectos y que se pueden establecer comparaciones entre ambos. Por ejemplo:

- **Santiago 5:11 habla del sufrimiento y la paciencia de Job:** «He aquí, tenemos por bienaventurados a los que sufren. Habéis oído de la paciencia de Job, y habéis visto el fin del Señor, que el Señor es muy misericordioso y compasivo».

- **Hebreos 12:2-3 habla del gran sufrimiento de Cristo:** «Puestos los ojos en Jesús, el autor y consumador de la fe, el cual por el gozo puesto delante de él sufrió la cruz, menospreciando el oprobio, y se sentó a la diestra del trono de Dios. Considerad a aquel que sufrió tal contradicción de pecadores contra sí mismo».

Las semejanzas son obvias. Los dos padecieron dolor y sufrimiento por una causa específica en sus vidas. Al igual que ellos, cada cristiano tendrá un Isaac que ofrecer y un desierto que atravesar. Todos vamos a tener a alguien que nos traicionará y abandonará. David tuvo a Absalón; Jesús tuvo a Judas; y Pablo tuvo a Demas. En mi caso, tuve, y tengo, los míos, así que tú tendrás los tuyos. Este pasaje bíblico nos muestra algo importante respecto a lo que tendremos que pasar antes de heredar el reino de Dios:

> Es necesario que a través de muchas tribulaciones entremos en el reino de Dios.
>
> Hechos 14:22.

JESÚS Y JOB

Como ya señalamos, muchas personas han establecido un paralelo entre Jesús y Job. Aunque algunos teólogos dicen que no hay indicación de forma directa a Cristo en el libro de Job, en lo personal creo que hay algunas similitudes entre ambos. De cualquier manera, Job se puede percibir como alguien que nos da una vista previa del Señor. Entonces, por ejemplo, en estos pasajes de la Palabra vemos algunas semejanzas entre Cristo y Job:

SEMEJANZAS ENTRE JESÚS Y JOB	
JESÚS	**JOB**
Hablaron de su familia terrenal y murmuraban de Él: «¿No es éste el carpintero, hijo de María, hermano de Jacobo, de José, de Judas y de Simón? ¿No están también aquí con nosotros sus hermanas? Y se escandalizaban de él» (Mr 6:3).	Los hermanos y parientes de Job se escandalizaban de él: «Hizo alejar de mí a mis hermanos, y mis conocidos como extraños se apartaron de mí. Mis parientes se detuvieron, y mis conocidos se olvidaron de mí» (Job 19:13-14).
Los escribas y fariseos lo acusaban a cada momento. Le dijeron que era hijo ilegítimo y hasta le llamaron Belcebú: «Jesús, pues, estaba en pie delante del gobernador; y éste le preguntó, diciendo: ¿Eres tú el Rey de los judíos? Y Jesús le dijo: Tú lo dices. Y siendo acusado por los principales sacerdotes y por los ancianos, nada respondió» (Mateo 27:11-12).	También Job experimentó las consecuencias de la crueldad de la lengua de los hombres, causándole angustia y tormento con sus falsas acusaciones: «¿Hasta cuándo angustiaréis mi alma, y me moleréis con palabras? Ya me habéis vituperado diez veces; ¿no os avergonzáis de injuriarme?» (Job 19:2-3).

David profetizó la traición de Judas: «Aun el hombre de mi paz, en quien yo confiaba, el que de mi pan comía, alzó contra mí el calcañar» (Sal 41:9). Su cumplimiento lo vemos en el Nuevo Testamento: «De cierto os digo, que uno de vosotros me va a entregar [...] Entonces respondiendo Judas, el que le entregaba, dijo: ¿Soy yo, Maestro? Le dijo: Tú lo has dicho» (Mt 26:21, 25).	Sus amigos se convirtieron en sus enemigos. «Todos mis íntimos amigos me aborrecieron, y los que yo amaba se volvieron contra mí (Job 19:19).
A Jesús lo abandonaron sus mejores discípulos en la hora de la mayor prueba en el Getsemaní y, después, cuando lo prendieron: «Jesús les dijo: Todos vosotros os escandalizaréis de mí esta noche; porque escrito está: Heriré al pastor, y las ovejas del rebaño serán dispersadas [...] Mi alma está muy triste, hasta la muerte; quedaos aquí, y velad conmigo [...] Vino luego a sus discípulos, y los halló durmiendo, y dijo a Pedro: ¿Así que no habéis podido velar conmigo una hora?» (Mt 26:31, 38, 40).	Los mejores y más íntimos amigos de Job le abandonaron: «¡Oh, vosotros mis amigos, tened compasión de mí, tened compasión de mí! Porque la mano de Dios me ha tocado» (Job 19:21).
David profetizó sobre los sufrimientos de Jesús en el Calvario: «Todos los que me ven me escarnecen» (Salmo 22:7). Su cumplimiento lo vemos en el Evangelio de Mateo: «Los que pasaban le injuriaban, meneando la cabeza [...] También los principales sacerdotes, escarneciéndole con los escribas y los fariseos y los ancianos, decían: A otros salvó, a sí mismo no se puede salvar» (Mt 27:39, 41-42).	A Job lo despreciaron sin piedad desde el más anciano hasta el más joven: «Aun los muchachos me menospreciaron; al levantarme, hablaban contra mí» (Job 19:18).
El profeta Isaías dijo que Jesús llevaría «el pecado de muchos, y orado por los transgresores» (Is 53:12). En la cruz, Jesús oró por todos los que le escarnecían, pues sintió compasión por ellos: «Y Jesús decía: Padre, perdónalos, porque no saben lo que hacen» (Lc 23:34).	La Escritura dice que Job oró por sus amigos, de modo que se convirtió en un intercesor a su favor: «Y quitó Jehová la aflicción de Job, cuando él hubo orado por sus amigos; y aumentó al doble todas las cosas que habían sido de Job» (Job 42:10).

Como ves, hay varias similitudes entre Job y Cristo. Sin embargo, solo Cristo se despojó a sí mismo, tomando forma humana como nosotros (Flp 2:6-11), y sufrió. Durante su ministerio, sus enemigos y el diablo lo persiguieron y Dios lo abandonó en la cruz. A pesar de todo esto, Jesús se convirtió en el mediador entre Dios y nosotros los seres humanos. Por lo tanto, se le dio el poder de darnos doble bendición: la salvación eterna y la sanidad física de nuestros cuerpos, como muy bien lo expresa este pasaje:

> Ciertamente llevó él nuestras enfermedades, y sufrió nuestros dolores; y nosotros le tuvimos por azotado, por herido de Dios y abatido. Mas él herido fue por nuestras rebeliones, molido por nuestros pecados; el castigo de nuestra paz fue sobre él, y por su llaga fuimos nosotros curados.
>
> Isaías 53:4-5

Tal vez el mayor contraste entre Cristo y Job sea que el Señor Jesucristo eligió despojarse a sí mismo de todo. Job, en cambio, experimentó pruebas, dolor y sufrimientos debido a situaciones que desconocía y que estaban fuera por completo de su control, puesto que como venimos diciendo, no se debían a algún pecado que cometiera, sino que fue algo concertado a nivel espiritual con el propósito de manifestar la fidelidad de este hombre de Dios.

¿Alguna vez has sufrido una situación similar a la de Job? ¡Es terrible que nos acusen de manera injusta! Sin embargo, el Señor sufrió las injusticias humanas de las acusaciones, pero cruzó los escalones de las pruebas de Job en una dimensión mucho más alta aún. En el alcance de esto, ¡no hay comparación alguna!

CUANDO DIOS GUARDA SILENCIO

El silencio de Dios en cuanto al pecado de Job es un gran alivio para nosotros y una seguridad del amor de Dios en medio de nuestro sufrimiento. El hecho es que Job no cometió pecados tan grandes que le hicieran merecer tales sufrimientos. Nosotros, en cambio, a diferencia de Job, muchas veces nuestros pecados nos alejan y apartan de Dios, como bien dice sin sombras de dudas este pasaje:

Por cuanto todos pecaron, y están destituidos de la gloria de Dios.

Romanos 3:23

Entonces, ¿Dios nos puede aceptar aun siendo pecadores? ¿Podemos confiar en la gracia de Dios y no en nuestra propia justicia? ¿Y cómo podemos escuchar a Dios? Nosotros no tenemos que oír una voz en medio del torbellino. Aun así, necesitamos saber que Jesucristo murió en la cruz en medio de la tormenta del juicio divino por nosotros. Por lo tanto, ahora podemos escuchar la voz de un Dios santo y lleno de amor por medio de Cristo, quien cargó con la condenación que merecíamos nosotros y, en la cruz, destrozó nuestra propia justicia para que Dios nos aceptara.

Jesús es el prototipo de Job, pues fue el único que de veras sufrió inocentemente.

En la cruz, Jesús experimentó y sufrió mucho más de lo que pasó Job, tanto desde el punto de vista espiritual como físico. En otras palabras, no es comparable el sufrimiento de Job con el de Jesús:

- Jesús no tenía nada, entregó su vida, carecía de morada fija, lo desnudaron, lo escupieron y lo torturaron en una cruz. Job padeció mucho, pero no a tal grado.

- Jesús era absolutamente perfecto, inocente y sin pecado. Job, en cambio, era hasta cierto punto inocente.

- Jesús experimentó el abandono de sus amigos y discípulos, y después el abandono insoportable de su Padre en la cruz. Además, dejó toda su gloria y se despojó de todo para morir en la cruz por ti y por mí. Job, por su parte, soportó el abandono de sus familiares y amigos, así como la pérdida de sus hijos y posesiones materiales, pero ni con todo esto se acerca a lo que experimentó Jesús.

Nadie en el mundo ha afrontado una situación semejante a la de Cristo... ¡ni la afrontará jamás! Aunque Dios le permitió al diablo que tentara a Job para ver si este lo servía de corazón, lo cierto es que solo Cristo sirvió a Dios para no recibir nada en lo absoluto. Él se entregó por nosotros, y lo único que recibió fue escarnio, burla, una corona de espinas en su cabeza, clavos en sus manos y en sus pies, y un tormento espiritual terrible al ocupar nuestro lugar en la cruz y así evitar que nosotros sufriéramos la condenación eterna.

Podemos hacer una comparación entre Job y Cristo, pero las diferencias son enormes a favor de Cristo. Con relación al sufrimiento de Job y de nosotros, Francis I. Andersen dijo:

> Que el Señor mismo haya aceptado y absorbido las consecuencias no merecidas de todo mal es la respuesta final a Job y a todos los Job [nosotros y todos los que sufren] de la humanidad. Como un inocente que sufre, Job es el compañero de Dios [con relación al sufrimiento][1].

¿Por qué debemos sorprendernos, entonces, cuando nuestras vidas son el blanco del dolor y del sufrimiento? En Cristo, aun Dios mismo no evadió el sufrimiento. No obstante, como los propósitos de Dios muchas veces están escondidos y son difíciles de entender, como en el caso de Job, para muchos que vivimos a los pies de la cruz sabemos que lo único que podemos hacer es orar, confiar y esperar por la respuesta de Dios en los momentos tristes, angustiosos y de pruebas en nuestra vida. En otras palabras, cuando tú y yo sufrimos sin alivio, cuando nos sentimos solos por completo, podemos saber que debido a que Cristo sufrió y llevó nuestros pecados, Él estará con nosotros. Incluso, podemos tener la seguridad de que en medio del dolor y del sufrimiento que estemos pasando, Él ya caminó esa senda y entiende lo que nos está sucediendo. ¡No estamos solos! ¡Aleluya!

JESÚS DEMOSTRÓ QUE DIOS NUNCA NOS ABANDONA

Algunos personajes del Antiguo Testamento, como Job y Jeremías, deberían preguntarse si Dios cerraba sus oídos a los gritos de dolor.

Entonces, vino Jesús y le puso un fin inesperado a esta especulación. No solo Dios escuchaba los gemidos de su pueblo, sino que ahora Él tomó oídos humanos al hacerse carne en Belén, de modo que por sí mismo vio, escuchó y sintió los sufrimientos agonizantes de quienes venían a Él. No solo los presenció, sino que murió y sufrió por nosotros. Al contrario de Job, deseo que pienses por un momento en esto:

• Jesús fue la única persona en la historia que planeó su propio nacimiento, vida, ministerio, muerte y resurrección.

• Se humilló a sí mismo y, dejando su cuerpo perfecto y celestial, tomó la forma de un cuerpo frágil, humano, como el nuestro, con vasos sanguíneos, tendones, nervios, ligamentos, cartílagos, etc.

• Sintió soledad, cansancio, sueño, hambre, frío y calor en el desierto.

• Lo persiguieron poderosos enemigos y el propio diablo.

• Oró y ayunó por cuarenta días.

• Su desgaste físico y espiritual fue inimaginable.

El profeta Isaías describió de manera muy gráfica los padecimientos que experimentó el Señor al venir a esta tierra como sacrificio vivo:

> Subirá cual renuevo delante de él, y como raíz de tierra seca; no hay parecer en él, ni hermosura; le veremos, mas sin atractivo para que le deseemos. Despreciado y desechado entre los hombres, varón de dolores, experimentado en quebranto; y como que escondimos de él el rostro, fue menospreciado, y no lo estimamos.
>
> Isaías 53:2-3

¿Leíste bien? ¡Varón de dolores! Sin embargo, aunque Jesús vino, sufrió y murió por nosotros, eso no elimina el dolor de nuestra vida mientras vivamos aquí. Lo hará por completo algún día, como lo dice este pasaje de la Palabra:

Enjugará Dios toda lágrima de los ojos de ellos; y ya no habrá muerte, ni habrá más llanto, ni clamor, ni dolor; porque las primeras cosas pasaron.

Apocalipsis 21:4

¡Algún día terminará todo dolor y sufrimiento! Mientras tanto, es inevitable que experimentemos el sufrimiento en este cuerpo humano. Dios no se sentó de manera ociosa a fin de contemplarnos cómo sufrimos y sin tener en cuenta nuestros sentimientos. Él se volvió uno igual a nosotros. Así que debemos dejar claro que todo lo que podemos entender sobre Dios y el sufrimiento es por medio de Jesús.

¿Cuál fue la reacción de Cristo cuando veía el sufrimiento en los demás? Se compadecía, como bien dice el Evangelio de Mateo:

Y al ver las multitudes, tuvo compasión de ellas; porque estaban desamparadas y dispersas como ovejas que no tienen pastor.

Mateo 9:36

¡Él tenía gran compasión! La palabra «compasión», del latín *compassio*, literalmente significa «sufrir juntos». Jesús nunca dijo: «Soporta tu hambre, tu dolor, tu sufrimiento y tu tristeza». ¡Jamás! A menudo, las personas le rogaban que las sanara, y Él las sanaba de sus enfermedades. Muchas veces quebrantó las tradiciones judías cuando tocó a los marginados leprosos, a la mujer con flujo de sangre y cuando murió su amigo Lázaro. Incluso, en esta oportunidad Jesús lloró.

El ejemplo de Jesús nos deja claro que Dios no disfruta del sufrimiento de la humanidad. Él mismo sufrió, pues el Calvario es símbolo de dolor y sufrimiento. Por lo tanto, ¡Él sabe lo que es el dolor! Sobre esto, el teólogo Cornelius Plantinga Jr. dijo lo siguiente:

No nos referimos a la cruz de Cristo para explicar el mal. No es como si al considerar el Calvario por fin entendiéramos el cáncer de garganta. Más bien levantamos nuestros ojos a la cruz, de donde viene nuestra ayuda, para ver que Dios comparte nuestro destino y, por lo tanto, puede ser confiable[2].

Al final del libro de Job, Dios contesta preguntas sobre el sufrimiento dando una grandiosa lección sobre su magnífico poder y majestuosidad. Después del Calvario, el énfasis cambia de poder al amor, misericordia y compasión. Basta con que recordemos estos conocidos pasajes de las Escrituras:

> Porque de tal manera amó Dios al mundo, que ha dado a su Hijo unigénito, para que todo aquel que en él cree, no se pierda, mas tenga vida eterna.
>
> Juan 3:16

> ¿Qué, pues, diremos a esto? Si Dios es por nosotros, ¿quién contra nosotros? El que no escatimó ni a su propio Hijo, sino que lo entregó por todos nosotros, ¿cómo no nos dará también con él todas las cosas?
>
> Romanos 8:31-32

La muerte y resurrección del Señor Jesucristo nos provee más que una abstracta respuesta teológica sobre el problema del dolor. También nos ofrece una real y práctica ayuda en nuestra lucha con el sufrimiento. Jesús sabe lo que es sufrir, y cuando sufrimos, Él nos entiende, nos ayuda, nos fortalece y nos restaura. Los testigos presenciales de la crucifixión de Jesús jamás se hubieran imaginado que presenciaban el hecho de salvación más grande de la historia. No obstante, Dios nos salvaba a través del dolor y del sufrimiento que, por la profunda e inmensa gracia y misericordia de Cristo, se hicieron realidad a través de la cruz.

Timothy Keller, al citar el libro *Lutero: Obras*, expresa lo siguiente:

> Lutero consideró el grito de Jesús desde la cruz: «Dios mío, Dios mío, ¿por qué me has desamparado?» (Mt 27:46) como «las mejores palabras de la Escritura» [...] En lo personal, Lutero sabía

acerca de lo que llamó *Anfectungen*, una palabra que significa los «ataques» que el mundo, la carne y el diablo les hacen a los seres humanos a través de los males y sufrimientos de la vida. Para Lutero, «*Anfectung* es [...] un estado de desesperanza e impotencia que tiene sólidas afinidades con el concepto de *Angst* [o temor]»[3].

De modo que en estas palabras de angustia desde la cruz, Lutero vio el profundo sufrimiento de Cristo cuando se sintió abandonado en su naturaleza humana hasta el más alto grado de sufrimiento y dolor que cualquier otro ser humano pudiera experimentar jamás. Por eso, el Señor sabe lo que es sufrir y nos invita a que nos acerquemos a Él mediante la oración:

> Acerquémonos, pues, confiadamente al trono de la gracia, para alcanzar misericordia y hallar gracia para el oportuno socorro.
>
> Hebreos 4:16

Lo cierto es que Lutero vio que, en Cristo, el pecador abandonado por Dios tiene ahora un Salvador que sufrió y experimentó ese abandono hasta lo más profundo, pero que venció y nos dio el ejemplo para que tengamos la certeza de que nosotros podemos vencer también. Cuando Jesús gritó en el Calvario, Él solo obtuvo el completo silencio de Dios. A pesar de eso, aceptó con humildad la voluntad del Padre. Por eso es que Jesús fue la única persona en la historia de la humanidad a quien Dios abandonó por completo, siendo Él Dios mismo. Además, experimentó de manera total las tinieblas como cualquier pecador abandonado eternamente por Dios. Sufrió el rechazo que merecíamos nosotros, para que supiéramos que el Señor nunca nos abandonará:

> No te desampararé, ni te dejaré; de manera que podemos decir confiadamente: El Señor es mi ayudador; no temeré lo que me pueda hacer el hombre.
>
> Hebreos 13:5-6

MEDÍTALO...

La misionera irlandesa Amy Carmichael fue un instrumento elegido por el Señor desde su adolescencia para ministrar a la gente de la India. Sus libros han consolado y desafiado a muchos, y revelan una vida y obra dedicadas por entero a la gloria de Dios. En su poema «Extrañas cenizas», nos anima a confiar en Dios incluso cuando la vida toma una dirección inesperada y hasta dolorosa:

> ¿Pero esas extrañas cenizas, Señor? ¿Es nada esta desconcertante sensación de pérdida? [...] Fue la angustia [...] sobre la torturadora cruz [...] convertida en cenizas por el aliento vehemente del fuego en el Calvario[4].

¡Aleluya! En el Getsemaní, Cristo pudo haber abortado su misión. Él pudo haber dicho literalmente: «¿Por qué debo ir al mismo infierno por mis discípulos que no pueden estar una hora conmigo en mi aflicción?». Sin embargo, no lo hizo. ¿Por qué? Porque su gozo al entregar su vida por nosotros era mayor que su sufrimiento. Así que la Palabra nos insta a que recordemos esta gran verdad:

> Por tanto, nosotros también, teniendo en derredor nuestro tan grande nube de testigos, despojémonos de todo peso y del pecado que nos asedia, y corramos con paciencia la carrera que tenemos por delante, puestos los ojos en Jesús, el autor y consumador de la fe, el cual por el gozo puesto delante de él sufrió la cruz, menospreciando el oprobio, y se sentó a la diestra del trono de Dios.
>
> Hebreos 12:1-2

Quizá me preguntes: «¿Qué gozo pudiera haber al sufrir en la cruz?». ¡La salvación tuya y mía! El sufrimiento de Cristo para vencer el mal fue un precio carísimo que Él pagó por el perdón de Dios para nosotros, de modo que Él mismo pudiera recibir al género humano lavado por su propia sangre. Por esto, Jesús puede identificarse con nuestro dolor, ya que por amor Él mismo afrontó el sufrimiento con total valentía:

> En el amor no hay temor, sino que el perfecto amor echa fuera el temor.
>
> 1 Juan 4:18

La sabiduría en conocer de manera personal e íntima a Dios, este Dios del perfecto amor, puede vencer la oscuridad del sufrimiento del mismo modo que el sol disipa las tinieblas. Sí, a Jesús lo abandonaron en la horrenda cruz. En cambio, ¿crees que Él ahora te abandonará en tu momento de prueba, dolor, sufrimiento o enfermedad? ¡Nunca! Por eso, Él sufrió en la cruz y venció el mal, la maldad y al diablo. Como expresara con mucho acierto el teólogo Jürgen Moltmann al referirse a la crucifixión:

> Dios llora con nosotros para que algún día podamos reírnos con Él[5].

Cuando Dios se hizo hombre en la encarnación, experimentó dolor, ya que se transformó en hombre como tú y como yo. Es más, Cristo fue el Hombre Dios y el Dios Hombre, y algún día nos podremos regocijar con Él.

Basado en las palabras de Juan Calvino, Timothy Keller expresó lo siguiente en su libro *Walking with God Through Pain and Suffering*:

> En la cruz, la destrucción fue destruida, «el tormento fue atormentado, la condenación fue condenada [...] la muerte fue muerta, la mortalidad fue hecha inmortal»[6].

Sin duda, esta es la suprema derrota del mal y del sufrimiento que aquejan hoy en día a la humanidad. Debemos aceptarla por fe, pues algún día reinaremos con el Señor por la eternidad. ¡Aleluya!

EL PUNTO DE VISTA SECULAR DEL MAL Y DEL SUFRIMIENTO

«Para que vuestra fe no esté fundada en la sabiduría de los hombres, sino en el poder de Dios».
1 Corintios 2:5

Los profundos designios de Dios, así como las razones acerca del mal y del sufrimiento, son incomprensibles por completo para la persona que vive sin Él en su corazón. Si para nosotros que somos cristianos y tenemos al Espíritu Santo es difícil, imagínate cómo será para quienes no tienen al Señor Jesús. Es más, ¿cómo entenderán el dolor que experimenta la humanidad? ¡Imposible!

Richard Dawkins (1941-), etólogo, biólogo evolutivo y autor británico, realizó una declaración poco común y clara, desde el punto de vista secular, acerca del mal y del sufrimiento en su libro *El río del Edén*:

> La cantidad total de sufrimiento por año en el mundo natural va más allá de toda contemplación decente [...] En un universo de ciegas fuerzas físicas y replicación genética, algunas personas se van a herir, otras personas tendrán suerte y no encontrarás ninguna lógica ni explicación en ellas, ni justicia. El universo que observamos tiene precisamente las propiedades que deberíamos esperar si, en el fondo, no hay diseño, ningún propósito, ningún mal y ningún bien, nada más que ciega indiferencia despiadada[1].

Como se puede apreciar, Dawkins dice que el sufrimiento es enorme, pero no puede explicar la fuente del mal ni la razón de dicho sufrimiento para el hombre. Tampoco puede explicar por qué no lo podía hacer. Lo cierto es que Dawkins es un ateo redomado, por lo que niega la existencia de Dios. Sin embargo, ¡cuán equivocado estaba, y está, Dawkins!

EL DIOS CREADOR DEL UNIVERSO

La obra de la creación de Dios es grandiosa, pues creó desde las cosas más pequeñas y diminutas, hasta las más grandes y extraordinarias. Además, todas tienen una causa y un propósito. Así lo reflejó el profeta Isaías:

> Yo hice la tierra, y creé sobre ella al hombre. Yo, mis manos, extendieron los cielos, y a todo su ejército mandé.
>
> Isaías 45:12

Los cielos y todo su ejército forman parte del inmenso universo del cual no tenemos idea de su grandeza. ¿Y qué me dices en cuanto al propósito? El versículo 18 nos afirma:

> Porque así dijo Jehová, que creó los cielos; él es Dios, el que formó la tierra, el que la hizo y la compuso; no la creó en vano, para que fuese habitada la creó: Yo soy Jehová, y no hay otro.
>
> Isaías 45:18

Teniendo en cuenta estos pasajes de la Palabra, he aquí algunas cosas muy importantes que debemos considerar:

1. Jehová creó los cielos, todo el universo: «Señor, digno eres de recibir la gloria y la honra y el poder; porque tú creaste todas las cosas, y por tu voluntad existen y fueron creadas» (Ap 4:11).

2. Él es Dios, así que es un necio todo el que dice que no hay Dios: «Dice el necio en su corazón: No hay Dios» (Sal 14:1; lee también Sal 53:1).

3. Dios formó y creó la tierra: «En el principio creó Dios los cielos y la tierra» (Gn 1:1).

4. Dios no creó este mundo en vano, sino que lo hizo con el propósito de proclamar su gloria: «Los cielos cuentan la gloria de Dios, y el firmamento anuncia la obra de sus manos» (Sal 19:1).

5. Dios creó la tierra para que la habitara el hombre: «Y creó Dios al hombre a su imagen, a imagen de Dios lo creó; varón y hembra los creó. Y los bendijo Dios, y les dijo: Fructificad y multiplicaos; llenad la tierra, y sojuzgadla» (Gn 1:27-28).

6. Dios es el único Dios y no hay más: «Yo Jehová, y ninguno más que yo, que formo la luz y creo las tinieblas, que hago la paz y creo la adversidad. Yo Jehová soy el que hago todo esto» (Is 45:6-7).

Los propósitos de Dios en la creación son muy claros. Por eso vemos que, al final, Él se complació en gran medida de su obra:

> Y vio Dios todo lo que había hecho, y he aquí que era bueno en gran manera.
>
> Génesis 1:31

Sin embargo, debido al libre albedrío de Lucifer, que se convirtió en el diablo, este se rebeló contra Dios en el cielo, y de ahí nació el mal. Luego, cuando lo echaron del cielo, vino a la tierra, donde Adán y Eva decidieron de manera libre y voluntaria prestarle atención y desobedecer a Dios. Como resultado, se produjeron el pecado, la enfermedad y la muerte. Después, todo el género humano siguió el mismo camino de rechazar a Dios por su libre albedrío. Por lo tanto, aquí está el bien y el mal, contrario a lo que dijo Dawkins. Cuando Dios proclama: «Yo soy Jehová, y ninguno más hay; no hay Dios fuera de mí» (Is 45:6), derrumba por completo la teoría de Dawkins, y afirma con exactitud todo lo contrario a lo que manifestó en sus escritos.

Es triste que existan hombres tan inteligentes en lo secular y que, al mismo tiempo, sean tan necios en lo espiritual. El problema está en que son hombres que creen ser más que Dios, así que están llenos de prepotencia, soberbia y orgullo. Debido a su presunción de «saber tanto», han caído en la vanidad del «conocimiento científico».

Además, a través de su jactancia y arrogancia, «se hicieron necios» a los ojos de Dios. El propio apóstol Pablo le advirtió a Timoteo, y a nosotros, sobre esto:

> Oh Timoteo, guarda lo que se te ha encomendado, evitando las profanas pláticas sobre cosas vanas, y los argumentos de la falsamente llamada ciencia.
>
> 1 Timoteo 6:20

LA BIBLIA Y LA CIENCIA

Los ateos y secularistas han dicho que la Biblia no es confiable, que es un mito y que no es verdad. Entonces, afirman que la realidad está en sus palabras «científicas», así como en sus «descubrimientos y teorías». También dicen que la Biblia y la ciencia no pueden cohabitar. ¡Esto no es cierto!

La Biblia es el libro científico más preciso, acertado y verdadero por completo, y no los llamados «científicos» que tenemos hoy. Todo científico que se precia de sincero y verdadero tendrá la Biblia como base para sus estudios y avances, por lo que obtendrán credibilidad. Lo contrario sucede con los «ateos y secularistas» que tenemos hoy. Así que, ¡no te dejes engañar! Por eso la Palabra nos advierte de nuevo:

> Mirad que nadie os engañe por medio de filosofías y huecas sutilezas, según las tradiciones de los hombres, conforme a los rudimentos del mundo, y no según Cristo.
>
> Colosenses 2:8

¿Leíste bien? «Que nadie os engañe». Sin embargo, los «expertos científicos» han engañado a millones de personas, a pesar de que no pueden darse a sí mismos explicaciones convincentes, mucho menos enseñarles la verdad a los demás. Las universidades liberales de hoy atacan con crueldad a los profesores y alumnos cristianos conservadores, todo porque la Biblia les dice la verdad. Así que algún día tendrán que comparecer delante del juicio de Dios para rendirle cuenta de sus actos.

Una vez más, Pablo nos alerta en cuanto a estos hombres que dicen ser «muy inteligentes», pero que niegan a un Dios Omnipotente y verdadero que incluso se manifiesta con pruebas indubitables de su existencia a través del silencio de toda su creación en el universo:

> También hablamos, no con palabras enseñadas por sabiduría humana, sino con las que enseña el Espíritu [...] Pero el hombre natural no percibe las cosas que son del Espíritu de Dios, porque para él son locura, y no las puede entender, porque se han de discernir espiritualmente.
>
> 1 Corintios 2:13-14

¿Te das cuenta de lo que nos enseña este pasaje? ¡El «hombre natural» no puede percibir ni discernir las cosas espirituales! Por esto Dawkins escribió sobre el mundo natural, pero sin tener la más mínima idea o entendimiento de lo que era y es el mundo «espiritual» que, como es lógico, existía antes del mundo natural y físico.

Timothy Keller, en su análisis de las palabras de Richard Dawkins, expresó lo siguiente:

> Dawkins insiste en que la vida es «vacía, sin sentido, fútil, un desierto de inutilidad e insignificancia», y que buscar cualquier recurso espiritual para encontrar un propósito o significado ante el sufrimiento es «infantil»[2].

¡Cuán equivocadas están de nuevo las enseñanzas de Dawkins! La vida no es vacía, pues la presencia de Dios la llena en nuestro corazón; tampoco es inútil, pues tenemos un propósito en Cristo; de ningún modo es fútil, debido a que tiene sentido cuando se vive para el Señor; ni siquiera es un desierto sin sentido, pues tenemos una tarea específica que hacer para Él; así que no es insignificante, porque esta vida nos la dio Cristo:

> El ladrón no viene sino para hurtar y matar y destruir; yo he venido para que tengan vida, y para que la tengan en abundancia.
>
> Juan 10:10

Por lo tanto, quien tiene una vida vacía, inútil, fútil y un desierto sin sentido e insignificante es Dawkins. Sus propias palabras denotan, sin sombra de dudas, lo que es su triste existir: una vida sin fe, sin propósito y sin esperanza. ¡Qué triste! Y así hay miles de miles de personas secularistas y ateas que se enorgullecen de su ignorancia espiritual al negar la existencia de Dios.

MEDÍTALO...

El gran polímata, matemático, físico, teólogo, filósofo y escritor francés, Blaise Pascal (1623-1662), declaró lo siguiente al referirse a personas «intelectuales» como Dawkins:

> ¿Confiesan que nos han encantado al decirnos que sostienen que nuestra alma es solo un poco de viento y humo, en especial al decirnos esto con un tono de voz altanero y satisfecho de sí mismos? ¿Es esto una cosa para decir con alegría? ¿No es, por el contrario, una cosa para decir con tristeza, como lo más triste del mundo?[3]

Los escritores Herbert George Wells y Bernard Shaw fueron hombres brillantes, pero rechazaron el mensaje de las Escrituras. Pusieron su confianza en sus propios sistemas de convicciones que basaban en la razón y la sabiduría humanas. Sin embargo, no pudieron encontrar la verdadera y duradera paz y felicidad, de modo que poco a poco perdieran la confianza en todo lo que «creían».

A una de sus obras literarias, Wells, por ejemplo, la tituló: *La mente a la orilla del abismo*, la cual está marcada por un pesimismo fruto de contemplar una humanidad que, por ambición y odio, se destruye a sí misma. Por otra parte, Bernard Shaw escribió lo siguiente en su obra *Too True to be Good*:

> La ciencia a la que fijé mi fe está en bancarrota [...] sus consejos que habrían de establecer el milenio han llevado directamente al suicidio europeo [...] Por su causa, ayudé a destruir la fe de

millones de fieles en los templos de mil credos. Y ahora, mírame y contempla la tragedia suprema del ateo que ha perdido su fe, su fe en el ateísmo, por la cual más mártires han perecido por todos los credos juntos[4].

En dicha obra, el personaje llamado el Anciano expresó estas palabras que de seguro martillaban en el corazón de Shaw. La conclusión de todo es que no existe una verdadera esperanza si no se tiene a Dios cuando se pierde a un ser querido, se quebranta la salud, fracasan los negocios y se rompen las relaciones. Entonces, ¿qué les decimos a quienes nos exigen que les demos argumentos lógicos para tales sufrimientos? Los creyentes debemos estar siempre preparados para dar razón de la esperanza que está en nosotros:

Santificad a Dios el Señor en vuestros corazones, y estad siempre preparados para presentar defensa con mansedumbre y reverencia ante todo el que os demande razón de la esperanza que hay en vosotros.

1 Pedro 3:15

«DIOS, QUE PREVIÓ TU TRIBULACIÓN, TE HA ARMADO ESPECIALMENTE PARA ATRAVESARLA, NO SIN DOLOR, SINO SIN MANCHAS».

C.S. LEWIS

EL PUNTO DE VISTA ESPIRITUAL DEL MAL Y DEL SUFRIMIENTO

36

«Lo cual también hablamos, no con palabras enseñadas por sabiduría humana, sino con las que enseña el Espíritu, acomodando lo espiritual a lo espiritual».
1 Corintios 2:13

El problema del mal y del sufrimiento no solo es intelectual, sino también espiritual, por lo que es muy difícil de comprender. Así que la pregunta obvia que muchos se hacen es la siguiente: «¿Por qué hay tanto mal y sufrimiento en el mundo?». Incluso, las personas en general, donde se incluyen a las cristianas, llegan al punto de no saber qué hacer ni decir y se cuestionan: «¿Cómo puedo pasar esta etapa de dolor?». La respuesta preliminar está en que debemos estar preparados a fin de afrontar los sufrimientos ineludibles de la vida.

Para el cristiano, la preparación espiritual para lidiar con esta cuestión es una vida sólida de oración y ayuno, así como usar todas las armas espirituales que tenemos a nuestra disposición como son la autoridad del nombre, la Palabra, la sangre y el poder de Cristo, así como la unción del Espíritu Santo. Todas estas armas nos conceden la capacidad para hacerle frente a cualquier adversidad, dolor y sufrimiento.

CARACTERÍSTICAS DE LA AFLICCIÓN

A un alma que está en aflicción, ya sea cristiana o no, le resulta muy difícil amar a otra persona, a sí misma y hasta al mismo Dios, aunque desee hacerlo, al menos hasta cierto punto. Si durante la aflicción el alma deja de amar, será algo desastroso y semejante a un infierno.

Es más, experimentará la amargura, la desesperación y el horror que traen consigo dolor y tristeza.

Entonces, ¿cómo sabemos que nuestra aflicción no es un desconsuelo pasajero? Considera estas cinco características de la aflicción:

Primera característica: La aflicción del aislamiento
Timothy Keller, en su libro *Walking with God Through Pain and Suffering*, nos habla acerca del punto de vista de Simone Weil (1909-1943), filósofa y activista francesa, en cuanto al sufrimiento:

> Uno de los mejores esfuerzos para desglosar la experiencia del sufrimiento en sus diferentes facetas es el ensayo clásico de Simone Weil [...] «La aflicción», escribe Weil, «es el desarraigo de la vida, un equivalente más o menos prolongado a la muerte [...] Una especie de horror sumerge toda el alma» [...] Weil observa que una de las marcas de la aflicción es el aislamiento[1].

Las barreras se levantan entre la persona que sufre y su familia y amigos, puesto que estos no afrontan el mismo dolor. Las personas que antes eran cercanas, ahora para el que sufre parecen lejanas y desconocidas. Esta es una de las razones del porqué muchas personas evitan el contacto con alguien cuando están en sufrimiento.

Segunda característica: La implosión de la aflicción
La intensidad del dolor físico hace que la persona que sufre se quede absorta y se centre en sí misma. Así que no puede pensar en otra cosa que no sea su sufrimiento y que, por consiguiente, le embargue la desesperación. Al igual que en el dolor físico, el dolor emocional también hace que la persona sea incapaz de manifestar sus sentimientos. Todo debido a que el sufrimiento hace que las demás cosas parezcan vagas, efímeras y sin importancia. Como resultado, la persona no da, recibe ni siente amor.

Sin la menor duda, a la persona que sufre se le embotan los sentidos, y entra en un estado de fijación e insensibilidad en cuanto a lo que sucede a su alrededor, paralizando sus relaciones con los demás. Al mismo tiempo, no puede pensar con sensatez, pues se encuentra atrapada en su agonía al no poder sentir la compasión y el amor que le brindan sus amigos y familiares. Lo que es peor, llega al extremo de la pérdida de cualquier sentimiento hacia Dios. La aflicción hace parecer que Dios está ausente... que está más lejano que la luz en las tinieblas de una cárcel... Entonces, durante ese alejamiento que percibe, no hay nada que le permita amar. Quizá llegue a amar de manera intelectual, y hasta crea que Dios le ama, pero lo cierto es que todo parece irreal para su corazón.

Tercera característica: La aflicción de un sentido de pérdida, desesperación y condenación
De manera consciente, la persona se considera culpable. Entonces, en medio de su gran sufrimiento, cree que tal vez la estén castigando por sus pecados. Por lo tanto, de inmediato empieza a admitir sus errores y desobediencias, a la vez que considera que todo se debe a los actos cometidos a lo largo de su vida. Por otra parte, la cultura occidental se esfuerza al máximo, a fin de que la persona que sufre se considere una víctima y que no asuma la responsabilidad por sus hechos.

Cuarta característica: La aflicción del enojo y de la ira
Dependiendo del caso y del contexto del que sufre, la irritación puede ser más o menos dirigida a varias cosas. Quizá la aflicción se deba a que la persona esté enfadada consigo misma, que sienta una profunda amargura contra las personas que le hicieron daño o le han fallado, que se enfurezca con Dios por creerse abandonada, que arremeta contra las injusticias de la sociedad, que advierta el vacío de su propio corazón y que experimente un gran fastidio por la vida.

Quinta característica: La aflicción ante la tentación de la complicidad

Poco a poco, el sufrimiento puede transformar a la persona en su cómplice al inyectar un veneno de inercia, apatía y desatención. Esta complicidad impide todos los esfuerzos que dicha persona pueda hacer para mejorar su situación, y hasta puede causar que detenga su liberación... aun cuando, a veces, desee una salida de su dolor.

La persona puede llegar a sentir autocompasión, la cual puede convertirse en dulce y adictiva. También la aflicción puede volverse una excusa para cualquier tipo de comportamiento y patrones de la vida que de otra forma no pudiera justificarse. Incluso, es posible que la persona piense, aunque de manera inconsciente, que necesita pagar por todos sus pecados y que lo hará a través del sufrimiento.

CUANDO EL DOLOR LLEGA

Creo que todo lo que dijo Simone Weil tiene sus raíces en lo más profundo de la vida espiritual de la persona que sufre, ya sea cristiana o no. Todos estos elementos, como son el resultado del aislamiento, la implosión, el sentido de pérdida, la desesperación, la condenación, el enojo, la ira y la tentación de la complicidad, son problemas de carácter espiritual, así que van creciendo de forma gradual en el corazón del que sufre.

También pienso que cuando llega el sufrimiento, muchos creen que Dios no es real, ni que tampoco lo son el amor y la esperanza. Por supuesto, todo esto en dependencia de su temperamento, personalidad y relación espiritual con el Señor, si es que acaso tienen una. En realidad, cada persona es diferente en su cultura, procesando el sufrimiento emocional de una manera distinta y peculiar, pues cada individuo tiene valores y principios internos únicos que responden a sus creencias, ética y religión en su vida. Así que debemos estar preparados, ya que cuando llegue el sufrimiento, será como un río que arrastrará todo por delante en completa desesperación para quienes no son espiritualmente capaces de soportarlo.

Ahora bien, si nuestro entendimiento y experiencia del amor de Dios es fuerte y resistente, esto puede servir como un ancla que nos mantenga firme, a fin de que no nos succione el torbellino que nos quiere devorar. Así que es importante que la mente esté preparada de manera intelectual y que el corazón lo haga en lo espiritual, pues esto impedirá que la persona experimente un *shock* total cuando afronte el sufrimiento.

Cuando el dolor llega, la diferencia entre lo que conoces con tu mente y lo que crees con tu corazón puede ser determinante. De modo que una vez que se presenta dicho dolor, necesitarás la ayuda de Dios. Asimismo, te hará falta toda tu preparación mental y teológica de la Palabra, para que tu corazón alcance la suficiente madurez que te conduce a poner como fundamento de tu vida a Cristo y su Palabra, a la vez que tus experiencias con el Señor te permitan afrontar la adversidad, puesto que «tengo por cierto que las aflicciones del tiempo presente no son comparables con la gloria venidera que en nosotros ha de manifestarse» (Ro 8:18).

¡Aquí está la clave para pasar todo sufrimiento! Repito, nuestras mentes y corazones deben estar preparados espiritualmente para afrontar dolores, pruebas, tribulaciones y sufrimientos que vengan a nuestra vida. Tal vez tú ya tengas el conocimiento y la madurez espiritual suficientes para hacerles frente a circunstancias adversas, pero Dios te llevará a vivir esa etapa de una manera aún más real de manera que alcances un nivel espiritual mucho más alto y destacado como nunca antes. Para otros que no están preparados, tendrán que aprender que Dios usa el sufrimiento de diversas formas, a fin de llevar a cabo su plan en nuestra vida, basta con que leas pasajes como estos de la epístola de 1 Pedro para darnos cuenta: 1:6-9; 2:20-23; 3:14, 16-17; 4:12-16; 5:10.

PREPARADOS PARA LA VIDA

Cada problema en la vida nos presenta la oportunidad para mejorar nuestra condición espiritual. No obstante, muchas veces la mente y el corazón nos juegan una mala pasada. Por eso Alvin Plantinga quedó sorprendido por lo lejanos que están la mente y el corazón cuando el sufrimiento toca a la puerta:

En presencia de su propio sufrimiento o el de alguien cercano a él, puede que le resulte difícil mantener lo que considera una actitud apropiada hacia Dios. Frente a grandes sufrimientos o adversidades, puede verse tentado a rebelarse contra Dios, a sacudir el puño en la cara de Dios, o incluso a abandonar por completo la fe en Dios. Sin embargo, este problema es de una dimensión diferente. Tal problema no requiere la iluminación filosófica, sino el cuidado pastoral[2].

Lo que Plantinga decía es que hay veces que un simple conocimiento sobre Dios, aunque sea profundo en lo intelectual, no es suficiente para afrontar el sufrimiento. Desde el punto de vista espiritual, el cristiano necesita una verdadera, profunda y madura relación con Dios para hacerle frente a los embates de la vida en cuanto al sufrimiento.

Tú no tienes idea de cuántos hermanos nos escriben correos electrónicos y nos llaman por teléfono para decirnos que cuando llegó el sufrimiento inesperado en sus vidas, se derrumbaron. No tenían raíces, no eran maduros, no estaban fundamentados en la Palabra. Estuvieron años y años sentados en los bancos de su iglesia, oyendo un sermón tras otro, pero no tenían la solidez del fundamento espiritual sobre la Roca que es Cristo.

El sufrimiento es una de las pocas experiencias comunes al género humano, sin que importe edad, raza, nacionalidad o clase social. Sin embargo, lo paradójico de todo esto es que, a pesar de que el sufrimiento lo atraviesan hombres y mujeres por igual, la respuesta ante el mismo es diferente en cada caso, pues ni siquiera los cristianos responden de la misma manera siempre que llegan momentos de dolor a nuestra vida. Entonces, entre otras cosas, las personas le hacen frente a diversos problemas como estos que desembocan en dolor y sufrimiento:

- Muchos afrontan todo tipo de problemas, ya sea de extrema pobreza, miseria, escasez, enfermedad, problemas familiares, etc.

- Otros sus ingresos económicos a veces cambian de momento para peor y los afecta.
- También están quienes lo pierden todo de repente, como en el caso de Job, de modo que sufren una tragedia y prueba terribles. Por lo tanto, es ahí donde necesitan buscar a Dios y acercarse a Él en lugar de alejarse.
- Tampoco debemos pasar por alto a esas personas que viven en un constante nerviosismo y estrés debido al dolor y al sufrimiento provocados por enfermedades incurables.
- Están quienes sufren por la pérdida del trabajo, un accidente, un infortunio o la muerte de algún familiar.
- Algunos se afligen y están tristes, desesperados, agobiados, angustiados de alma y espíritu, y no ven salida para sus problemas físicos, emocionales y psicológicos.
- Otros afrontan problemas migratorios y temen dejar a sus familiares en caso de una deportación.
- Asimismo, vemos que hay una gran cantidad de personas que se encuentran sumidas en profunda depresión y derrota.
- Lo que es peor, muchos que no conocen a Cristo cometen suicidio sin saber que es apenas el inicio del tormento eterno y no el final de un problema que, de perseverar y poner sus ojos en Cristo, lo hubieran solucionado.

Los cristianos, por otra parte, también necesitamos la preparación espiritual en caso de que alguna adversidad nos sorprenda de momento. Todos, absolutamente todos, pasaremos por el dolor y el sufrimiento de pruebas, luchas y tribulaciones. ¡Vamos a prepararnos!

MEDÍTALO...

Ahora bien, ¿por qué la humildad es determinante a la hora de afrontar el sufrimiento? Porque si queremos tener la victoria en el sufrimiento, debemos comenzar con recordar nuestra identidad como hijos amados de Dios, puesto que Él jamás nos abandonará por muy difícil que sea nuestra situación:

Porque Jehová tiene contentamiento en su pueblo; hermoseará a los humildes con la salvación.

Salmo 149:4

Samuel Kabú Morris era originario de África. También era hijo de un rey, pero esto no quería decir que su familia fuera rica. En esa tierra, un rey podía ser un hombre que guía a un pequeño grupo de unas cuantas familias. Cuando Kabú todavía era muy niño, otra tribu africana hizo guerra con la de su padre y al pequeño Kabú se lo llevaron cautivo.

Kabú era un pagano, y no sabía nada acerca del Dios verdadero. Sin embargo, el Dios que cuida de las aves guio a ese pobre niño hacia la libertad y luego a Cristo mismo. Después de huir de sus captores, empezó a trabajar en una plantación de café, recibiendo como sueldo comida y algo de ropa. Entonces, un día, escapó también de los maltratos que sufría en la plantación. En medio de tales sufrimientos, Dios no le abandonó. Así que un día, un amigo le habló de su fe y lo invitó a su iglesia. Años después, Kabú testificó que sintió la presencia de Dios en ese lugar y aceptó a Cristo como su Salvador.

La historia de Kabú es de superación y humildad, tanto es así, que debido a su deseo de predicar de su Salvador, Dios le abrió el camino para viajar a Estados Unidos y prepararse en la universidad. Entonces, llegó a Fort Wayne, Indiana, para empezar sus estudios. A su llegada, reveló la humildad que tenía en su corazón:

Al entrar a la universidad, uno de los maestros le preguntó:

—Samuel, ¿cuál cuarto quieres usar de dormitorio?

—Oh, Señor Reade —respondió Kabú—, cualquier cuarto está bien para mí. Si hay un cuarto que nadie quiere, deme ese.

Al escuchar esa respuesta... el maestro tuvo que llorar. Después dio testimonio de que, en todos sus años como maestro en esa universidad, les había preguntado a más de mil estudiantes cristianos que cuál cuarto preferían; pero Kabú fue el único que contestó que quería el cuarto que nadie quisiera[3].

Con esta actitud, Samuel Kabú Morris dejó para todos una gran lección de humildad. De seguro que la humildad representa un papel importantísimo en cuanto al punto de vista espiritual del dolor y la preparación para el sufrimiento. La humildad nos permite aceptar lo que Dios permite en nuestra vida, como fue el caso de Kabú. También Job tuvo que aprender la humildad después que el Señor le habló en medio del torbellino y le humilló en gran medida a través de su poder. Tú y yo, de igual forma, necesitamos afrontar los problemas de la vida e imitar a Cristo, nuestro supremo ejemplo de humildad:

Llevad mi yugo sobre vosotros, y aprended de mí, que soy manso y humilde de corazón; y hallaréis descanso para vuestras almas.

Mateo 11:29

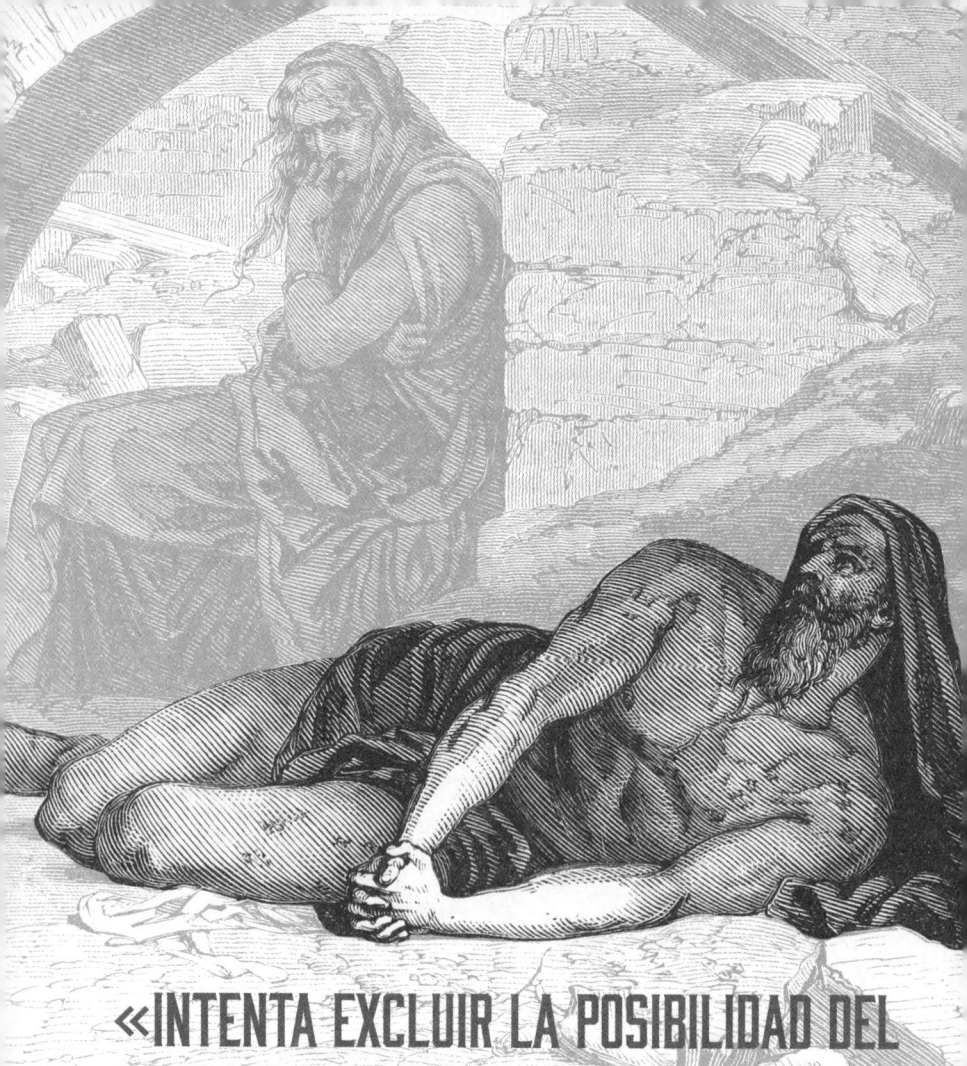

«INTENTA EXCLUIR LA POSIBILIDAD DEL SUFRIMIENTO QUE IMPLICA EL ORDEN DE LA NATURALEZA Y LA EXISTENCIA DEL LIBRE ALBEDRÍO, Y DESCUBRES QUE HAS EXCLUIDO LA VIDA MISMA».

C.S. LEWIS

LA PREPARACIÓN PARA UN EVENTUAL SUFRIMIENTO

«Por la fe Noé, cuando fue advertido por Dios acerca de cosas que aún no se veían, con temor preparó el arca en que su casa se salvase; y por esa fe condenó al mundo, y fue hecho heredero de la justicia que viene por la fe».
Hebreos 11:7

La preparación es fundamental en la vida, mucho más cuando el sufrimiento toca a nuestra puerta. Así lo hizo Noé, por orden de Dios, al construir el arca que los salvaría a él y a su familia del diluvio. Si un atleta se ejercita en un gimnasio para competir, del mismo modo nosotros tenemos que ejercitarnos en la disciplina espiritual y estar listos para afrontar cualquier sufrimiento.

La palabra «ejercitar» en griego es **«gumnazo»**, de donde tenemos la palabra «gimnasio». Literalmente, el término significa «entrenar, adiestrar, preparar, fortalecer, etc.». Cuando llega el dolor, todo queda expuesto de manera visible en nuestra vida. Ahí es cuando nos damos cuenta de que no estábamos preparados para afrontar dicho dolor. Es más, sale a relucir nuestra falta de disciplina espiritual relacionada con la oración, la lectura de la Palabra, el ayuno, la integridad, etc. Sin embargo, aun en la prueba, el sufrimiento o la tentación, Dios no nos abandona, como bien dice este pasaje bíblico:

> No os ha sobrevenido ninguna tentación [prueba, sufrimiento] que no sea humana; pero fiel es Dios, que no os dejará ser tentados [probados, sufridos] más de lo que podéis resistir [la prueba, el

dolor], sino que dará también juntamente con la tentación la salida, para que podáis soportar.

1 Corintios 10:13

En otras palabras, Dios no permitirá un sufrimiento, dolor o enfermedad, ya sean físicos o emocionales, que tú y yo no podamos soportar, puesto que lo limita todo con un propósito. Recuerda que junto con tu prueba y sufrimiento, Él mismo se duele y sufre contigo:

En toda angustia de ellos él fue angustiado, y el ángel de su faz los salvó; en su amor y en su clemencia los redimió, y los trajo, y los levantó.

Isaías 63:9

¡Aleluya! Así mismo Dios hace con nosotros. Él sufre con nosotros y nos restaura. Nos ayuda en todos los días de nuestra caminata espiritual con Él, hasta el fin. Por eso es que siempre debemos poner nuestros ojos en Cristo, pues cuando llegue la prueba, estaremos preparados:

Puestos los ojos en Jesús, el autor y consumador de la fe, el cual por el gozo puesto delante de él sufrió la cruz, menospreciando el oprobio, y se sentó a la diestra del trono de Dios. Considerad a aquel que sufrió tal contradicción de pecadores contra sí mismo, para que vuestro ánimo no se canse hasta desmayar.

Hebreos 12:2-3

LA DISCIPLINA ESPIRITUAL Y LA FELICIDAD

¿De qué manera Jesús, como hombre, se preparó para afrontar su ministerio y el sufrimiento? ¡En ayuno y oración por cuarenta días! (Lee Mt 4:1-11; Lc 4:1-13). Después, se levantaba muy temprano a orar o lo hacía durante toda la noche, como narran los Evangelios. Pablo hizo lo mismo al orar y ayunar (Hch 9:9, 11; 13:2; 2 Co 6:5; 11:27). A esto se le llama «disciplina espiritual», la cual forma un cristiano con una firmeza y madurez de carácter capaz de soportar y hacerle frente al sufrimiento. Además, la disciplina espiritual va ligada a la Palabra, santidad, fidelidad, integridad, etc.

Sin embargo, nuestra naturaleza humana nos hace esperar siempre lo mejor y no el sufrimiento. Nunca estamos preparados para afrontar una adversidad, mucho menos si esta trae incluido el dolor y el sufrimiento. ¿Por qué? Porque siempre estamos en la búsqueda de la felicidad, de la alegría y del bienestar, que es lo normal para cualquier persona. Así que muchas veces intentamos obtener dicha «felicidad» sin incluir a Dios en nuestros planes. ¡He ahí donde reside el problema! C.S. Lewis lo explica así:

> Ahora bien, Dios es quien nos ha hecho y, por lo tanto, sabe qué es lo que somos y también sabe que nuestra felicidad reside en Él. Sin embargo, no buscaremos en Él esa felicidad mientras que Él nos deje otro recurso que ofrezca alguna posibilidad de buscarla. Mientras eso que llamamos «nuestra propia vida» continúe siendo agradable, no se la entregaremos a Él. ¿Qué otra cosa puede Dios realizar a favor nuestro sino hacer que «nuestra propia vida» nos resulte menos agradable eliminando así las posibles fuentes de falsa felicidad?[1]

¿La respuesta? Dios nos envía problemas y circunstancias para llevarnos a Él y lograr que seamos conscientes de que solo en Él está la verdadera felicidad y en nada ni nadie más. En esa búsqueda de la felicidad, a veces nos olvidamos que quizá afrontemos sufrimientos en algún momento de la vida. Esto le puede suceder a cualquiera. Un antiguo proverbio inglés, que aparece en textos del siglo XVI, dice: «Espera lo mejor, prepárate para lo peor y acepta lo que venga». En otras palabras, cada día debemos prepararnos para lo que el Señor determine para nuestro bien en la vida. En cambio, no podemos pasar por alto que en la Palabra están las promesas de la sanidad.

LAS PROMESAS DE SANIDAD

Muchos cristianos sucumben ante la enfermedad repentina. De verdad que nadie la espera, pero puede suceder. Por otra parte, están los que esperan la sanidad física, y con razón, porque la Biblia misma afirma que Cristo no solo nos perdonó nuestros pecados, sino que también nos sanó en la cruz:

> Quien llevó él mismo nuestros pecados en su cuerpo sobre el madero, para que nosotros, estando muertos a los pecados, vivamos a la justicia; y por cuya herida fuisteis sanados.
>
> 1 Pedro 2:24

Esta y muchas otras son promesas de sanidad. Es más, puedo darte una enorme lista de versículos que nos aseguran la sanidad. Así que es lógico que creamos en esto. La sanidad es bíblica y real, de modo que es para hoy y por siempre hasta que Cristo venga.

Mi hermano y yo somos testigos de cómo el Señor nos resucitó de la muerte en dos casos diferentes. En mi caso, una enfermedad mortal se me presentó cuando apenas tenía quince días de nacido. En cuanto a mi hermano, su vida pendió de un hilo debido a un terrible accidente. (Puedes leer ambos testimonios de sanidad en el capítulo 9 de mi libro *La conquista de Cristo en la cruz*).

Debido a que he predicado alrededor del mundo, doy fe de que he visto grandes sanidades durante nuestras cruzadas. He visto a personas que se levantan de sillas de ruedas, paralíticos caminar, ciegos ver, sordos oír, personas desahuciadas a punto de morir y el Señor levantarlas, y mucho más... La sanidad es un hecho probado, basta con que leas el libro de los Hechos y veas lo que Dios hace aun en nuestros días.

Sin embargo, la realidad es que no todas las personas sanan, pues a veces esta no llega. Así que cada día vemos cómo los cristianos enferman y mueren en todas partes del mundo. Entonces, ¿de qué manera afrontamos esto a la luz de las Escrituras? ¡Teniendo la mirada en las cosas celestiales y eternas! Aunque Dios nos sane ahora, algún día moriremos de cualquier manera. ¿Por qué? Porque somos extranjeros y peregrinos, como bien lo dice el apóstol Pablo al declarar que no somos ciudadanos de esta tierra:

Mas nuestra ciudadanía está en los cielos, de donde también esperamos al Salvador, al Señor Jesucristo.

Filipenses 3:20

Por lo tanto, ya sea que vivamos o muramos, somos ciudadanos del cielo. Si Él nos sana, vivimos un poco más de tiempo. ¿Y si no lo hace? La respuesta está en el siguiente versículo:

[Jesucristo] transformará el cuerpo de la humillación nuestra, para que sea semejante al cuerpo de la gloria suya, por el poder con el cual puede también sujetar a sí mismo todas las cosas.

Filipenses 3:21

¡Nos vamos con Él! Así de simple. Tarde o temprano, ya sea hoy o mañana, todos pasaremos por el «valle de sombra de muerte», a menos que el Señor regrese y nos lleve con Él en el arrebatamiento de la Iglesia:

Porque el Señor mismo con voz de mando, con voz de arcángel, y con trompeta de Dios, descenderá del cielo; y los muertos en Cristo resucitarán primero. Luego nosotros los que vivimos, los que hayamos quedado, seremos arrebatados juntamente con ellos en las nubes para recibir al Señor en el aire, y así estaremos siempre con el Señor.

1 Tesalonicenses 4:16-17

El problema es que muchos cristianos que han esperado la sanidad y no la han recibido, con el tiempo se vuelven resentidos, amargados y derrotados, y esto se convierte en un gran obstáculo en su fe. Mi fe en Dios no está condicionada a si Él me sana o no, pues creo en Él tanto en la salud como en la enfermedad. Él es el mismo en las dos etapas... ¡y siempre lo será!

Lo cierto es que debemos estar preparados para alguna eventualidad inesperada de sufrimiento que nos sobrevenga a nuestra vida. Como cristianos, todos sabemos que las pruebas, limitaciones y el aguijón en la carne de Pablo lo llevaron a acercarse más a Dios y a su insondable misericordia. Aprendió a apreciar los sufrimientos de Cristo cuando sufría por su causa. Esto le permitió experimentar su amor, gozo, paz, conocimiento espiritual y una capacidad de soportar las adversidades que todos conocemos en su vida.

¿Qué hizo Pablo con relación a los sufrimientos que padeció? Les habló a los demás que pasaban por situaciones similares, a fin de que encontraran el consuelo de igual manera. (Lee 2 Co 1:3-7). También el cristiano que sufre recibe palabras de consuelo y aliento. Luego, a su vez, este alienta a los demás después de pasar por su prueba. De este modo la iglesia se transforma en un centro, una comunidad, de consuelo y ayuda para todo el que sufre, pues ella misma sabe lo que es sufrir. El autor George MacDonald lo describe de esta manera:

> El Hijo de Dios sufrió hasta la muerte no para que los hombres no pudiesen sufrir sino para que los sufrimientos de ellos fuesen como los de Él[2].

Claro que MacDonald no se refiere aquí a que cualquier hombre pudiera haber muerto en la cruz y sufrido como Cristo. ¡No! Nadie en lo absoluto pudiera haber hecho esto. Lo que explica es que mediante el sufrimiento de Cristo, nosotros nos podemos identificar con su dolor y así soportar con paciencia el sufrimiento, y también consolar y ayudar a los demás en su momento de necesidad. Si Cristo soportó un dolor inexplicable, con su ayuda podemos soportar las adversidades, tristezas, dolores y pérdidas de la vida. Es más, si mantenemos nuestros ojos «puestos» en Él, pasaremos el sufrimiento y experimentaremos una paz transcendente y profunda como jamás nos hayamos imaginado siquiera.

PREPARADOS EN TODO TIEMPO

Tenemos que estar preparados de mente y corazón para lo inesperado, pues la vida muchas veces nos sorprende con adversidades inimaginables. Cuando ya te encuentras en una crisis, es difícil que te detengas y analices lo que te sucede, a fin de afrontar la situación. Por lo tanto, debes prepararte para lo peor antes que llegue la tormenta.

> Velad, pues, en todo tiempo orando que seáis tenidos por dignos de escapar de todas estas cosas que vendrán, y de estar en pie delante del Hijo del Hombre.
>
> Lucas 21:36

Todos hemos visto en la televisión cuando un huracán, una tormenta o una tempestad se acercan a una ciudad de un estado específico de la nación estadounidense o en cualquier parte del mundo. Los bomberos alertan, el departamento de policía le advierte a la comunidad, la Cruz Roja se prepara para atender a los damnificados y el gobernador dice de manera categórica algo como esto: «No arriesguen sus vidas, salgan de sus casas y vayan a un lugar de refugio porque un ciclón está a punto de llegar. No jueguen con esto».

Los que hacen caso y obedecen lo que les dicen las autoridades, sobreviven. Aunque muchas veces pierden sus casas y todo, conservan la vida para reconstruir. En cambio, las personas que por varias razones no quieren salir de sus casas y dejar sus pertenecías, ya sea por el apego a las cosas materiales o por cuestiones emocionales, reciben el impacto de la naturaleza. Al final, sus casas se destruyen y hasta a veces pierden la vida también. ¿Por qué? Porque pensaban que estaban preparados para afrontar los vientos mortales.

¿Hay evidencia bíblica para esto? ¡Claro que sí! La Biblia nos narra las diez plagas que sufrió el pueblo de Egipto debido a que no escucharon la voz de Dios (Éx 7—12). Por ejemplo, en la plaga de granizo, vemos lo que les sucedió a quienes no obedecieron el mandato que envió Dios por medio de Moisés:

> Envía, pues, a recoger tu ganado, y todo lo que tienes en el campo; porque todo hombre o animal que se halle en el campo, y no sea recogido a casa, el granizo caerá sobre él, y morirá. De los siervos de Faraón, el que tuvo temor de la palabra de Jehová hizo huir

sus criados y su ganado a casa; mas el que no puso en su corazón la palabra de Jehová, dejó sus criados y sus ganados en el campo.

Éxodo 9:19-21

Como resultado, los hombres, los animales y las plantas sufrieron gran destrucción (lee Éx 9:22-25). ¡Completa destrucción! Por lo tanto, nosotros debemos escuchar a Dios ahora, a fin de que cuando llegue la tempestad, el temporal, la tormenta del sufrimiento, ya estemos preparados.

Jesús mismo advirtió acerca de esto cuando narró la parábola de los dos cimientos. En esta ocasión, habló sobre dos hombres que construyeron sus casas. Uno edificó su casa sobre la roca, mientras que el otro lo hizo sobre la arena. Entonces, cuando se presentaron la lluvia, los ríos y los vientos, la casa del hombre prudente no cayó, mientras que la del insensato se destruyó (Mt 7:24-27). ¿Qué sucede si no nos preparamos? Cuando nos golpean las tormentas de la vida, podemos mantenernos firmes o derrumbarnos... ¡así de sencillo! Muchos cristianos hoy se lamentan por no dedicarle más tiempo a su preparación espiritual en fe para una adversidad que los agarró desprevenido y las olas del sufrimiento los derrumbaron.

Necesitamos entender con claridad el sufrimiento, la muerte y la resurrección de Cristo. Estas son doctrinas básicas, simples y comunes de las Escrituras que nos ayudarán a comprender lo que Él sufrió y cómo reaccionar cuando el dolor toca a nuestra puerta. Se trata de nuestro fundamento de fe y esperanza, de modo que todos debemos conocerlas a profundidad o estaremos sin preparación alguna cuando llegue la prueba.

Es evidente que estas verdades son muy difíciles de aprender y poner en práctica cuando ya la persona está en medio de una crisis. ¿Por qué? Porque el dolor no la hace reaccionar debido a que no sabe afrontar la adversidad repentina. ¡La tomó por sorpresa! La preparación consiste en conocer de manera sabia las Escrituras, y en mantener una vida cristiana madura, sólida y profunda en la oración y el ayuno. De esa manera, nada nos sorprenderá en alguna adversidad.

El apologeta y teólogo Michael Scott Horton nos puntualiza este concepto:

> Comprender quién es Dios, quiénes somos nosotros y los caminos de Dios en la creación, la providencia y la redención, al menos tanto como nos revela la Escritura, es para las pruebas de la vida lo que prepararse para el LSAT [por sus siglas en inglés del examen de ingreso en la Facultad de Derecho] es la práctica de la abogacía[3].

La teología (el conocimiento) es de gran importancia. Prepararse para este examen no solo es desde el punto de vista intelectual... ¡es una cuestión de vida o muerte!

En realidad, creo en lo que expresa Horton, pues no solo se trata de una teología del intelecto, del saber y de conocer mentalmente, sino de una experiencia espiritual para vivir y aplicar de veras las Escrituras en nuestra vida. Por eso es que debemos recordar a diario que la Biblia...

- Es poder (Ro 1:16).
- Es viva (Heb 4.12).
- Es semilla sobrenatural que hace un cambio desde adentro del corazón (1 P 1:23).
- Nos hace creer, alumbrar, almacenar y guardar (Sal 119:11, 130).
- Se debe poner en práctica y vivirla (Stg 1:22).
- Debe morar en nosotros, pues nos enseña y nos exhorta en abundancia (Col 3:16).

Leer, escudriñar y saber las Escrituras no es tenerla en la cabeza de forma intelectual, puesto que es viva, espiritual y profunda. ¡Aleluya! Es más, recuerda que la Palabra es Cristo (Jn 1:1). Muchos cristianos ingenuos piensan que nunca nos sucederá nada que nos resulte adverso, trágico, desafortunado o doloroso, como una enfermedad, un accidente o hasta la misma muerte. Esto no es verdad... ¡y todos lo sabemos!

LA REALIDAD DE ESTE MUNDO

En general, a los seres humanos nos suceden cosas imprevistas, adversas e inesperadas. La enseñanza de los predicadores que dicen que todo, absolutamente todo, nos irá bien en la vida cristiana, no es bíblica. Por ejemplo, los predicadores de la doctrina de la prosperidad afirman que, si no se cree en esto, no se tiene fe. Esta es una doctrina falsa y llena de herejías, ¡así que su mensaje es un engaño total!

Aunque la Biblia dice: «Amado, yo deseo que tú seas prosperado en todas las cosas, y que tengas salud, así como prospera tu alma» (3 Jn 2), esto no es garantía de que nunca nos sucederá algo adverso, ni tampoco significa que sea falta de fe. Con esto, no quiero parecer pesimista, sino que soy realista, pues esta es la verdad de la vida. Además, no tiene nada que ver con la confianza y creencia en Dios. Tampoco tiene nada que ver con lo que dices o dejas de decir. Esto sería irrelevante y no afectaría de ninguna manera nuestra profesión de fe.

¿A quién no le gustaría que todo nos fuera bien siempre? Sin embargo, lo lamentable es que mientras estemos en este mundo caído, las cosas no serán así... ¡y lo sabemos muy bien! En la vida hay accidentes, tragedias, desastres naturales, enfermedades y, tristemente, la muerte, como consecuencia del pecado original. Puesto que todavía vivimos aquí en la tierra y somos frágiles seres humanos, estas cosas nos suceden a todos sin excepción.

Muchos que están sanos, mueren de momento debido a un ataque cardíaco o a un derrame cerebral. No, con esto no estoy siendo negativo ni incrédulo. ¡Es la verdad! Queramos aceptarla o no. A unos les vendrá más tarde, a otros más temprano; ya sean simples cristianos o grandes hombres y mujeres de Dios. En realidad, el Señor no espera que entendamos el porqué de todos estos males, infortunios y adversidades, pues si no nos entendemos muy bien a nosotros mismos y aún más a las otras personas, ¿cómo podemos esperar entender la mente infinita e inigualable de Dios?

Algunos tienen sentimientos buenos y nobles hacia Dios y piensan que Él jamás permitiría que les sucediera algo terrible. Jesucristo mismo es la evidencia contraria de esos pensamientos inocentes e infantiles. Así lo confirma el profeta Isaías:

Despreciado y desechado entre los hombres, varón de dolores, experimentado en quebranto; y como que escondimos de él el rostro, fue menospreciado, y no lo estimamos [...] Todos nosotros nos descarriamos como ovejas, cada cual se apartó por su camino; mas Jehová cargó en él el pecado de todos nosotros.

Isaías 53:3, 6

¿Leíste bien? ¡Varón de dolores! Incluso, «Jehová cargó en Él el pecado de todos nosotros». Repito, ¿lo leíste bien? ¡Jesús fue un varón de dolores que cargó, sufrió y padeció! Si Dios no libró a su propio Hijo del sufrimiento, ¿crees de veras que nos librará del dolor ya sea hoy o mañana? ¡Seamos sinceros! Es claro que nadie va a sufrir como Jesús, esto es lógico, pero todos sufriremos de una manera u otra. Ahora mismo, muchos cristianos sufren y padecen por Cristo al perseguirlos, encarcelarlos, maltratarlos y hasta asesinarlos por su fe en países totalitarios, musulmanes, hindúes, etc. ¿Acaso no tienen fe? ¿No son nuestros hermanos? ¿No son lavados con la misma sangre? ¿No tienen el mismo Cristo y Señor como tú y yo? ¿No oran al mismo Dios? ¿No tienen la misma Biblia?

No es bíblico pensar, actuar, y mucho menos predicar, estas aberraciones teológicas descabelladas y sin fundamento al decir que jamás tendremos un contratiempo. Solo alguien desprovisto de sentido común, cordura, razón y entendimiento puede afirmar tal cosa. Los cristianos que no se preparan con la Palabra para un eventual sufrimiento, carecen de prudencia, sensatez y juicio. Algo así sucederá, ya sea hoy o mañana. No es cuestión de si pasará o no, es cuestión de cuándo pasará, pues de seguro llegará. Por eso necesitamos reflexionar y ser realistas sobre esto, y prepararnos hoy con la ayuda del Señor antes de que llegue lo inevitable, como bien afirma este pasaje:

Acuérdate de tu Creador en los días de tu juventud [cuando estás a tiempo], antes que vengan los días malos, y lleguen los años de los cuales digas: No tengo en ellos contentamiento.

Eclesiastés 12:1

Es una pena que no tenga tiempo y espacio para analizar en detalles todos estos versículos y explicarlos palabra por palabra. Aun así, mi exhortación es a que aprendamos que la vida pasa y que hay que caminar hacia el futuro aunque no sepamos lo que nos espera. Es más, debemos estar confiados, pues contamos con la ayuda total de quien tiene el control absoluto sobre el futuro... ¡Cristo!

MEDÍTALO...

El presidente Woodrow Wilson tuvo que hacerle frente a una muy dura campaña de reelección en 1916. Mucha gente pensaba que sería un presidente de una sola gestión. La economía estaba fallando, la Primera Guerra Mundial se acercaba y los tiempos no eran buenos. De modo que los consejeros de Wilson estaban preocupados. Sin embargo, es de destacar cómo un agente del servicio secreto, Edmund Starling, describió a Wilson:

El presidente también se habría preocupado si no hubiera estado preparado, al igual que yo, en la doctrina presbiteriana [...] Estaba tranquilo por completo, una vez que decidió que hizo todo lo posible para terminar el trabajo, y su futuro estaba en las manos de Dios[4].

¿Lo ves mi hermano? Wilson estaba calmado, tranquilo, preparado, y basaba su fe en el Señor y en su Palabra. En cuanto a nosotros, debemos tener paz al reconocer que Dios tiene el control de todas las circunstancias de nuestra vida. El propio Woodrow Wilson dijo una vez:

La Biblia [...] es la única fuente suprema de revelación del significado de la vida, la naturaleza de Dios, y la naturaleza espiritual y las necesidades de los hombres. Es la única guía de la vida que de veras dirige al espíritu en el camino de la paz y la salvación[5].

¡Preparémonos por medio de la Palabra!

CÓMO CAMINAR EN MEDIO DEL SUFRIMIENTO

«Sucedió que mientras hablaban y discutían entre sí, Jesús mismo se acercó, y caminaba con ellos».
Lucas 24:15

De la misma manera que el Señor resucitado caminó con los discípulos cuando estos iban hacia la aldea de Emaús, Él caminará con nosotros en medio de la prueba, del dolor y del sufrimiento cuando estos lleguen a nuestra vida. ¡Ten la seguridad de eso!

Ya hablamos de cómo prepararnos espiritualmente para el sufrimiento. Entonces, la pregunta ahora es: «¿Cómo debemos caminar cuando llegue a nosotros ese momento tan temible?». En la actualidad, casi todos los libros dirigidos a los que sufren no solo hablan de soportar la aflicción, como se hacía en el pasado, sino que la mayoría utiliza un vocabulario que refleja el punto de vista de los negocios y de la psicología moderna. Por lo tanto, enseñan cómo las personas pueden reducir y afrontar el estrés, la tensión y el trauma. Es más, enseñan a evitar los pensamientos negativos, y a descansar, tomar vacaciones, luchar contra el agotamiento y el nerviosismo, tener amistades, etc. Este es el vocabulario moderno.

Sin embargo, durante siglos, el cristianismo ha enseñado la expresión más alta y noble para hacerles frente al dolor y a la tribulación. A los cristianos se les prepara para poner sus ojos en Cristo (Heb 12:2), quien nos dijo que en el mundo tendríamos aflicciones (Jn 16:33), y que debíamos encomendarnos a Dios y esperar en Él (1 P 2:23).

EL CAMINO DE LA TRIBULACIÓN

La Biblia habla de andar en medio de peligros, riesgos, dificultades, aflicciones, etc. En el libro de los Salmos, por ejemplo, encontramos que David expresa lo siguiente de manera metafórica con respecto a las tribulaciones:

> Aunque ande en valle de sombra de muerte, no temeré mal alguno, porque tú estarás conmigo; tu vara y tu cayado me infundirán aliento.
>
> Salmo 23:4

Muchísimos otros versículos hablan también de andar en medio de la angustia, de las tinieblas de una situación adversa. Incluso, se refieren en forma de alegoría y se nos insta a que avancemos, andemos y marchemos hacia la batalla, la lucha, en contra de los embates del enemigo.

Los primeros cristianos consideraban el sufrimiento como algo normal que, con la ayuda del Señor, debía resistirse, soportarse y afrontarse sin huir, acobardarse, tambalearse, estremecerse ni derrumbarse. En cambio, las culturas occidentales de hoy en día ven el conflicto, el dolor y el sufrimiento como algo que se debe evitar a toda costa. Cuando nos presenten cosas como estas, no debemos perder nuestra postura y fundamentos sólidos como cristianos, pues debemos ser conscientes que no podemos evitar los imprevistos de la vida. ¡Nadie lo puede hacer! Tenemos que caminar en medio del sufrimiento sin que nos sorprenda ni lo neguemos.

Aunque nos sintamos tristes y débiles físicamente, nuestro espíritu y alma deben estar fuertes, sólidos en Cristo, sin desmayar y sin temor. Es más, no debemos rendirnos ni desesperarnos. Debemos tener presente que, algún día, dejaremos atrás todo lo que tú o yo estemos afrontando ahora. La tormenta de la prueba, la tempestad de la aflicción y el temporal del dolor terminarán... ¡tengamos fe!

La metáfora de caminar en medio del fuego de la prueba y de las aflicciones es bíblica y contiene muchas referencias. Sobre esta figura y analogía del fuego del sufrimiento, Timothy Keller, al comentar las palabras de Karen H. Jobes en su libro *1 Peter*, expresa lo siguiente:

> El fuego, por supuesto, destruye y puede provocar una muerte agonizante. Esta era una imagen muy común para la adversidad y el juicio en la literatura judía, griega y romana[1].

Además, en las Escrituras encontramos muchos pasajes que hacen referencia al fuego de las aflicciones y pruebas. Uno de los más conocidos se halla en el libro de Isaías, donde Dios le habla a su pueblo Israel:

> Cuando pases por las aguas, yo estaré contigo; y si por los ríos, no te anegarán. Cuando pases por el fuego, no te quemarás, ni la llama arderá en ti.
>
> Isaías 43:2

Por favor, nota que, al igual que en el Salmo 23:4, no hay promesa alguna respecto a que Dios no permitirá que los cristianos afronten aflicciones. En su lugar, ten presente que...

- Dios NO dice: «Si tú vas a andar, pasar o no por el valle de sombra de muerte», sino que dice: «AUNQUE ANDES en valle de sombra de muerte».
- Dios NO dice: «Si vas a pasar por las aguas», sino que dice: «CUANDO PASES por las aguas».
- Dios NO dice: «Si vas a pasar por el fuego», sino que dice: «CUANDO pases por el fuego».

No es una cuestión de si vamos a pasar o no, es una cuestión de «CUANDO pasemos», pues sucederá. La promesa NO es que Él no permita que atravesemos la experiencia del sufrimiento... ¡NO! La promesa es: «YO ESTARÉ CONTIGO». Él estará con nosotros, pues los ríos no nos ANEGARÁN, y las llamas no nos QUEMARÁN.

Dios dice que cuando pasemos por aguas turbulentas y agitadas, no nos anegarán. Tampoco las llamas del fuego devastador y abrasador nos harán daño, sin importar la situación difícil que tengamos que afrontar. ¡Qué grandiosa promesa! ¡Aleluya!

EL SUFRIMIENTO DE DIOS EL HIJO

Al ministrar la Palabra alrededor del mundo, Dámaris y yo hemos pasado por muchísimas tribulaciones durante los más de treinta y un años de casados. No tienes idea de las pruebas de fuego que hemos tenido en las finanzas personales y del ministerio, amenazas de muerte, intentos de asesinato, accidentes, enfermedades, difamaciones, críticas, peligros en los aviones, problemas en las aduanas, etc., etc. Todo lo hemos afrontado por el Señor y para Él. Hemos caminado en medio del sufrimiento, pero las aguas no nos han anegado, ni el fuego nos ha quemado. ¡Alabado sea el Dios Todopoderoso!

Si como cristianos pasamos y caminamos por el valle, o por las aguas y el fuego del dolor y del sufrimiento, de seguro que Dios nos escuchará cuando clamemos a Él. Tenemos el ejemplo de Cristo que caminó la senda del dolor y experimentó el sufrimiento como nadie en este mundo. Además, padeció antes que nosotros en gran angustia, abandono y rechazo.

Timothy Keller, al comentar las palabras de Robert Murray M'Cheyne (1813-1843) respecto a Mateo 27:46: «Jesús clamó a gran voz, diciendo: Elí, Elí, ¿lama sabactani? Esto es: Dios mío, Dios mío, ¿por qué me has desamparado?», expresó lo siguiente:

El predicador escocés del siglo XIX, Robert Murray M'Cheyne llegó a darnos una idea de lo que llamó «la infinidad de los sufrimientos de Cristo» en la cruz. Mientras reflexiona sobre el clamor de Jesús de que Dios lo había abandonado, M'Cheyne escribe:

Estaba sin ninguna comodidad de Dios, sin sentir que Dios lo amaba, sin sentir que Dios lo compadecía, sin sentir que Dios lo apoyaba. Antes, Dios era su sol; ahora, ese sol se convirtió en oscuridad total [...] Él estaba sin Dios, era como si no tuviera a Dios. Todo lo que Dios fue antes, se le quitó ahora. Estaba sin Dios, privado de su Dios. Tenía el sentimiento del condenado, cuando el juez dice: «Apartaos de mí, malditos [...] los cuales sufrirán pena de eterna perdición, excluidos de la presencia del Señor y de la gloria de su poder». Sintió que Dios le decía lo mismo. Me siento como un niño pequeño que arroja una piedra en un profundo barranco en la ladera de la montaña, y se pone a oír su caída, pero al escuchar todo es en vano [...]

¡Ah! Ese es el infierno que sufrió Cristo. El océano de los sufrimientos de Cristo es insondable [...] A Él lo abandonaron en el [lugar] de los pecadores. Si te acercas a él, como garantía suya, nunca te abandonará [...] «Dios mío, Dios mío, ¿por qué me ha desamparado?». [¿La respuesta?]. Por *mí*... por *mí*. El océano de los sufrimientos de Cristo es insondable[2].

Si pones a Jesús como tu fiador, Dios nunca te abandonará. ¡Aleluya! Él experimentó los horrores de cualquier pecador abandonado y condenado al infierno. Dios abandonó a Jesús en la cruz por ti y por mí, a fin de que Él no nos abandonara durante toda una eternidad... Pon esta palabra en tu corazón: «Jesús ocupó tu lugar y el mío al sufrir de esta manera». Luego, caminó hacia una muerte cruel y horrenda en la cruz.

LAS AFLICCIONES EN LAS PRUEBAS

El apóstol Pedro habló más del sufrimiento en su epístola que cualquier otro libro en la Biblia. A lo mejor tenía en mente Isaías 43:2 cuando les dijo a los hermanos cristianos respecto al dolor:

> En lo cual vosotros os alegráis, aunque ahora por un poco de tiempo, si es necesario, tengáis que ser afligidos en diversas pruebas.
>
> 1 Pedro 1:6

Al analizar la palabra «pruebas», Frederick W. Danker y Walter Bauer dijeron que la palabra griega para «pruebas» es un término que significa «un intento de aprender la naturaleza del carácter de algo. Un examen»[3]. También el erudito escocés en Nuevo Testamento, I. Howard Marshall, dijo al respecto: «Su [...] fe se estaba difamando y calumniando. Se veían amenazados su estatus social, sus relaciones familiares y, es posible, que hasta sus medios de vida»[4].

Este era el fuego de la prueba que vivían los hermanos. Así que Pedro extiende la metáfora y no solo presenta el sufrimiento como fuego, sino como un horno que forja y mejora la calidad del objeto quitando sus impurezas cuando afirma:

> Para que sometida a prueba vuestra fe, mucho más preciosa que el oro, el cual aunque perecedero se prueba con fuego, sea hallada en alabanza, gloria y honra cuando sea manifestado Jesucristo.
>
> 1 Pedro 1:7

En este pasaje, Pedro compara el oro con la fe. Aunque el oro es perecedero, la fe es eterna e indestructible. Como sabemos, el oro es un metal precioso que se derrite si se pone al fuego, pero no se prende en llamas ni se convierte en cenizas. Aun así quizá esté lleno de impurezas que se pueden eliminar. ¿De qué manera? ¡Bajo el fuego! En cuanto a nosotros, bajo el fuego del sufrimiento podemos eliminar las impurezas que revelan nuestro carácter, tales como el orgullo, la autosuficiencia, el egoísmo, las amarguras, la falta de perdón, el resentimiento, la crítica, la murmuración, etc. También se pueden eliminar la falta de oración, de lectura de la Palabra, de ayuno, de ganar almas para Cristo, de fidelidad en las finanzas, tanto personal como para el Señor, etc.

Es evidente que la adversidad y las pruebas son como el fuego que, en vez de destruirnos, nos refina y fortalece. Entonces, si permanecemos en la Palabra cuando estemos en medio de aflicciones, pruebas y tribulaciones, venceremos, tal como lo dice muy bien este pasaje:

> ¿Quién nos separará del amor de Cristo? ¿Tribulación, o angustia, o persecución, o hambre, o desnudez, o peligro, o espada? [...]

Antes, en todas estas cosas somos más que vencedores por medio de aquel que nos amó.

Romanos 8:35, 37

Dios usa el sufrimiento en nuestra vida para eliminar todos y cada uno de los pecados, impurezas y fallos, así como el fuego de un horno saca a relucir lo bello del oro una vez que se funde y se purifica. Al final, después de caminar en medio del sufrimiento, podemos saber quiénes somos en realidad y de qué material y textura estamos hechos. Al igual que el fuego transforma el oro y destruye sus impurezas, el sufrimiento que permite Dios cambiará aspectos específicos de nuestras vidas cristianas y nos purificará para que le sirvamos mejor. Ahora bien, después de las pruebas y los sufrimientos podremos ser mejores o no... ¡la decisión es nuestra!

También Pedro nos dice que no debemos sorprendernos ante el fuego de las pruebas, que no debemos decepcionarnos mientras sufrimos, y por eso nos anima con estas palabras:

Amados, no os sorprendáis del fuego de prueba que os ha sobrevenido, como si alguna cosa extraña os aconteciese, sino gozaos por cuanto sois participantes de los padecimientos de Cristo, para que también en la revelación de su gloria os gocéis con gran alegría.

1 Pedro 4:12-13

Por último, nos declara que después de la prueba, al terminar el sufrimiento, seremos más maduros y sólidos, y estaremos fundamentados en Cristo. Esto lo confirma esta alentadora promesa:

Mas el Dios de toda gracia, que nos llamó a su gloria eterna en Jesucristo, después que hayáis padecido un poco de tiempo, él mismo os perfeccione, afirme, fortalezca y establezca.

1 Pedro 5:10

Conocer a Dios mientras caminamos con Cristo en medio de la aflicción es la clave para atravesar el horno del sufrimiento con la ayuda del Espíritu Santo.

LO QUE REVELA EL SUFRIMIENTO

Sin duda, el sufrimiento moldeará nuestro carácter y nos hará mejores cristianos, servidores, ministros, predicadores, maestros, pastores, evangelistas, misioneros, etc. En general, nos hará mejores personas. Puesto que Dios sabe nuestra necesidad de cambio y transformación, Él permite que el fuego de la prueba nos purifique en cada aspecto de nuestra vida. Entonces, una vez que el sufrimiento nos purifica, de seguro que seremos mejores.

Philip Yancey, en su libro *Where is God when it Hurts?* (publicado en español bajo el título *Cuando la vida duele: ¿Dónde está Dios cuando sufrimos?*, por Editorial Unilit), adaptó la siguiente lista de Mónica Hellwig, autora, teóloga y educadora alemana, a fin de ampliarla para que incluyera a todos los que sufren:

1. El sufrimiento, el gran ecualizador, nos lleva a un punto en el que podemos darnos cuenta de nuestra urgente necesidad de redención.

2. Los que sufren no solo conocen su dependencia de Dios y de las personas positivas, sino también de su interdependencia entre ellos.

3. Los que sufren no descansan su seguridad en las cosas, las cuales a menudo no se pueden disfrutar y puede que pronto se las quiten, sino en las personas.

4. Los que sufren no tienen un exagerado sentido de su propia importancia, ni tienen tampoco una exagerada necesidad de privacidad. El sufrimiento humilla al orgulloso.

5. Los que sufren esperan poco de la competencia y mucho de la cooperación.

6. El sufrimiento nos ayuda a distinguir entre las necesidades y los lujos.

7. El sufrimiento enseña paciencia, a menudo un tipo de paciencia tenaz que nace de una reconocida dependencia.

8. El sufrimiento enseña la diferencia entre los temores válidos y los exagerados.

9. Para las personas que sufren, el evangelio les parece como una buena noticia y no como una amenaza o un regaño.

10. Los que sufren pueden responder al llamado del evangelio con cierta renuncia y una total sencillez, porque tienen muy poco que perder y están listos para cualquier cosa[5].

En realidad, esta lista nos lleva a una idea más clara de cómo caminar en el sufrimiento y descubrir los misterios de la existencia humana en cuanto al dolor. Por eso admiramos tanto a los cristianos que han soportado todo tipo de sufrimiento con la ayuda de su fe en Cristo y dependencia de Él, así como mediante su sencillez, humildad, renuncia de sí mismo, etc. Estas cualidades las aprecian los cristianos que conocen a Dios, pero no las valoran personas que viven en la comodidad y en los placeres de la vida. Lo lamentable es que, como no conocen a Jesús como su Salvador y Señor, no están preparadas para afrontar el horno del sufrimiento y pasar por experiencias desagradables y adversas que, tarde o temprano, les llegará a sus vidas.

Todos tenemos problemas y sufrimientos, pero la diferencia entre los cristianos y quienes no conocen a Dios es esta: Para nosotros hay una solución en el aquí y ahora, y después una bendición eterna y permanente. Los incrédulos, en cambio, solo cuentan con una solución momentánea y un alivio pasajero, pero una perdición continua y eterna. ¡Que Dios tenga misericordia de nosotros!

MEDÍTALO...

Caminar con Dios en medio del sufrimiento y del dolor es tener la certeza de que Él está siempre con nosotros a medida que andamos día a día de manera firme y estable en sus caminos. Esto nos tomará un largo tiempo... en realidad, ¡toda una vida! Dios no le dijo a Abram que diera un salto mortal, una voltereta a ciegas con Él, sino que le dijo:

Era Abram de edad de noventa y nueve años, cuando le apareció Jehová y le dijo: Yo soy el Dios Todopoderoso; anda delante de mí y sé perfecto.

Génesis 17:1

Dios le dijo a Abram: «Anda delante de mí». No le dijo que corriera, sino que anduviera y fuera «perfecto». En otras palabras, que fuera perfecto al andar con confianza, integridad, santidad, humildad y, sobre todo, fe. De eso se trata el andar diario con Dios. En sentido metafórico, es un crecimiento lento, despacio, donde se madura cada aspecto espiritual con firmeza y solidez en Cristo. Una rutina diaria y constante.

Con esto me refiero a que no experimentaremos respuestas instantáneas a nuestras oraciones, preguntas, tristezas, temores, pero siempre tendremos una paz que sobrepasa todo entendimiento, pues tenemos la certeza de que Él está con nosotros. Tendremos días en que Él nos guiará y nos dirá cómo reaccionar ante el sufrimiento y lo que debemos hacer por medio del Espíritu Santo en la oración, la adoración, la Palabra, un consejo, una predicación, etc. Recuerda, es un caminar diario, como se expresa en este proverbio:

Mas la senda de los justos es como la luz de la aurora, que va en aumento hasta que el día es perfecto.

Proverbios 4:18

Si analizamos la frase «va en aumento», nos damos cuenta que el cambio es gradual, despacio, lento y constante. Cuando sufrimos, Dios nos moldea a través del dolor de día en día. A pesar de que podemos orar, ayunar, llorar, adorar y hasta entristecernos, tenemos que esperar, leer las Escrituras y aguardar en fe hasta que Él nos responda. Actuando de esta manera estaremos listos para caminar en el horno del sufrimiento cuando este se nos presente en la vida. El destacado físico Albert Einstein dijo cierta vez:

No tengo talentos especiales, pero sí soy profundamente curioso[6].

Con su gran mente de científico, pensaba así... pero bueno, hermanos, nadie puede conocerlo todo, ni siquiera el propio Einstein en su tiempo. Como es obvio, el único que puede saberlo todo es Dios. Sin embargo, desde el punto de vista del dolor y del sufrimiento, debemos conocer lo más que podamos y estar preparados para saber caminar en el horno del sufrimiento, porque a todos nos llegará, ya sea hoy o mañana. ¡Que el Señor nos ayude!

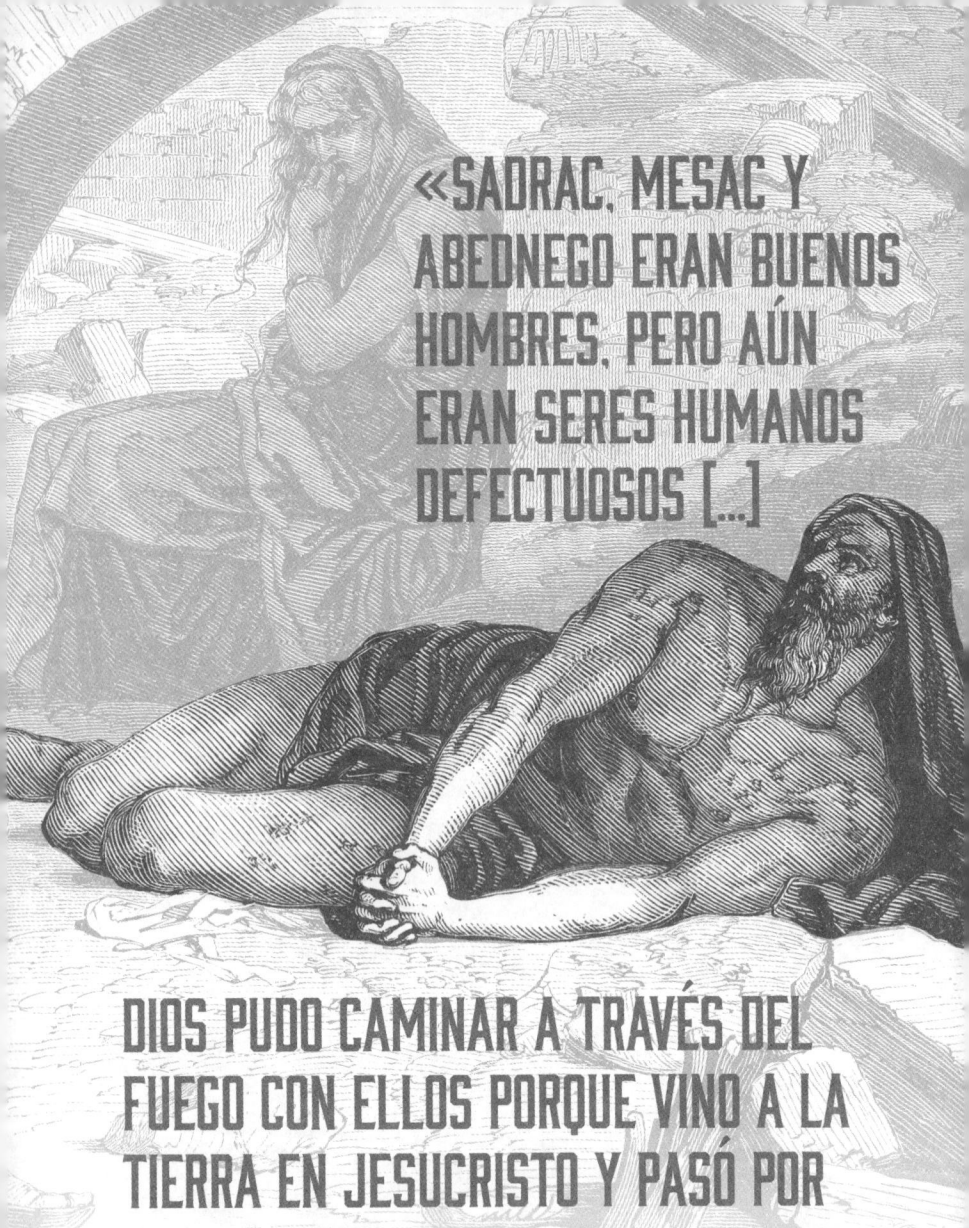

«SADRAC, MESAC Y ABEDNEGO ERAN BUENOS HOMBRES, PERO AÚN ERAN SERES HUMANOS DEFECTUOSOS [...]

DIOS PUDO CAMINAR A TRAVÉS DEL FUEGO CON ELLOS PORQUE VINO A LA TIERRA EN JESUCRISTO Y PASÓ POR EL FUEGO DEL CASTIGO QUE ELLOS Y TODOS MERECEMOS».

TIMOTHY KELLER

CÓMO CAMINAR EN EL HORNO DEL SUFRIMIENTO

«Y mandó a hombres muy vigorosos que tenía en su ejército, que atasen a Sadrac, Mesac y Abed-nego, para echarlos en el horno de fuego ardiendo».
Daniel 3:20

El Señor caminará con nosotros en el horno de la prueba, del sufrimiento y del dolor. Sin embargo, muchas personas que están en el horno de la aflicción creen que Dios las está castigando con severidad por algún pecado cometido. Algunas veces, Dios les aplica esta regla a las personas, ya sean cristianas o no, porque la Biblia expresa con claridad que Él nos disciplina de muchas formas diferentes. Ejemplo de esto lo encontramos en Proverbios 3:11-12 y en Hebreos 12:5-11.

No obstante, a menudo este no es el caso, pues muchos cristianos que actúan de una manera recta, justa y santa en su vivir están bajo pruebas, enfermedades y aflicciones (lee Stg 1:2-4, 12; 1 P 1:6-9; 4:12-13). De modo que la teología vengativa creada por algunos eruditos entra en conflicto con la realidad de que el sufrimiento no siempre se debe a pecados terribles cometidos ante Dios. El Imperio romano persiguió, encarceló, torturó y quemó vivos a muchos cristianos de la iglesia primitiva. No solo eso, sino que este tipo de atropello lo han sufrido un sinnúmero de cristianos a lo largo de los siglos.

ASPECTOS SIGNIFICATIVOS EN EL SUFRIMIENTO

Como vimos antes en los capítulos 29 y 30, cuando se habla del sufrimiento humano no podemos pasar por alto el estudio de Dios desde el punto de vista filosófico, el cual se dio a conocer como «teodicea». En cuanto a esto, Timothy Keller comentó de la siguiente manera lo que expresara el escritor Donald A. Turner respecto a la solución de los muchos universos a los problemas del mal:

> La lista de teodiceas no se agota. Algunas son ingeniosas, pero quizá demasiado complicadas, como la teoría de la plenitud de que Dios podría haber creado innumerables universos, y la distribución del mal podría ser diferente en cada uno, pero equitativa en todos. Otras son demasiado simples, como la teodicea del castigo, la cual concluye que desde el comienzo del Génesis todo sufrimiento puede justificarse debido a que la humanidad se rebeló contra Dios, y el sufrimiento del mundo es nuestro castigo merecido por el pecado[1].

En general, debido al pecado del hombre y sus ganadas consecuencias por su desobediencia, estoy de acuerdo con lo que plantea esta teodicea. Ahora bien, no puedo apoyarla en su totalidad, pues difiero respecto a su aplicación a los cristianos en particular. ¿Por qué? Porque el sufrimiento de muchos cristianos no se debe a la consecuencia por su pecado. Además, ya vimos que ese no fue el problema de Job ni el motivo de su sufrimiento. Ante esto, y según lo observado a lo largo de los años como ministro del evangelio, puedo establecer lo siguiente:

- Se exagera siempre que se dice que nadie puede conocer a Dios a no ser por el sufrimiento.
- Cuando el dolor y el sufrimiento llegan a la vida, al final vemos que no tenemos el control de nosotros mismos y que nunca lo tuvimos en realidad.
- La adversidad hace que mucha gente se aparte de Dios y se aleje de Él al negar su existencia.
- Se puede afirmar que quienes le creen a Dios, el sufrimiento los lleva a una experiencia espiritual con Él mucho más profunda y real a través de su gracia.

- Muchos salen de un conocimiento abstracto de «oír de Él», para una relación personal de «conocerlo a Él» en medio del horno de la aflicción.

Por lo general, después de pasar por una gran prueba, aflicción, angustia o enfermedad, varias personas llegan a decir cosas como estas:

- «Ahora me siento más seguro que nunca porque tengo la certeza de que Dios sabe, entiende y reconoce mi dolor».
- «Reconozco que sufrir no quiere decir que Dios me abandonó».
- «Veo que por medio de Cristo, Dios me ha dado una prueba real, sólida y firme de que Él escucha mis quejas y se duele por mí».
- «Dios está conmigo como lo estuvo con los tres amigos de Daniel, pues Jesús es el cuarto hombre en medio del horno de fuego de mi aflicción».

Por consiguiente, tanto la evidencia de la historia como la experiencia de innumerables cristianos nos confirman que las personas también han sufrido de manera injusta a manos de los hombres.

EL SUFRIMIENTO EN ESTA VIDA

Aunque estemos caminando en el horno de la aflicción por diferentes razones, ten la seguridad de que algún día terminarán el dolor, el sufrimiento y las angustias, pues la Biblia habla con claridad acerca de quienes sufrieron el martirio por la causa de Cristo, su fe y por la predicación de la Palabra (Ap 6:9). Como resultado, clamaban a Dios por justicia (Ap 6:10). Este clamor no solo está reservado para los tiempos finales, pues lo vemos en pasajes del Antiguo Testamento (Sal 35:17; Mal 2:17). Lo cierto es que muchas veces no sabemos por qué Dios permite el mal y el sufrimiento, como vemos muy bien en las quejas del profeta Habacuc:

> Muy limpio eres de ojos para ver el mal, ni puedes ver el agravio;
> ¿por qué ves a los menospreciadores, y callas cuando destruye el

impío al más justo que él, y haces que sean los hombres como los peces del mar, como reptiles que no tienen quien los gobierne?

Habacuc 1:13-14

El pastor Louis Berkhof (1873-1957), teólogo cuyos escritos influyeron de manera significativa en los cristianos en general a lo largo del siglo XX, escribió sobre esto:

> La Biblia nos enseña a esperar un juicio final como la respuesta decisiva de Dios a todas estas preguntas, como la solución de todos los problemas y como la eliminación de todas las aparentes discrepancias del presente[2].

Además, Berkhof nos dice que el Día del Juicio «está acompañado [...] por la venida de Jesucristo, la resurrección de los muertos, y la renovación del cielo y de la tierra»[3]. Por eso es que tenemos que mirar hacia adelante a la gloriosa esperanza del cristiano y darnos cuenta de realidades como estas:

- Mientras caminemos en esta tierra, el dolor nos puede hacer mejores o peores personas de lo que éramos antes. Esto dependerá de nuestra madurez y solidez en la Palabra de Dios y el nivel de nuestra experiencia de fe con Dios en el ámbito espiritual.
- Gran parte del sufrimiento en el mundo es injusto para muchísimas personas y la vida está fuera de nuestro control en su totalidad.
- El sufrimiento hará que seamos más maduros en Cristo o nos quebrantará por completo, tanto a nivel emocional como espiritual.
- Nuestra relación con Dios y la intimidad que tengamos con Él serán lo que marcarán la diferencia.

De cualquier forma, después que pasemos por el sufrimiento, jamás seremos igual, pues nuestras vidas revelarán si vamos a actuar de una manera positiva o negativa hasta el fin. Así que esto solo lo sabremos después de pasar por el horno del sufrimiento. ¡Que Dios nos ayude!

LAS REVELACIONES DEL SUFRIMIENTO

La verdad es que caminar en el sufrimiento manifiesta y transforma nuestra actitud hacia nosotros mismos. El dolor nos humilla, y elimina el orgullo y la autosuficiencia. Nos enseña lo frágil que somos al mostrarnos que no tenemos ningún control y poder sobre nuestras vidas. Además, nos revela lo vulnerables y dependientes que somos de Dios en realidad.

El sufrimiento nos lleva a examinarnos y ver nuestras debilidades. Expone lo más profundo, escondido y peor de nuestros corazones y de nuestro carácter. Salen a relucir nuestras incredulidades, lenguas ponzoñosas, perezas, insensibilidades hacia los demás, ansiedades, amarguras, resentimientos, y muchos otros defectos. En tiempos de adversidad, pruebas, dolor y sufrimiento, todo esto es evidente para nosotros y los que nos rodean.

Para empeorar las cosas, también vemos individuos que les añaden más males a sus vidas, pues son impacientes, críticos, egoístas, poco generosos, impulsivos, dados a los argumentos, testarudos, malos oidores, ásperos con los cónyuges, hijos y familiares. Incluso, poseen temperamentos explosivos, y son frágiles y débiles en la fe, puesto que no leen las Escrituras, no oran, no ayunan, no se congregan. Como resultado, solo se compadecen de sí mismos, se quejan, murmuran, acusan a los demás, son chismosos, están descontentos, etc., etc. De seguro que el sufrimiento sacará a la luz todo esto que está escondido y encubierto hasta de la propia persona.

Por otra parte, para muchas personas, y cristianos de igual manera, el sufrimiento fortalece nuestra confianza, madurez, fe y crecimiento espiritual. Así que no puedo pasar por alto y repetir las famosas palabras de C.S. Lewis:

> Dios nos susurra en nuestros placeres y habla a nuestra conciencia, pero en cambio grita en nuestros dolores[4].

En realidad, el dolor es una prueba en cuanto a nuestro caminar con Dios, por eso nuestra reacción al sufrimiento es la evidencia de lo que guardamos en nuestro corazón. Algunos cristianos se enojan y decepcionan tanto con Dios y con la vida al sufrir, que dejan de orar, de leer sus Biblias y no van más a la iglesia. Cuando todo va bien, y hay salud y prosperidad, es muy fácil decir que tenemos una relación personal con Dios. Sin embargo, cuando hay dolor, pruebas y aflicciones, nos preguntamos: «¿Dónde está Dios?». En el sufrimiento es que de veras nos damos cuenta de si servimos al Señor por ser quien es, como lo hacía Job, o si lo servimos por las cosas que Él nos da como la prosperidad y la salud.

El sufrimiento revela las impurezas y las falsedades de nuestra fe en Dios. En un sentido, solo en el dolor nuestra fe puede afianzarse en Dios y saber que nuestra confianza está fundamentada en Él. Por lo tanto, en el sufrimiento es que nuestro amor entra en una relación de intimidad con Dios y permite que permanezca en un crecimiento genuino con Él cada día. Nada nos cambia el carácter más que el caminar en el sufrimiento. ¡Nada! Algo similar le expresó el pastor John Newton al escribirle a una hermana que afrontaba una situación de mucha tristeza:

> Sobre todo, mantente cerca del trono de la gracia. Si parece que no conseguimos nada intentando acercarnos a Él, podemos estar seguros de que no obtendremos nada alejándonos de Él[5].

¡Cuánta razón tenía este pastor! El sufrimiento nos acerca a Dios o nos aleja de Él como ninguna otra situación lo puede hacer. Es una experiencia única. También el sufrimiento es casi un prerrequisito si es que vamos a servirles de ayuda a otras personas que atraviesan el dolor. La adversidad nos hace ser compasivos y misericordiosos como ninguna otra cosa lo puede hacer.

Es fácil ver sufrir a los demás y decirnos: «¡Qué lloriqueo tiene esta gente! ¿De qué sirve lamentarse de esa manera?». En cambio, cuando el dolor toca a nuestra puerta y pasamos por la experiencia, somos capaces de entender y comprender el dolor de los demás, pues nosotros mismos hemos estado en el horno del sufrimiento. Así que nuestro corazón se vuelve dócil, quebrantado y humilde, y se identifica con el dolor. Esto se transforma en sabiduría y entendimiento, puesto que a todos nos pueden sobrevenir adversidades, pruebas, enfermedades, infortunios, tribulaciones y aflicciones.

LA HORA DE LA VERDAD

Antes, hablamos de la promesa de Isaías 43:2, la cual afirma que el «fuego» no nos quemará. ¡Y esto fue una realidad en la vida de los tres jóvenes hebreos exiliados en Babilonia bajo el yugo del rey Nabucodonosor (Daniel 3)! Durante su gobierno, el rey ordenó que hicieran una enorme estatua de oro y que la levantaran en un lugar público. La identidad de esta estatua no se establece, pero quizá esta imagen representara al propio rey, al «dios» del rey, al imperio de Babilonia o a los tres juntos. ¡Se desconoce!

Babilonia, como todas las naciones de ese entonces, se distinguía por poseer una sociedad religiosa politeísta. Cada ciudad y región adoraba a su «propio dios», y sus habitantes tenían la libertad de honrar a otros dioses también. Una vez hecha la estatua, Nabucodonosor ordenó que en su dedicación se tocaran diversos instrumentos musicales. Entonces, toda la gente de su reino tendría que adorar la estatua cuando escuchara la música. Si había alguien que no cumplía esa orden, lo lanzarían dentro de un horno de fuego ardiendo (Dn 3:6).

El propósito del rey era claro. El pueblo podría adorar a cualquier «dios» que quisiera, pero antes tenía que adorar su estatua debido a que estaba bajo su poder o el poder del imperio. El relato bíblico nos dice que todos se arrodillaron y obedecieron el mandato del rey, excepto tres jóvenes que trabajaban para el imperio. Sus nombres eran Sadrac, Mesac y Abed-nego.

Estos jóvenes sabían que si obedecían al rey, estarían en directa desobediencia, violación y deslealtad a su fe en el Dios de Israel, a quien los judíos no lo tenían como uno más de los «muchos dioses», sino como al Único y verdadero Dios, Jehová, tal y como les enseñaba este mandamiento:

No tendrás dioses ajenos delante de mí. No te harás imagen, ni
ninguna semejanza de lo que esté arriba en el cielo, ni abajo en la
tierra, ni en las aguas debajo de la tierra. No te inclinarás a ellas, ni
las honrarás; porque yo soy Jehová tu Dios.

Éxodo 20:3-5

Como es lógico, los varones judíos rechazaron la orden del rey y
se negaron a obedecerlo. De inmediato, no faltaron las amenazas de
sufrir una muerte dolorosa y terrible en el horno de fuego ardiendo.
Además, el rey se atrevió a decirles: «¿Y qué dios será aquel que os
libre de mis manos?» (Dn 3:15). Ante esta pregunta, la Biblia nos
narra la famosa y muy conocida respuesta que les dieron los jóvenes:

Sadrac, Mesac y Abed-nego respondieron al rey Nabucodonosor,
diciendo: No es necesario que te respondamos sobre este asunto.
He aquí nuestro Dios a quien servimos puede librarnos del horno
de fuego ardiendo; y de tu mano, oh rey, nos librará. Y si no, sepas,
oh rey, que no serviremos a tus dioses, ni tampoco adoraremos la
estatua que has levantado.

Daniel 3:16-18

¿Alguna vez has visto a alguien más valiente en un momento
como este? Con sus palabras expresaron fe, confianza y solidez espiritual profundas. Tenían una fe que no titubeaba, pues aunque Dios
no los librara, estaban decididos a no inclinarse ante la estatua de
Nabucodonosor. Es más, tenían la certeza de que Dios podía librar-
los, pero que si no lo hacía, de todas maneras estaban preparados para
morir por Él. ¡Qué carácter! ¡Qué diferencia de muchos cristianos
de hoy en día que comprometen sus convicciones de ética, respecto,
honestidad y moralidad por la influencia del dinero, por tratar de
ser «aceptados por los demás», por los patrones del mundo, los placeres de la carne y las «ventajas» del pecado! Estos tres jóvenes han
representado por siglos a millones de personas judías y cristianas que
han sido fieles a sus convicciones al rehusarse a negar a su Dios y a
inclinarse ante gobiernos totalitarios, todo por la verdad, doctrina y
fe basadas en las Escrituras.

Sadrac, Mesac y Abed-nego tenían la seguridad de que Dios se glorificaría si los libraba o que, en caso de que murieran, irían a morar con Él. Así que le respondieron al rey sin presunción, nerviosismo, exaltación, ansiedad o miedo alguno. ¡Tenían paz en Él! Su mayor gozo era honrar a su Dios, así que fueron audaces e intrépidos. Por consiguiente, el rey se encolerizó tanto que dio la orden de que se calentara siete veces más el horno de lo acostumbrado y que los echaran allí. Tal fue la manera en que se calentó el horno, que los hombres vigorosos del ejército del rey murieron calcinados al instante solo por echar a los jóvenes al fuego (lee Dn 3:19-23).

RESCATADOS DEL HORNO DE FUEGO

Lo que sucedió después, dejó estupefactos al rey y a su séquito... ¡Sadrac, Mesac y Abed-nego estaban vivos! Aquí hay un detalle peculiar que nos llama la atención. Es muy importante saber por qué los cuerpos, cabellos y ropas de los tres jóvenes hebreos ni siquiera tenían olor a fuego. Así lo narra la Palabra:

> Y se juntaron los sátrapas, los gobernadores, los capitanes y los consejeros del rey, para mirar a estos varones, cómo el fuego no había tenido poder alguno sobre sus cuerpos, ni aun el cabello de sus cabezas se había quemado; sus ropas estaban intactas, y ni siquiera olor de fuego tenían.
>
> Daniel 3:27

¿Por qué Dios permitió que a los jóvenes judíos los echaran en el horno y no los librara de este? J. Oswald Sanders (1902-1992), quien fuera hasta su jubilación director nacional de la Misión al Interior de China, nos da la respuesta en su libro *Madurez espiritual*:

> Alto en rango y en honor era el dios babilonio Izbar, el dios del fuego. Ante los ojos del rey, del príncipe, del gobernador, de los capitanes y de los consejeros este dios debe ser derrotado. El rey había desafiado la derrota por su propia acción. Y ahora la derrota es abrumadora. En su propio territorio, Jehová ha

encontrado a estos ardientes creyentes en el dios del fuego, y ellos descubren que Él está presente, no solo como un dios tribal en Palestina, sino también como el Dios del cielo y de la tierra en Babilonia[6].

¡Dios derrotó al «falso dios babilonio» en las propias narices del rey y su gente! La pregunta que cabe ahora es la siguiente: «¿Por qué los jóvenes judíos no tenían olor a fuego?». ¡Muy sencillo! Supongamos que cuando los tres jóvenes salieron vivos del fuego, que esto ya era un milagro por sí mismo, tuvieran olor de fuego y con las marcas de las llamas en sus cuerpos, ropas y cabellos. ¿Cuál hubiera sido la actitud de los babilonios? Dirían algo así: «Bueno, nuestro "dios del fuego Izbar" no fue capaz de matarlos, pero por lo menos les dejó sus marcas. Sus ropas están quemadas y ellos están chamuscados, se ve la ceniza en sus rostros, en sus cabellos, y tienen olor a fuego. Después de todo, nuestro "dios Izbar" sigue siendo "dios". ¡La próxima vez los matará!». Si las cosas hubieran sido de esta manera, los babilonios no hubieran salido tan mal parados, pero no fue así.

Lo cierto es que el fuego solo quemó las cuerdas que ataban a los jóvenes. Al ver tal maravilla, los babilonios tuvieron que reconocer su derrota ante Jehová, pues los muchachos salieron intactos y sin tener siquiera olor a fuego. Así que su «dios Izbar» quedó humillado por la obra del único y verdadero Dios.

Ahora, ya sabes por qué a veces Dios no nos libra del horno de la aflicción, sino que permite que pasemos por el fuego para llevar a cabo algún propósito que solo Él sabe. En ocasiones, Dios nos libra del horno del fuego ardiendo, pero otras veces no, ¡y tenemos que pasar por el horno de la prueba! Sin embargo, ten presente que en esos momentos de aflicción también tendremos a nuestro lado la ayuda incondicional del «cuarto Hombre».

EL CUARTO HOMBRE

En el horno, los jóvenes judíos se paseaban desatados en medio del fuego y los acompañaba un cuarto hombre. ¿Quién era este cuarto Hombre? He aquí lo que dice la Palabra:

Entonces el rey Nabucodonosor se espantó, y se levantó apresuradamente y dijo a los de su consejo: ¿No echaron a tres varones atados dentro del fuego? Ellos respondieron al rey: Es verdad, oh rey. Y él dijo: He aquí yo veo cuatro varones sueltos, que se pasean en medio del fuego sin sufrir ningún daño; y el aspecto del cuarto es semejante a hijo de los dioses.

Daniel 3:24-25

En lugar de escuchar gritos de agonía o ver tres cuerpos retorciéndose de dolor, el rey Nabucodonosor vio cuatro varones sueltos, y sin daño alguno, que se paseaban con calma en medio de las llamas del fuego. Lo que más le llamó la atención al rey, en cambio, fue el cuarto Hombre y dijo que era «semejante a hijo de los dioses».

Es evidente que en medio de las llamas y del fuego, este Varón tenía un poder enorme para librar a los tres jóvenes. También es obvio que estos no sufrieron daño alguno por la presencia de ese cuarto personaje que caminaba junto con ellos. ¡Lo maravilloso es que ese cuarto Varón no sale del horno con los otros tres! Entonces, repito, ¿quién era este cuarto Hombre? ¿Sería algún ángel de parte de Dios o el propio Ángel del Señor? Literalmente, Nabucodonosor dijo:

Bendito sea el Dios de ellos, de Sadrac, Mesac y Abed-nego, que envió su ángel y libró a sus siervos que confiaron en él, y que no cumplieron el edicto del rey, y entregaron sus cuerpos antes que servir y adorar a otro dios que su Dios.

Daniel 3:28

Sin duda, el cuarto Hombre no parece ser como los demás ángeles que Dios enviaba para cumplir misiones especiales en el Antiguo Testamento. Por ejemplo, este Varón o Ángel se le apareció a Abraham (Gn 18:1-22), a Jacob (Gn 32:24-29), a Moisés (Éx 3:2-6), a Josué (Jos 5:15), y a los padres de Sansón (Jue 13:16-22). Este Ángel parecía ser Dios, pero de una forma visible. ¡Y lo era en realidad! Por los siglos, los cristianos han sabido quién es Él. J. Alec Motyer (1924-2016), quien fuera erudito del Antiguo Testamento, lo resumió muy bien:

El Ángel se revela como una «acomodación» misericordiosa o «condescendencia» de Dios, por lo cual el Señor puede estar presente entre un pueblo pecador cuando, al ir Él mismo con ellos, su presencia los consumiría [...] Él es ese modo de deidad por el cual el Dios santo puede estar en compañía de los pecadores. Solo hay otro en la Biblia que es a la vez idéntico y diferente al Señor. Uno que, sin abandonar la esencia completa y las prerrogativas [privilegios] de la deidad [...] puede acomodarse a la compañía de los pecadores [...] Jesucristo[7].

¡Era y es Jesús! ¡Alabado sea su nombre!

NUESTRA AYUDA VIENE DE DIOS

Cuando los tres jóvenes hebreos necesitaron ayuda, el «Ángel», el «Varón», Cristo mismo, los acompañó allí en el horno de fuego ardiendo. Incluso, cuando lo condenaron de manera injusta, el Señor atravesó el horno de la terrible aflicción del Calvario y lo hizo por ti y por mí. Es más, atravesó ese horno de fuego ardiendo de la prueba en la sangrienta cruz para salvar nuestras almas. Nadie estuvo a su lado, nadie le acompañó, pues hasta Dios lo abandonó en la cruz por unos momentos, como lo haría con cualquier pecador condenado a la perdición. Ante el abandono de su Padre, el Señor expresa palabras llenas de dolor:

> Jesús clamó a gran voz, diciendo: Elí, Elí, ¿lama sabactani? Esto es: Dios mío, Dios mío, ¿por qué me has desamparado?
>
> Mateo 27:46

Repito, todo esto lo hizo para que Dios no nos abandonara a ti y a mí por una eternidad en el infierno. ¡Muchas gracias, Señor! ¡Te amo!

Ahora bien, ¿por qué Dios estuvo con estos tres jóvenes y no con su Hijo en la cruz? La respuesta es que en la cruz Jesús no solo sufría CON nosotros, sino POR nosotros. ¡No había otra manera! Esta era la única manera para salvarnos de nuestros pecados. ¡Te alabo, Señor!

Por esto mismo, ahora Jesús puede caminar con nosotros en el horno del sufrimiento, no solo de forma física como con los tres jóvenes, sino también espiritual al redimir nuestras almas con su sangre preciosa. ¡Aleluya!

Los que creemos en su Nombre, lo aceptamos como Señor y Salvador y recibimos su misericordia y perdón, podemos estar seguros que en cualquier momento de aflicción Él estará a nuestro lado. ¡Gloria a Dios! Él está con cada uno de nosotros cuando caminamos por el horno del sufrimiento como el cuarto Hombre, el cuarto Varón, el Ángel del Señor.

Por lo tanto, si queremos saber quiénes somos y cuáles son nuestras debilidades, fortalezas y compasión, a fin de ayudar en el sufrimiento a los demás, debemos experimentar una profunda relación espiritual con Dios que nos dé la capacidad de lo alto para soportar las pruebas que llegan a nuestra vida... y todo esto solo se adquiere cuando atravesamos el horno de la aflicción, ¡un lugar donde nuestro carácter se transforma a través del sufrimiento! No hay otro modo de saberlo hasta que nos prueben como el oro en el fuego. En realidad, no hay forma de sentir empatía por las demás personas que sufren si nosotros no hemos sufrido nunca. Si así fue con el propio Cristo, también lo será con nosotros. ¡Tenlo por seguro!

LA IMPORTANCIA DE CAMINAR CON DIOS

Ahora bien, si Jesucristo camina con nosotros, la pregunta es: «¿Nosotros caminamos con Él?». Esto es muy importante, pues bien sabemos que el fuego del sufrimiento no solo refina y quita las impurezas, sino también puede endurecernos el corazón y consumirnos. El sufrimiento ha quebrantado a muchísimas personas. Tan es así que sus vidas se hicieron pedazos, ya sea de manera espiritual o como individuos en realidad.

Entonces, ¿qué debemos hacer para crecer espiritualmente y no permitir que el sufrimiento nos quebrante y destruya? La respuesta es sencilla: ¡Camina con Dios! ¿Y cómo se camina? En completa confianza y fe, abriéndole nuestro corazón, teniendo una íntima comunión con Él cada día, leyendo la Palabra, en oración, en ayuno, viviendo una vida íntegra, cristiana, recta, sólida, honesta y pura en lo moral. Además, debemos tener un amplio conocimiento de quién es Dios por sus atributos, poder, autoridad, victoria, perdón, amor, etc. De modo que, al conocerlo, podemos apegarnos a Él en el sufrimiento y nos transformemos como el oro por el fuego de la prueba que elimina todas las impurezas espirituales.

Si miramos con los ojos del alma y nos damos cuenta de que no merecemos la gracia y misericordia de Dios, podemos comprobar lo mucho que Jesús nos amó cuando por amor a nosotros sufrió el horno de fuego ardiendo del Calvario.

Entonces, si aún no eres cristiano y piensas que Dios te librará del sufrimiento porque crees que te lo mereces, te diré que en esos momentos odiarás a Dios o a ti mismo. En realidad, es muy probable que digas: «He sido una buena persona y Dios no ha sido justo conmigo» o «Quizá he fallado y soy un perdedor». De cualquier manera, estarás solo, decepcionado y desesperado. El corazón que se olvida de Dios quedará despedazado entre el enojo y la culpa.

Cuando entras en el horno de fuego ardiendo del sufrimiento sin Cristo, NO encontrarás a Dios para que te ayude en la prueba. Si para nosotros los cristianos que tenemos a Dios el dolor es difícil, ¿te imaginas cómo lo será para alguien que no tiene a Dios? Solo con la ayuda humana y lo que esta te pueda proporcionar no podrás vencer. Hacerle frente al sufrimiento sin Dios es la cosa más peligrosa que podrá pasar en tu vida. Millones y millones de personas lo han hecho y han fracasado. Como resultado, te enojarás con Dios y contigo mismo.

En cambio, si eres cristiano, dirás cosas como estas:

- «Este es el horno de mi aflicción y sufrimiento, pero NO me están castigando por mis pecados».
- «Jesús ya me perdonó y a Él mismo lo echaron al horno por mí».

- «Debido a que Él pasó por ese horno de fuego ardiendo del Calvario por mí, con su ayuda y poder puedo pasar esta prueba y el horno del dolor».
- «Como Jesús sufrió en gran medida por mí, yo también estoy dispuesto a sufrir por Él. Aunque sufriré muchísimo menos, pasaré esta prueba contando con su ayuda incondicional».
- «Después que pase por estas pruebas, seré un mejor cristiano».
- «Si Dios permitió este horno de sufrimiento en mi vida, es porque Él sabe que lo puedo pasar».

¿Cómo podemos llegar a tales afirmaciones? La Palabra nos muestra esta promesa de Jesús para reafirmarnos que no estamos solos en medio del dolor y que podemos contar con su ayuda:

Estas cosas os he hablado para que en mí tengáis paz. En el mundo tendréis aflicción; pero confiad, yo he vencido al mundo.

Juan 16:33

¡Aleluya! Cristo mismo sabe lo que es sufrir, por eso Él se identifica con nosotros los seres humanos, pues Él mismo experimentó en carne propia el dolor.

MEDÍTALO...

Nikolas Wallenda, también conocido como «Nik» Wallenda, es un acróbata estadounidense que ostenta seis récords Guinness. Ya sea por una cuerda extendida o floja, Nik ha realizado grandes proezas. Caminando por fe, en el año 2012 cruzó las cataratas del Niágara en veinticinco minutos, y por una cuerda extendida de cuatrocientos cincuenta y siete metros de longitud y cinco centímetros de grosor. Al año siguiente, se convirtió en el primer ser humano en cruzar el Gran Cañón de Colorado sobre un cable. Algo similar sucedió en el año 2014, ¡cuando Nik realizó la hazaña de cruzar el río Chicago sobre la cuerda floja y con los ojos vendados! Cuando le preguntaron si le tenía miedo a la muerte, Wallenda contestó:

Diría que a lo único que le temo es a Dios. [Mi fe cristiana me permite] saber a dónde iré cuando muera [...] no tengo miedo de morir[7].

Como ves, para caminar en la arena del sufrimiento a través de los embates de la vida, hay que tener fe en Dios y no temor de lo que nos pueda suceder. Abraham caminó por fe cuando Dios le pidió que sacrificara a Isaac, su hijo, pero creyó y confió en Dios (Heb 11:17-19). Caminar por fe es ir paso a paso en la dirección que determina el Señor, confiando siempre en que Él nos guiará y estará con nosotros cada vez que tengamos que pasar por el horno del sufrimiento y del dolor... ¡pues Él camina con nosotros! ¡Aleluya!

EL IMPACTO DE ESTAR PRESENTE CON LOS DEMÁS EN EL SUFRIMIENTO

«Jesús entonces, al verla llorando, y a los judíos que la acompañaban, también llorando, se estremeció en espíritu y se conmovió [...] Jesús lloró».
Juan 11:33, 35

Durante los tres años del ministerio público de Cristo, Él puso sus emociones en la vitrina pública y se identificó con el dolor y el sufrimiento del pueblo al que ministró. En el Nuevo Testamento encontramos el versículo más corto de toda la Biblia, y dice: «Jesús lloró» (Jn 11:35). Con esto, es evidente que Él se compadecía del dolor, ya fuera físico, emocional, psicológico como espiritual de las personas. Dios se hizo carne, se volvió hombre, a fin de entender los gemidos de los seres humanos al tener Él mismo oídos sensibles. Así lo profetizó Isaías y su cumplimiento lo registra el Evangelio de Mateo:

> Por tanto, el Señor mismo os dará señal: He aquí que la virgen concebirá, y dará a luz un hijo, y llamará su nombre Emanuel.
>
> Isaías 7:14; 8:8

> He aquí, una virgen concebirá y dará a luz un hijo, y llamarás su nombre Emanuel, m que traducido es: Dios con nosotros.
>
> Mateo 1:23

Puesto que «Dios es con nosotros», Él sufre, gime y nos entiende. Es más, Él siente nuestro dolor y llora con nosotros. Al igual que Jesús se identificó con el pueblo durante su ministerio, y se identifica ahora con nosotros, su Iglesia, nosotros también debemos identificarnos con el dolor de los demás. Sin duda, nosotros somos sus ojos, oídos, boca, corazón, brazos, manos y pies en la tierra. Aparte de nosotros, Él no tiene a nadie más que encomendarle estas «cosas en las cuales anhelan mirar los ángeles» (1 P 1:12). Así que Él desea usarnos para ayudar y cambiar a los demás. El poeta francés Paul Claudel explica el acto de «cambiar» de esta manera:

> Desde la encarnación, Jesús tiene un solo deseo: recomenzar la vida humana que vivió Él. Por eso es que quiere naturalezas humanas adicionales, personas que le permitan comenzar de nuevo[1].

¿Y cómo Él puede reanudarlo todo otra vez? ¡Por medio de nosotros! Como su Iglesia, tenemos el llamado a hacer lo mismo que Él. ¿Hacer qué? ¡Sentir y compartir el dolor de los demás!

EL CONSUELO DE JUDÍOS Y CRISTIANOS

Jesús sabía que su tiempo en la tierra era corto, por eso Él decidió edificar a su Iglesia, la cual somos nosotros (Mt 16:18), que entre muchas otras cosas se identificaría con el sufrimiento de los seres humanos. Por eso Pablo nos dijo que somos parte del «cuerpo de Cristo», que representamos en carne la persona de Cristo y que debemos identificarnos con quienes padecen necesidades, dolores y sufrimientos.

Nosotros no tenemos idea de cómo la gente que sufre enfermedades aprecia que personas saludables le vayan a visitar y que hermanos puedan ir a orar por su salud. A decir verdad, nuestras palabras carecen de importancia, pues lo que marca la diferencia es nuestra presencia en esos tiempos de dolor. ¡Ese es nuestro trabajo como miembros del Cuerpo de Cristo!

- **Costumbres judías:** Justo después del entierro de un ser querido, los judíos tienen la costumbre de consolar a la familia afligida. Una de estas costumbres tradicionales se conoce con el nombre de *Shivá*, la cual es el período de luto de siete días observado después del entierro. El propósito de la *Shivá* es reconocer los sentimientos de dolor y tristeza, en lugar de reprimirlos. Así que al acompañar a los deudos en su dolor, no se proponen hablar, sino consolarlos con su presencia. Al sentarse allí a su lado en silencio, dicen más de lo que pueden expresar las palabras. En realidad, con su presencia le declaran cosas como estas: «Estoy aquí para ti. Siento tu dolor. No hay palabras».

  Además, los visitantes proveen comida, limpieza y todo lo demás en el hogar. En resumen, su presencia es muy significativa para las personas que están tristes, pues les muestran que no las dejarán sufrir solas, que estarán a su lado en medio de su dolor.

  Para algunos judíos, los aspectos de este período de luto pueden prolongarse hasta treinta días y a esos veintitrés días restantes se le nombra *Sheloshim*; luego, está el de un año, conocido por *Yahrzeit*, donde se conmemora el aniversario de la muerte del ser querido. ¡Qué ejemplo tan maravilloso el de los judíos!

- **Deberes cristianos:** Nosotros los cristianos, por otra parte, tenemos el llamado a hacer lo mismo también. ¡Somos la respuesta para los que sufren! La Iglesia de Cristo está para aliviar el dolor lo mejor posible a quienes atraviesan situaciones difíciles, ya sea por enfermedad o la muerte de un ser amado. En la India, por ejemplo, los hindúes y musulmanes reconocen a los cristianos, a pesar de que son una minoría, como un pueblo compasivo y misericordioso. ¿Por qué? ¡Porque han establecido hospitales y ayudan a los necesitados en todo el país!

474 • El sufrimiento y la restauración de Job

Recuerda, muchas personas se atormentan al sufrir sin saber la razón. Así que nosotros podemos ser el toque humano del amor de Dios como Iglesia de Cristo al ministrarles con amor, ternura, afecto y cariño. Además, debemos aprender esta lección de una vez por todas: Nunca debemos juzgar a nadie por sus sufrimientos ni por lo que la persona esté pasando, pues no podemos ver el corazón. ¡Solo Dios puede verlo! Por eso es que la Palabra nos insta de esta manera: «Sobrellevad los unos las cargas de los otros, y cumplid así la ley de Cristo» (Gl 6:2). El hecho es que el sufrimiento y el dolor están entre nosotros y, como cristianos, necesitamos responder ante la angustia de los demás y aliviarles en su dolor.

EL VERDADERO CONSUELO ANTE EL SUFRIMIENTO

Cristo actúa de diversas maneras en el mundo. A veces, Él sana y hace un milagro. Otras, concede una fuerza y capacidad enormes para que la persona sea capaz de soportar el dolor. Sin embargo, la mayoría de las veces Él depende de nosotros para llevar a cabo su Palabra, compasión y misericordia en el mundo. De seguro que tenemos el llamado de llevar su mensaje de amor y transformación, así como llorar con los que lloran y sufrir con los que sufren. Si los que no son cristianos se identifican con sus amigos y familiares en tiempos de dolor, ¿cuánto más nosotros debemos hacerlo?

Ludwig van Beethoven (1702-1827) fue un gran compositor, director de orquesta y pianista alemán que sufrió un mal terrible en particular para él: la sordera, así que se le dificultaba la conversación. Sin embargo, según se cuenta, esto no fue un obstáculo para visitar a uno de sus amigos por la muerte de un hijo. Como no tenía palabras de consuelo que ofrecerle a la familia, y al ver un piano en la sala, por algún tiempo les tocó varias melodías para traer consuelo expresando sus emociones a través de lo que sabía hacer. Todos en la familia estuvieron agradecidos, porque sin decir una sola palabra, le demostró amistad, sentimiento y cariño a su amigo por la muerte de su hijo.

Como ves, la presencia de la persona en tiempos difíciles como estos marca la diferencia para a toda familia que sufre. Muchas veces están de más la cita de versículos o palabras, pues lo importante de veras es estar junto con la persona y poner nuestro hombro para que esta pueda llorar. En mi caso, me acostumbré a tener una lista con los nombres de ministros y personas que conozco que están enfermos, así los llamo o les envío mensajes de texto de vez en cuando. Esa lista se encuentra al lado de la lámpara en mi mesita de noche y oro por ellos cada día. Muchos me han dicho: «Tú no tiene idea, hno. Yrion, cuánto aprecio y agradezco que hayas tomado de tu tiempo para preocuparte y orar por mí».

En realidad, hermanos, ¿a quién no le gustaría recibir una palabra de ánimo, cariño y restauración en un momento de necesidad? ¡A todos! Nuestra actitud es la que cambia por completo a una persona. Una llamada telefónica, una palabra de ánimo por un texto o un correo electrónico, una visita, una sonrisa, una oración, un abrazo, una tarjeta, una muestra de aprecio, etc., son invaluables cuando se atraviesan tiempos difíciles. En su libro *Walking with God Through Pain and Suffering*, Timothy Keller narra la siguiente historia:

Alan Paton, autor sudafricano de *Cry the Beloved Country*, asegura que San Francisco de Asís es un modelo de respuesta humana semejante a Cristo. Uno de los momentos transformadores de la vida de Francisco Bernardone ocurrió cuando montaba a caballo como un joven noble y se encontró con un leproso. Francisco estaba amargado con Dios en ese momento, y sintió cierta repulsión hacia el enfermo. Sin embargo, algo dentro de sí superó ambas reacciones. Se desmontó de su caballo, se le acercó al mendigo y lo abrazó, besándolo en los labios.

San Francisco pudo haber maldecido a Dios o al leproso, dice Paton. Él no hizo ni lo uno ni lo otro. En lugar de gastar su energía en acusar, decidió hacer de su vida un instrumento de la paz de Dios. Ese acto transformó tanto al donante como al receptor: «¡Lo que me pareció amargo se transformó en dulzura de cuerpo y alma!», dijo San Francisco[2].

Como ves, Francisco se identificó con este hombre y su sufrimiento. Es lo mismo que tenemos que hacer nosotros con quienes están pasando por el dolor: ¡Identificarnos y estar presentes a su lado! Por lo general, las personas que sufren piensan y creen que Dios las abandonó, y nadie expresó mejor esta situación como C.S. Lewis en sus escritos conmovedores (*Una pena observada*) que guardó después de la muerte de su esposa. Lewis dijo que en sus momentos más profundos y de mayor necesidad, Dios, que siempre había estado disponible para él, de repente parecía ausente: «¿Dónde está Dios? Este es uno de los síntomas más inquietantes»[3]. Dijo que sentía temor y abandono, y que al final fue la comunidad de cristianos la que le ayudó en su restauración. Recuerda, Dios usa sus agentes humanos que es su Iglesia, de la que somos parte tú y yo.

Es interesante notar la gran diferencia entre las palabras de los cristianos y su ministración de consuelo a los que sufren enfermedades, tragedias o muertes de seres queridos al decirles: «Estamos orando por ti» o «Dios tiene el control». Lo contrario es lo que les dicen los no cristianos: «Te deseamos la mejor de las suertes» o «Mantendremos los dedos cruzados». Son dos mundos diferentes por completo: Uno con una fe sólida y una esperanza firme en Cristo. El otro con un simple deseo sin fundamento, basado en algo abstracto y sin seguridad. ¡Cristo es la diferencia! Pobres de quienes en el momento del dolor, de la adversidad, de la tragedia, del sufrimiento y de la muerte no tienen a Cristo. ¿A quién buscan? ¿A quién recurren? Y los secularistas y ateos, ¿a quién piden socorro? ¡Pobres almas atormentadas!

EXPERIENCIAS QUE NOS ALIENTAN

Para nosotros los que creemos en la vida eterna en Cristo, Él nos envía sus agentes humanos para que nos ministren en nuestras necesidades cuando nos encontramos en medio de la prueba. ¡Alabado sea su Nombre! Aunque no entendamos y estemos sumergidos en dudas y preguntas de por qué suceden las cosas, Él siempre envía a alguien para que nos ministre. Aquí tienes dos ejemplos:

- **Joni Eareckson Tada:** El 30 de julio de 1967, Joni sufrió una fractura cervical que le dejó tetrapléjica (hoy con limitados movimientos en los brazos). Practicando uno de sus deportes favoritos, la natación, se zambulló en las aguas de la bahía de Chesapeake y algo fue terriblemente mal en esta ocasión. Durante los dos años de rehabilitación de Joni, según su autobiografía, experimentó ira, depresión, pensamientos suicidas y dudas religiosas. Sin embargo, las palabras y el testimonio de otra tetrapléjica cristiana la estremecieron, pues vivía alegre, radiante y gozosa con una fe profunda y sólida en Cristo. Esto, por supuesto, conmovió a Joni y la sacó de su estado de derrota y la hizo ver la vida de una manera diferente aun en medio de su dolor y tragedia.

- **Jim Elliot:** El 8 de enero de 1956, otra desdicha sucedió con el joven misionero cristiano Jim Elliot, a quien asesinaron en el río Curaray, cuando apenas tenía veintiocho años de edad. Junto a él también murieron otros cuatro misioneros: Nate Saint, Ed McCully, Peter Fleming y Roger Youderian, todos a manos de la tribu de los huaorani, en Ecuador. ¿Sus crímenes? Emprender la obra misionera en la llamada «Operación Auca» en un intento de evangelizar al pueblo huaorani.

  Cuando sucedió esto, su esposa Elisabeth, su familia y colegas misioneros quedaron devastados emocionalmente. Puesto que Jim y sus cuatro compañeros se transformaron en mártires por Cristo, centenares de misioneros y líderes mundiales de las misiones ofrecieron sus condolencias y se preguntaron: «¿Cómo Dios pudo permitir tal cosa?».

  En el momento, nadie podía darse cuenta de los planes de Dios. Sin embargo, muchos años más tarde, una nueva generación de jóvenes misioneros, inspirados por el martirio de Jim Eliot y sus compañeros, aceptaron el llamado del Señor y el desafío de las misiones. Hoy en día, han ganado a miles y miles de personas para Cristo alrededor del mundo en los diversos campos misioneros.

Lo que para Jim Eliot no hubiera sido posible hacer en vida, Dios lo hizo a través de la inspiración de su muerte ejemplar al ser martirizado por Cristo. Muchos lloraron con los Elliot y les ofrecieron su apoyo, ayuda y comprensión en los momentos tristes que pasaron, pero como ya vimos con relación a Romanos 8:28, Dios cambió este infortunio para bien y el beneficio de miles de personas que hoy son salvas por la predicación de los jóvenes misioneros de entonces que se inspiraron por esta trágica experiencia. Dios transformó el dolor en bendición.

Es obvio que para la esposa y la hija de Elliot, así como para sus padres, fue terrible el impacto por su muerte tan repentina. Sin embargo, todo el mundo «misionero» siempre les mostró su solidaridad.

Tal vez tú estés pasando una experiencia similar por la muerte de algún ser querido, alguna enfermedad u otros problemas difíciles. No obstante, recuerda que Dios entiende tu dolor, sufrimiento y tristeza, y Él te acompañará y te consolará si es que se lo permites. Ábrele tu corazón y todo esto cobrará nueva vida para ti.

LA DIFERENCIA QUE MARCA NUESTRO APOYO

Quizá no tengas idea de lo agradecida que se siente una persona cuando nos preocupamos por ella. Cuántas veces he oído: «Gracias por acompañarnos en nuestro dolor». Es lógico que solo la persona que sufre sepa, en realidad, lo que es el dolor. Aun así, las palabras que expresamos de ánimo, aliento y vida hacen un cambio profundo en el corazón del doliente. Ahora bien, esas palabras deben expresarse con mucha sabiduría y sentimiento. Incluso, a menudo ni siquiera necesitamos expresarlas, sino demostrarlas a través del afecto, a fin de tratar de sentir, entender y llorar con el que llora, como lo hicieron los amigos de Job al verlo en tan lamentable situación:

Y tres amigos de Job [...], alzando los ojos desde lejos, no lo conocieron, y lloraron a gritos; y cada uno de ellos rasgó su manto, y los
tres esparcieron polvo sobre sus cabezas hacia el cielo.

Job 2:11-12

¿No fue algo similar lo que les pidió el apóstol Pablo a los
cristianos romanos? Sus palabras fueron muy directas: «Llorad con
los que lloran» (Ro 12:15). Y muchas veces también el silencio es
mejor que cualquier «ayuda verbal» que podamos expresar. Recuerda
también que los amigos de Job guardaron silencio:

Así se sentaron con él en tierra por siete días y siete noches, y
ninguno le hablaba palabra, porque veían que su dolor era muy
grande.

Job 2:13

En estas horas de angustia, sobran los consejos, sugerir respuestas, citar versículos y hablarle sin parar a la persona sufriente. Ten
presente estas sabias palabras de Salomón cuando nos exhorta:

El que canta canciones al corazón afligido es como el que quita la
ropa en tiempo de frío, o el que sobre el jabón echa vinagre.

Proverbios 25:20

Por lo tanto, ¡sé sabio! Los que están sufriendo siempre se preguntan: «¿Tendrá algún sentido para mí el dolor que estoy pasando en
esta situación?». Todo sufrimiento tiene causa, sentido y razón, porque
Dios mismo en Cristo lo compartió en la cruz. En cambio, para muchos parece que no tiene significado lo que padecen, pues les parece
que sus vidas no tienen un objetivo específico. Entonces, debemos estar allí para que se acuerden de que todos somos importantes para
Dios, pues Él entregó a su propio Hijo para que sufriera por nosotros.

De modo que, estar junto a los que sufren, es de suma importancia
para el testimonio cristiano. Muchas veces después que nosotros mismos hemos pasado por algún sufrimiento, tratamos a los demás que

atraviesan lo mismo con mucho más tacto, cariño y aprecio. ¿Por qué? Porque sabemos lo que es este dolor en específico.

Incluso, varias personas que han visitado clínicas, hospitales, asilos, casas de ancianos, centros de discapacitados, etc., a fin de ofrecer ternura, afecto y ayuda, han dicho cosas como estas:

- «Es la primera vez que pienso que estoy haciendo algo útil para el Señor».
- «Ahora soy más sensible al dolor y al sufrimiento de los demás».
- «Dios puso en mi corazón el deseo de ayudar a los sufren, a los necesitados, pobres y desamparados».
- «Ahora ya no me concentro en mi egoísmo, sino en las necesidades de los otros».
- «Mi vida tiene un nuevo significado para mí y es ayudar al que no tiene quien lo ayude».
- «Me he vuelto más sensible, paciente y tolerante conmigo mismo y con los demás».
- «Ahora sé que mis problemas son muy pequeños comparados a las grandes necesidades que he visto por aquí».

Entonces, ¿qué debemos hacer tú y yo? Sin duda, ser parte del Cuerpo de Cristo que apoya y les extiende una mano amiga a las personas que sufren... No solo eso, sino que debemos llevar sus cargas hasta nuestro misericordioso Padre, pues «la oración eficaz del justo puede mucho» (Stg 5:16).

MEDÍTALO...

Con relación a Jesús, la Palabra nos dice que Él es capaz de socorrer y ayudar a los que son tentados o probados: «Pues en cuanto él mismo padeció siendo tentado, es poderoso para socorrer a los que son tentados» (Heb 2:18). En uno de sus devocionales diarios, el pastor y autor David Jeremiah nos aclara muy bien estos conceptos:

> Dos palabras similares [...] a menudo se confunden: simpatizar y empatizar. Simpatizar significa mostrar compasión basada en el compromiso; empatizar significa mostrar comprensión basada en la experiencia. Puedes simpatizar con alguien sin tener experiencia personal con su situación. En cambio, empatizar es más fuerte; significa: «Entiendo porque yo lo he vivido»[4].

Por supuesto, Jesús fue capaz de usar estas dos palabras: «simpatizar» y «empatizar». Lo pudo hacer por venir a este mundo como hombre y haber compartido la experiencia humana. Así lo afirma este pasaje de la Biblia:

> Aunque [Jesús] era Hijo, por lo que padeció aprendió la obediencia; y habiendo sido perfeccionado, vino a ser autor de eterna salvación para todos los que le obedecen.
>
> Hebreos 5:8-9

Entonces, debido a que Él sufrió, entiende cuando sufrimos, pues es poderoso para socorrernos en nuestras tribulaciones. Es más, debido a que es nuestro Gran Sumo Sacerdote, se identifica con nuestra condición humana. Robert Murray M'Cheyne dijo una vez sobre la intercesión de Cristo por nosotros:

> Si pudiera escuchar a Cristo orando por mí en la habitación contigua, no temería a un millón de enemigos. Sin embargo, la distancia no marca ninguna diferencia. Él está orando por mí[5].

Como ves, hermano, Jesús padeció, sufrió y Él entiende nuestro dolor y sufrimiento. Por eso, como su Iglesia, debemos hacer lo mismo con los que sufren. Es más, debemos sentir, llorar, padecer y condolernos con ellos, así como socorrer y apoyar a todos los que atraviesan pruebas, enfermedades, dolores y sufrimientos. Son muchas las personas que han afrontado, o afrontan, desgracias, tragedias e infortunios. De manera que no podemos dejarlas solas, sino que debemos estar dispuestos a imitar al Señor y demostrarles el genuino servicio cristiano que nace del amor:

Haya, pues, en vosotros este sentir que hubo también en Cristo Jesús, el cual, siendo en forma de Dios, no estimó el ser igual a Dios como cosa a que aferrarse, sino que se despojó a sí mismo, tomando forma de siervo, hecho semejante a los hombres; y estando en la condición de hombre, se humilló a sí mismo, haciéndose obediente hasta la muerte, y muerte de cruz.

Filipenses 2:5-8

PALABRAS FINALES Y AGRADECIMIENTOS

Mi oración al Señor es para que este libro sea de gran bendición para ti y tu familia. Por lo tanto, ahora deseo que hagamos un recuento de algunas de las cosas que vimos aquí acerca del sufrimiento y la victoria del cristiano que depende por completo de Dios y sus promesas:

- El creyente no está exento del sufrimiento. De una manera o de otra, todos vamos a sufrir algún día.

- Para el cristiano, el sufrimiento no se produce de manera exclusiva como resultado del pecado ni por alguna acción disciplinaria de Dios, aunque a veces el Señor disciplina a los suyos. Sin embargo, solo Dios sabe las razones del porqué permite el dolor.

- El sufrimiento desarrolla en nosotros la habilidad y la capacidad de resistir los embates furiosos de la vida.

- A través del dolor es que Dios nos moldea, prueba y refina, aunque Él permite la prueba bajo su supervisión.

- En medio de las tribulaciones es que se forja nuestro carácter.

- Dios no siempre explica la causa de nuestro sufrimiento y Él no tiene por qué hacerlo. Recuerda este pasaje: «¿Por qué contiendes contra él? Porque él no da cuenta de ninguna de sus razones» (Job 33:13).

- Dios es Soberano, no debe ni tiene por qué rendirle cuentas a nadie de sus decisiones.

- Aunque nos duela el proceso, desconocemos por qué vienen a nuestra vida las aflicciones.

- Las explicaciones humanas muchas veces no son útiles.
- A Dios no se entiende con la mente, se cree con el corazón.
- No podemos explicar lo que no sabemos o entendemos.
- Dios es demasiado grande para nuestras mentes pequeñas y limitadas delante de Él.
- Pon esta Palabra en tu corazón y de una vez por todas no intentes hacer lo mismo que Job al justificarte, acusar a Dios o defenderte al pretender saber sus designios: «¿No has sabido, no has oído que el Dios eterno es Jehová, el cual creó los confines de la tierra? No desfallece, ni se fatiga con cansancio, y su entendimiento no hay quien lo alcance» (Is 40:28).
- ¡Nadie puede entender a Dios, solo puede creerle! Él es infinito y nosotros no. Dios es ilimitado y nosotros no. Dios es Todopoderoso y nosotros no. Dios es perfecto y nosotros no. Por lo que no debemos hablar lo que no sabemos, para que después el propio Dios nos avergüence como lo hizo con Job.
- Dios tiene poder para consolar nuestras atribuladas almas sin la ayuda de nadie. Él sabe hasta qué punto podemos soportar el sufrimiento y no permitirá que vaya más allá de lo que podemos cargar con el dolor, la prueba y la angustia.
- El testimonio que podemos dar en medio del dolor derrotará a los escépticos, ateos, secularistas y todos los enemigos del Señor. Por eso es que la gente va a observar tu reacción ante el sufrimiento para ver si eres de veras un cristiano de valor, real y determinado a aceptar lo que Dios decida para ti.
- Tu testimonio podrá hacer que otros se acerquen a Dios o se alejen de Él. Todo dependerá de ti y de tu madurez, fe, y de cuánto conoces de Cristo y su Palabra.
- Dios no permitirá que seamos probados más de lo que podemos resistir, por eso agárrate a esta promesa que lo dice bien claro: «No os ha sobrevenido ninguna tentación [prueba] que no sea humana; pero fiel es Dios, que no os dejará ser tentados

[probados] más de lo que podéis resistir, sino que dará también juntamente con la tentación [prueba] la salida, para que podáis soportar» (1 Co 10:13). ¡Aférrate a esta promesa y no la sueltes! Él nunca nos dejará solos. ¡Tenlo por seguro!

* Ten la seguridad de que pasar por alguna prueba, angustia, tribulación o enfermedad nos ayudará a consolar a otros que atraviesen el sufrimiento, pues somos los agentes de Dios para ayudar, apoyar, llorar y ministrar a quienes sufren.

Por último, te insto a que medites en estos pocos versículos, a fin de que entiendas mejor lo que es el sufrimiento: Salmo 6:7; 69:7; Jeremías 10:19; 15:15; Romanos 12:12; 1 Corintios 13:4, 7; 2 Corintios 1:6; 1 Timoteo 4:10; 2 Timoteo 2:3, 9, 12, 24; 3:11; Hebreos 10:34; 1 Pedro 1:11; 2:19-20; Apocalipsis 2:3.

Y para ti, que tal vez estés sufriendo ahora mismo, el Salmo 102 te ayudará mucho, pues se trata de una «oración del que sufre, cuando está angustiado, y delante de Jehová derrama su lamento». Así que ve a Dios en oración, fe y confianza, y derrama tu alma delante de Él. Ten la seguridad que el Dios Todopoderoso escuchará tu oración.

Muchísimas gracias por haber tomado de tu ocupado tiempo y leído esta obra literaria. En cada libro que escribo, siempre oro para que el Espíritu Santo guíe a la persona que lo necesite. Entonces, por favor, ora por mí, tu servidor, y por mi querida esposa Dámaris, mis amados hijos Kathryn y Johua Yrion, nuestro ministerio, los cincuenta y cinco misioneros que ayudamos financieramente en todos los continentes del mundo, por nuestro Instituto Teológico J.Y. en la India, donde preparamos a jóvenes, ministros, pastores, evangelistas y misioneros para alcanzar el continente asiático para Cristo. También te pido que ores por nuestras campañas alrededor del mundo entero.

Que Dios les bendiga grandemente.

Mi aprecio y agradecimiento más profundo por dedicarle parte de tu tiempo a la lectura de este libro. Una vez más... ¡muchísimas gracias!

Rvdo. Josué Yrion

NOTAS

Dedicatoria
1. C.S. Lewis, *El problema del dolor*, Editorial Caribe, Miami, FL, 1977, p. 93.

Capítulo 1: ¿Quién era Job?
1. Peter Kreeft, *Three Philosophies of Life*, Ignatius Press, San Francisco, CA, 1989, p. 61.
2. Franklin D. Roosevelt, de Wikiquote, la colección libre de citas y frases célebres; https://es.wikiquote.org/wiki/Franklin_Delano_Roosevelt.
3. Dr. Steven F. Brena, *Pain and Religion: A Psychophysiological Study*, Charles C Thomas Pub Ltd., Springfield, IL, 1972, p. 78.
4. Según lo citado por «The Priority of the Servant»; http://www.newcovenantgj. org/web_documents/the_priority_of_the_servant.pdf.

Capítulo 2: El origen del mal y del enemigo de Job
1. Ed Murphy, *Manual de guerra espiritual*, Editorial Caribe, Miami, FL, p. 20.
2. *Biblia Plenitud*, Riqueza Literaria, «Satanás» (Job 1:6), Editorial Caribe, Miami, FL, 1994, p. 609.
3. Francis I. Andersen, *Job: Tyndale Old Testament Commentaries*, InterVarsity Press, Downers Grove, IL, 1976, p. 33.

Capítulo 3: Las pérdidas de Job
1. *Today's Turning Point with David Jeremiah*, 25 de junio de 2018; www. davidjeremiah.org.
2. C.S. Lewis, *El problema del dolor*, Editorial Caribe, Miami, FL, 1977, p. 13.
3. Timothy Keller, *Walking with God Through Pain and Suffering*, Riverhead Books, Nueva York, 2013, p. 104.

Capítulo 4: Los tres amigos de Job
1. *Biblia Plenitud*, Riqueza Literaria, «aflicción» (Job 5:7), Editorial Caribe, Miami, FL, 1994, p. 612.
2. Francis I. Andersen, según lo citado por Timothy Keller, *Walking with God Through Pain and Suffering*, Riverhead Books, Nueva York, 2013, p. 277.
3. Terry Powell, *Serve Strong*, Leafwood Publishers, Abilene, TX, 2014, p. 16.

Capítulo 5: Las quejas de Job
1. En su libro titulado *In the Arena* (OMF Books, Singapur, 1960), Isobel Kuhn narra los obstáculos, las frustraciones y la enfermedad mortal que tuvo que afrontar, pero nada de esto detuvo la expansión del evangelio en la China, donde fue misionera.
2. Según lo citado en https://respuestas.me/q/Cu-l-es-la-base-b-blica-de-la-doctrina-de-la-trinidad-59802559334.
3. C.S. Lewis, *El problema del dolor*, Editorial Caribe, Miami, FL, 1977, p. 94 (del original en inglés).

Capítulo 6: La justificación de Job
1. Según se cita en https://www.thegospelcoalition.org/article/40-quotes-rc-sproul/.
2. *Biblia Plenitud*, Riqueza Literaria, «hombre» (Job 4:17), Editorial Caribe, Miami, FL, 1994, p. 612.

3. W.E. Vine, *Vine: Diccionario Expositivo de palabras del Antiguo y del Nuevo Testamento Exhaustivo*, bajo «mediador», Grupo Nelson, Nashville, TN, 1999, p. 29.
4. *Biblia Plenitud*, Riqueza Literaria, «guardó» (Job 10:12), Editorial Caribe, Miami, FL, 1994, p. 616.
5. Según se cita en https://www.goodreads.com/quotes/593652-it-is-not-the-ship-in-the-water-but-the.

Capítulo 7: Nuestro intento de justificarnos como Job
1. Wilton M. Nelson y Juan Rojas Mayo, editores, *Nuevo Diccionario Ilustrado de la Biblia*, Editorial Caribe, Miami, FL, 1998, p. 601.
2. *Today's Turning Point with David Jeremiah*, 13 de agosto de 2018; www.davidjeremiah.org.

Capítulo 8: Los sufrimientos de Job
1. Erwin Lutzer, ¿Dónde estaba Dios?: Respuestas a preguntas difíciles sobre Dios y los desastres naturales, Tyndale Español, Carol Stream, IL, 2007, p. 112.
2. Dorothy L. Sayers, *Christian Letters to a Post-Christian World*, William B. Eerdmans Publishing Company, Grand Rapids, MI, 1969, p. 14.
3. C.S. Lewis, *El problema del dolor*, Editorial Caribe, Miami, FL, 1977, p. 106.

Capítulo 9: La búsqueda del alivio de Job
1. Dinesh D'Souza, *Lo grandioso del cristianismo*, Tyndale Español, Carol Stream, IL, 2009, p. 297.
2. *Today's Turning Point with David Jeremiah*, 28 de junio de 2018; www.davidjeremiah.org.
3. David Watson, *Fear no Evil*, Harold Shaw Publishers, Wheaton, IL, 1984, p. 7.
4. David Bentley Hart, *The Doors of the Sea: Where Was God in the Tsunami?*, Eerdmans, 2005, pp. 99, 101, 103-104.
5. B.B. Warfield, *The Emotional Life of our Lord* y *The Person and Work of Christ*, Samuel G. Craig, editor, P&R Publishing, Filadelfia, PA, 1950, p. 115.
6. *Today's Turning Point with David Jeremiah*, 27 de junio de 2018; www.davidjeremiah.org.

Capítulo 10: El cambio y la esperanza de Job
1. Erwin Lutzer, ¿Dónde estaba Dios?: Respuestas a preguntas difíciles sobre Dios y los desastres naturales, Tyndale Español, Carol Stream, IL, 2007, p. 104 (del original en inglés).
2. *Biblia Plenitud*, Riqueza Literaria, «carne» (Job 19:26), Editorial Caribe, Miami, FL, 1994, pp. 622-623.
3. George Müller, en un sermón que predicó ante la reciente muerte de su esposa, según se cita en https://www.mullers.org/downloads/Muller%20Sermons%20pdf/Address%20on%20Psalm%20119%20v%2068_%20Sermon%20by%20George%20Muller.pdf.

Capítulo 11: El entendimiento de Job
1. Dinesh D'Souza, *Lo grandioso del cristianismo*, Tyndale Español, Carol Stream, IL, 2009, p. 298.

2. Craig Brian Larsen y Brian Lowery, editores generales, *1001 Quotations That Connect*, Zondervan, Grand Rapids, MI, 2009, p. 205.
3. Anita y Peter Deyneka, Jr., «A Salvation of Suffering: The Church in the Soviet Union», *Christianity Today*, 16 de julio de 1982, p. 20.

Capítulo 12: La pregunta de todos los tiempos y Job
1. Hannah Whitall Smith, *The God of All Comfort*, Christian Classics Ethereal Library, Grand Rapids, MI, 1953, pp. 139-140.
2. Según lo citado por Howard Dayton, *Your Money Counts*, Tyndale House Publishers, Inc., Carol Stream, IL, 1997.

Capítulo 13: La magnificencia de Dios y Job
1. Juan G. Paton, *Missionary to the New Hebrides: An Autobiography*, volumen 2, editado por su hermano, Hodder and Stoughton, Londres, 1890, p. 192.
2. Johannes Kepler, según se cita en https://www.beliefnet.com/faiths/christianity/galleries/famous-scientists-that-believe-in-god.aspx?p=6.

Capítulo 14: La persistencia de Job
1. Mark Mittlelberg, *The Questions Christians Hope No One Will Ask (With Answers)*, Tyndale House Publishers, Inc., Carol Stream, IL, 2010, p. 137.

Capítulo 15: La sabiduría y Job
1. Según lo citado por Jonathan Haidt, *The Happiness Hypothesis*, Basic Books, miembro de Perseus Books Group, Nueva York, 2010, p. 152.
2. Abraham Lincoln, según se cita en https://www.goodreads.com/quotes/361-books-serve-to-show-a-man-that-those-original-thoughts
3. David Jeremiah, ¿A qué le tienes miedo? Vence tus temores con la fe, Tyndale Español, Carol Stream, IL, 2014, p. 199.

Capítulo 16: Los recuerdos de Job
1. Centros para el Control y la Prevención de Enfermedades, «FastStats: Leading Causes of Death», 2016; https://www.cdc.gov/nchs/fastats/leading-causes-of-death.htm.
2. Ezra Klein, «21 Graphs That Show America's Health-Care Prices Are Ludricrous», *The Washington Post*, 26 de marzo de 2013; www.washingtonpost.com/blogs/wonkblog/wp/2013/03/26/21 graphs-that-show-americas-health-care-are-ludricous.
3. KaiserEDU.org, «US Health Care Costs»; www.kaiseredu.org/Issue-Modules/US-Helth-Care-Costs/Background-Brief.aspx.
4. El comentario de la escritora Andrea Palpant Dilley aparece en una entrevista que le hiciera la autora y bloguera Micha Boyett; https://www.patheos.com/blogs/michaboyett/2012/04/andrea-palpant-dilley-doubt-flat-tires-and-the-goodness-of-god/.
5. *Today's Turning Point with David Jeremiah*, 18 de septiembre de 2018; www.davidjeremiah.org.
6. Juan Bunyan, según se cita en https://www.christiantoday.com/article/pilgrims-progress-10-classic-quotes-to-feed-your-soul/80074.htm.

Capítulo 17: La acusación hacia Dios de Job
1. Neil T. Anderson y Rich Miller, *Libre del miedo: Cómo vencer las preocupaciones y la ansiedad*, Editorial Unilit, 2000, p. 25 (del original en inglés).
2. Bruno Bettelheim, *Surviving and Other Essays*, Alfred A. Knoff, Nueva York, 1979, p. 296.
3. Johan Christiaan Beker, *Suffering and Hope: The Biblical Vision and the Human Predicament*, William B. Eerdmans Publishing Company, Grand Rapids, MI, 1994, pp. 121-122.
4. Jean-Baptiste Alphonse Karr, según se cita en https://www.brainyquote.com/quotes/alphonse_karr_104193.

Capítulo 18: La concientización de Job
1. Lamar Williamson Jr., *Mark: Interpretation, A Bible Commentary for Teaching and Preaching*, Westminster John Knox Press, Louisville, KY, 1983, pp. 102-103.
2. John White según lo citado por Timothy Keller, *Walking with God Through Pain and Suffering*, Riverhead Books, Nueva York, 2013, p. 290.

Capítulo 19: Eliú les rebate a los amigos de Job
1. Wilton M. Nelson y Juan Rojas Mayo, editores, *Nuevo Diccionario Ilustrado de la Biblia*, Editorial Caribe, Miami, FL, 1998, p. 601.
2. G.K. Beale, *We Become What We Worship*, InterVarsity Press, Downers Grove, IL, 2008, pp. 15-16.
3. A.W. Tozer, *El conocimiento del Dios santo*, Editorial Vida, Miami, FL, 1996, p. 7.
4. William C. Poole, «Just When I Need Him Most», tomado de Hymnary.org; según se cita en https://hymnary.org/text/just_when_i_need_him_jesus_is_near_poole; este himno es de dominio público.

Capítulo 20: Eliú impugna a Job
1. Martín Lutero, según se cita en https://www.goodreads.com/work/quotes/1629238-commentary-on-galatians.
2. *Today's Turning Point with David Jeremiah*, 15 de agosto de 2016; www.davidjeremiah.org.

Capítulo 21: Eliú le anuncia la rectitud de Dios a Job
1. Charles B. Bugg, *Preaching and Intimacy*, Smyth & Helwys Publishing, Inc., Macon, GA, 1999, p. 26.
2. Dan G. McCartney, según lo citado por Timothy Keller, *Walking with God Through Pain and Suffering*, Riverhead Books, Nueva York, 2013, p. 147.
3. Warren E. Burger, según se cita en https://issuu.com/juryrevolution/docs/jrp-quotes-l.

Capítulo 22: Eliú redarguye a Job
1. Martin Greenfield, «Thank you, vets: A survivor's story of gratitude»; https://nypost.com/2014/11/10/thank-you-us-vets-a-survivors-story-of-gratitude/.
2. Harry A. Ironside, según se cita en https://www.goodreads.com/quotes/189180-we-would-worry-less-if-we-praised-more-thanksgiving-is.
3. J. Ellsworth Kalas, *I Bought a House on Gratitude Street*, Abingdon Press, Nashville, TN, 2011, p. 11.

4. J. Alec Motyer, editor, *The Message of Exodus: The Days of our Pilgrimage*, InterVarsity Press, Downers Grove, IL, 2005, p. 69.
5. Timothy Keller, *Walking with God Through Pain and Suffering*, Riverhead Books, Nueva York, 2013, p. 149.

Capítulo 23: Eliú le habla de la grandeza de Dios a Job
1. David Hume, según lo citado por Randy Alcorn, *If God Is Good: Faith in the Midst of Suffering and Evil*, Multnomah Books, Colorado Springs, CO, 2010, p. 18.
2. Robert Andrews, *The Concise Columbia Dictionary of Quotations*, cita de Stendhal (seudónimo de Henri Beyle) en el lema «Dios», Columbia University Press, Nueva York, 1990, p. 125.
3. Ruth A. Tucker, *Hasta lo último de la tierra: Historia biográfica de la obra misionera*, Editorial Vida, Miami, FL, 1988, capítulo 5, p. 17.
4. Donald A. Carson, *¿Hasta cuándo, Señor?: Reflexiones sobre el sufrimiento y el mal*, Publicaciones Andamio, Barcelona, España, 1995, p. 200.
5. Albert Camus, *El hombre rebelde*, Editorial Losada, Buenos Aires, Argentina, 1978, p. 37.
6. James Benson Irwin, según se cita en https://en.wikiquote.org/wiki/James_Irwin.

Capítulo 24: Eliú le describe la majestad de Dios a Job
1. J.L. Mackie, «Evil and Omnipotence», *Mind*, nuevas series, vol. 64, n°. 254, abril de 1955, pp. 200-212.
2. Revista *TIME*, «Modernizing the Case for God», 5 de abril de 1980.
3. Alvin Plantinga, *God, Freedom and Evil*, William B. Eerdmans Publishing Company, Grand Rapids, MI, 2002, p. 63. Consulta también, del mismo autor, *The Nature of Necessity* (Clarendon Library of Logic and Philosophy, 1978); *God and Other Minds: Study of the Rational Justification of Belief in God* (Cornell University Press, 1990, pp. 115-155); *An Evaluation of Alvin Plantinga's Free Will Defense: Whether Our Power to Do Bad is Something Good*; y *Warranted Christian Belief* (p. 461).
4. William P. Alston, «The Inductive Argument From Evil and the Human Cognitive Condition», *Philosophical Perspectives*, vol. 5, publicada por Blackwell Publishing, Hoboken, Nueva Jersey, 1991, pp. 29-67 (del artículo completo).
5. J.P. Moreland y William Lane Craig, *Philosophical Foundations for a Christian Worldview*, InterVarsity Press, Downers Grove, IL, 2003, p. 552.
6. C.S. Lewis, *Una pena observada*, Editorial Andrés Bello, Santiago de Chile, 1997, p. 20.

Capítulo 25: Dios le contesta por medio de su omnipotencia a Job
1. David Jeremiah, *¿A qué le tienes miedo? Vence tus temores con la fe*, Tyndale Español, Carol Stream, IL, 2014, p. 209.
2. Basado en el libro de Robert E. Wells, *Is a Blue Whale the Biggest Thing There Is?*, según se cita en http://soulspace1014.com/wp-content/uploads/2014/07/How-Big-is-God-Blue-Whale-Story-pdf.pdf.

Capítulo 26: Dios le responde, humilla, pregunta, confronta y desafía a Job
1. Del discurso de James Baker en el Desayuno Nacional de Oración en Estados Unidos, 1990.

2. Gerald H. Wilson, *Job: New International Biblical Commentary*, Hendrickson Publishers, Peabody, MA, 2007, p. 422.
3. Francis I. Andersen, *Job: An Introduction and Commentary*, InterVarsity Press, Downers Grove, IL, 1976, p. 270.
4. *Ibidem*, pp. 287-288.
5. Carl Frederick Buechner, «Theodicy», Frederick Buechner Center, Cambridge, MA, 19 de noviembre de 2018; http://www.frederickbuechner.com/quote-of-the-day/2018/11/19/theodicy.

Capítulo 27: El arrepentimiento de Job
1. Consulta www.guidelines.org/spanish/pautas_january 30_06.asp.
2. Timothy Keller, *Walking with God Through Pain and Suffering*, Riverhead Books, Nueva York, 2013, p. 350.
3. *Ibidem*, citando el artículo de Thomas Nagel, «Pecking Order», *The New York Times Book Reviews*, 7 de julio de 2013, p. 10.
4. Francis I. Andersen, *Job: An Introduction and Commentary*, InterVarsity Press, Downers·Grove, IL, 1976, p. 267.

Capítulo 28: La restauración y el final bienaventurado de Job
1. *Biblia Plenitud*, Riqueza Literaria, «hubo orado» (Job 42:10), Editorial Caribe, Miami, FL, 1994, p. 639.
2. Donald A. Carson, *For the Love of God: A Daily Companion for Discovering the Treasures of God's Word, Volume Two*, Crossway Books, Wheaton, IL, 1999, lectura del 17 de febrero; gratuito en línea en https://s3.amazonaws.com/tgc-documents/carson/1999_for_the_love_of_God.pdf
3. James Montgomery Boice, según se cita en David Jeremiah, ¿A qué le tienes miedo? Vence tus temores con la fe, Tyndale Español, Carol Stream, IL, 2014, p. 18.
4. *Biblia Plenitud*, Riqueza Literaria, «acepción de personas» (Santiago 2:22), Editorial Caribe, Miami, FL, 1994, p. 1648.
5. Consulta «sinergismo» en www.definicion.org/sinergismo.
6. Donald Grey Barnhouse, según se cita en David Jeremiah, ¿A qué le tienes miedo? Vence tus temores con la fe, Tyndale Español, Carol Stream, IL, 2014, pp. 18-19.
7. Annie Johnson Flint, según se cita en David Jeremiah, ¿A qué le tienes miedo? Vence tus temores con la fe, Tyndale Español, Carol Stream, IL, 2014, pp. 20-21.
8. Christopher J.H. Writht, según se cita en Timothy Keller, *Walking with God Through Pain and Suffering*, Riverhead Books, Nueva York, 2013, pp. 155-156.

Capítulo 29: El debate sobre la causa de la enfermedad de Job
1. Dr. Alvin Plantinga, *God, Freedom and Evil*, William B. Eerdmans Publishing Company, Grand Rapids, MI, 2002, pp. 27-34.
2. *Wikipedia, la enciclopedia libre*, «teodicea»; https://es.wikipedia.org/wiki/Teodicea.
3. *Diccionario Bíblico Digital*, Grupo C Service & Design Ltda., Colombia, 2003. p. 221.

4. *Dictionary by Merriam-Webster*, bajo la palabra «theodicy»; https://www.merriam-webster.com/dictionary/theodicy.

5. Alvin Plantinga, «Epistemic Probability and Evil», en *Our Knowledge of God*, editado por Kelly James Clark, Calvin College, Grand Rapids, MI, 1982, p. 40.

6. Blaise Pascal, según lo citado por William James, *The Varieties of Religious Experience*, Longmans, Green, and Co., Nueva York, 1905, p. 286.

7. Ana Frank, según se cita en https://www.brainyquote.com/es/citas/anne-frank_133186.

Capítulo 30: El dilema del mal y del sufrimiento de Job

1. Sijil Oommen, *Redeemed to the Utmost*, Xulon Press, Aurora, IL, 2009, p. 26.

2. Gregorio Magno, *Regla pastoral*, Editorial Ciudad Nueva, Madrid, España, 2001.

3. Gregorio Magno, *Moralia, sive Expositio in Job*, escrita entre los años 578 y 595, abarca unos treinta y cinco volúmenes; para una descripción general de *Moralia* y *Regla pastoral*, consulta a Ronald K. Rittgers, *The Reformation of Suffering*, Oxford University Press, Oxford, Reino Unido, 2012, pp. 49-52.

4. Martín Lutero, *Comentarios de Martín Lutero: Tito, Filemón y Hebreos*, volumen III, Editorial CLIE, Barcelona, España, 2010, p. 189 (del original en inglés).

5. Samuel Vila y Santiago Escuain, *Nuevo Diccionario Bíblico Ilustrado*, Editorial CLIE, Viladecaballs, Barcelona, España, 1985, p. 704.

6. Ruth Bell Graham, *Legacy of a Pack Rat*, Thomas Nelson Publishers, Nashville, TN 1989, p. 187.

Capítulo 31: ¿Dios fue bueno y Todopoderoso al mismo tiempo con Job?

1. William Dyrness, *Christian Apologetics in a World Community*, Wipf and Stock Publishers, Eugene, Oregón, 2002, p. 153.

2. J.I. Packer, *Knowing God*, InterVarsityPress, Downers Grove, IL, 2018, p. 161.

3. Harold S. Kushner, *When Bad Things Happen to Good People*, Schocken Books, Nueva York, 2001, pp. 59, 61.

4. Philip Yancey, *Disappointment with God: Three Questions No One Asks Aloud*, Zondervan, Grand Rapids, MI, 1992, p. 247.

5. Jerry Bridges, *The Practice of Godliness*, NavPress, Colorado Springs, CO, 2008, p. 208.

Capítulo 32: La aplicación personal a nuestras vidas del libro de Job

1. C.S. Lewis, *Cristianismo... ¡y nada más!*, Editorial Caribe, Miami, FL, 1977, p. 133.

2. William Raeper según se cita en Philip Yancey, *Where is God when it Hurts?* (publicado en español bajo el título *Cuando la vida duele: ¿Dónde está Dios cuando sufrimos?*, por Editorial Unilit, 2001), Zondervan, Grand Rapids, MI, 1990, p. 253.

3. Albert Barnes, según se cita en https://www.brainyquote.com/quotes/albert_barnes_198134.

Capítulo 33: La edificación espiritual para nosotros del libro de Job

1. Philip Yancey, *Where is God when it Hurts?* (publicado en español bajo el título *Cuando la vida duele: ¿Dónde está Dios cuando sufrimos?*, por Editorial Unilit, 2001), Zondervan, Grand Rapids, MI, 1990, p. 247.

2. Timothy Keller, *Walking with God Through Pain and Suffering*, Riverhead Books, Nueva York, 2013, p. 153.
3. *Ibidem*.

Capítulo 34: La comparación entre Cristo y Job
1. Francis I. Andersen, *Job: An Introduction and Commentary*, InterVarsity Press, Downer Grove, IL, 2008, p. 75.
2. Cornelius Plantinga, Jr., según lo citado por Philip Yancey, *Where is God when it Hurts?* (publicado en español bajo el título *Cuando la vida duele: ¿Dónde está Dios cuando sufrimos?*, por Editorial Unilit, 2001), Zondervan, Grand Rapids, MI, 1990, p. 234.
3. Timothy Keller, *Walking with God Through Pain and Suffering*, Riverhead Books, Nueva York, 2013, p. 51.
4. Amy Carmichael, poema «Strange Ash», *Mountain Breezes*, CLC Publications, Fort Washington, PA, 2013, s/p.
5. Cita de Jürgen Moltmann; https://citas.in/frases/1251582-jurgen-moltmann-god-weeps-with-us-so-that-we-may-one-day-laugh-wit/.
6. Juan Calvino, según se cita en Timothy Keller en *Walking with God Through Pain and Suffering*, p. 157.

Capítulo 35: El punto de vista secular del mal y del sufrimiento
1. Richard Dawkins, según se cita en Timothy Keller, *Walking with God Through Pain and Suffering*, Riverhead Books, Nueva York, 2013, p. 21.
2. *Ibidem*.
3. Blaise Pascal, *Pensées*, Christian Classics Ethereal Library, Grand Rapids, MI, 2002, p. 34.
4. Bernard Shaw, *To True to be Good: A Political Extravaganza*, Samuel French, Inc., Nueva York, 1932, p. 99.

Capítulo 36: El punto de vista espiritual del mal y del sufrimiento
1. Simone Weil, según se cita en Timothy Keller, *Walking with God Through Pain and Suffering*, Riverhead Books, Nueva York, 2013, p. 213.
2. Alvin Plantinga, *God, Freedom and Evil*, William B. Eerdmans Publishing Company, Grand Rapids, MI, 2002, pp. 63-64.
3. Para leer la hermosa historia de Samuel Kabú Morris, visita la página web http://www.elcristianismoprimitivo.com/kabu.htm.

Capítulo 37: La preparación para un eventual sufrimiento
1. C.S. Lewis, *El problema del dolor*, Editorial Caribe, Miami, FL, 1977, pp. 95-96.
2. George MacDonald, según lo citado por C.S. Lewis, *El problema del dolor*, Editorial Caribe, Miami, FL, 1977, p. 1.
3. Michael Horton, *A Place for Weakness*, Zondervan, Grand Rapids, MI, 2006, p. 19.
4. *Today's Turning Point with David Jeremiah*, 21 de noviembre de 2017; www.davidjeremiah.org.
5. Woodrow Wilson, según se cita en https://quotes.yourdictionary.com/author/quote/577782.

Capítulo 38: Cómo caminar en medio del sufrimiento
1. Timothy Keller, *Walking with God Through Pain and Suffering*, Riverhead Books, Nueva York, 2013, p. 226.
2. R. Murray M'Cheyne, según se cita en Timothy Keller, *Walking with God Through Pain and Suffering*, Riverhead Books, Nueva York, 2013, pp. 150-151.
3. Frederick W. Danker y Walter Bauer, según se cita en Timothy Keller, *Walking with God Through Pain and Suffering*, Riverhead Books, Nueva York, 2013, p. 227.
4. I. Howard Marshall, según cita Timothy Keller en *Walking with God Through Pain and Suffering*, p. 227.
5. Mónica Hellwig, según se cita en Philip Yancey, *Where is God when it Hurts?* (publicado en español bajo el título *Cuando la vida duele: ¿Dónde está Dios cuando sufrimos?*, por Editorial Unilit, 2001), Zondervan, Grand Rapids, MI, 1990, p. 149.
6. Albert Einstein, según se cita en https://psicologiaymente.com/reflexiones/frases-albert-einstein.

Capítulo 39: Cómo caminar en el horno del sufrimiento
1. Donald A. Turner, según se comenta en Timothy Keller, *Walking with God Through Pain and Suffering*, Riverhead Books, Nueva York, 2013, p. 94.
2. Louis Berkhof, según cita Timothy Keller en *Walking with God Through Pain and Suffering*, p. 154.
3. *Ibidem*, p. 155.
4. C.S. Lewis, *El problema del dolor*, Editorial Caribe, Miami, FL, 1977, p. 93.
5. John Newton, según cita Timothy Keller en *Walking with God Through Pain and Suffering*, p. 267.
6. J. Oswald Sanders, *Madurez espiritual*, Editorial Portavoz, Grand Rapids, MI, 2007, p. 63.
7. J. Alec Motyer, según cita Timothy Keller en *Walking with God Through Pain and Suffering*, p. 233.
8. Lee la historia completa en *Wikipedia, the free encyclopedia*, «Nik Wallenda»; https://en.wikipedia.org/wiki/Nik_Wallenda.

Capítulo 40: El impacto de estar presente con los demás en el sufrimiento
1. Paul Claudel, según se cita en Brennan Manning, *The Relentless Tenderness of Jesus*, Fleeming H. Revell, Grand Rapids, MI, 2005, p. 89.
2. Alan Paton y otros, según cita Timothy Keller en *Walking with God Through Pain and Suffering*, p. 246.
3. C.S. Lewis, *Una pena observada*, Editorial Andrés Bello, Santiago de Chile, 1997, p. 19.
4. *Today's Turning Point with David Jeremiah*, 27 de noviembre de 2018; www.davidjeremiah.org.
5. R. Murray M'Cheyne, «Famous Quotations»; https://www.mcheyne.info/quotes.php.

ACERCA DEL AUTOR

El Rvdo. Josué Yrion es escritor y evangelista internacional. Ha predicado en la unción del Espíritu Santo a millones de personas en setenta y cuatro países de todos los continentes del mundo. Esto ha resultado en la salvación de multitudes para Cristo. En 1985, estuvo en la Unión Soviética y en los países del este europeo, conocidos como la antigua Cortina de Hierro. Regresó en 1993 para predicar en Rusia en una base militar soviética de Moscú, a donde su ministerio llevó dieciséis mil Biblias. Fue el primer ministro iberoamericano en predicar en una cruzada en Madrás, India, donde setenta mil personas fueron testigos del poder de Dios a través de milagros y prodigios.

Ha recibido muchos honores, incluyendo la medalla del Congreso chileno y una placa del gobierno de Chile como «Hijo y visita ilustre de Viña del Mar».

Fue maestro activo y acreditado de Misionología del curso «Perspectivas», de la División Latinoamericana de la Universidad William Carey y del Centro Mundial de Misiones en California. Es presidente del Instituto Teológico Josué Yrion en Manipur, India, donde muchos se preparan para alcanzar a los países no evangelizados aún del Asia.

En este momento, su ministerio está sosteniendo económicamente a cincuenta y cinco misioneros alrededor del mundo, y su organización cuenta con una oficina en cada continente. Su ministerio está entre las ochocientas veinticinco organizaciones misioneras reconocidas por el

Libro de Consulta de Misiones [*Mission Handbook*] del Centro Billy Graham, EMIS (por sus siglas en inglés de Servicio de Información de Evangelismo y Misiones), editado por la Universidad de Wheaton. El Rvdo. Yrion es autor de los libros: *El poder de la Palabra de Dios*; *Heme aquí, Señor, envíame a mí*; *La crisis en la familia de hoy*; *La fe que mueve la mano de Dios*; *El secreto de la oración eficaz*; *La vida espiritual victoriosa*; *Espíritu Santo, necesito conocerte más* [dos tomos], «*Dad, y se os dará*», *Pablo: Su vida, llamado y ministerio, La conquista de Cristo en la cruz, Testifica*, y este: *El sufrimiento y la restauración de Job*.

Es ministro ordenado del Concilio General de las Asambleas de Dios en los Estados Unidos, y fundador y presidente de Josué Yrion Evangelismo y Misiones Mundiales, Inc. En la actualidad, reside con su esposa, Dámaris, y sus hijos, Kathryn y Joshua Yrion, en Los Ángeles, California, Estados Unidos.

Si deseas más información de los títulos de nuestros libros, DVD y CD disponibles en inglés y español, o alguna otra información de nuestras cruzadas evangelísticas alrededor del mundo, visita nuestra página web: www.josueyrion.org, o escríbenos a la siguiente dirección:

Josué Yrion Evangelismo y Misiones Mundiales, Inc.
P.O. Box 768 La Mirada, CA. 90637-0768- USA
Teléfono: (562) 928-8892 / Fax: (562) 947-2268
www.josueyrion.org
josueyrion@josueyrion.org
josueyrion@msn.com
Facebook e Instagram: @josueyrionoficial
Twitter: @jyrionoficial
YouTube: Josue Yrion Oficial